危险货物水路运输从业人员
考核和从业资格管理系列教材

港口固体散装危险货物

（2025年版）

交通运输部职业资格中心◎组织编写

人民交通出版社
北京

内 容 提 要

本书为“危险货物水路运输从业人员考核和从业资格管理系列教材”中的一册。本书介绍了固体散装货物的种类及性质、港口安全管理、各种运输模式的安全管理、应急与救助和安全管理相关政策法规。

本书内容丰富、实用性强,可作为危险货物水路运输从业人员考核和从业资格管理的复习指导用书,也可作为水路运输、港口企业的经营人及装卸管理人员的培训教材。

图书在版编目(CIP)数据

港口固体散装危险货物 : 2025 年版 / 交通运输部职业资格中心组织编写. — 北京 : 人民交通出版社股份有限公司, 2025. 5. — ISBN 978-7-114-20182-0

Ⅰ. U691

中国国家版本馆 CIP 数据核字第 2025T2W980 号

Gangkou Guti Sanzhuang Weixian Huowu(2025 Nian Ban)

书　　名: 港口固体散装危险货物(2025 年版)
著 作 者: 交通运输部职业资格中心
责任编辑: 黄　蕊
责任校对: 赵媛媛　刘　璇
责任印制: 张　凯
出版发行: 人民交通出版社
地　　址: (100011)北京市朝阳区安定门外外馆斜街 3 号
网　　址: http://www.chinasybook.com
销售电话: (010)64981400、65290033
总 经 销: 北京交实文化发展有限公司
印　　刷: 北京印匠彩色印刷有限公司
开　　本: 787 × 1092　1/16
印　　张: 21.5
字　　数: 516 千
版　　次: 2025 年 5 月　第 1 版
印　　次: 2025 年 5 月　第 1 次印刷
书　　号: ISBN 978-7-114-20182-0
定　　价: 92.00 元
(有印刷、装订质量问题的图书,由本社负责调换)

“危险货物水路运输从业人员考核和从业资格管理系列教材”(2025 年版)编审委员会

本书编写组

主　　编：王建平

副 主 编：易晨宏　董远志　王　冰　王　凌

序

FOREWORD

危险货物水路运输安全事关交通运输行业高质量发展，事关国家安全、公共安全和人民生命财产安全，事关经济社会稳定发展。危险货物水路运输从业人员是水路运输领域生产和管理的具体参与者和实施者，是保障运输安全、提高运输效率、推动绿色发展的最核心、最关键因素。实施好危险货物水路运输从业人员考核和从业资格管理制度，有利于增强从业人员安全和法治意识，提升从业人员安全生产技能、应急处置能力和安全管理水平，强化从业人员职业操守，将为不断提升水路运输效率、质量和安全，加快建设交通强国水运篇提供人才支撑。

为方便危险货物水路运输从业人员备考，我们依据《危险货物水路运输从业人员考核和从业资格考核大纲》（交办水〔2021〕1号），对“危险货物水路运输从业人员考核和从业资格管理系列教材”（2016年版）进行了修订，修订后包括《港口危险货物储存单位安全管理人员实务》《港口包装危险货物》《港口固体散装危险货物》《港口液体散装危险货物》等4册。该套教材贯彻习近平总书记关于交通强国、安全生产和人才工作的重要论述和重要指示批示精神，体现了危险货物水路运输相关新法规、新标准、新工艺、新技术、新设备的发展对从业人员安全、法制、业务素质的新要求，注重理论联系实际,具有较强的针对性、实用性和指导性。另外,该套教材还通过“一书一码”配套了丰富的数字资源。

我们期待该套教材成为从业人员职业发展的必备工具书,为压实企业安全生产主体责任、提升行业本质安全水平注入新动能。在此一并向所有参与编写及修订工作的单位及专家表示感谢!由于水平有限,疏漏之处在所难免,敬请批评指正。

交通运输部职业资格中心

2025 年 5 月

前言

PREFACE

危险货物水路运输从业人员专业水平是港口危险货物安全管理体系的核心环节。为防范港口重大事故风险,应对港口固体散装危险货物特性与作业场景的复杂性,提升从业人员应急处置与风险预判能力,在交通运输部职业资格中心的指导下,编写组根据2021年修订的《从事港口危险货物储存作业的港口经营人的主要负责人和安全生产管理人员安全生产知识和管理能力考核大纲》《危险化学品港口经营人的装卸管理人员从业资格考核大纲》要求,结合危险货物水路运输行业技术水平和有关标准、规范的发展情况,在《港口散装固体危险化学品》(2016年版)基础上,编写了《港口固体散装危险货物》(2025年版)。

本书系统介绍了固体散装货物的基本知识以及安全管理相关政策法规,以“应知应会”内容为主,全面覆盖考核知识点,贴近生产作业实际,具有较强的实用性和可操作性,能够较好地满足港口固体散装危险货物工作的实际需要。

参加本书编写工作的人员有:王建平、易宏晨、董远志、王冰、王凌以及林永盛、郭黎鹏、王崇和胡金阳等,全书由王建平负责统稿审校。此外,还有多位专家提供了大量资料,提出了宝贵意见,在此一并致以谢意!

由于时间和水平的限制，本书难免存在疏漏之处，恳请广大读者批评指正！

编　者

2025 年 4 月

目录

CONTENTS

第一章
固体散装货物的种类及性质

第一节 危险货物分类、特性及预防措施

一、货物的危险性

(一)货物的危险

广义说来,所有货物均具有一定危险性,只是危险的程度不同。这个意义上,危险货物与非危险货物之间并没有严格的区别。

从运输角度分析,货物的危险性可粗略分成如下三类。

1. 物理危险

这是指货物的物理性质所致的物理危险,也就是说,危险的致因、发生的危险,甚至控制和治理危险的措施均是物理性的。例如,固体散货因含水量过高而在运输中发生流态化,导致船舶稳性减小;货件在运输中因发生移动而致船舶横倾;集装箱等货件在运输中发生坠落而致人员伤亡。

2. 化学危险

这是指货物的化学性质所致的危险,一般指危险的致因、发生的危险,甚至控制和治理危险的措施有一项是化学性的。例如,货物燃烧而产生的危险;货物的化学爆炸而产生的危险;货物性质所致的船体腐蚀等。

3. 生物危险

这是指货物对生物或人类的生理所产生的危险,例如,货物中的微生物对生物或人类健康的影响;货物的毒性对生物或人类健康的影响等。

不难看出,货物的物理危险、化学危险和生物危险有时难以区别。例如,因货物温度过高而使人员发生烫伤,属于物理危险,但进行抢救的措施则会涉及生物和医学方面的技术和知识;因货物与皮肤接触而发生腐蚀损伤应作为化学危险对待,但救治措施则主要属于生物和医学方面的技术;误食或吸入货物粉尘或颗粒而对健康产生的危险则应作为生物危险对待,但人员被货物砸伤则只能作为物理危险对待。

有些货物的危险性不止一种,而且各种危险的大小可能还不相同。在货物的危险中,何种危险具有运输意义也难以区别,例如,按定义完全可测量出矿泉水的半致死剂量,这显然没有运输意义,但是到底什么物质或货物的半致死剂量具有运输意义却难以给出明确的判定原则。

这里,我们从海上运输实务角度出发,论述解决这类问题的原则和方法。

(二)货物危险威胁的对象

货物所产生的危险主要威胁的对象如下:

1. 对与运输作业有关人员的身体健康的损害

易受危险货物损害的人员主要包港口作业人,从事船舶、道路车辆、铁路车辆装卸作业的

人员，对船舶、道路车辆、铁路车辆进行各类检查、调查、检验、监督等管理方面的人员，对船舶、道路车辆、铁路车辆进行引航、指挥、理货、计量、消防、救助等服务方面的人员。这种损害可为直接的也可为间接的，可为短期的也可为长期的，可对人体的某一部位造成损害也可对人体全身造成损害，可为明显的也可为潜在的。

2. 对船舶、道路车辆、铁路车辆、集装箱、货物和有关设备的损害或损坏

船舶的船体、机械、设备、仪器、索具，道路车辆、铁路车辆及相关设备等，岸方的装卸机械、库场、堆场、海岸设施等，装载在船、道路车辆、铁路车辆上或岸上的货物等易受危险货物损害或损坏。这种损害主要指破坏、腐蚀、磨损等。

3. 对海洋环境或空气环境等的损害

危险货物可对装港水域、卸港水域、航行经过的水域的海洋和空间环境，道路车辆、铁路车辆的车站及其行驶经过区域的空间环境造成污染损害。这种污染损害系指对生物在海洋和空气中的生存环境造成的污损和恶化。

4. 对运输效益造成损失

货物发生危险，能对船舶运输、道路车辆运输、铁路车辆运输或货物交付造成损失、延误，增加成本或费率，增加运输风险等。

（三）货物危险的存在性

货物所具有的危险很难量化，在考虑这种危险时至少应考虑到下述要素。

1. 存在危害的货物

这指某些货物在运输时确实存在着的危害，如化学物质在舱内和船舶、道路车辆和铁路车辆周围散发出有害气体、矿物在空气中散布出有害粉尘、藻泥或煤泥在运输中因流态化而减小船舶稳性、放射性物质在运输中对附近造成放射危害等。这类货物的危害一定存在，但在正常或规范操作下这种危害在可接受范围内。

2. 危险有可能发生的货物

一些危险货物具有切实存在的危险，但在运输中这种危险不一定发生或者管理得当就一定不能发生，如各类爆炸品、易燃品、有毒品等。

3. 怀疑有危险的货物

有些货物是否有危险并不能确定，但怀疑其在运输中可能会发生危险；有些货物一定有危险，但危险的性质或规模不清楚；还有些货物的危险并不属于已掌握预防措施的危险类别。这类货物在运输中被列为危险货物。一般情况下，货物在没有确定其危险性之前不应进行运输。

4. 危险性太大的货物

危险性太大的货物不属于通常意义上的危险货物，这种货物在一般条件下不得进行运输。对于这种货物，只能在经特别许可、采取特殊措施之后才可在一定范围内运输。

必须注意，在正常的海上运输条件下，有一些货物因危险太大而不能运输。危险性太大的

货物系指在正常运输条件下易发生爆炸的物质,易发生危险的化学反应的物质,会产生过量烟雾的物质,会产生具有危险性热量的物质,会产生大量的毒性气体或蒸气的物质,会产生大量腐蚀性气体或蒸气的物质,以及会产生大量易燃性气体或蒸气的物质。例如,《国际海运危险货物规则》(IMDG 规则)禁止运输危险性过大的物质,如表 1-1 所示。

IMDG 规则禁止运输的物质 表 1-1

物质名称	主要危险
次氯酸盐与铵盐的混合物(Mixtures of a hypochlorite with an ammonium salt)	剧毒
溴酸铵及其水溶液(Ammonium bromate and its aqueous solutions)和溴酸盐与铵盐的混合物(Mixtures of a bromate with an ammonium salt)	高毒,不稳定,易爆,破坏力强,氧化力强
氯酸铵及其水溶液(Ammonium chlorate and its aqueous solutions)和氯酸盐与铵盐的混合物(Mixtures of a chlorate with an ammonium salt)	强氧化剂,不稳定,在常温下有时也会发生自燃爆炸;有毒
氯化铵及其水溶液(Ammonium chlorite and its aqueous solutions)和氯化物与铵盐的混合物(Mixtures of a chlorite with an ammonium salt)	
过锰酸铵及其水溶液(Ammonium permanganate and its aqueous solutions)和过锰酸盐与铵盐的混合物(Mixtures of a permanganate with an ammonium salt)	
次氯酸铵(Ammonium hypochlorite)	
硝酸铵(Ammonium nitrate)	
亚硝酸铵(Ammonium nitrites)和无机亚硝酸盐与铵盐的混合物(Mixtures of an inorganic nitrite with an ammonium salt)	对呼吸道、眼睛及皮肤有刺激性,接触后可引起恶心、呕吐、头痛、虚弱、无力和虚脱等。大量接触可引起高铁血红蛋白血症,影响血液的携氧能力,出现紫绀、头痛、头晕、虚脱,甚至死亡。口服引起剧烈腹痛、呕吐、血便、休克、全身抽搐、昏迷,甚至死亡
氯酸水溶液,含氯酸超过 10%(Chloric acid, aqueous solution with more than10% chloric acid)	强氧化剂,会与可氧化物质反应激烈爆炸;水溶液蒸发时会发生分解爆炸;与金属会发生反应而爆炸
亚硝酸乙酯,纯净的(Ethyl nitrite pure)	
氢氰酸水溶液,含氢氰酸量超过 20%(Hydrocyanic acid, aqueous solution (Hydrogen cyanide, aqueous solution), with more than 20% hydrogen cyanide)	
氯化氢冷冻溶液(Hydrogen chloride, refrigerated liquid)	
氢氰酸酒精溶液,含氢氰酸量按质量超过 45%(Hydrogen cyanide solution, in alcohol with more than 45% hydrogen cyanide)	
氰氧化汞,纯净的(Mercury oxycyanide pure)	
亚硝酸甲酯(Methyl nitrite)	
高氯酸,含酸量按质量超过 72%(Perchloric acid with more than 72% acid, by mass)	
苦味酸银,干的或含水量按质量不足 30%(Silver picrate, dry or wetted with less than 30% water by mass)	
亚硝酸锌铵(Zinc ammonium nitrite)	

危险性太大的货物必须利用专门的运输工具、专门的装卸设备、特殊的运输管理技术等进行装运。

5. 危险性基本可控的货物

一些货物的危险性基本可控，如散装谷物的危险性、木材的危险性、散装石油的危险性、钢材的危险性、重大件的危险性等。这类货物一般不列入危险货物规则中的危险货物名录中。对于这类货物，国际海事组织（IMO）制定了专门的安全操作规则，如散装木材、散装谷物、重大件等；或者，国际上已有专门技术保证其安全运输，如散装原油等。

6. 危险性太小的货物

货物危险性的大小与其数量、包装和运输环境等有关。只要货物数量足够小，其危险性就可以忽略。IMDG 规则对不同种类危险货物规定出一个免除数量（kg），即在这一数量之内，可不完全执行该规则的规定或不受该规则的限制。

（四）货物危险性大小的评价

任何货物均具有某种性质或某种程度的危险，只是危险的程度不同而已。国际上常将货物发生危险的概率与发生危险产生灾害的大小（量级）的乘积作为衡量危险性大小的指标，但灾害大小或量级还是难以量化。估计和评价海运货物危险程度时应考虑下述影响因素：

1. 货物危险的性质或严重性

货物的危险有爆炸、燃烧、毒性、腐蚀等多种，早年人们认为爆炸性最为严重，而腐蚀性则不严重，这可从包装危险货物类别划分的顺序看出。现在看来，这样的观点不够准确，这也成为人们提出对危险货物类别重新进行划分的理由。

按现行观点，爆炸、燃烧、毒性、腐蚀等危险的严重性无法在顺序上进行划分，例如 1kg 炸药（如 TNT）的爆炸和 1 万 t 原油的泄漏，无法判定何者更为危险。

危险的严重性可从人员伤亡的数量、经济和财产损失的价值、环境污染的范围等方面进行综合评判，而不只是按危险的性质进行划分。

2. 货物危险发生的可能性

危险发生的可能性越大则危险性越大，反之越小。在运输业，较严重的危险，如飞机失事、沉船、液货船（化学品船、油船、液化气船）爆炸等，人们可接受的发生概率为 0.3PPM。

3. 货物危险的可预防性

货物危险的可预防性越好则危险性越小，反之越大。应该说，完全可预防的危险实际上并不是危险。然而，一般货物的危险性并不能准确预防，或预防措施无法列明或在成本上难以实施。

4. 货物危险的可控性

货物危险的可控性越好则危险性越小，反之越大。例如，矿粉流态化可能需要一个过程，在这过程中可采用压水等方法进行调控，所以危险不是很大；液化天然气罐箱发生泄漏后，需要 30min 以上时间才可能对船体产生冻损危害，这期间港口作业人有充分时间逃生，所以其危险性也不算太大。

5. 货物危险发生的可根治性

危险发生后的可根治性越难则危险性越大,否则越小。一般认为,油污的危险比较严重,这其中的一个重要原因是油污发生后根治比较困难。利用化学剂清污,除成本较高外还会产生一定的二次污染;海洋环境的自然恢复一般需要 15 ~ 20 年的时间。

(五)影响海运货物危险性的因素

1. 货物包装对危险性大小的影响

货物的包装不良,其危险性会有所增加。只要对货物进行充分包装,就可将其危险性降至较低水平。但是,过分的包装会在很大程度上增加运输成本。

2. 货物数量对危险性大小的影响

只要货物的数量足够小,危险货物的危险性就会很小。在运输中,为了控制危险货物的危险,对有些危险货物进行限量运输。

3. 运输环境对危险性大小的影响

危险货物的危险性还与运输环境有关。如果船上旅客或其他人员较多,则危险货物的危险性较大;如果船上货物价格特别昂贵,则危险货物的危险性较大;如果船舶所处位置设备及建筑物价值特别高,则危险货物的危险性较大;如果船舶所处地理位置环境价值特别高,则危险货物的危险性较大。

4. 运输技术对危险性的影响

运输技术的提高,特别是装卸设备、监测仪器、报警设备的应用,会在很大程度上降低货物的危险性。同样,大量使用高级装卸设备、监测仪器和报警设备会在很大程度上增加运输成本。

5. 人为因素对危险性的影响

从事货物作业的人员包括装卸工人、安全监管人员、管理人员、港口作业人等。这些人员的技术水平越高,货物发生危险的可能性就越小,反之则越大;这些人员工作态度越积极,货物发生危险的可能性就越小,反之则越大。

提高从事货物作业人员的知识和技术水平,有利于减小货物发生危险的可能性。当然,提高这些人员的安全意识和责任心,也会在相当大的程度上提高危险货物运输的安全性。

(六)危险货物与非危险货物的区别

按照我们的分析,危险货物和非危险货物之间并没有严格的界限,但是,海运生产中经常需要判断一票货物是不是危险货物,从而决定所适用的规则、进行运费计算、进行保险和赔偿的理算等。这里我们提出以下原则供港口作业人在生产中应用。

1. 按危险货物规则区别

按危险货物规则,经常将货物分成三类:危险货物,系指在危险货物规则中,如 IMDG 规则、《国际海运固体散装货物规则》(IMSBC 规则)、《国际散装运输危险化学品船舶构造和设备规则》《散装运输危险化学品船舶构造和设备规则》(IBC/BCH 规则)或《国际散装运输液化气体船舶构造和设备规则》(IGC 规则)中,明确列明为危险货物的货物;非危险货物,系指在危险货物规则中明确列明不属于危险货物的货物;危险性不能确定的货物系在危险货物规则中明确列明其危险性不能确定的货物,这常指其有否危险不能确定、或其危险类别不在有关规则列明的危险种类之内、或其危险性属于哪一种列明的危险种类不能确定。

2. 由运输实践确定货物的危险性

对于危险货物规则中没有规定的货物,如果大量运输实践证明其具有危险性或不具有危险性,则这种货物就可作为危险货物或不作为危险货物对待。

3. 由科学研究或试验确定货物的危险性

任何一种货物,特别是新产品,不论是规则列明其为危险货物或列明其不是危险货物,只要经确切的科学试验证明其在某一特定运输条件下不具有危险性,这种货物就可以不作为危险货物对待;只要经确切的科学试验证明其在某一特定运输条件下具有危险性,这种货物就必须作为危险货物对待。

当然,这种科学试验必须由有资质的机构来进行,试验结果必须经主管当局批准或认可。

(七)货物危险性与运输的关系

运输模式主要有五种,即公路运输、水路运输、铁路运输、航空运输和管道运输。有些危险货物在水上可以运输但航空不能运输,因为各种运输模式对危险货物运输的限制不同。就水上运输而言,货物危险性与运输模式有如下几种关系。

1. 禁止运输危险性过大的货物

国际规则和各国制订的规则均禁止运输危险性过大的货物,例如 IMDG 规则中规定了一些禁止运输的货物;我国规定了一些禁止运输的剧毒物质和爆炸品。

这里的禁止运输,可能指禁止某一种运输模式进行运输,也可能指禁止某几种运输模式或禁止所有运输模式进行运输。

有些所谓的禁止运输,系指在某些条件下禁止运输,如国际上或国内规则禁止某些爆炸品在载有一定量旅客的船上进行运输。

禁止运输一般不包括在公安人员或专业技术人员监管或指导之下的运输,如某些爆炸品和剧毒物质需在公安人员监管之下进行运输。

2. 限量运输的危险货物

只要危险货物的数量足够小,其危险性就很小。所以国际规则和国内的规定常对某危险货物的运输数量作出限制。这里的限制可能是对每包件的最大包装作出限制,也可能是对每舱或每船最大装载量作出限制。

3. 免除危险货物

如果危险货物的数量特别小,其危险性就可以忽略。对于数量特别小的危险货物可以降低运输要求或免除执行某些规则。

二、危险货物的种类

(一)包装危险货物

在包装危险货物的国际海上运输中,应遵行 IMDG 规则❶,我国参照该规则也制订了《国内水路货物运输规则》。根据这两个规则,包装危险货物分为爆炸品、气体、易燃液体、易燃固体、氧化剂及有机过氧化物、有毒及有感染性物质、放射性物质、腐蚀性物质、其他危险货物,共9类。

40-20 修订版 IMDG 规则中列出的包装危险品共 2858 种,约 7000 个名称。

(二)固体散装危险货物

在固体散装危险货物的运输中,应遵行 IMSBC 规则❷。我国未制订国内的相应规则,亦即在国内运输中也应参照该规则进行有关操作。根据该规则,固体散装危险货物的种类分为易燃固体、氧化剂及有机过氧化物、有毒及有感染性物质、放射性物质、腐蚀性物质、其他危险货物,共6类,另加海洋污染物、垃圾以及仅在散装运输时有危险的物质。

IMSBC 规则列出的固体散装货物共约 300 种。

(三)液体散装危险化学品

在液体散装危险化学品的运输中,应遵行 IBC 规则❸。我国未制订国内的相应规则,因此在国内运输中也应参照该规则进行有关操作。

液体散装化学品的性质过于复杂,国际上并不对其再作分类,只将其作为一种危险货物而统一作出规定和要求。

IBC 规则列出的液体散装货物共约 800 种。

(四)液化气体散装货物

在液化气体散装货物运输中,应遵行 IGC 规则❹。我国未制订国内的相应规则,因此在国内运输中也应参照该规则进行有关操作。

液化气体散装主要为液化天然气、液化石油气和其他液化气体,性质也十分复杂,只将其作为一种危险货物而统一作出规定和要求。

IGC 规则列出的液化气体散装货物共约 30 种。

(五)原油

海上大批量运输散装原油(Crude oil)的历史约有 100 年,人们在船舶建造、货物装卸、运输管理方面积累了大量成熟技术和经验。原油具有燃烧、爆炸、污染等危险,但国际海事组织未将这种货物列入 IMDG 规则、IBC 规则以及 BCH 规则,也未对其作出专门的安全操作规则。

---

❶ IMO. IMDG Code. London. 2023.

❷ IMO. IMSBC Code. London. 2023.

❸ IMO. IBC Code. London. 2022.

❹ IMO. IGC Code. London. 2022.

一些国际组织对原油运输技术和规则作出了详细规定，这些国际组织包括：

(1)国际独立油船船东协会(International Association of Independent Tanker Owners，INTERTANKO)。

(2)国际油轮船东协会(International Tanker Owner's Association，ITOA)。

(3)国际船东协会(International Shipping Federation，ISF)。

(4)美国石油协会(American Petroleum Institute，API)。

原油基本上具有液体散装化学品的性质，但在船舶建造、运输管理方面所遵循的规则并不是IBC规则，而是上述一些国际组织专门制定的规则。

(六)具有特殊危险的货物

除了上述列明的危险货物之外，还有一些货物在海上运输中具有危险性。但这些货物的危险性，按照正确的操作规则操作，一般完全可控。这类货物包括以下几种：

(1)散装谷物(Grain in bulk)，具有下沉和移动性，可能致船舶倾覆；可能致舱内缺氧；具有虫害，可能危害目的港国家的环境等。

(2)原木(Log)，具有移动性，从而可能致船舶倾覆；具有吸水性，可致船舶稳性减小或排水量增大；可能致舱内缺氧；具有虫害，可能危害目的港国家的环境等。

(3)重大件(Heavy-lift)，装卸和绑扎困难；若发生移动，可能致船舶倾覆。

(4)冷藏货物与高温运输货物，冷藏货物易发生腐烂；冷藏舱和高温舱可能给人员安全带来危害；对船舱有专门要求；需要较高的运输技术和操作技术。

(5)活体动物和植物，可能含有有害微生物，危及目的港国家的环境安全。

在海上运输中，这类货物并不作为危险品对待，但这类货物确实具有危险性，在运输中需要按专门规定进行运输。

此外，如钢材(Steels)、滚装货物、铁路车辆、道路车辆等货物，也具有特别危险，在国际海上运输中形成了一些专门技术，甚至形成了一些区域性规则或行业性惯例。

(七)中国规则下的危险货物

中国在危险货物运输中制订了一整套危险货物管理规则，系统地形成了国家标准和行业标准。这些规则对危险货物的道路运输、铁路运输、水路运输、航空运输和管道运输均作出了详细规定，形成了中国危险货物运输的管理体系。

这些规则，有的与国际规则一致，有的与国际规则相似，还有的与国际规则完全不同，甚至还有我国专门的规定，在国际上并没有相应规则可参照。

在我国，水路运输和航空运输首先与国际接轨，我国专门的规定这些规则目前主要应用于国内的道路运输、铁路运输和管道运输。随着我国运输的国际化进程，这些规则也逐渐融于国际规则。

三、港口作业人员确定货物危险性的程序

(一)对货物的识别

港口作业人员收到申报单、托运单、装货清单(Loading list)或其他文件后应对货物名称的

进行识别,这过程中应注意下述事项:

(1)货方的托运人、代理人或其他人员可能对货物的具体名称不熟悉,一般来说货物发货人中(Consignor)的技术人员对货物会做出明确描述。

(2)港口作业人员应到现场对货物进行查看,了解货物的具体情况。

(3)港口作业人员对货物的标准名称有异议或疑问时应查找专业资料,包括国内外规则、专业著作,甚至向有关专家进行咨询。

(4)港口作业人员必须确认货物的名称才能接受存储和装运。

(二)查找危险货物规则以确定其是否具有危险性

港口作业人在确定货物名称后,应根据货物名称和联合国编号,查找有关规则,以确定其是否是危险货物。这些规则包括:

(1)IMDG 规则。

(2)IMSBC 规则。

(3)IBC/BCH 规则。

(4)IGC 规则。

(三)按自己掌握的知识进行判断以确定其是否具有特别运输性质

港口作业人在确定货物名称后,应根据自己的知识进行判断,以确定其是否具有特别运输性质。例如,原油并没有列入 IBC/BCH 规则中,但其具有特别的运输性质,应被列为危险货物。

(四)咨询有关专家

港口作业人在确定货物名称后,无法判断其是否具有危险性、无法确认其危险的性质、或无法确认其安全运输的操作规程时,应请专家指导。这种情况下,一般应要求专家以个人名义或专业机构名义署名提出书面意见。

第二节 固体散装危险货物的定义和危险特性

一、易流态化固体散装货物

(一)易流态化货物的定义

IMSBC 规则中定义的易流态化货物(Cargoes which may liquefy or undergo dynamic separation)系指含有一定水分,从而在航行中因船舶的摇摆和颠振而发生流态化(Liquefaction)或动态分离(Dynamic separation)的货物。

这种货物的危险主要有三个方面:

1. 自由液面降低船舶稳性

装载易流态化货物船舶横摇过程中，因货物与水分的“动态分离”形成的自由液面，这种自由液面会直接降低船舶稳性。一般来说，若全船货物和水分均发生“动态分离”，则形成的自由液面面积仅略小于船舶的水线面，所以船舶必然倾覆。

2. 货堆总体发生滑动

装载易流态化货物船舶横倾到一定角度时货堆因“流态化”而总体发生滑动或错动(Sliding)，这会加大船舶横倾；横倾增大后，船舶横摇过程中货物会进一步发生滑动或错动，从而使船舶产生更大横倾。这是一个正反馈的过程，直至船舶发生倾覆。

3. 货面发生小幅移动

装载易流态化货物船舶在横摇过程中，货物因“流态化”随横摇而发生小幅度横向移动(Shifting)，但在回摇过程中并不会完全回移，从而使船舶产生一个横倾角；在有横倾角的情况下，船舶横摇时向这一侧移动的货量会有所加大，但回摇时仍不能完全回移，所以横倾角会有进一步加大。这也是一个正反馈过程，甚至使船舶发生倾覆。

一般来说，上述三种现象并不同时发生。若货物含水量很大，则可能在货面表层产生自由液面；若货物含水量中等，则可能充分流态化，从而在总体上发生滑动或错动；若货物含水量很小，则货物流化可能不充分，货面只能发生小幅移，缓慢危及船舶安全。

此外，有些易流态化货物会因为平舱不充分，在货物含有较大水分时在横向上从高处滑向低处，产生横倾力矩，危及船舶安全；有些易流态货物会发生自热；有些易流态化货物具有一定腐蚀性；还有些易流态化货物具有一定磨蚀性，后两种危险均对船体、装卸设备和运输车辆具有一定损害。

应当注意，这里的易流化货物定义是IMSBC规则(2023版)中给出的定义，这实际上包含了很大一类货物，既包括了原来意义上的易流态货物，还包括河沙、海砂、铝矾土等易出现水分“动态分离”的货物。但是，IMSBC规则并没有将具有“动态分离”性质的货物列入易流态化货物名录中，而且也没有给出如何利用流盘、沉降仪和夯樊仪测量“动态分离”现象的方法。

(二)货物流态化的原因

货物流态化系指其抗剪强度的丧失。

抗剪强度系指货堆中两相邻截面间的摩擦力大小，如图1-1所示。严格说来，若货堆上受到了某种推力，如船舶摇摆或颠振中产生的重力、惯性力等，则会在与这个力平行的断面上产生一个相反的抵抗力即摩擦力。这个力在单位面积上的大小称为抗剪强度。

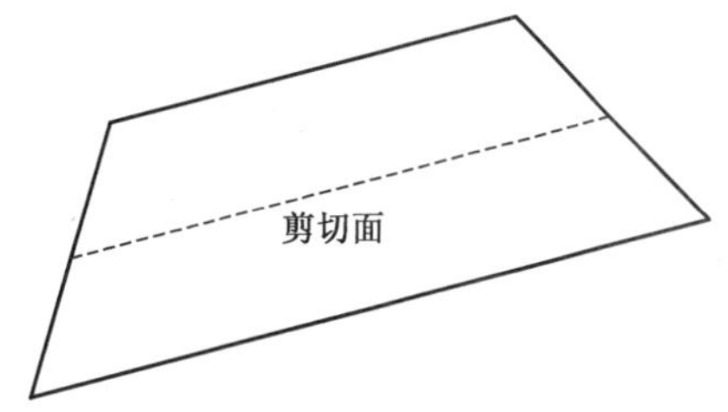

图1-1　货堆中两相邻截面及其间的摩擦力

不难理解，若外部的作用力小于抗剪强度，则货堆是稳定的；若外部的作用力大于抗剪强度，则以货堆剪切面为界的二部分货物便会发生措移，即货堆是不稳定的。

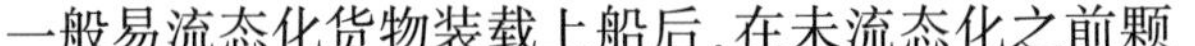
一般易流态化货物装载上船后，在未流态化之前颗

粒间的状态如图 1-2 所示。颗粒之间的空当,主要为水和空气。如果货物的含水量较高,则水分较多,空气较少;如果货物的含水量较低,则水分较少,空气较多。但是在这种状态下,颗粒之间会直接接触,具有较大的摩擦力即具有较大的抗剪强度。

但必须注意,这时颗粒之间的空隙分布很不均匀,大小相差很大。

一般易流态化货物装载上船之后,由于船舶的摇摆和颠振,颗粒之间的空隙会减小,其结果是颗粒之间的空气被挤出,水分受到挤压,压力增加,如图 1-3 所示。

图 1-2 流态化之前未经加工矿粉的颗粒状态

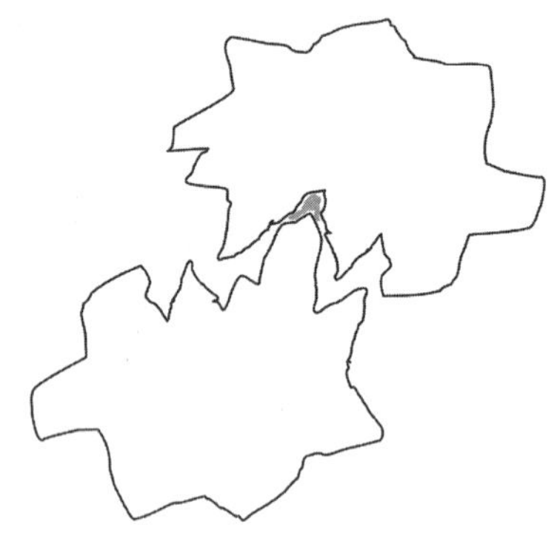

图 1-3 货物颗粒间的水分受到挤压

如果固体散装货物中的水分含量较高,则颗粒之间的空隙会充满水分。随着空隙的进一步减小,颗粒空隙之间的水压力增加,从而将颗粒挤向一边,形成如图 1-4 所示的状态。

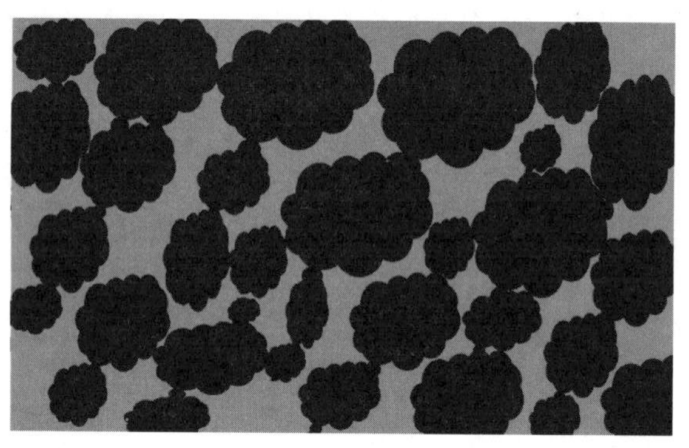

图 1-4 流态化过程中镍矿的颗粒状态

但必须注意,由于颗粒之间的空隙分布很不均匀,大小相差很大,所以会有一部分颗粒之间充满水分,而另一部分颗粒之间仍有直接接触。这一状态的表现是,一部分颗粒之间失去了抗剪强度,而另一部分颗粒之间没有失去抗剪强度。

如果货物自身的粒度等特征合适,所含水分数量足够,而且船舶颠振和摇摆达到相当时间和相当幅度,这一过程可能发展成完全流态化。在完全流态化状态下,颗粒之间没有直接接触,而完全由水压力支撑,从而完全丧失了抗剪强度。当然,这只是一个理想过程,实际生产中并不会经常出现这种情况。

这里根据 IMSBC 规则中的观点,详细说明影响货物抗剪强度的要素,即货物出现流态化的条件。

1. 颗粒表面粗糙的货物易流态化

如果货物颗粒表面平滑，则在货堆中货物颗粒间的镶嵌性基本上已处于最紧致的状态，不会因振动、撞击和摇摆而发生变化，从而其内的水压力不会增加，也就是不会发生流态化，如图1-5所示。相反，如果货物颗粒表面粗糙，则在振动、撞击和摇摆过程中镶嵌性会大为提高，颗粒内的空气会被挤出，水压力会增加，也就容易发生易流态化。

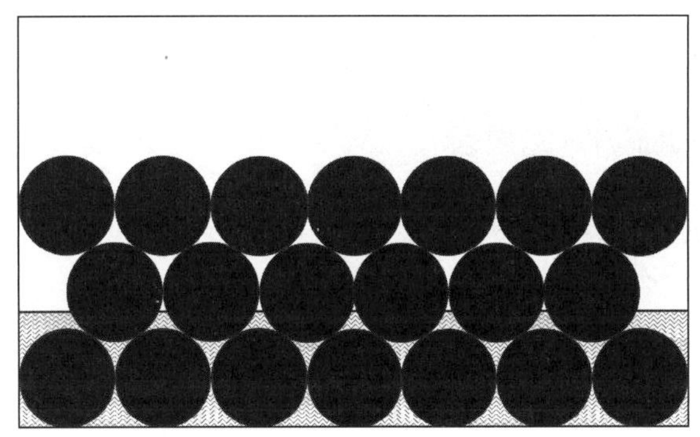

图1-5　均匀平滑颗粒的排列

2. 颗粒过小的货物不易流态化

颗粒过小的货物，颗粒间的缝隙很小，没有足够的水分以产生压力。这种情况下货物不易流态化。

3. 颗粒过大的货物不易流态化

颗粒过大的货物，颗粒间的缝隙很大，而且缝隙中的水分受到挤压会自然流走而不会产生压力。这种情况下货物不易流态化。

4. 振动幅度和频数不大的条件下不易流态化

若在船舱中，振动幅度和频数不大，则颗粒缝隙中的水分不会受到充分挤压，因而不会产生适当压力。这种情况下货物不易流态化。

5. 振动时间不长的条件下不易流态化

若货物受到振动的时间不长，则颗粒间不会充分镶嵌，所以颗粒缝隙中的水分不会受到充分挤压，因而不会产生适当压力。这种情况下货物不易流态化。

6. 货物中水分含量过小不易流态化

若货物中水分含量过小，则在振动过程中水分不会受到充分挤压，因而不会产生适当压力。这种情况下货物不易流态化。

货物的流态化过程还可用图1-6加以说明。货物装入舱内之时，颗粒之间多直接接触，摩擦力较大所以抗剪强度较大；随船舶颠振和摇摆，颗粒间发生了重新镶嵌，颗粒间空隙减小，颗粒的接触部位受到了水的润滑，所以摩擦力减小而抗剪强度较小。这种情况下，若船舶产生较大倾角则货物便会发生移动。

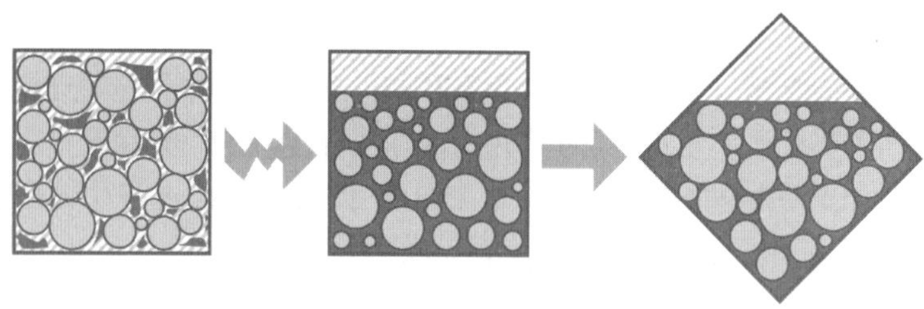

图 1-6 货物流态化过程

(三)货物与水分动态分离的原因

货物发生动态分离是一个较新概念。这主要指含水量过大的货物,水分与货物发生了分离。这里至少包括以下几种情况。

1. 密度较大的均匀颗粒货物的含水量超过了流动水分点

密度较大的均匀颗粒货物,货物的含水量可能超过流动水分点。这种情况,随船舶摇摆或颠振,水分不但会完全充满颗粒间的空隙,而且还有一部分完全与货物分离开来,渗移到货物表面,如图 1-7 所示。浮在货物表面的水是自由水,形成自由液面,危及船舶的稳性安全。

发生这现象的货物应完全由统一尺度的颗粒组成,其中不含粒度过小的成分即不含粉或面成分。

2. 密度较大的不均匀颗粒货物的含水量超过了流动水分点

密度较大的不均匀颗粒货物,货物的含水量可能超过流动水分点。这种情况,随船舶摇摆或颠振,水分不但会完全充满颗粒间的空隙,而且还有一部分溶解了一部分较小的颗粒,完全与货物分离开来,渗移到货物表面,如图 1-8 所示。浮在货物表面的浆状物是自由液面,危及船舶的稳性安全。

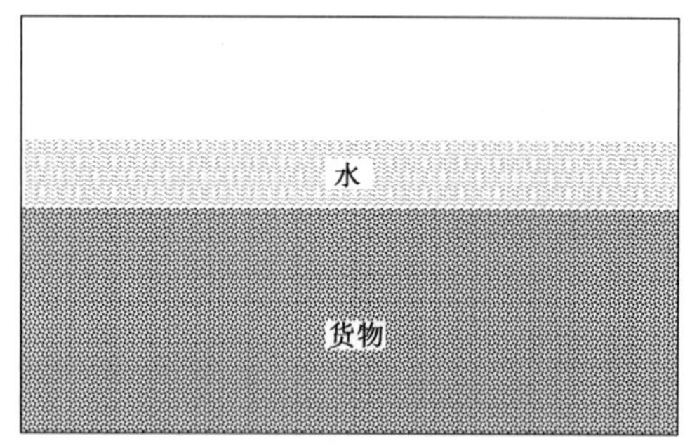

图 1-7 水在货物之上

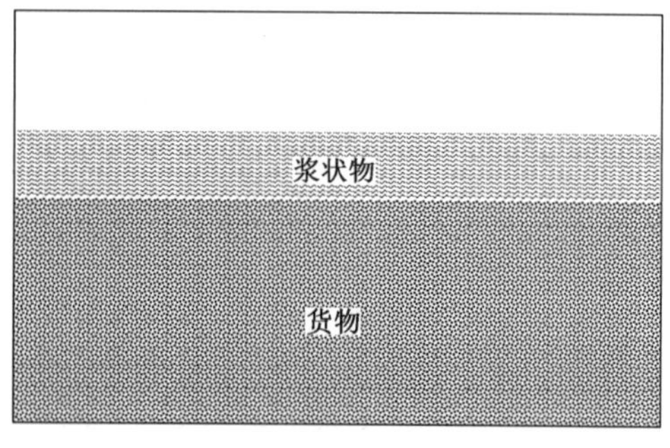

图 1-8 浆状物在货物之上

发生这现象的货物应完全由不同尺度的颗粒组成,其中含有粒度过小的成分即含有一定量粉或面成分。

3. 密度较小的颗粒货物的含水量超过了流动水分点

密度较小的颗粒货物,系指密度小于淡水的货物。对于这种货物,无论颗粒均匀还是不均匀，若货物的含水量超过流动水分点，随船舶摇摆或颠振，水分会因虹吸力（范氏力）的作用而完全充满下层一部分颗粒间的空隙，而且还有一部分溶解了一部分较小的颗粒，完全与货物分离开来，渗移到货物底部，如图 1-9 所示。这种情况，若舱内货量较大，则对船舶稳性影响较小；若舱内货量较小，则浮在水面上的货物会在船舶摇摆过程中发生移动，特别是会发生不对称移动，危及船舶的稳性安全。

4. 砂或铝矾土等颗粒较大货物的含水量较大

对于砂或铝矾土等颗粒较大货物，若含水量较大，随船舶摇摆或颠振，水分会淹过货面，在货物表面形成水或浆状物构成的自由液面，如图 1-10 所示。这种自由液面的移动，一方面直接危及船舶的稳性，另一方还会带动其货物发生移动，特别是会发生不对称移动，进一步危及船舶的稳性安全。

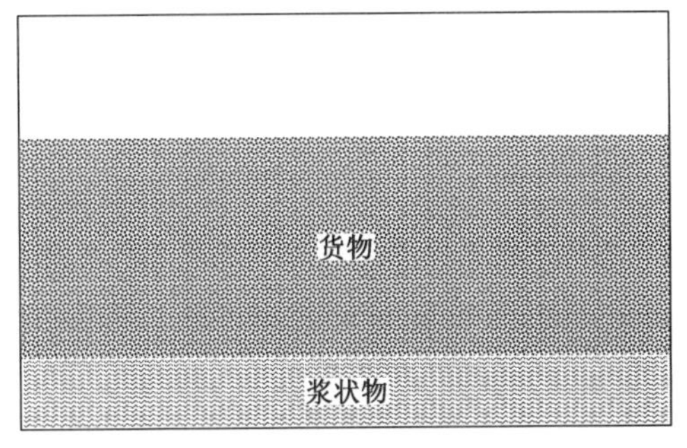

图 1-9　浆状物在货物底部

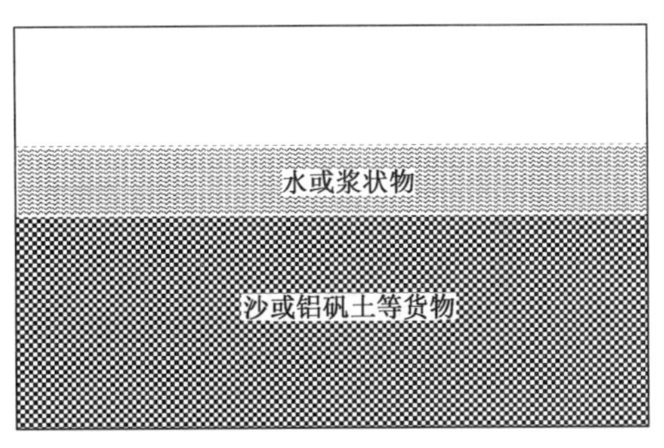

图 1-10　在砂或铝矾土等货物表面上形成水或浆状物

5. 块状货物的含水量较大

对于块状货物，若含水量较大，随船舶摇摆或颠振，水或浆状物会沉入底部，如图 1-11 所示。随船舶的摇摆，这种水或浆状物会在块间移动，其对船舶稳性的影响类似于自由液面，称为不完整自由液面影响，对稳性的减小值小于完整自由液面，但也在相当程度上危及船舶的稳性安全。

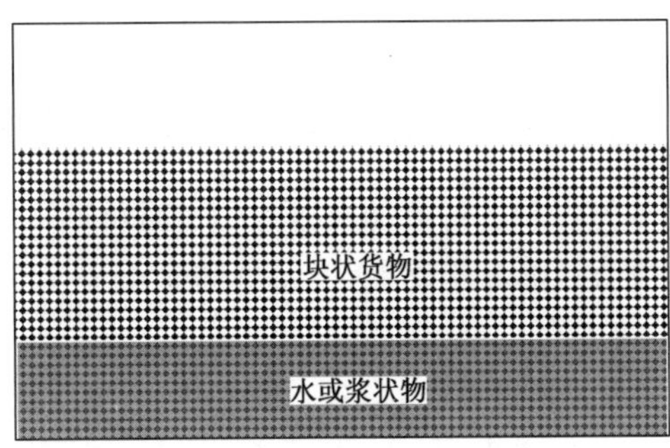

图 1-11　在块状货物中形成的水或浆状物

若含水量很大，则水会淹过货物表面，其对船舶稳性的影响则与自由液面相同。

（四）货物流态化与水分动态分离的关系

固体散装货物的流态化对应着一个含水量的范围。

在货物刚刚发生流态化时,货物的含水量较小,仅当船舶产生较大倾角时,货物才会发生一个小幅度移动,这时货物的流态化并不充分;随着含水量的增加,货物流态化的程度会变得更加充分;当含水量达到一个较高数值时,货物会完全充分流态化,船舶只要产生一个较小的倾角,货物便会发生一个较大幅度移动,即滑动或错动。

当含水量进一步增加,货物会在完全充分流态化之后,出现货物与水分动态分离现象,即表层形成由货物粉末和水构成的浆状自由液面。

对密度大于水的货物,若颗粒较大则不具有流态化性质,当含水量达到一定数值时,则会直接出现水分动态分离现象,如石块货物。若颗粒较小则会具有流态化性质,其流态化由不充分到充分的变化过程及动态分离的出现过程会与前述分析一致。

对密度小于水的货物,流态化与动态分离发生的过程与前述分析基本一致,但在动态分离发生时,液面表层会漂浮一层货物,这一层货物会略微减小自由液面对稳性的影响,因此这一层货物会减缓或阻碍自由液面的流动进程。

(五)特殊易流态化货物

散装鱼(FISH IN BULK)和藻泥(PEAT MOSS)是两种特殊易态化货物。这两种货物在运输中均可能发生横向移动,从而危及船舶稳性。

散装鱼由于湿滑而易发生横向移动,草泥因含水量很大而通常在货面上形成自由液面。从这两个货例中可以看出,易流态危险是一个广义的概念。

(六)流动水分点

流动水分点(Flow Moisture Point,FMP)是易流态化货物在运输中可能发生流态的含水量。

这里的含水量系指用104℃烘干箱可以烘出的水分。从这个意义上讲,结构水即作为货物组成部分的水、矿砂颗粒内部不能流出的水不能用烘干箱除去;结合水即固体散货颗粒表面水膜中的水和吸收水即吸收周围空气中的水用烘干箱只能除去一部分;毛细水和重力水则可以用烘干箱完全除去。

由此可见,这里的含水量必须是用专门烘干箱测定的水分,用其他方法测得的含水量不准确。

这里的流态化,系指用专门仪器进行流动水分点测定时所定义的流态。必须注意,用不同仪器进行测量时,所定义的流态还略有不同,所以得到的流动水分点也略有不同。

影响流动水分点的要素主要有以下三个方面:

1. 货物的自身性质

这是指货物自身的颗粒大小、形状、表面光洁度、密度等参数。不同的货物,这些参数不相同;相同的货物但批次不同,这些参数也可能不尽相同。

2. 运动状态

进行测量时,货样的运动状态;或实际运输时船舶的摇摆和颠振条件。在利用仪器进行测量时,仪器振动的时间、振动频率、振动幅度等。

3. 测量仪器

在进行流动水分测量时，有多种仪器可供选择，不同仪器测量的结果略有不同。

在测定易流态化货物含水量的过程中，应确保加热的温度不得太高，同时用时不得过长，因为这两个原因会导致易流态化货物颗粒中的组织结构发生变化。

这实际上是一矛盾。温度方面，一般设计为 104℃，这个温度下，加热时间可达数小时而不认为易流态化货物的组织结构会发生变化。

利用烘干法测定样品的水分含量是广为接受的方法，但烘干法却有多种，使用这一方法还需要选择适当的烘干炉。

试验中，最好使用铝质盘，因为铝质盘的导热系数较大，也较便宜。应注意，操作中应用金属钳，而不得用手直接取拿铝盘，因为手上的汗水可能改变货样的含水量，甚至增加货样的重量。

在烘干炉的选用中，人们广泛认可的烘干炉是普通炉，降低炉内的压力是一个很好的加热方法。

经称重的样品，放在普通烘干炉(Drying oven)中进行烘干，如图 1-12 所示，一般烘干 2 ~ 3h 后进行一次称重，直至重量不再减小，这时便可计算出货样的含水量。

这种含水量分成两种，一种为干基含水量，即失去的水分重量与烘干后的重量的比值；另一种为湿基含水量，即失去的水分重量与烘干前的重量的比值。

利用普通烘干炉进行水分测量常需要较长时间，一般为 10h 左右或更长时间。

货样质量的测量主要用天平与砝码进行。

为了测量固体散装货物的有关性质，所用天平和砝码(Scales and weights)应具有较高精度。原则上应配备新仪器，但船上旧有的仪器若具有足够精度则也可以使用，如图 1-13 所示。

图 1-12　普通烘干炉

图 1-13　英国的老式天平

所使用的天平，若为旧天平，称量 2000g 重量的允许误差应在 ±2.0g 以内，新天平的允许误差应为上述数值的一半。

所使用的砝码，若为旧砝码，允许误差应如表 1-2 所示。新砝码的允许误差为表中各对应值的一半。

旧砝码的允许误差 表 1-2

质量(g)	误差(±g)	质量(g)	误差(±g)
1000	0.50	100	0.15
900	0.45	50	0.10
750	0.40	20	0.05
500	0.35	10	0.04
300	0.30	5	0.03
250	0.25	2	0.02
200	0.20	1	0.01

流动水分点对应的货物含水量(Water content)系指货物所含水分的质量(重量)占其总质量(重量)的百分比。

取一定质量货物样本 W_1,置入烘干箱中(其内温度约 104℃)。经若干时间(如 3h)取出,称取其质量 W_2,则 W_2必小于 W_1;将该批货样再放入烘干箱中,又经若干时间(如 3h)取出,称取其质量 W_3,则 W_3必小于 W_2;……;如此进行下去,直到 W_{n-1} 等于 W_n,则该货物的含水量 w 可表示为(1-1),

$$w = \frac{W_1 - W_n}{W_1}\% \tag{1-1}$$

按式(1-1)计算得到的含水量常称为总含水量(Gross water content,Total moisture),或称为湿基含水量(Wet based water content)。

进行含水量测量时,对一份货样击实或捣实程度不同,经烘干后得到的含水量会略有不同。将一定量精矿粉类货物的货样,按有关规定击实或捣实,其内的含水量称为最优含水量(Optimum Moisture Content,OMC)。这一含水量系经击实或捣实后货物颗粒达到最佳镶嵌、最为密实状态下所含的水量,也是流动水分点所指的含水量。

(七)适运水分限及有关运输规定

适用水分限(Tranportable Moisture Limit,TML)是指易流态化货物适合利用船舶进行运输的含水量。

适用水分限常取为流动水分点的 90%,但有时会取得更低。事实上,适用水分限与流动水分点的具体关系应根据具体情况进行深入研究。

根据 IMSBC 规则,含水货物(罐装货物除外)不得在同货舱内积载在易流态化货物之上或与易流态化货物邻接。

运输中应采取措施防止海水或淡水进入积载有易流态化货物的货舱中,因为这会导致这类货物发生流态化。

船长应注意,运输中有些情况下可能需向装有易流态化货物的货舱中打水以进行灭火等作业,这会导致该舱货物发生流态化。若确要向该舱打水,则应用喷雾的方式打入。

根据 IMSBC 规则,易流态化货物可用专门建造的船舶进行运输。该船舶应设有永久货舱,以将货物的移动限制在可接受的限度内。该种船舶应在船持有主管当局的建造批准证书。

该种船舶设备具有可拆卸的纵向止移板,以限制货物在舱内的移动,其应达到下述要求:

(1)止移板的设计和安装,应能抵御货物移动产生的横向力,两只时还将货物移动产生的横向力矩限制在可接受的水平。止移板不得用木质材料制造。

(2)限制货物移动的有关构件应进行加固。

(3)这种止移板的特殊设计和结构应经主管当局批准,批准文件应保存在船备查。

向主管当局申请有关批准时,应按 IMSBC 规则的规定提交有关设计和建造文件。

二、具有化学危险的固体散货

IMSBC 规则将固体散货中的具有化学危险的货物列入 B 组,按 UNRTDG 建议书的危险货物分类方法分成如下各类。

(一)易燃固体

UN4.1 类易燃固体(Flammable solids)系指易燃固体货物和受摩擦时可能起火的固体散货。

易燃固体系指按联合国《试验与标准手册》规定的试验方法[1],一个或多个试验的点燃时间低于 45s 或燃烧速度大于 2.2mm/s 的物质;可点燃且反应在 10min 以内蔓延到样品全部长度的金属粉末或金属合金;或经摩擦可起火的物质。

易燃固体一般是易被火柴等火源点燃并且火焰会迅速蔓延的物质,常呈纤维状、粉末状、颗粒状或糊状。易燃固体的危险性不仅来自于其火焰,还可能来自于其在燃烧时产生的有毒物质。金属粉末尤其危险,因为其一旦着火则难以扑灭,而且常用的二氧化碳或水等灭火剂基本无效,而且还会增加其危险性。

1. 自反应物质

自反应物质系指没有氧(空气)辅助也能发生强烈放热分解反应的物质。一般情况下,按规则的规定应属于爆炸性物品、氧化剂和有机过氧化物的物质和物品不作为自反应物质对待,分解热小于 300J/g 的物质、50kg 的包件,其自行加速分解温度[2](Self-Accelerating Decomposition Temperature,SADT)大于 75℃的物质也不作为自反应物质对待。

2. 固体退敏爆炸品

固体退敏爆炸品(Solid desensitized explosives)是指浸在水或醇类液体中的爆炸性物质或用稀释剂稀释而成为均一混合物的爆炸性物质。在运输状态下,退敏剂应均布在所运物质中。若在低温下运输,则应用乙醇等降低退敏试剂的冰点。

一些固体退敏爆炸品,在干燥状态下应列为爆炸品。

3. 聚合物质

聚合物质(Polymerizing substances)是能够发生聚合反应的物质。

聚合反应是一种或几种具有简单小分子的物质,合并成具有大分子量物质的强烈化学反

[1] United Nations Manual of Tests and Criteria, part II, chapter 33.2.1.

[2] United Nations Manual of Tests and Criteria, part II, chapter 28.

应,其间常会放出大量热量。有聚合能力的低分子原料称单体(Monomer),分子量较大的聚合原料称大分子单体,聚合反应后常会生成分子量高达几千甚至几百万的聚合物或高分子化合物。淀粉、纤维素、塑料等属于高聚合物。

(二)易自燃物质

UN4.2 类易自燃物质(Substances liable to spontaneous combustion)为第 4.2 类危险货物。该物质包括以下两类物质:

1. 引火物质

引火物质(Pyrophoric substances)系指与空气接触后 5min 之内即可着火的物质。引火物质可为液体、固体或其混合物,引火物质为最容易自燃的物质。

如果按照联合国规定的试验方法❶进行试验,其样品在其中的一个试验中着火,则该物质应作为第 4.2 类危险货物即引火固体对待;如果按上述方法进行试验,试验的第一部分着火,或者它点燃或烧焦了滤纸,则该物质应作为第 4.2 类危险货物即引火液体对待。

2. 自热物质

自热物质系指除引火物质以外,在不供能量的情况下与空气接触会自行发热的物质。这些物质只有在数量大(若干千克)、时间长(若干小时或若干天)的情况下才会着火。

物质的自热会导致自燃。若某种物质按联合国规定的试验方法❷进行试验,证明具有自热性,则该物质应划为第 4.2 类的自热物质。例如,某物质交运体积大于 $3m^3$;按上述方法进行试验,即试验温度为 140℃、试样容器边长为 100mm,得到自热结果;而试验温度为 120℃、试样容器边长为 100mm,未得到自热结果;那么,该物质应作为自热物质对待。

(三)遇水产生易燃气体的物质

遇水产生易燃气体的物质系第 4.3 类危险货物。该类物质与水接触会释放易燃气体,并与空气混合形成爆炸性混合物。这种混合物很容易被明火、飞溅火花、无保护装置的电光源、各类工具在冲击时产生的火焰等点燃。

一种物质,是否属于遇水产生易燃气体的物质,必须按联合国规定的试验方法❸进行试验确定。在试验中,若某种物质在试验程序的每一步都发生自燃,或所产生易燃气体的速率大于 1L/(h · kg),则应作为遇水产生易燃气体的物质对待。

对于金属有机物,应按 IMDG 规则规定的程序确定其为第 4.2 类还是第 4.3 类危险货物。

对遇水产生易燃气体的物质,若在环境温度下会与水发生剧烈反应,具有产生自燃气体的趋势,或在环境温度下易与水反应,产生易燃气体速率等于或大于 10L/(kg · min),则应用Ⅰ级包装进行包装。若在环境温度下易与水反应,产生易燃气体速率等于或大于 20L/kg-hr,则应用Ⅱ级包装。若在环境温度下可与水发生缓慢反应,产生易燃气体速率大于 1L/kg-hr,则应

---

❶ UN, Manual of Tests and Criteria, part Ⅲ, 33.3.1.4.

❷ UN, Manual of Tests and Criteria, part Ⅲ, 33.3.1.6.

❸ UN, Manual of Tests and Criteria, part Ⅲ, 33.4.1.

用Ⅲ级包装进行包装。

（四）氧化剂

氧化剂为 UN 第 5.1 类危险货物，其在运输中需要注意的性质有以下几点。

（1）在一定环境下可直接或间接地放出氧气，从而增加与其接触的可燃物质发生火灾的危险性和剧烈程度；

（2）与可燃物质的混合物，甚至与糖、面粉、食油、矿物油等物质的混合物，都具有危险性，因为这些混合物易于点燃，有时甚至因摩擦或碰撞而着火、发生剧烈燃烧甚至爆炸；

（3）与液体酸类接触会发生剧烈反应，释放出有毒气体；

（4）对于具体气化剂，危险货物一览表还可能列出一些特殊性质。

具有氧化性的固体和液体应按联合国规定的试验方法进行试验，以确定是否属于第 5.1 类危险货物。

（五）有毒物质

有毒物质（Toxic substances）是 IMSBC 规则中的第 6.1 类危险货物，指吞咽、吸入或与皮肤接触会造成死亡、严重伤害或损害人体健康的物质。

有毒物质是一类概念不很明确的物质。不同标准、不同理念，对有毒物质的定义不同。IMDG 规则并不明确给出有毒物质的定义，而是列出有毒物质的具体名称。《化学品安全说明书》（Material Safety Data Sheet，MSDS）❶简要说明了各种化学品对人类健康和环境的危害性并提供了如何安全搬运、贮存和使用该化学品的信息，其中包括产品的厂家信息、成分信息、危害信息、急救措施、消防措施、意外泄漏处置措施、处置与储存、个人防护与工程控制、理化参数、稳定性与反应活性、毒理性数据、生态资料、废弃处置、运输资料和法规资料等。

应注意，有毒物质的毒性大小与人体的接触状况有关；几乎所有有毒物质遇火时或受热分解时都会释放毒性的气体；规定为“稳定的”物质不得在未经稳定的状况下运输。

（六）放射性物质的性质

放射性物质是第 7 类危险货物。很多物质具有一定的放射性，但只有其浓度活度和总活度均超过一定限值才在运输中作为放射性物质对待。

放射性物质的运输除必须遵守 IMDG 规则的有关要求外，还要参照国际原子能机构（International Atomic Energy Agency，IAEA）的有关规定❷❸❹❺。

在运输中，只有当放射性物质的活度超过 IMDG 规则规定的豁免物质的浓度活度值和豁免包件的活度值时，才作为放射性物质对待，并遵守有关放射物质的运输规定。

---

❶ http://www.msdsonline.com/browser-upgrade.aspx

❷ IAEA Regulations for the Safe Transport of Radioactive Material，2012Edition.

❸ IAEA Safety Standards Series No. SSR-6，IAEA，Vienna（2012）.

❹ Explanatory material can be found in Advisory Material for the IAEA Regulations for the Safe Transport of Radioactive Material（2012Edition）.

❺ IAEA Safety Standards Series No. SSG-26，IAEA，Vienna（2014）.

1.放射性物质排除情况

下列物质不作为放射性物质对待:

(1)放射性物质作为运输方式不可分割的一部分。

(2)在某一机构内部运输的放射性物质,适用该机构现行的有关安全规定,而且该运输不涉及公共道路或铁路。

(3)为了诊断和治疗目的嵌入或装入人体或活体动物体内的放射性物质。

(4)消费产品中的放射性物质,在销售给最终使用者后已经得到了法定许可。

(5)含有天然放射性核素的天然材料和矿石,运输时处于自然形态或经过加工但并不是为提取放射性核素,且其活度不超过规定数值。

(6)表面具有放射性物质,但活度不超过规定限量的非放射性固体。

在原子能工业和放射性核素应用技术不断发展的形势下,各种核燃料和放射性核素的运输频度、数量、范围和放射性强度都有大幅增长,由此而引起的从事运输工作的各类人员以及普通居民所受到的辐射照射机会和剂量水平也在增加。因此,放射性物质运输中的安全,已成为整个辐射防护和核安全的重要组成部分。正确组织与管理放射性物质的运输并确保运输中的安全,防止对人员的伤害和环境的污染具有重要的意义。事实证明,如能切实采取严格的、行之有效的防护管理措施,就能保证运输的安全,并做到防患于未然。

放射性太大的物质不能运输,放射性很小的物质不必在运输上采取措施。IMDG 规则和中国《放射性物品运输安全管理条例》[1]都对可以运输的放射性物质做出了规定。这种规定主要是两个方面,其一是规定一个上限,即放射性超过一定限度的物质就不能运输;其二是规定一个下限,即放射性低于这一限度的物质就不必采取专门的运输措施。

2.几个放射性活度值的特殊意义

(1)特殊形式放射性物质的活度限值(A_1,TBq)。

由于特殊形式放射性物质的危害较小,所以 IMDG 规则对其要求较低。IMDG 规则规定,运输中特殊形式放射性物质的活度限值不得超过该规则中规定的 A_1 值。A_1 系指 IMDG 规则中给出的或计算出的特殊形式放射性物质的限制活度值。

(2)一般形式放射性物质的活度限值(A_2,TBq)。

由于一般形式放射性物质的危害较大,所以 IMDG 规则对其要求较高。IMDG 规则规定,运输中一般形式放射性物质的活度限值不得超过该规则中规定的 A_2 值。A_2 系指 IMDG 规则中给出的或计算出的一般形式放射性物质的限制活度值。

(3)豁免物质的活度限值。

豁免物质的活度值(Activity concentration for exempt material,Bq/g)系指 IMDG 规则中给出的或计算出的豁免物质的活度限值。

(4)豁免包件的活度限值。

豁免包件的活度值(Activity concentration for exempt consignment,Bq)系指 IMDG 规则中给

---

[1] 中华人民共和国国务院令第562号《放射性物品运输安全管理条例》于2009年9月7日国务院第80次常务会议通过,自2010年1月1日起施行。

出的或计算出的豁免包件的活度限值。

在这几个具有特殊意义的放射性活度计算中应注意，若一条单一放射性衰变链中的子体核素的半衰期均不超过 10 天或长于母体核素的半衰期，则该链应视为单一放射性核素；若放射性衰变链中子体核素的半衰期均超过 10 天或大于其母体核素的半衰期，则该母体核素和其子体核素应视为不同核素的混合物。

3. 低比活度放射性物质分类

低比活度（Low specific activity，LSA）放射性物质系指其本身比活度有限的放射性物质，或估计平均比活度低于有关限值的放射性物质。在估计平均比活度时，不考虑 LSA 物质的外部屏蔽物质。低比活度放射性物质分为三种：

（1）第一类低比活度放射性物质（LSA-Ⅰ）。

第一类低比活度放射性物质系指含铀或钍的原矿、精矿及含有天然放射性核素的矿石；天然铀、贫化铀、天然钍或这些物质的化合物或混合物，但应未经辐照并呈固体或液体状态；未经辐照的固体天然铀或贫化铀或天然钍或它们的固体或液体化合物或混合物；A_2 值为无限制的放射性物质，但数量超过豁免限值的裂变物质不包括在内；活度分布普遍的其他放射性物质并且估计平均比活度不超过 IMDG 规则规定的活性浓度值的 30 倍，但数量超过豁免限值的裂变物质不包括在内。

（2）第二类低比活度放射性物质（LSA-Ⅱ）。

这指氚浓度在 0.8TBq/L 以下的水；或活度分布普遍，固体和气体的估计平均比活度不超过 $10^{-4}A_2/g$，液体的估计平均比活度不超过 $10^{-5}A_2/g$ 的其他物质。

（3）第三类低比活度放射性物质（LSA-Ⅲ）。

第三类低比活度放射性物质系指非属于粉末的固体（如压缩的废弃物、活化了的物质），其中包括放射性物质遍布于其内的固体或固体组合体、放射性物质均匀分布于紧固剂（如混凝土、沥青、陶瓷等）中的固体；相对不溶解的放射性物质、被置于相对不溶解的基质之中的物质，因而即使包装损坏，在水中存留 7 天后每一包件因渗漏所产生的放射性不超过 $0.1A_2$；估计平均活度不超过 $2\times10^{-3}A_2/g$ 的固体屏蔽不计。

LSA-Ⅲ物质应经浸水试验：将该物质的一个包件中的全部固体以环境温度在水中浸泡 7 天。所用水的体积应保证在 7 天试验之后，未吸收的和未反应的游离水的体积至少为试验物质体积的 10%。所用的水最初 pH 值应为 6～8 并且在 20℃时最大电导率为 1mS/m。在 7 天的样品浸泡试验后，测定游离水的总活度，其值不得超过 $0.1A_2$。

4. 表面受到放射性污染的物体分类

表面受到放射污染的物体（Surface Contaminated Object，SCO）系指本身不具有放射性但其表面沾染有放射性固体的物质。所沾染的放射性物质可能固定在被污染的物体上，也可能不固定在被污染的物体上而随时会与被污染物体脱离。被污染物受到污染的程度主要以单位面积上分布的污染源所产生的污染强度的大小来确定。在这个意义上，表面受到放射性污染的物体分成以下两类。

（1）表面受到低度放射污染的物体（SCO-Ⅰ）。

表面受到低度放射污染的物体系指在人员可接近表面上每 $300cm^2$（若表面积小于

$300cm^2$,则按实际表面积计)面积上非固定的 β、γ 及 α 辐射源等污染强度不超过 $4Bq/cm^2$,或所有非固定的 α 辐射源污染强度不超过 $0.4Bq/cm^2$;固定的 β、γ 及 α 辐射源等污染强度不超过 $4\times10^4Bq/cm^2$,或所有固定的 α 辐射源污染强度不超过 $4\times10^3Bq/cm^2$;在人员不可接近表面上每 $300cm^2$(若表面积小于 $300cm^2$,则按实际表面积计)面积上固定和非固定的 β、γ 及 α 辐射源等污染强度不超过 $4\times10^4Bq/cm^2$,或所有固定和非固定的 α 辐射源污染强度不超过 $4\times10^3Bq/cm^2$。

(2)表面受到高度放射污染的物体(SCO-Ⅱ)。

表面受到高度放射污染的物体系指在人员可接近表面上每 $300cm^2$(若表面积小于 $300cm^2$,则按实际表面积计)面积上非固定的 β、γ 及 α 辐射源等污染强度不超过 $400Bq/cm^2$,或所有非固定的 α 辐射源污染强度不超过 $40Bq/cm^2$;固定的 β、γ 及 α 辐射源等污染强度不超过 $8\times10^5Bq/cm^2$,或所有固定的 α 辐射源污染强度不超过 $8\times10^4Bq/cm^2$;在人员不可接近表面上每 $300cm^2$(若表面积小于 $300cm^2$,则按实际表面积计)面积上固定和非固定的 β、γ 及 α 辐射源等污染强度不超过 $8\times10^5Bq/cm^2$,或所有固定和非固定的 α 辐射源污染强度不超过 $8\times10^4Bq/cm^2$。

(七)腐蚀性物质

腐蚀性物质系 UN 第 8 类危险货物。腐蚀性物质系指通过化学反应能严重伤害与之接触的生物组织的物质,或从其包装中洒漏能导致对其他货物或运输工具损坏的物质。

按照定义,腐蚀性物质的危害机理是化学反应,其危害对象主要是三个方面,即生物组织、其他货物和运输工具。

从运输角度,腐蚀性物质通过化学反应对生物组织的危害在危险货物一览表中分为四种情况进行说明。

1. 灼伤

灼伤系指腐蚀性物质与生物组织接触时发生反应时的热量所致的损害。这种危害在运输中称为“严重灼伤皮肤、眼睛和黏膜”[Causes(severe)burns to skin,eyes and mucous membranes],作为货物的一个性质列入危险货物一览表。

2. 刺激

刺激系指腐蚀性物质与生物组织接触时其蒸气对生物体内特别是鼻子和眼睛黏膜的刺激。这种刺激实际上是化学反应导致的生物反应,在运输中称为“蒸气刺激黏膜”(Vapour irritates mucous membranes),作为货物的一个性质列入危险货物一览表。

3. 遇火时产生有毒气体

一些腐蚀性物质卷入火中时会在高温下发生分解,产生有毒气体。这种性质在运输中称为“遇火时产生有毒气体”(When involved in a fire,evolves toxic gases),作为货物的一个性质列入危险货物一览表。

4. 中毒

一些腐蚀性物质除了对皮肤和黏膜具有损害,还可能具有毒性,即吞入、吸入或与皮肤接触会中毒。腐蚀性物质的这一性质也在危险货物一览表中做出了说明。

腐蚀性物质对金属和织物均有一定程度损害。从运输角度,腐蚀性物质的这方面性质在危险货物一览表中分为三种情况进行说明。

5. 对大多数金属具有腐蚀性

一些腐蚀性物质与大多数金属接触时均会产生腐蚀性,这在危险货物一览表中称为“对大多数金属具有腐蚀性”(Corrosive to most metals)。

6. 对铝、锌和锡具有腐蚀性

一些腐蚀性物质对铝、锌和锡等金属具有腐蚀性,而对钢铁没有腐蚀性。腐蚀性物质的这一性质在危险货物一览表中称为“对铝、锌和锡具有腐蚀性”(Corrosive to aluminium, zinc, and tin)。

7. 对玻璃、陶器和其他硅质材料具有腐蚀性

有些腐蚀性特对玻璃、陶器和其他硅质材料具有腐蚀性。这一性质在危险货物一览表中称为“对玻璃、陶器和其他硅质材料具有腐蚀性”(Corrosive to glass, earthenware and other siliceous materials)。

一些腐蚀性物质对生物组织、其他货物和运输工具的危害是间接发生的。

8. 与水或空气发生反应后才具有的腐蚀性

大部分腐蚀性物质仅当与水或空气发生反应后才具有腐蚀性。在运输中,水和空气始终伴随着运输过程,而且人体和动物体内均含有水分,所以腐蚀性物质的这一性质除可间接发生之外,有时还会直接发生,甚至间接与直接并行发生。

9. 热量的危害

有些腐蚀性物质与水或与木、纸、纤维、某些衬垫物和某些脂肪及油类等有机材料发生反应会产生热量,这种热量会对生物组织、其他货物和运输工具产生危害。

10. 不稳定性的危害

还有些腐蚀性物质具有不稳定性,因而必须加入稳定剂才可进行运输。对于这种物质,只有在稳定状态下才能运输。稳定剂剂量不足或失效,则不可进行运输。

(八)杂类危险物质和物品的性质

杂类危险物质和物品是第9类危险货物。这一类危险货物未列入第1~8类中,在危险性上适用于经修订的《1974年国际海上人命安全公约》第Ⅶ章A部分规定和MARPOL73/78公约附则Ⅲ。杂类危险物质和物品主要包括如下各种:

(1)以粉尘形式吸入有害健康的物质。

(2)含有易燃气体的物质。

(3)锂电池。

(4)救生设备。

(5)遇火会产生二恶英(Dioxin)的物质和物品。

(6)在高温下运输的物质和物品,这指在等于或高于100℃条件下运输或交付运输的液态

物质;在等于或高于其闪点温度下运输或交付运输的液态物质;及在等于或高于 240℃条件下运输交付运输的固体物质。

(7)海洋污染物(见本书海洋污染物的定义)。

(8)转基因微生物和转基因生物,这指不符合感染性物质定义但能引起动物、植物或微生物的繁殖发生异常的转基因微生物(Genetically Modified Micro-Organisms,GMMOs)和转基因生物(Genetically Modified Organisms,GMOs),但经原产国、途经国和目的地国主管机关批准使用则除外。

(9)在运输中产生的危险不在前述类别中的物质和物品。

三、仅在散装时有危险的物质

(一)仅在散装时有危险物质的概念

仅在散装时有危险的物质(Materials Hazardous Only in Bulk,MHB)系指在散装运输时具有的化学危险不在 IMDG 规则规定之内的物质,其中包括表 1-3 所列各种。

固体散货仅在散装时具有的危险 表 1-3

化学危险(Chemical hazard)	代码(Notational reference)
易燃固体(Combustible solids)	CB
易自燃固体(Self-heating solids)	SH
遇湿会产生可燃气体的固体(Solids that evolve flammable gas when wet)	WF
遇湿会产生有毒气体的固体(Solids that evolve toxic gas when wet)	WT
有毒固体(Toxic solids)	TX
腐蚀性固体(Corrosive solids)	CR
有其他危险的固体(Other hazards)	OH

MHB 货物系指具有一种或多种表 1-3 列明危险的货物。这种危险可利用试验确认,也可根据以往运输事故记录加以确认,还可根据与已知危险货物的比较进行确认。若经验或其他证据表明存在其他危险,则应在危险代码(Notational referenc)一栏中加以说明或标注,列入 OH 中。

(二)可燃固体散货

可燃固体散货(Combustible solids,CB)系指试验参数达到表 1-4 要求的货物,即对于金属粉末来说,点燃并燃烧 200mm 所用时间不超过 20min;对于一般固体散货来说,点燃并燃烧 200mm 所用时间不超过 2min。

可燃固体散货的试验参数 表 1-4

固体散货(Solid cargo)	点燃时间及燃距离(MHB burn time,burn distance)
金属粉末(Powdered metal)	≤20min,200mm
固体物质(Solid material)	≤2min,200mm

(三)易自热固体散货

易自热固体散货(Self-Heating solids,SH)系指不满足第4.2类要求的散装引火物质和散装自热物质。

(四)易自热固体散货

易自热固体散货(Self-Heating solids,SH)用下述方法试验来确定,见图1-14:

(1)将货样装入直径100mm试验盒中,加热到140℃,观察是否发生了危险自热。若发生危险自热,则所试物质属于第4.2类危险货物;若未发生危险自热,则进行下一步试验。

(2)观察试样在试验盒中的温度是否升高了10℃或以上。若未升高10℃或以上,则所试物质既不属于第4.2类危险货物也不属于MHB货物;若升高了10℃或以上,则进行下一步试验。

(3)将货样装入100mm试验盒中,加热到100℃,观察试样在试验盒中的温度是否升高了10℃或以上。若未升高10℃或以上,则所试物质即不属于第4.2类危险货物也不属于MHB货物;若升高了10℃或以上,则所试物质属于MHB货物。

若发现试样在室温条件下温度升高了10℃或以上,则所试物质应列为MHB货物。

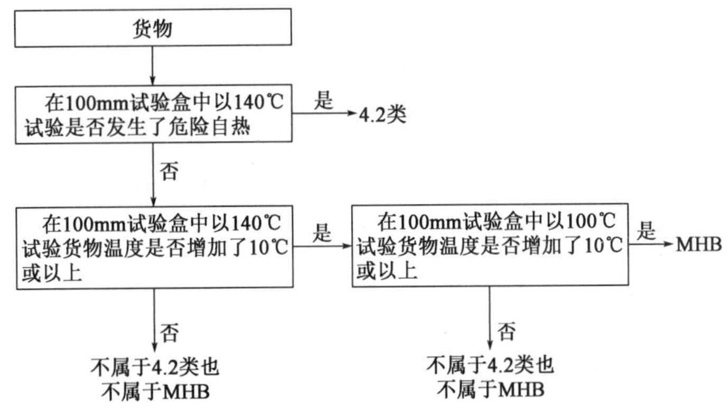

图1-14　用抓斗卸载澡泥

(五)遇水产生可燃气体的固体散货

遇水产生可燃气体的固体散货(Solids that evolve Flammable gas when wet,WF)系指不属于第4.3类危险货物的货物,其在试验中可燃气体的产生量大于零。在试验中,应以每小时为单位,连续计算48h的平均值。若在48h后,可燃气体的产生量仍在增加,则应延长试验时间。

(六)遇水产生有毒气体的固体散货

遇水产生可燃气体的固体散货(Solids that evolve toxic gas when wet,WT)系指在运输中遇水会产生有毒气体的固体散装货物。在试验中可燃气体的产生量大于零,应以每小时为单位,连续计算48h的平均值。若在48h后,可燃气体的产生量仍在增加,则应延长试验时间。

试验中,应收集所产生的气体。若所产生的气体是未知气体且没吸入毒性数据,则应进行化学分析和毒性试验。若所产生的气体是已知气体,且没吸入毒性数据,则应根据现有数据和试验确定其吸入毒性。

这里,有毒气体系指在 4h 的试验中 LC50 小于 20,000ppmV 或 20mg/L。

(七)有毒固体散货

有毒固体散货(Toxic solids;TX)系指不属于第 6.1 类危险货物的货物,包括下述货物:

(1)可产生粉尘的货物,LC50 为 1 ~ 5mg/L - 4h。

(2)可产生粉尘的货物,LC50 为 1mg/L - 4h 或小于 0.02mg/L - 6h/d。

(3)LD50 为 1000 ~ 2000mg/kg。

(4)LD50 小于 1000mg/kg 或 20mg/kg - 90d。

(5)具有致癌性(Carcinogenicity)、致突变性(Mutagenicity)、对生殖系统有毒(Reprotoxicity)的性质。

(八)腐蚀性固体散货

腐蚀性固体散货(Corrosive solids,CR)是指不属于第 8 类危险货物的货物,包括下述货物:

(1)使呼吸系统敏感。

(2)可在皮肤上产生 2.3 处红斑(Erythema)、焦痂(Eschar)或水肿(Oedema)。

(3)可致一次或以上角膜混沌(Corneal opacity)或角膜发红(Irititis)或二次结膜发红(Conjunctival redness)或红肿(Oedema)。

若货物在 55℃对钢材腐蚀率为 4mm/yr ~ 6.25mm/yr,则应列为 MHB 货物。试验时,应以营运时的状态进行,其中包括货物的含水量、密度、粒度和气压等。

四、固体散装废物

IMSBC 规则对固体散装废物(Solid wastes in bulk)即散装垃圾运输的具体操作规定与 IMDG 规则的规定基本相同。这里介绍有关固体散装废物运输的国际规定。

固体散装废物运输的国际规定以《控制危险废料越境转移及其处置巴塞尔公约》(BASEL 公约)的规定为准。

(一)固体散装废物的主要来源

固体散装废物的主要来源如表 1-5 所示。

固体散装废物的主要来源　　表 1-5

序号	固体散装废物的主要来源
Y1	从医院、医疗中心和诊所的医疗服务中产生的临床废物
Y2	从药品的生产和制作中产生的废物
Y3	废药物和废药品
Y4	从生物杀伤剂和植物药物的生产、配制和使用中产生的废物

续上表

序号	固体散装废物的主要来源
Y5	从木材防腐化学品的制作、配制和使用中产生的废物
Y6	从有机溶剂的生产、配制和使用中产生的废物
Y7	从含有氰化物的热处理和退火作业中产生的废物
Y8	不适合原来用途的废矿物油
Y9	废油/水、烃/水混合物乳化液
Y10	含有或沾染多氯联苯(PCBs)和(或)多氯三联苯(PCTs)和(或)多溴联苯(PBBs)的废物质和废物品
Y11	从精炼、蒸馏和任何热解处理中产生的废焦油状残留物
Y12	从油墨、染料、颜料、油漆、真漆、罩光漆的生产、配制和使用中产生的废物
Y13	从树脂、胶乳、增塑剂、胶水/胶合剂的生产、配制和使用中产生的废物
Y14	从研究和发展或教学活动中产生的尚未鉴定的和(或)新的并且对人类和(或)环境的影响未明的化学废物
Y15	其他立法未加管制的爆炸性废物
Y16	从摄影化学品和加工材料的生产、配制和使用中产生的废物
Y17	从金属和塑料表面处理产生的废物
Y18	从工业废物处置作业产生的残余物

(二)固体散装废物的主要成分

固体散装废物的主要成分为表 1-6 所列各种。

固体散装废物的主要成分　　表 1-6

序号	固体散装废物的主要有害成分
Y19	金属羰基化合物
Y20	铍;铍化合物
Y21	六价铬化合物
Y22	铜化合物
Y23	锌化合物
Y24	砷;砷化合物
Y25	硒;硒化合物
Y26	镉;镉化合物
Y27	锑;锑化合物
Y28	碲;碲化合物
Y29	汞;汞化合物
Y30	铊;铊化合物
Y31	铅;铅化合物
Y32	无机氟化合物(不包括氟化钙)
Y33	无机氰化合物
Y34	酸溶液或固态酸

续上表

序号	固体散装废物的主要有害成分
Y35	碱溶液或固态碱
Y36	石棉(尘和纤维)
Y37	有机磷化合物
Y38	有机氰化物
Y39	酚;酚化合物包括氯酚类
Y40	醚类
Y41	卤化有机溶剂
Y42	有机溶剂(不包括卤化溶剂)
Y43	任何多氯苯并呋喃同系物
Y44	任何多氯苯并二噁英同系物
Y45	有机卤化合物(不包括其他在本附件内提到的物质,例如,Y39、Y41、Y42、Y43、Y44)附件二:须加特别考虑的废物类别

(三)需要特别关注的固体散装废物

需要特别关注的固体散装废物为表 1-7 所列两种物质。

需要特别关注的固体散装废物 表 1-7

序号	需要特别关注的固体散装废物
Y46	家庭产生的废物
Y47	焚烧家庭废物产生的残留物

(四)固体散装废物的主要类别

固体散装废物的主要成分如表 1-8 所示。

固体散装废物的分类 表 1-8

序号	名称	说明
H1	爆炸品	与 IMDG 规则和 IMSBC 规则的第 1 类物质的定义相同
H3	易燃液体	与 IMDG 规则和 IMSBC 规则的第 3 类物质的定义相同
H4.1	易燃固体	与 IMDG 规则和 IMSBC 规则的第 4.1 类物质的定义相同
H4.2	易自燃物质或物品	与 IMDG 规则和 IMSBC 规则的第 4.2 类物质的定义相同
H4.3	遇水会产生易燃气体的物质	与 IMDG 规则和 IMSBC 规则的第 4.3 类物质的定义相同
H5.1	氧化剂	与 IMDG 规则和 IMSBC 规则的第 5.1 类物质的定义相同
H5.2	有机过氧化物	与 IMDG 规则和 IMSBC 规则的第 5.2 类物质的定义相同
H6.1	急性有毒物质	与 IMDG 规则和 IMSBC 规则的第 6.1 类物质的相应定义相同
H6.2	感染性物质	与 IMDG 规则和 IMSBC 规则的第 6.2 类物质的定义相同

续上表

序号	名称	说明
H8	腐蚀性物质	与 IMDG 规则和 IMSBC 规则的第 8 类物质的定义相同
H10	同空气或水接触会产生有毒气体的物质	同空气或水相互作用后可能释放危险量的有毒气体的物质或废物
H11	慢性有毒物质	如果吸入、吞入或经皮肤渗入体内可能造成致癌等慢性毒性效应的物质或废物
H12	生态毒性物质	如果释出就能或可能因为生物累积和(或)因为对生物系统的毒性效应对环境产生立即或延迟不利影响的物质或废物
H13	慢性有毒物质	经处置后能生成具有上述特性的另一种物质,例如浸漏液(Leachate)

第三节　火灾、燃烧、爆炸的定义与特性

一、一般化学性质

货物在发生化学变化时表现出来的性质称为其化学性质,这一性质取决于该货物的物质组成和结构。

对于由分子组成的物质来说,其化学性质取决于分子的组成和结构;对于由离子构成的物质,如氯化钠、碘化钾等,其化学性质主要通过构成它们的离子及其相互作用来表现;对于由原子构成的物质,如金刚石、晶体硅等,它们之中不存在分子,原子就是化学性质的保持者。

一些货物的化学性质需要在运输中加以考虑。

(一)常见的化学反应

组成货物的物质常见的化学反应有以下几种。

1. 化合反应

这是由两种或两种以上物质生成另一种物质的反应。

2. 分解反应

这是由一种反应物生成两种或两种以上其他物质的反应。

3. 无机反应

这是指以无机化合物为反应物的各种反应,主要指置换反应或单取代反应,即额外的反应元素在反应中取代化合物中的一个元素;复分解反应或双取代反应,即两个化合物交换元素或离子形成不同的化合物,这一过程大多发生在水溶液中。

4. 有机反应

这是指有机化合物为反应物的各种反应,其中包括取代反应,即底物与小分子物质交换原子或原子团的过程;加成反应,即底物不饱和度降低的过程;消除反应,即底物不饱和度升高的

过程,属加成反应的逆反应;重排反应,即化合物形成结构重组而不改变化学组成物;协同反应,即反应中化学键的断裂与形成都在同一步中完成的反应。

5. 酸碱反应

这是指酸与碱发生作用生成“酸碱加合物”的过程。

6. 氧化还原反应

这是指涉及电子转移的反应,如单取代反应和燃烧反应。

7. 燃烧反应

这是指底物与氧化剂(如氧气)发生的剧烈氧化反应,其过程中通常伴有发光、放热等现象。

8. 聚合反应

聚合反应(Polymerization)这是指底物与氧化剂(如氧气)发生的剧烈氧化反应,其过程中通常伴有发光、放热等现象。物质常需要在一定温度下发生聚合反应,能使聚合反应自续加速进行的温度称为自续聚合反应温度(Self-Accelerating Polymerization Temperature;SAPT)。

化学反应的种类很多,但大部分可分别简化为上述反应类别的连续或复合反应。化学反应的变化多种多样,难以建立简单的分类标准。

(二)反应与能量

封闭系统在等温等压条件下对环境可能做的最大有用功具有降低的倾向。在这个意义上,化学反应又分成以下几种。

1. 放热反应

这指在化学反应过程中会释放出来能量并形成热的过程。放热反应会自发性产生,比如液化天然气的燃烧反应就是在空气中燃烧瓦斯而产生热量的过程。

2. 吸热反应

这指在化学反应过程中会从环境吸收热量的过程。

一些货物具有化学自热性,称为化学自热物质(Chemical self-heating substances)。这类物质通过与空气反应并且无能量供应,易于自热的固体、液体物质或混合物。该物质或混合物与自燃液体或固体不同之处在于只在大量(几千克)和较长的时间周期(数小时或数天)时才会着火。

物质或混合物的自热并导致自燃的原因有二,其一是由该物质或混合物与空气中的氧气,其二产生的热不能足够迅速地传导至周围环境中。当产生热的速度超过散失热的速度,从而使货物温度升高并达到了自燃温度,自燃就会发生。

(三)反应速率

化学反应的反应速率是相关物质浓度随时间改变的测量。它总是正值,受下列要素影响:

(1)反应物浓度,该值越大通常将使反应加速。

(2)活化能,这是反应起始或自然发生所需的能量,其值越高表示反应愈难以起始,反应速率也因此愈慢。

(3)接触的表面积,反应物表面积越大,反应物之间的碰撞次数越多,反应就越快。

(4)压强,反应物用受到的压强越大,反应物之间的碰撞越频繁,因此有效碰撞数也会相应增加,反应就越快。

(5)反应温度,反应物的温度提升将加速反应,因为愈高的温度表示有愈多的能量,使反应容易发生。

(6)催化剂,这是一种透过降低活化能提升反应速率的物质。催化剂在反应过程中没有净消耗,所以可以重复作用。

(四)货物的化学反应性

进行液体货物的装卸和运输时,主要应考虑其下述几个方面的化学反应。

1. 与空气的反应

能与空气发生反应的货物不得使之有与空气接触的机会。

2. 与水的反应

能与水发生反应的货物不得使之有与水接触的机会,特别是在洗舱、压载等作业过程中和在运输期间的风浪天气中应倍加小心,以防不测。

3. 与货舱内壁材料的反应

在装货前,必须考虑到舱壁的材料与货物的兼容性。货舱中不得装载与其内壁材料不兼容的货物。

4. 与其他货物的反应

为了防止货物与其他货物发生化学反应,在装货前应考虑到货舱中前航次所载货物是否清洗干净,在装卸过程中货物是否有机会与其他货物接触等。以至于,对于某些货物,装卸期间,附近不得对能与之发生强烈化学反应的货物进行作业。

二、燃烧性

(一)燃烧的概念

燃烧,俗称着火,是物质快速氧化,产生光和热的过程。发生燃烧的三个要素是:可燃物(Fuel),助燃物(Oxygen)及热量(Heat)。

燃烧与爆炸不能严格区别开来,在货物学中我们提出三个区别:燃烧中可燃物、助燃物及热量三个要素在化学反应过程中逐渐结合,而爆炸中该三个要素则在发生反应之前结合在一起;燃烧中化学反应的速度较慢,而爆炸中化学反应的速度较快;一种物质发生的化学或物理反应属于燃烧还是属于爆炸,应按国际规则[1]确定。

---

[1] 按 IMDG Code(IMO,London,2010)及 Orange Book (UN,London,2010)规定,黑火药等物质列为爆炸品而不作为易燃品对待。

燃烧分为以下几种类别。

1. 闪燃

闪燃指易燃或可燃液体挥发出来的蒸气与空气混合后,遇火源发生一闪即灭的燃烧现象。发生闪燃现象的最低温度点称为闪点(Flash point)。我国把闪点小于 28℃ 的液体划为甲类液体也叫易燃液体,闪点大于 28℃ 小于 60℃ 的称为乙类液体,闪点大于 60℃ 的称为丙类液体,乙、丙两类液体又统称可燃液体。

2. 着火

着火指可燃物质在空气中受到外界火源直接作用,开始起火并持续燃烧的现象。物质开始起火并持续燃烧的最低温度点称为燃点(Fire point)。

3. 自燃

自燃(Spontaneous combustion)指可燃物质在空气中没有外来明火源的作用,靠热量的积聚达到一定的温度时而发生的燃烧现象。自燃的热能来源可为外部热能的逐步积累,多是物理性的;也可为物质自身产生的热量,多是化学性和生物性的。

在海上运输环境下,含加工中所用油的金属粉、木屑、豆粕、鱼粉等系可以自燃的物质。

(二)燃烧形式

燃烧的形式分为以下几种:

1. 扩散燃烧

扩散燃烧是指可燃气体和空气分子互相扩散、混合,其混合浓度在爆炸范围以外,遇火源即能着火燃烧的过程。

2. 蒸发燃烧

蒸发燃烧是指油类等可燃液体挥发产生的蒸气被点燃后,所放出热量进一步加热液体表面,从而促使液体持续蒸发,使燃烧继续下去的过程。萘、硫磺等虽在常温下为固体,但在受热后会升华产生蒸气或熔融后产生蒸气,所以其燃烧属于蒸发燃烧。

3. 分解燃烧

分解燃烧是指在燃烧过程中可燃物首先遇热分解,分解产物和氧反应产生燃烧,如木材、煤、纸等固体可燃物的燃烧。

4. 表面燃烧

表面燃烧是指在空气和固体表面接触部位进行的燃烧。如在空气和固体炭表面进行的燃烧属于表面燃烧,此过程中只产生红热表面,不产生火焰。

5. 混合燃烧

混合燃烧是指可燃气体与助燃气体在货舱或容器内或空间中充分扩散混合,其浓度在爆炸范围内,遇火源而发生的燃烧。这种燃烧在混合气体所分布的空间中进行速度很快。

6. 阴燃

阴燃(Smouldering)是指一些固体可燃物在空气不流通、加热温度低或可燃物含水多等条件下发生的只冒烟无火焰的燃烧。在海上货物运输中,棉花、干草等有时会发生此种形式的燃烧。

7. 轰燃

轰燃(Flashover)是指某一空间内所有可燃物瞬间全部卷入燃烧的瞬变过程。在海上货物运输中,这种现象较少发生。

(三)不同状态物质的燃烧

在海上运输环境下,固体和液体发生燃烧,需要经过分解和蒸发,生成气体,然后由这些气体成分与氧化剂作用发生燃烧;气体物质不需要经过蒸发,可以直接燃烧。

1. 固体物质的燃烧

固体是有一定形状的物质。它的化学结构比较紧凑,所以在常温下都以固态存在。固体物质的化学组成是不一样的,有的比较简单,如硫、磷、钾等都是由同种元素构成的物质;有的比较复杂,如木材、纸张和煤炭等,是由多种元素构成的化合物。由于固体物质的化学组成不同,燃烧时情况也不一样。有的固体物质可以直接受热分解蒸发,生成气体,进而燃烧。有的固体物质受热后先熔化为液体,然后气化燃烧,如硫、磷、蜡等。

此外,各种固体物质的熔点和受热分解的温度也不一样,有的低,有的高。熔点和分解温度低的物质,容易发生燃烧。如赛璐珞(硝化纤维素)在80～90℃时就会软化,在100℃时就开始分解,150～180℃时自燃。但是大多数固体物质的分解温度和熔点是比较高的。如木材先是受热蒸发掉水分,析出二氧化碳等不燃气体,然后外层开始分解出可燃的气态产物,同时放出热量,开始剧烈氧化,直到出现火焰。

另外,固体物质燃烧的速度与其体积和颗粒的大小有关,小则快,大则慢。如散放的木条要比垛成堆的圆木燃烧得快,其原因就是木条与氧气的接触面积大,燃烧较充分,因此燃烧速度就快。

固体物质燃烧的速度可用燃烧速度测量仪测定。这种仪器一般只适用于测试粉状、粒状或膏状物质,其在设计上应符合联合国和我国的有关规定❶❷。该仪器分为左右两部分,左边为仪器控制部分,右边为仪器盛装试样部分。仪器采用数显计时器计时,试验通电过程采用电子计时器控制,可在0s～99h99min之间任意调节。加热功率可通过调节供电电压实现功率调节,电压则以数字显示。

燃烧速度测量仪测定的燃烧速度可为燃烧一段距离所用时间(s),也可为单位时间燃烧漫延的距离(mm/s)。

2. 液体物质的燃烧

液体是一种流动性物质,没有固定形状。燃烧时,挥发性强,不少液体在常温下,表面上就

❶ UN. Manual of Tests and Criteria. 33. 2. 1. 4. Switzerland. 2008.

❷ GB/T 21618—2008. 危险品 易燃固体燃烧速率试验方法。

漂浮着一定浓度的蒸气,遇到着火源即可燃烧。

液体的种类繁多,各自的化学成分不同,燃烧的过程也就不同,如汽油、酒精等易燃液体的化学成分就比较简单,沸点较低,在一般情况下就能挥发,燃烧时,可直接蒸发生成与液体成分相同的气体,与氧化剂作用而燃烧。而有些化学组成比较复杂的液体燃烧时,其过程就比较复杂。如原油(石油)是一种多组分的混合物,燃烧时,原油首先逐一蒸发为各种气体组分,而后再燃烧。原油的燃烧与其他成分单一的液体燃烧不一样,它首先蒸发出沸点较低的组分并燃烧,而后才是沸点较高的组分。

3. 气体的燃烧

易燃与可燃气体的燃烧不需要像固体、液体物质那样经过熔化、蒸发等准备过程,所以气体在燃烧时所需要的热量仅用于氧化或分解气体和将气体加热到燃点,因此容易燃烧,而且燃烧速度快。

气体燃烧有两种形式,一是扩散燃烧;二是动力燃烧。如果可燃气体与空气边混合边燃烧,这种燃烧就叫扩散燃烧(或称稳定燃烧)。如使用石油液化气罐烧饭就是扩散燃烧。如果可燃气体与空气在燃烧之前就已混合,遇到着火源立即爆炸,形成燃烧,这种燃烧就叫动力燃烧。如石油液化气罐气阀漏气时,漏出的气体与空气形成爆炸混合物,一遇到着火源,就会以爆炸的形式燃烧,并在漏气处转变为扩散燃烧。

(四)完全燃烧和不完全燃烧

物质燃烧可分为完全燃烧和不完全燃烧。凡是物质燃烧后产生不能继续燃烧的新物质,就叫作完全燃烧;凡是物质燃烧后,产生还能继续燃烧的新物质,就叫不完全燃烧。

物质为什么会出现两种不同形式的燃烧呢?主要是因为燃烧物质所处的条件不同。物质燃烧时,如果空气(或其他氧化剂)充足,就会发生完全燃烧,反之就发生不完全燃烧。

物质燃烧后产生的新物质称为燃烧产物。其中,散布于空气中能被人们看到的云雾状燃烧产物,叫做烟雾。物质完全燃烧后的产物叫做完全燃烧产物。物质不完全燃烧所生成的新物质叫做不完全燃烧产物。

燃烧产物对火灾扑救工作有有利影响:大量生成完全燃烧产物,可以阻止燃烧的进行,如完全燃烧后生成的水蒸气和二氧化碳能够稀释燃烧区的含氧量,从而中断一般物质的燃烧;可以根据烟雾的特征和流动方向,来识别燃烧物质,判断火源位置和火势蔓延方向。

(五)可燃物的种类

可燃物种类繁多,不胜枚举。在海上运输中,我们将燃烧物分成 6 类。

1. 爆炸性物质

这是指爆炸品中的一些可燃物质或物品,这类物质在运输中划分为爆炸品。

2. 自燃性物质

在海上运输环境下能自行燃烧的物质称为自燃性物质。

在空气中会快速氧化或分解、发热引起自燃的物质称为一级自燃物质,如黄磷、硝化纤维胶片、铝铁熔剂、三乙基铝、三异丁基铝、三乙基硼、三乙基锑、二乙基锌、651 除氧催化剂、铝导线焊接药包等；在空气中能缓慢氧化、发热引起自燃的物质称为二级自燃物质，如油纸及其制品、油布及其制品、桐油漆布及其制品、油绸及其制品、植物油浸渍的棉、麻、毛、发、丝及野生纤维等。

3. 遇水燃烧物质（亦称遇湿易燃物品）

与水或酸反应极快，产生可燃气体，发热，极易引起自行燃烧的物质称为一级遇水燃烧物质，如钾、钠、锂、氢化锂、氢化钠、四氢化锂铝、氢化铝钠、磷化钙、碳化钙（电石）、碳化铝、钾汞齐、钠汞齐、钾钠合金、镁铝粉、十硼氢、五硼氢等；与水或酸反应较慢，产生可燃气体，发热，不易引起自行燃烧的物质称为二级遇水燃烧物质，如石灰氮（氰氨化钙）、保险粉（低亚硫酸钠）、金属钙、锌粉、氢化铝、氢化钡、硼氢化钾、硼氢化钠等。

4. 可燃气体

爆炸下限小于 10% 的可燃气体称为甲类可燃气体，如氢气、硫化氢、甲烷、乙烷、丙烷、丁烷、乙烯、丙烯、乙炔、氯乙烯、甲醛、甲胺、环氧乙烷、炼焦煤气、水煤气、天然气、油田伴生气、液化石油气等；爆炸下限等于或大于 10% 的可燃气体称为乙类可燃气体，如氨、一氧化碳、硫氧化碳等。

5. 易燃和可燃液体

甲类液体（闪点 <28℃）有：二硫化碳、氰化氢、正戊烷、正己烷、正庚烷、正辛烷、1-己烯、2-戊烯、1-己炔、环己烷、苯、甲苯、二甲苯、乙苯、氯丁烷、甲醇、乙醇、50 度以上的白酒、正丙醇、乙醚、乙醛、丙酮、甲酸甲酯、乙酸乙酯、丁酸乙酯、乙腈、丙烯腈、呋喃、吡啶、汽油、石油醚等；

乙类液体（28℃ ≤ 闪点 <60℃）有：正壬烷、正癸烷、二乙苯、正丙苯、苯乙烯、正丁醇、福尔马林、乙酸、乙二胺、硝基甲烷、吡咯、煤油、松节油、芥籽油、松香水等；

丙类液体（闪点 ≥60℃）有：正十二烷、正十四烷、二联苯、溴苯、环己醇、乙二醇、丙三醇（甘油）、苯酚、苯甲醛、正丁酸、氯乙酸、苯甲酸乙酯、硫酸二甲酯、苯胺、硝基苯、糠醇、机械油、航空润滑油、锭子油、猪油、牛油、鲸油、豆油、菜籽油、花生油、桐油、蓖麻油、棉籽油、葵花籽油、亚麻仁油等。

6. 易燃、可燃与难燃固体

我国《建筑设计防火规范》中将能够燃烧的固体分成甲、乙、丙、丁四类，比照危险货物的分类方法，可将甲类、乙类固体划入易燃固体，丙类固体划入可燃固体，丁类固体划归入难燃固体。

甲类固体（燃点与自燃点低，易燃，燃烧速度快，燃烧产物毒性大）有：红磷、三硫化磷、五硫化磷、闪光粉、氨基化钠、硝化纤维素（含氮量 >12.5%）、重氮氨基苯、二硝基苯、二硝基苯肼、二硝基萘、对亚硝基酚、2，4-二硝基间苯二酚、2，4-二硝基苯甲醚、2，4-二硝基甲苯、可发性聚苯乙烯珠体等；

乙类固体（燃烧性能比甲类固体差，燃烧产物毒性也稍小）有：安全火柴、硫磺、镁粉（镁带、镁卷、镁屑）、铝粉、锰粉、钛粉、氨基化锂、氨基化钙、萘、卫生球、2-甲基萘、十八烷基乙酰胺、苯磺酰肼（发泡剂 BSH）、偶氮二异丁腈（发泡剂 N）、樟脑、生松香、三聚甲醛、聚甲醛（低分子量,聚合度 8 ~ 100)[1]、火补胶(含松香、硫磺、铝粉等)、硝化纤维漆布、硝化纤维胶片、硝化纤维漆纸、赛璐珞板或片等;

丙类固体(燃点 > 300℃的高熔点固体及燃点 < 300℃的天然纤维,燃烧性能比甲、乙类固体差的有:石蜡、沥青、木材、木炭、煤、聚乙烯塑料、聚丙烯塑料、有机玻璃(聚甲基丙烯酸甲酯塑料)、聚苯乙烯塑料、丙烯腈丁二烯苯乙烯共聚物塑料(ABS)、天然橡胶、顺丁橡胶、聚氨酯泡沫塑料、粘胶纤维、涤纶(聚对苯二甲酸乙二醇酯树脂纤维)、尼龙-66(聚已二酰已二胺树脂纤维)、腈纶(聚丙烯腈树脂纤维)、丙纶(聚丙烯树脂纤维)、羊毛、蚕丝、棉、麻、竹、谷物、面粉、纸张、杂草及贮存的鱼和肉等;

丁类固体(在空气中受到火烧或高温作用时难起火、难微燃、难炭化、有自熄性)有:沥青混凝土、经防火处理的木材及纤维织物、水泥刨花板、酚醛塑料、聚氯乙烯塑料、脲甲醛塑料、三聚氰胺塑料等。

(六)燃烧理论

1. 闪点

液体的蒸汽与空气形成可燃混合物的最低温度称为闪点(Flash point)。闪点的测量主要有闭杯法(Closed Cup test,CC)和开杯法(Open Cup test,OC)两种。闭杯法测得的闪点比开杯法测的闪点低 3 ~ 6℃。

闭杯法测量闪点的原理如图 1-15 所示。

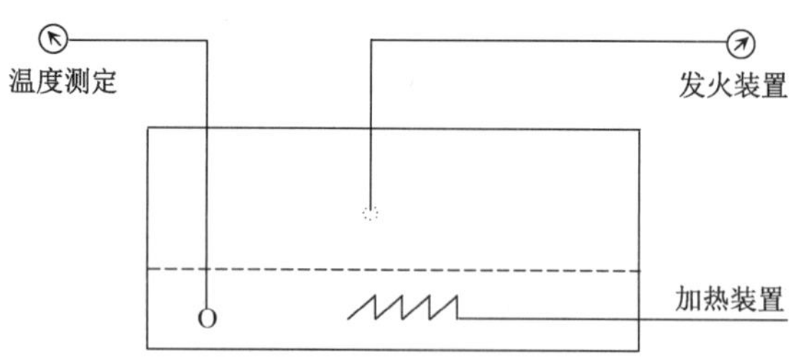

图 1-15 闪点的测定

闪点是液体泄漏在空气后的可燃性或爆炸性危险的度量。易燃液体只要其温度保持在闪点温度以下就不可点燃,就没有发生燃烧或爆炸的危险。

易燃液体的闪点会因含有杂质发生改变。各种规则、手册中给出的闪点一般是指该种化学纯物质的闪点,而运输中的物质常为商业产品,因而可能含有添加剂或杂质,所以闪点可能会变化。对某一具体液体而言,闪点不是一个准确的物理常量,它在一定程度上还依赖于所用试验仪器的结构和试验程序。因此,闪点数据应标明试验仪器的名称。

一般来说,闭杯仪器的重复性比开杯好。测定闪点时,必须使用主管机关认可的仪器。

2. 燃点

液体挥发出的气体能支持燃烧达 5s 的温度称为燃点(Fire point)。在生产中,必须用经主

[1] 聚合度(Degree of Polymerization)指聚合物分子链中连续出现的重复单元(链节)的次数,用 n 表示。

管机关认可的仪器测量燃点。

燃点一般高于闪点，但二者间没有必然联系。

3. 可燃上限和下限

空气中含有氧气 21%（体积），氮气 78%（体积），惰性气体 1%（体积）。一般，只有当可燃气体在空气中的含量达一定时才可能发生爆炸或燃烧。一定量的混合气体中，能使其爆炸或燃烧的可燃气体的最低含量称为燃烧下限（爆炸下限）Lower Explosive Limit，LEL）；能使其爆炸或燃烧的可燃气体的最高含量称为燃烧上限（爆炸上限）（Upper Explosive Limit，UEL）。

对于某一种可燃气体而言，其燃烧下限和上限与该部分混合气体中的氧气含量有关。一般，氧气含量减小时，其爆炸下限会增大，而燃烧上限会减小，如图 1-16 所示。

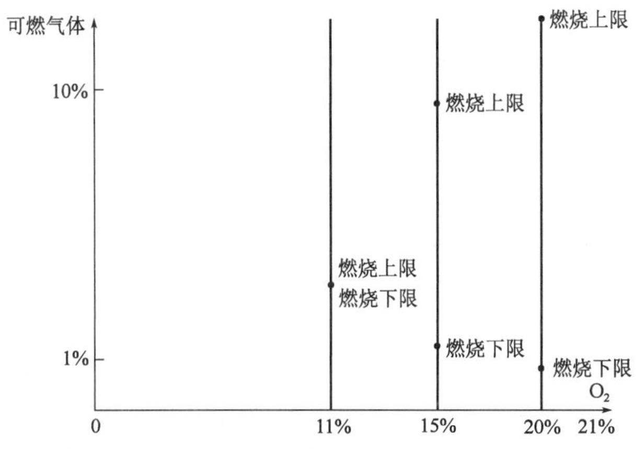

图 1-16　可燃气体的燃烧上限和下限

对于石油气体，其在空气中的燃烧上限约为 10%，燃烧下限约为 1%；当氧气含量减小时，其燃烧上限相应减小，燃烧上限相应升高；当氧气含量为约 11% 时，燃烧上限和下限重合为一点，即燃烧区间减为 0。也就是说，对于原油船，只要将舱内的氧气含量控制在 11% 以下，舱内的气体就是不可燃的。

4. 可燃区间

存有可燃气体的货舱中，各气体成分可用图 1-17 中的坐标表示，其中横坐标代表氧气含量，纵坐标代表可燃气体含量。如 A 点，表示舱内可燃气体含量约为 9%，氧气含量也为约 9%，其余成分即 82% 为惰性气体（由于事先向舱内通入了惰性气体）。

在图 1-17 中，EFG 所围成的区域称为可爆区，EF 左上部的区域称为可燃气体过浓区，FG 左下部的区域称为可燃气体过稀区。

在图 1-17 中，如果舱内的状态处于 A 点，则向舱内通入空气时，舱内的状态必沿 AB 线向 B 点移动，经若干长时间舱内的状态将变为 B 点所示的状态，其间经过可爆区，因而比较危险；如果舱内的状态处于 B 点，则向舱内通入不含氧气和惰性气体的可燃气体时，舱内的状态必沿 BE 线移动，经若干长时间舱内的状态将变为纵坐标上表示可燃气体含量为 100% 的那一点所示的状态，其间也经过可爆区，因而也比较危险。

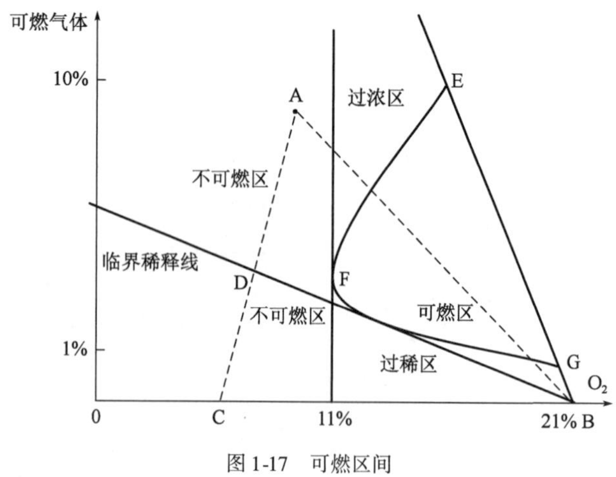

图 1-17　可燃区间

为了将舱内的状态由 A 点变为 B 点,可先向其中通入惰性气体(对于原油船,其惰性气体中的含气量约为 4% ~5% ,对液体散装化学品船和液化气体船,其惰性气体中的含氧量约为 1%),使之沿 AC 方向移动,达到 D 点之下时再向舱内通入空气,直至其变到 B 点所示的状态。为了将舱内的状态由 B 点移动到不可爆区,可先向舱内通入惰性气体,使之沿 BC 方向移动,当舱内的含氧量达到 11% 以下时再通入可燃气体。

(七)燃气华白数

在燃气工程中,在不同类型燃气间互换时,要考虑衡量热流量大小的特性指数。当燃烧器喷嘴前压力不变时,燃具热负荷与燃气热值成正比,与燃气相对密度的平方根成反比。燃气的高位热值与燃气相对密度的平方根之比称为华白数❶。燃气的华白数常与多项要素有关,其上限值称为华白上限,其下限值称为华白下限。

可燃气体华白数 I_W 的定义为,

$$I_W = \frac{V_c}{\sqrt{G_s}} \tag{1-2}$$

式中,I_W 为广义华白数(KJ/m^3,MJ/m^3);V_c 为可燃气体的高位热值(KJ/m^3,MJ/m^3);G_s 为燃气密度(KJ/m^3,MJ/m^3)。

若两种燃气的热值和密度均不相同,但只要它们的华白数相等,就能在同一燃气压力下和同一燃具上获得同一热负荷。如果其中一种燃气的华白数较另一种大,则热负荷也较另一种大。因此华白数又称热负荷指数。如果两种燃具有相近的华白数,则在互换时能使燃具保持相似的热负荷和一次空气系数(预先和燃气混合的助燃空气量与燃气完全燃烧所需的理论空气量之比)。如果置换气的华白数比基准气大,则在置换时燃具热负荷将增大,而一次空气系数将减少。因此华白数是一个互换性指数。各国规定在两种燃气互换时华白数的变化不大于 ±5% ~10% 。

❶　华白数是代表燃气特性的一个参数,于 1926 年由意大利人华白(Wobbe)提出,又称沃泊指数,现为各国所通用。

(八)热值

热值是指1标准立方米某种气体完全燃烧放出的热量(J/m^3)。热值有高位热值和低位热值两种。高位热值是指一标准立方米气体完全燃烧后其烟气被冷却至原始温度,而其中的水蒸气以凝结水状态排出时所放出的热量。

低位热值是指一标准立方米气体完全燃烧后其烟气被冷却至原始温度,但烟气中的水蒸气仍为蒸气状态时所放出的热量。燃气的高位热值在数值上大于其低位热值,差值为水蒸气的气化潜热。由于天然气是混合气体,不同的组分以及组分的不同比例,都会有不同的热值。

三、爆炸性

物质由一种状态迅速转变为另一种状态的化学过程、物质体积迅速膨胀的物理过程,并伴有以机械功形式放出大量能量的现象,称为爆炸(Explosion)。

具有爆炸性的物质不论是可燃物质与空气的混合物,还是爆炸性物质(如炸药),都是一种相对不稳定的物质系统,在外界一定强度的能量作用下,能产生剧烈的放热反应,产生高温高压和冲击波,从而引起强烈的破坏作用。

爆炸分为下述几种。

(一)化学爆炸

因物质发生极迅速化学反应,产生高温、高压而引起的爆炸称为化学性爆炸。化学爆炸前后物质的性质和成分均发生了根本的变化。

化学爆炸一般是一种剧烈燃烧,二者的区别在于:爆炸主要以瞬间产生冲击波来传递能量和激起化学反应,而燃烧主要以热传导来传递能量和激起化学反应;爆炸基本不受环境影响,而燃烧则受环境影响较大;爆炸比燃烧更为剧烈;爆炸产生的运动方向和反应区传播方面相同,而燃烧产物的运动方向和反应区传播方面相反。

热量等能量因爆炸物质本身分解而产生的爆炸称为简单分解爆炸。叠氮铅、乙炔银、乙炔酮、碘化氮、氯化氮等为能发生这类爆炸的物质,其特点是极为危险,受轻微震动即引起爆炸。对这类物质的运输需要特别小心。这类爆炸一般无燃烧现象伴随。

热量等能量因爆炸物质本身分解而产生并伴有燃烧现象的爆炸称为复杂分解爆炸。各种炸药、各种氮及氯的氧化物、苦味酸等发生的爆炸属于这一类,其危险性略小。这类物质爆炸时伴有燃烧现象,其所需的氧由本身分解时提供。

可燃气体、蒸汽及粉尘与空气混合而产生的爆炸称为混合爆炸。这类爆炸需要一定条件,如爆炸性物质的含量、氧气含量及激发能源等,因而其危险性较前二类为低。

一些气体在分解过程中会产生相当数量的热量,当热量的产生量在80kJ/mol以上时,在激发能源的作用下所产生的火焰便能迅速传播开来,具有爆炸效果,称为分解爆炸。分解爆炸一般需在一定压力下才可发生,当压力降到某个数值时,火焰便不能传播,如乙炔分解爆炸的在0.137MPa压力以下不可能发生,所以在此压力下储存装瓶是安全的。应注意,这种情况下若有强大的点火能源,乙炔也具有爆炸危险。

(二)物理爆炸

物质因状态或压力发生突变而形成的爆炸称为物理爆炸。例如,运输容器内液体过热气化引起的爆炸、运输容器内气体压力过高而产生的爆炸,运输容器受到挤压而引起的爆炸等。物理性爆炸前后物质的性质及化学成分均不改变。

(三)核爆炸

物质的原子核发生裂变或聚变,在瞬时释放出巨大能量,形成高温高压并辐射多种射线的爆炸称为核爆炸。

核爆炸对周围物体具有巨大破坏作用。

在货物学中,将具有化学爆炸危险的物质或物品列为爆炸品;具有物理爆炸危险的物质列为气体危险货物;具有核爆炸危险的物质或物品列为放射性危险货物。

本身具有爆炸性的物质称为爆炸性物质;含有爆炸性物质的物品称为爆炸性物品。

具有化学爆炸危险的物质或物品主要指各类军用、警用或民用爆炸品。这类物质或物品的爆炸类别、爆炸机理及控制措施是货物学研究的主要内容。

(四)粉尘爆炸

可燃粉尘在空气中燃烧时会释放出能量,并产生大量气体,而释放出能量的快慢即燃烧速度的大小与粉体暴露在空气中的面积有关。因此,对于同一种固体物质的粉体,其粒度越小,比表面积则越大,燃烧扩散就越快。悬浮在空气中的固态细粒即粉尘,遇火源使之引燃,在极短的时间内释放出大量能量的过程,通常称作粉尘爆炸。

粉尘爆炸发生之后,往往会产生二次爆炸。这是由于在第一次爆炸时,有不少粉尘沉积在工作处所底部,其浓度超过了粉尘爆炸的上限,因而未产生爆炸。但是,当第一次爆炸发后,形成的冲击波或气浪会使沉积粉尘重新扬起并与空气混合,而使浓度在粉尘爆炸范围内,所以便会紧接着产生二次爆炸。第二次爆炸所造成的灾害往往比第一次爆炸要严重得多。

粉尘爆炸要比可燃物质及可燃气体复杂。一般地,可燃粉尘悬浮于空气中形成在爆炸浓度范围内的粉尘云,在点火源作用下,与点火源接触的部分粉尘首先被点燃并形成一个小火球。在这个小火球燃烧放出的热量作用下,使得周围邻近粉尘受到加热,温度升高,从而产生着火燃烧现象。这样,火球便迅速扩大,从而形成粉尘爆炸。

四、腐蚀性

(一)腐蚀

货物的锈蚀与腐蚀性既有联系又有区别。

金属类货物的锈蚀与腐蚀主要分为二种情况,一种情况是金属内材料受到了纯粹氧化(Pure oxidation),另一种情况是金属材料受到了电解作用(Electrochemical decomposition)。二者之间常不完全独立,有时同时发生。一般来说氧化会在电解中加剧。

锈蚀系指金属表面发生电解和氧化作用,导致金属表面发生损坏;腐蚀系指金属内部发生电解和氧化等作用,导致金属内部发生损坏。很多情况下,二者的区分并不明显,甚至二者同时发生。

电解致损的程度取决于电解质的导电性,海水比淡水的导电性强,硫酸比海水的导电性强。所以,雨水、金属类货物包件内的汗水、货舱内的汗水、其他货物的水分、不慎喷洒到金属类货物上的淡水等,对金属具有一定程度的腐蚀与锈蚀损坏;漏入舱内的海水、消防作业喷洒到金属类货物上的海水、漏入货舱中的压载水等,会对金属造成严重损坏;舱内残留的有害化学物质、其他货物中含有的有害化学物质、与金属类货物接触的硫酸等,会对金属造成特别严重的损坏。

与某些货物的粉尘接触,也会对金属类货物造成化学损坏。这类粉尘一般含有水分或含有对金属具有腐蚀性的化学物质。

金属易受腐蚀和锈蚀的程度取决于其在电化学序列表中的位置。在金属在表中的位置越是靠前,受到腐蚀和锈蚀的程度越大,如表 1-9 所示。

一些物质的电化学序列表　　表 1-9

材料	潜在的伏特数	是否金属
锂(Lithium,Li)	-3.04	是
钾(Potassium,K)	-2.92	是
钡(Barium,Ba)	-2.90	是
钙(Calcium,Ca)	-2.87	是
钠(Sodium,Na)	-2.71	是
镁(Magnesium,Mg)	-2.36 ~ 2.37	是
铝(Aluminum,Al)	-1.68	是
锰(Manganese,Mn)	-1.18 ~ 1.19	是
锌(Zinc,Zn)	-0.76	是
铬(Chromium,Cr)	-0.74	是
硫(Sulfur,S),solid	-0.48 ~ 0.51	否
铁(Iron,Fe)	-0.41 ~ 0.44	是
镉(Cadmium,Cd)	-0.40	是
铊(Thallium,Tl)	-0.34	是
钴(Cobalt,Co)	-0.28	是
镍(Nickel,Ni)	-0.23	是
锡(Tin,Sn)	-0.14	是
铅(Lead,Pb)	-0.13	是
氢气(Hydrogen,2H)	0.00	否
铜(Copper,Cu)	+0.15	是
碘(Iodine,I)	+0.54	否

续上表

材料	潜在的伏特数	是否金属
银((Silver,Ag)	+0.80	是
汞(Mercury,Hg)	+0.85	是
溴(Bromine,Br)	+1.07	否
铂(Platinum,Pt)	+1.20	是
氯气(Chlorine,Cl)	+1.36	否
金(Gold,Au)	+1.50	是
氟气(Fluorine,F)	+2.87	否

(二)金属的腐蚀

货件的金属部分在运输中可能受到腐蚀。影响货件金属部分受到腐蚀的因素很多,主要有如下各项:

(1)相对湿度高于40%。

(2)航行中在货件上有凝水生成。

(3)空气中的海水成分和盐分。

(4)空气中的污浊成分,如二氧化硫、潮湿颗粒等。

(5)含水量较大的包装材料。

(6)金属表面的指纹。

(7)化学反应。

(8)生物影响。

金属类货件的常见腐蚀分成如下 9 种情况,如表 1-10 所示。

金属类货件的常见腐蚀分类 表 1-10

腐蚀形状类别	示意图
均匀腐蚀(Uniform corrosion) 腐蚀从表面开始,均匀向四周和向下展开	
局部腐蚀(Localized corrosion,pitting corrosion) 中部金属被完全腐蚀掉,形成了深孔或孔洞,而四周部则受到影响较小或根本没有受到影响	
块状腐蚀(Wide pitting corrosion) 因腐蚀,表面形成了块状疤痕	
纹边腐蚀(Intergranular corrosion) 腐蚀发生在纹理的边缘,所以表面上不易察觉	

续上表

腐蚀形状类别	示意图
纹内腐蚀(Transgranular or intragranular corrosion) 腐蚀主要发生在纹理的内部	
电镀腐蚀(Galvanic corrosion) 腐蚀主要发生在两物体接触的边缘、缝隙处	
电镀腐蚀(Selective corrosion) 腐蚀主要发生在物体中的结构物上,而物体本身未受到腐蚀	
变形纹路腐蚀(Exfoliation corrosion) 物体变形后会形成纹路,腐蚀主要发生在这些纹路上	
界面腐蚀(Interfacial corrosion) 腐蚀主要发生在空气与物体的接触界面上	

(三)腐蚀的防护

腐蚀的防护对于防止货物在运输中发生腐蚀具有重要意义,常用方法主要有四种。

1. 惰性气体防腐法

惰性气体防腐法(The inert gas method)是在包件内打入氮气等惰性气体,将其内的氧气排出,从而达到防腐的目的。在这过程中,一般应保持货件所在空间略处于正压状态,从而外部空气不能进入其内空间。

2. 涂层防腐法

涂层防腐法(The protective coating method)是在货上涂上涂层,从而使货件上的金属与空气隔离开来,如图 1-18 所示。在这过程中,将防腐剂涂在货件上,当其中的水分或溶剂挥发以后便在货件形成了一层保护膜,从而起到对货件进行防护的作用。

3. 涂层防腐法

涂层防腐法(The protective coating method)是在货上涂上涂层,从而使货件上的金属与空气隔离开来,如图 1-19 所示。在这过程中,将防腐剂涂在货件上,当其中的水分或溶剂挥发以后便在货件形成了一层保护膜,从而对货件进行防护。

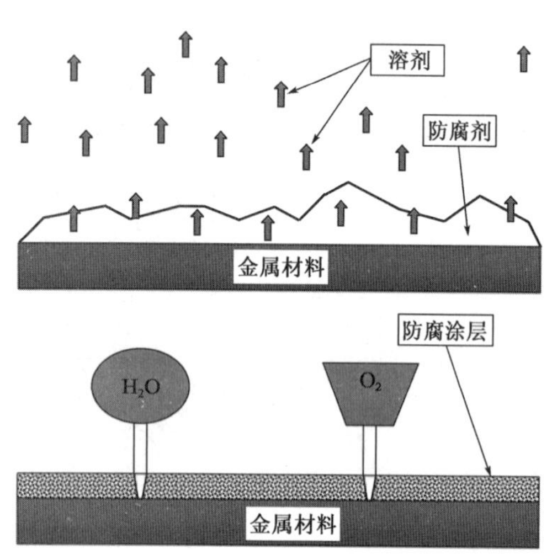

图 1-18　货件上涂层的形成过程

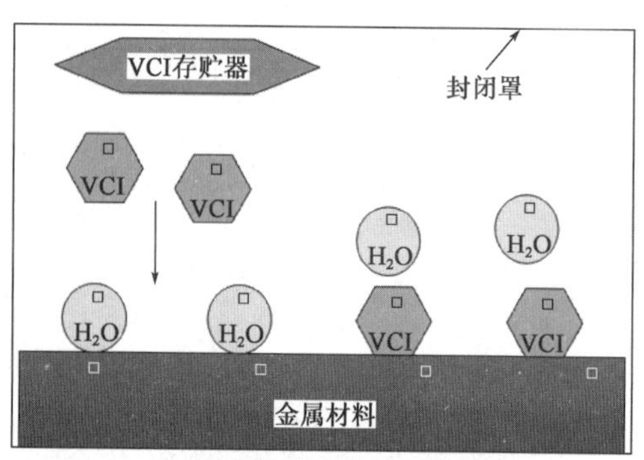

a) VCI腐蚀抑制因子的产生过程

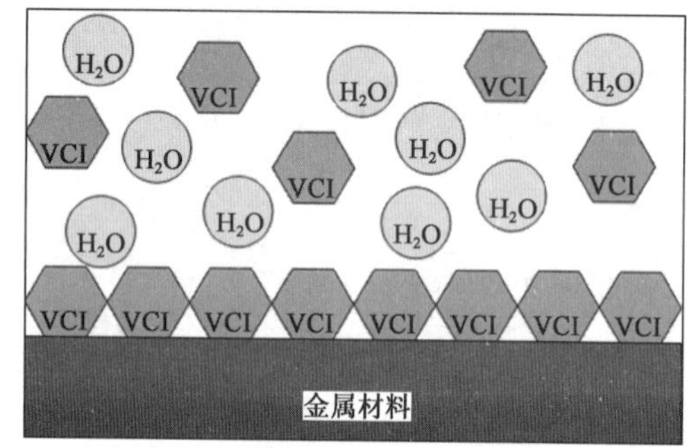

b) VCI腐蚀抑制因子的将水与金属材料分离

图 1-19　VCI 腐蚀抑制因子的作用过程

4. VCI 防腐法

VCI 防腐法(VCI method)是使货件的包装中形成挥发性腐蚀抑制因子(Volatile Corrosion Inhibitor,VCI),从而驱离货件金属表面上的氧分子与水分子,达到防腐的目的,如图 1-19 所示。这可在包装中放置可挥发腐蚀抑制因子的包裹,甚至可在包装材料中融入可挥发的腐蚀抑制因子。这是近些年来产生的一项新技术。

5. 吸湿剂防腐法

吸湿剂防腐法(The desiccant method)是在货物包装中放置一定量吸湿剂,使货件内的相对湿度降低,从而达到防腐目的。所需要的吸湿剂数量一般应经计算确定,与航线长短、货件自身水分含量、航线上的气候特征、货件所需要的防腐程度等多种因素有关。

五、自热性

一些货物具有自热性。从运输角度考虑,自热的原因主要有两种,一种为化学反应过程特别是氧化过程产生的热量所导致的自热;另一种为生物过程产生的热量所导致的自热,如呼吸运动、微生物运动等。在实际生产中,往往这两个过程交叉发生。在目前的运输过程中,具有自热性的货物主要为某些金属屑、化工产品和动植物产品。

(一)金属屑的自热

具有自热性的金属主要为以下几种。

1. 废氧化铁和废海绵铁

在煤气纯化过程中得到的废氧化铁(IRON OXIDE,SPENT)和废海绵铁(IRON SPONGE,SPENT),呈黑、棕、红或黄色粉末状,具有强烈气味。这种货物在运输中会进一步氧化,产生大量热量,并伴有硫化氢、二氧化硫、氰化氢等剧毒气体产生。

2. 金属屑

金属钻屑(FERROUS METAL BORINGS)、金属铣屑(FERROUS METAL SHAVINGS)、金属镟屑(FERROUS METAL TURNINGS)、金属切屑(FERROUS METAL CUTTINGS)等废金属,含有一定切削用残油。这些残油的氧化会产生大量热量,并且会导致温度急剧升高,以致发生自燃。

3. 直接还原铁

B 型直接还原铁(DIRECT REDUCED IRON,B type)是铁的熔点以下温度的状态下,对气化铁进行除氧的过程中所产生的金属料。它可与氧气和水分发生反应,产生氢气和热量,从而导致自燃和舱内缺氧。

(二)化工产品的自热

运输中具有自热性的化工产品主要为棕煤砖(BROWN COAL BRIQUETTES)、煤(COAL)、煤泥(COAL SLURRY)等煤类货物;木炭(CHARCOAL)、石油焦炭(PETROLEUM COKE)等炭类货物及硫化金属精矿(METAL SULPHIDE CONCENTRATES),如硫化锌、硫化镁、硫化铁等。

这类货物的自热原理主要为货物与空气中的氧气发生化学反应而产生热量,这些热量积存在货堆内部而不能及时散出,从而导致货物温度升高。

(三)动植物产品的自热

运输中,具有自热性的动植物产品主要为各种种子、种子粕、面粉、动物下脚料、鱼粉等,名称如表 1-11 所示。

动植物产品的自热　　表 1-11

焙烤材料(Bakery materials)	面筋(Corn gluten)
大麦芽球团(Barley malt pellets)	面筋球团(Gluten pellets)
带壳花生(PEANUTS(in shell))	木浆球团(WOOD PULP PELLETS)
带绒棉籽(LINTED COTTON SEED)	木薯粉(TAPIOCA)
动物下脚肥(TANKAGE)	木屑(WOODCHIPS)
柑橘浆球团(Citrus pulp pellets)	缫丝下脚球团(Strussa pellets)
含油种子粕(Meal,oily)	甜菜油粕(Beet Oil cake)
烘烤用粉(Toasted meals)	向日葵子(Sunflower seed)
红花子(Safflower seed)	小葵子球团(Niger seed,expellers)
花生(Peanuts)	亚麻子(Linseed)
花生粕(Ground nuts,meal)	椰干(Copra)

续上表

黄豆(Soya bean)	椰子仁(Coconut)
酒糟球团(Brewers grain pellets)	油菜子(Rape seed)
糠粉球团(Pollard pellets)	油粕(Oil cake)
糠团(Pellets, cereal)	鱼粉(FISHMEAL, FISHSCRAP, STABILIZED)
麦麸球团(Mill feed pellets)	玉米(Maize)
麦糠球团(Bran pellets)	玉米片(Hominy chop)
米糠(Rice bran)	种子粕(Expellers)
米碎(Rice broken)	含油种子粕(Seed expellers, oily)
棉花子(Cotton seed)	棕榈仁(Palm kernel)

这类货物自热的原因主要为:货物内部的脂肪、油分氧化过程中产生热量;货物内部的微生物运动产生热量;货物自身呼吸运动产生的热量。

(四)货物自热性的测量与控制

货物自热性一般用自热物质试验仪进行测量。

自热物质试验仪是通过将物质装在边长 25mm 或 100mm 立方形钢丝网容器内,在温度 100℃、120℃或 140℃下暴露于空气中来确定物质是否会氧化自热的性质。这种仪器的制造,应符合联合国❶和国家标准❷的要求。自热物质试验仪为了解物质的自热特性提供了可靠的方法。根据不同体积的样品容器,可以确定在什么情况下会发生自燃或者无自燃迹象。分析这些数据,就可以为任何体积的物质确定自热起始温度,从而为运输安全提供参考数据。温度控制范围常为室温至 400℃左右,温度控制误差常为 ±0.1℃。

在船上,货物自热性主要用通风、洒水、遮阳等方法来控制。不同货物控制自热的方法不同。

(五)含油植物和动物饲料的自热过程

在船上,含油植物和动物饲料的自热过程具有一些共同特点,以下是这类货物的典型自热过程:

1.10 ~ 35℃

饲料运至船边时,其温度常为港口所在地的外界温度;若榨取了其内油分和淀粉之后立即运至船边,则其内部温度可能高于当时的外界温度。

在热带地区,货物内部的温度可达 25 ~ 55℃。若货物含水量超过其平衡含水量(Equilibrium moisture content),而且外界的相对湿度为 75% 左右时,就会产生发热和释放水分的生物行为(Biotic activity)(如生长和繁殖)。这种情况下,货物表面就可能有霉迹生成。

对于所有的无机物,相对湿度达到 75% 左右时,微生物的生物行为就会发生,因为这时微

❶ UN. Manual of Tests and Criteria. 33. 2. 1. 5. Switzerland. 2008.

❷ GB/T 21618—2008. 危险品 易燃固体自热试验方法。

生物的细胞壁就可以吸收溶解在水中的养分了。

温度在 15 ~45℃,微生物的生物行为就可导致货物腐烂、发酵或分解。在这一温度区间,货物并不是因受热而变质,而是因为微生物的生物行为所产生的水分致损。

2. 30 ~40℃

微生物的生物行为所产生的影响,在这一温度上最盛,因为这时不仅有热量而且还有水分产生。

3. 40℃以上

除了微生物的生物行为所产生的影响之外,在这一温度上所产生的热量会使饮料中未饱和脂肪酸(Unsaturated fatty acids)发生氧化。与一般的氧化反应一样,这一过程会产生热量。

4. 45℃以上

未饱和脂肪酸的氧化以及热量微生物的生物行为,会使温度进一步增加。

5. 49℃

货物质量尚无明显变化,但蛋白质的营养价值受到了影响,货物变成棕色。

6. 55℃以上

这是一个临界温度,必须对货物温度进行严密监测。如温度不再增加,则尚无危险。在船舱中,除了对货物表面进行通风之外,在运输中没有降低温度的其他办法。为了避免货物受到水湿,不得用外界的冷气通风。通风系统最好调为内循环方式。

若货物温度继续升高,则有可能达到自热温度 75℃、80℃甚至 90℃。这时必须封闭货舱,以防止氧气进入舱内。

舱内会有白色蒸汽产生,自热过程非常明显。其后,货物会变黑,并伴有呈乙酸性质的燃烧气味产生。

若舱盖封闭且没有外界氧气进入舱内,则不必驶往避难港卸货。船舶可以按原航行计划行驶,即自热货物的到达港为最后一个港口。

这种情况下,货堆内会形成一系列热点。由于含油的植物和动物制品导热性很差,热量向货堆上部的移动速度很慢。有机物的自热会伴有水分的产生及货物中水分的减少。释放出的水分以蒸气的形式从货堆内部向上移动,水蒸气会在舱盖板或上甲板底部凝结成水。这样形成的水或水汽具有一定的灭火作用。

7. 55 ~85℃

这是一个临界温度范围。在 75℃左右,微生物便会死亡,从而微生物不再对货物造成损害,也无相应热量产生。

由于货物水分的干出,已开始的化学反应也受到一定程度抑制。

微生物死亡后,货物中的热量会使货物发生一定变化,货物的颜色常变成黑棕色。

这期间,货物温度会保持一段平稳态势(Longish temporary plateau)。其后,由于化学反应的进行,货物温度会进一步升高。

8. 90℃以上

舱口、开口或道门中会有白色烟雾冒出,很可能使港口作业人员误认为舱内已着火。港口作业人员还可能将自热过程中产生的异味误认为是着火产生的烟味。

随着水分的蒸发,货物会更加干燥,以至于空气和氧气的含量降低,货物及衬垫材料会发生干馏(Dry distillation)。

这期间,木材等有机物会因碳化而变成黑色,若货物颗粒或表面未受损,则其表面颜色仍会处于正常状态,并且无焦味产生。

9. 100~150℃

这期间,由于蛋白质的分解,会有异味从舱内冒出。蒸汽随之变成黑色有机物的温度达到80℃左右时便会因干馏而产生自燃温度为60℃左右的无色蒸气。这种气体在货堆表面达到一定浓度时便会自燃,火焰呈蓝色。一般来说,这种火焰不具有点燃货物的能量。

这时若打开舱盖,则会因大量氧气进入舱内而加剧燃烧强度,并产生闪火。但是,这样的闪火一般也不能点燃舱内货物,即使货物中含有大量天然纤维。卸货中,用抓斗抓起货物,倾倒在闪火处便足以将火焰熄灭。

10. 150~200℃

在这一温度范围内,会因干馏而产生更多气体产生,烟量增加。货堆内化学反应会加剧。货物营养价值会大量损失。

11. 230℃以上

在这一温度之上,货物表面与空气接触时会有大量闪火发生,会达到天然纤维或货物灰尘的自然点。货堆表面的闪火可用将货物自身扬起的方法压灭,也可用消防水龙头喷水烧灭。

若用水灭火,则最好用岸基水龙而不用港水,因为港水中常含有大量沙门氏菌(salmonella)和卡利夫菌(coliform)。

货物及有机衬垫材料的颜色会因干馏而进一步碳化和变黑,但过程会有所减慢。

12. 250℃以上

这时烟雾变浓,烟尘染衣,并伴有焦炭气味形成。

13. 280℃以上

当温度达到250~280℃之间时,可认为已达到了货物粉尘的自燃温度。这种现象在海上运输并不多见,因为平稳态势的时间通常很长,可达数天或十几天。

14. 330℃以上

这时必须考虑货物有可能发生自燃,这种现象在海上运输并不经常发生。

货物自燃时,会产生火焰。若将舱盖打开,会有火焰窜出。这在海上很少发生,特别是在货舱通气孔被关闭的情况下。

货物自燃后会留下烧灰,这是货物发生自燃的证据。

在开启载有自燃货物的货舱时,必须对其横舱壁的温度进行监测。测量温度时,可以在露天甲板上钻孔，测量后应用木塞将测量孔塞死。测温应反复进行，并作出相应记录。

在开启载有自燃货物的货舱时前，应在甲板上备妥消防水龙头、泡沫灭火器等。用水灭火时应特别注意，灭火用水所产生的自由液面可能危及船舶的稳性安全。

测温时不应跳入舱内，因为燃烧的货堆内部能形成孔洞，在人员踏上货面时产生塌陷，危及人员安全。

第四节　化学品安全技术说明书基本内容

一、货物的编号

货物名称作为对货物的语言指代，与货物的物理、化学和生物性质无关。这个意义上，利用编号完全可以实现这种指代。

（一）联合国编号

一般货物利用名称进行识别，但有时会产生误差或错误。为了保证准确识别危险货物，联合国危险货物专家委员会为每一种危险货物指定了一个 4 位数编号，称为危险货物的联合国编号（UN Number）。

应当指出，每一种危险货物均有一个编号，但一个编号并不一定只对应一种危险货物。有编号的货物可为包装、固体散装、液体散装和液化气体散装危险货物。

危险货物的联合国编号与标准运输名称按下述原则确定：

1. 具有明确定义的一种物质作为一个条目

联合国为成分单一，具有明确定义的物质单独指定一个联合国编号，并确定一个标准运输名称，如“丙酮”确定为“UN1090 Acetone”，“亚硝酸乙酯溶液”确定为“UN1194 Ethyl nitrite solution”。

2. 具有明确定义的一组物质单独列为一条

一些物质成分相近，具有类似的运输性质，联合国为这样一组类物质单独指定一个联合国编号，并确定一个标准运输名称，如“胶合剂”确定为“UN1133 Adhesives”“香水产品”确定为“UN1266 Perfumery product”“氨基甲酸脂农药，固体的，有毒的”确定为“UN2757 Carbamate pesticide，solid，toxic”“有机过氧化物，B 型，液体的”确定为“UN3101 Organic peroxide，type B，liquid”。

3. 某一具体类别但未列出名称的物质单独列为一条

一些物质，以某种物质为主，但含有其他杂质或附加成分。杂质或附加成分不同，对货物性质具有一定影响，但不会在根本上改变其性质。联合国常为这类物质单独指定一个联合国编号，并确定一个标准运输名称，如“硝酸盐，无机的，未列明的”确定为“UN1477 Nitrates，inorganic，N. O. S.”“醇类，未列明的”确定为“UN1987 Alcohols，N. O. S.”。

4. 泛指某一类别但未列出名称的物质单独列为一条

在危险货物中,有些物质性质非相近,但具体名称太多而难以列述完全。而且,这类物质的名称还在不断改变,如各种农药、各种酸、碱、盐等。联合国为这类物质指定了一个概括性名称,并明确说明“未列明的”(Not Otherwise Specified,N. O. S.)❶。如“易燃固体,有机的,未列明的”确定为“UN1325Flammable solid, organic, N. O. S.”;“易燃液体,未列明的”确定为“UN1993Flammable liquid,N. O. S.”

在 IMDG 规则、IMSBC 规则、IBC 规则、BCH 规则和 IGC 规则中,按危险货物的联合国编号和标准运输名称,列出危险货物的运输性质及其在装卸、积载和运输管理中的注意事项。一般,一个条目下列出的一种危险货物具有相同或相近的运输性质。

[案例]❷。汶桥轮 2007 年 9 月 15 日在朝鲜元山装货,所装货物的英文译名为“zinc cake”,船员不懂朝语,按其英文名称将该物质译为“锌饼”。所装货物的标准名称为“ZINC ORE CONCENTRATE”,中文译名为“锌精矿”,属固体散装危险货物中的易流态货物。但是,船员所译名称并不在危险货物之列,因而船员未采取任何防范措施。该货物装船后发生流态化,出港后不足 3 小时船舶稳性即减为负值而沉没。

(二)中国化学品编号

中国在货物运输方面制订了大量规则。早年,有关公路、铁路、水运货物运输的规则,相互衔接和关联不多,并且基本是基于国内具体技术和操作条件制订的适合中国国情的规则。在海上运输方面,从上世纪 70 年代开始就大量与国际接轨,所以形成的一些规则较多地考虑了国际上的要求。例如,在海上货物运输方面,曾将危险货物分成八类(国际上分成九类),而铁路运输方面则将危险货物分成三类。

在危险货物运输方面,中国制订了水路危险货物运输规则❸,制订了多项国家标准,并且列出了各类危险货物的引言和明细表❹。

中国危险货物编号由五位阿拉伯数字组成,是根据国标 GB 12268—2012 制订的危险货物编号:第一位数表示该危险货物按 IMDG 规则分类(共九类)所属类别;第二位数表示按 IMDG 规则的分项项别;第 3 ~5 位三位数表示该危险货物品名的顺序号,如表 1-12 所示。

货物名称的组成部分 表 1-12

编号	品名	别名	备注
11001	爆破用电雷管	工程电雷管	0030
11002	爆破用非电雷管	工程非电雷管	0029
11003	弹药用雷管	炮弹雷管	0073
11004	爆破用非电雷管组件		0360

---

❶ 在我国的危险货物规则翻译中,有时将“Not Otherwise Specified,N. O. S.”译为“未另列明的”。

❷ 大连海事法院,2009。

❸ 水路危险货物运输规则,交通部令 1996 年第 10 号,1996 年 11 月 4 日发布。

❹ 各类危险货物引言和明细表,人民交通出版社,1997。

续上表

编号	品名	别名	备注
11005	传爆管[带雷管的]	助爆管	0225
11006	传爆管[不带雷管的]	助爆管	0042
11007	导爆索[外包金属的]		0290
11008	导爆索[柔性的]		0065
11009	爆炸管		0043
11010	火帽		0377
11011	点火管		0121
11012	起爆引信		0106
11013	起爆引信[带有安全保护装置的]		0408
11014	无线电引信		

按 IMDG 规则,中国将危险货物分为九类,共 23 项。

自 2000 年左右,中国在国际海上货物运输中完全采纳了联合国及国际海事组织的有关规则。

(三)其他国家化学品编号

1. ICSC 编号

ICSC 编号指国际化学品安全卡(International Chemical Safety Card)的顺序号。在国际化学品安全卡中,可以查得各种化学品的性质。

2. CAS 号

CAS 号是美国化学文摘社(Chemical Abstract Service)登记号。该登记号由多组数字组成,各组之间用短线联结。该号是用来判定和检索有多个名称的化学物质信息的重要工具。

3. RTECS 号

RTECS 号是美国职业安全与卫生研究所(Registry of Toxic Effects of Chemical Substances)规定的化学物质毒性作用登记号。该号可用来查找化学物质的毒理学数据。

4. EC 编号

EC 编号是欧洲经济共同体(European Community)现有商业化学物质名录(European Inventory of Existing Commercial Chemical Substances,EINECS)中对该物质的登录号。这一物质名录中列出各化学品的性质和安全注意事项。

二、商品名称及编码协调制

货物或商品的名称种类繁杂,如何对其进行分类是一项十分复杂的工作。1983 年 6 月海关合作理事会(现为世界海关组织,World Customs Organization,WCO)主持制定的一部供海关、统计、进出口管理及与国际贸易有关各方共同使用的商品分类编码体系即《商品名称及编码协调制度》[1](Harmonized Commodity Description and Coding System,HS)。

HS编码是系统的、多用途的国际贸易商品分类体系。它除了用于海关税则和贸易统计外,还可用于运输商品的计费、统计、计算机数据传递、国际贸易单证简化以及普遍优惠制税号等方面,都提供了一套可使用的国际贸易商品分类体系。

从1992年1月1日起,我国进出口税则采用HS编码。该制度采用六位编码,适用于税则、统计、生产、运输、贸易管制、检验检疫等多方面,我国进出口税则采用十位编码,前八位等效采用HS编码,后两位是我国子目,它是在HS分类原则和方法基础上,根据我国进出口商品的实际情况延伸的两位编码。

HS于1988年1月1日正式实施,每4年修订1次。世界上已有200多个国家使用HS,全球贸易总量98%以上的货物都是以HS分类的。

HS采用六位数编码,把全部国际贸易商品分为22类,98章。章以下再分为目和子目。

三、货物有害性质查询机制

(一)联合国对化学品的分类和标签的统一要求

货物种类繁多,货物性质特别是货物的危险性质与人们的生产活动和生活密切相关。联合国《全球化学品统一分类和标签制度》(Globally Harmonized System of Classification and Labelling of Chemicals;GHS)对全球化学品统一分类和标签制度作出了规定,其内容主要包括两个部分:一是按照物质和混合物建立分类物质和混合物的协调准则,即危险分类,包含物质和混合物的物理危险、健康危害和环境危害;二是建立协调的危险信息公示,包括标签和化学品数据说明书(Material Safety Data Sheet;MSDS/SDS)。

GHS制度是对全球化学品分类和标签的统一要求。

(二)各国家的规定

按GHS制度,化学品数据说明书需要包括化学物质或混合物的综合安全信息,包括化学品危险性信息、作业场所暴露途径信息、安全防范措施建议及有效识别和降低使用风险的信息等。从2013年开始,欧盟、美国、日本、中国等国相继实施GHS制订了货物有害性质查询机制,但各国家和地区编写的MSDS/SDS报告内容并不完全相同。

中国国家质量监督检验检疫总局和中国国家标准化管理委员会在这方面作出了许多具体规定,要求MSDS/SDS报告的编写应与国际标准一致,尽快适应国际贸易、技术和经济交流的需要。

(三)中国化学品安全技术说明书

中国化学品安全技术说明书(Material Safety Data Sheet;MSDS)[2]是按照中国法律和规则的规定,根据国际GHS制度的要求编写而成,其内容包括16个部分。

---

[1] http://www.wcoomd.org/home_wco_topics_hsoverviewboxes.htm.

[2] http://www.ghs-msds.cn.

1. 化学品及企业标识(Chemical product and company identification)

这是指化学品名称、生产企业名称、地址、邮编、电话、应急电话、传真和电子邮件地址等信息。

2. 危险性概述(Hazards summarizing)

这部内容简要说明该化学品最重要的危害和效应,如危害类别、侵入途径、健康危害、环境危害、燃爆危险等信息。

3. 成分/组成信息(Composition/information on ingredients)

这是关于该化学品是纯化学品还是混合物的信息。纯化学品,应给出其化学品名称或商品名和通用名。混合物,应给出危害性组分的浓度或浓度范围。无论是纯化学品还是混合物,如果其中包含有害性组分,则应给出化学文摘索引登记号(CAS 号)。

4. 急救措施(First-aid measures)

急救措施指作业人员受到意外伤害时,所需采取的现场自救或互救的简要处理方法,包括:眼睛接触、皮肤接触、吸入、食入的急救措施。

5. 消防措施(Fire-fighting measures)

消防措施主要说明化学品的物理和化学特殊危险性,适合灭火介质,不适合的灭火介质以及消防人员个体防护等方面的信息,如危险特性、灭火介质和方法,灭火注意事项等。

6. 泄漏应急处理(Accidental release measures)

指化学品泄漏后现场可采用的简单有效的应急措施、注意事项和消除方法,包括:应急行动、应急人员防护、环保措施、消除方法等内容。

7. 操作处置与储存(Handling and storage)

这部分内容主要是指化学品操作处置和安全储存方面的信息资料,如操作处置作业中的安全注意事项、安全储存条件和注意事项。

8. 接触控制/个体防护(Exposure controls/personal protection)

这是指在生产、操作处置、搬运和使用化学品的作业过程中,为保护作业人员免受化学品危害而采取的防护方法和手段,如最高容许浓度、工程控制、呼吸系统防护、眼睛防护、身体防护、手防护、其他防护要求。

9. 理化特性(Physical and chemical properties)

理化特性主要指化学品的外观及理化性质等方面的信息,如外观与性状、pH 值、沸点、熔点、相对密度(水 =1)、相对蒸气密度(空气 =1)、饱和蒸气压、燃烧热、临界温度、临界压力、辛醇/水分配系数、闪点、引燃温度、爆炸极限、溶解性、主要用途和其他一些特殊理化性质。

10. 稳定性和反应性(Stability and reactivity)

这部分主要说明化学品的稳定性和反应活性方面的信息,如稳定性、禁配物、应避免接触的条件、聚合危害、分解产物。

11. 毒理学资料(Toxicological information)

这部分内容是化学品的毒理学信息,如不同接触方式的急性毒性(LD50、LD50)、刺激性、致敏性、亚急性和慢性毒性,致突变性、致畸性、致癌性等。

12. 生态学资料(Ecological information)

生态学资料主要列述化学品的环境生态效应、行为和转归,如生物效应(LD50、LD50 等指标)、生物降解性、生物富集、环境迁移及对环境的其他有害影响。

13. 废弃处置(Disposal)

废弃处置是指对被化学品污染的包装和无使用价值化学品的安全处理方法,包括废弃处置方法和注意事项。

14. 运输信息(Transport information)

运输信息主要是指国内、国际化学品包装和运输的要求、分类和编号,如危险货物联合国编号、包装级别、包装标志、包装方法及运输注意事项等。

15. 法规信息(Regulatory information)

法规信息主要是化学品管理方面的法律规定和标准。

16. 其他信息(Other information)

其他信息主要指对安全有重要意义的信息,如参考文献、填表时间、填表部门、数据审核单位等。

(四)危险化学品安全技术说明书

危险化学品安全技术说明书就是指中国化学品安全技术说明书(MSDS)。

化学品安全技术说明书在各国的名称不一样,现在趋于统一。中国化学品安全技术说明书以前曾称作 CSDS(General rules for preparation of chemical safety data sheet)。有的国家将这一说明书称为 SDS(Safety Data Sheet)。中国现在用的名称为 MSDS,这与国际上大部分国家所用名称一致。

四、化学品安全技术说明书的提供

(一)化学品安全技术说明书的编写责任

化学品安全技术说明书一般由该化学品生产厂家编写,因为只有生产厂家才对其所生的化学品最了解。

因此,同一种化学品由不同生产厂家编写的化学品安全技术说明书可能不一样。若用户在使用中,产生环境、健康等法律性问题,生产商必须要承担其相应的法律责任。

世界各国均大量生产化学品。美、欧等发达国家和地区对环境、职业健康的法律要求极为严格,在化学品的国际贸易中,生产商是必须提供准确的化学品安全技术说明书。

（二）化学品安全技术说明书的编写

编制高水准的 MSDS 不是一件容易的事情。除化学品的理化特性外，化学品量化的毒理数据测试费用太高，数据获得成本太大，特别是化学品有的是复合品或掺有副产品，其对环境、生物、人类等毒理数据更为复杂，所以同一种化学品的 MSDS 不见得一样。

国际上，MSDS 必须按照买方所在的国家和地区的有关危险化学品的法律法规的相关规定编制。但是，各国，甚至一个国家各州、省有关化学品管理的法律法规通常也不一样，甚至这些法律法规每月都有变化，所以编制的 MSDS 必须符合买方当地当时的国家或地区法律法规要求。

（三）化学品安全技术说明书示例

硝酸铵的安全技术说明书如表 1-13 所示。必须指出，该说明书中的一些技术术语对港口方面的从业人员来说理解上具有一定难度。

硝酸铵安全技术说明书　　表 1-13

说明书目录			
第一部分	化学品名称	第九部分	理化特性
第二部分	成分/组成信息	第十部分	稳定性和反应活性
第三部分	危险性概述	第十一部分	毒理学资料
第四部分	急救措施	第十二部分	生态学资料
第五部分	消防措施	第十三部分	废弃处置
第六部分	泄漏应急处理	第十四部分	运输信息
第七部分	操作处置与储存	第十五部分	法规信息
第八部分	接触控制/个体防护	第十六部分	其他信息
第一部分：化学品名称			
化学品中文名称	硝酸铵	化学品俗名	硝铵
化学品英文名称	ammonium nitrate	英文名称	
技术说明书编码	579	CAS No.	6484-52-2
生产企业名称			
地址			
生效日期			
第二部分：成分/组成信息			
有害物成分	含量	CAS No.	
硝酸铵		6484-52-2	

续上表

第三部分:危险性概述	
危险性类别	
侵入途径	
健康危害	对呼吸道、眼及皮肤有刺激性。接触后可引起恶心、呕吐、头痛、虚弱、无力和虚脱等。大量接触可引起高铁血红蛋白血症,影响血液的携氧能力,出现紫绀、头痛、头晕、虚脱,甚至死亡。口服引起剧烈腹痛、呕吐、血便、休克、全身抽搐、昏迷,甚至死亡
环境危害	
燃爆危险	本品助燃,具刺激性
第四部分:急救措施	
皮肤接触	脱去污染的衣着,用大量流动清水冲洗
眼睛接触	提起眼睑,用流动清水或生理盐水冲洗。就医
吸入	迅速脱离现场至空气新鲜处。保持呼吸道通畅。如呼吸困难,给输氧。如呼吸停止,立即进行人工呼吸。就医
食入	用水漱口,给饮牛奶或蛋清。就医
第五部分:消防措施	
危险特性	强氧化剂。遇可燃物着火时,能助长火势。与可燃物粉末混合能发生激烈反应而爆炸。受强烈震动也会起爆。急剧加热时可发生爆炸。与还原剂、有机物、易燃物如硫、磷或金属粉末等混合可形成爆炸性混合物
有害燃烧产物	氮氧化物
灭火方法	消防人员须佩戴防毒面具、穿全身消防服,在上风向灭火。切勿将水流直接射至熔融物,以免引起严重的流淌火灾或引起剧烈的沸溅。遇大火,消防人员须在有防护掩蔽处操作。灭火剂:水、雾状水
第六部分:泄漏应急处理	
应急处理	隔离泄漏污染区,限制出入。建议应急处理人员戴防尘面具(全面罩),穿防毒服。不要直接接触泄漏物。勿使泄漏物与还原剂、有机物、易燃物或金属粉末接触。小量泄漏:小心扫起,收集于干燥、洁净、有盖的容器中。大量泄漏:收集回收或运至废物处理场所处置
第七部分:操作处置与储存	
操作注意事项	密闭操作,加强通风。操作人员必须经过专门培训,严格遵守操作规程。建议操作人员佩戴自吸过滤式防尘口罩,戴化学安全防护眼镜,穿聚乙烯防毒服,戴橡胶手套。远离火种、热源,工作场所严禁吸烟。远离易燃、可燃物。避免产生粉尘。避免与还原剂、酸类、活性金属粉末接触。搬运时要轻装轻卸,防止包装及容器损坏。配备相应品种和数量的消防器材及泄漏应急处理设备。倒空的容器可能残留有害物
储存注意事项	储存于阴凉、通风的库房。远离火种、热源。应与易(可)燃物、还原剂、酸类、活性金属粉末分开存放,切忌混储。储区应备有合适的材料收容泄漏物。禁止震动、撞击和摩擦
第八部分:接触控制/个体防护	
中国 MAC(mg/m^3)	未制定标准
苏联 MAC(mg/m^3)	未制定标准
TLVTN	未制定标准
TLVWN	未制定标准

续上表

第八部分:接触控制/个体防护			
监测方法			
工程控制	生产过程密闭,加强通风。提供安全淋浴和洗眼设备		
呼吸系统防护	可能接触其粉尘时,建议佩戴自吸过滤式防尘口罩		
眼睛防护	戴化学安全防护眼镜		
身体防护	穿聚乙烯防毒服		
手防护	戴橡胶手套		
其他防护	工作现场禁止吸烟、进食和饮水。工作完毕,淋浴更衣。保持良好的卫生习惯		
第九部分:理化特性			
外观与性状	无色无臭的透明结晶或呈白色的小颗粒,有潮解性		
pH			
熔点(℃)	169.6	相对密度(水=1)	1.72
沸点(℃)	210(分解)	相对蒸气密度(空气=1)	无资料
分子式	NH_4NO_3	分子量	80.05
主要成分	纯品		
饱和蒸气压(kPa)	无资料	燃烧热(kJ/mol)	无意义
临界温度(℃)	无意义	临界压力(MPa)	无意义
辛醇/水分配系数的对数值	无资料		
引燃温度(℃)	无意义	爆炸下限%(V/V)	无意义
溶解性	易溶于水、乙醇、丙酮、氨水,不溶于乙醚		
主要用途	用作分析试剂、氧化剂、制冷剂、烟火和炸药原料		
其他理化性质			
第十部分:稳定性和反应活性			
稳定性			
禁配物	强还原剂、强酸、易燃或可燃物、活性金属粉末		
避免接触的条件			
聚合危害			
分解产物			
第十一部分:毒理学资料			
急性毒性	LD50:4820mg/kg(大鼠经口) LC50:无资料		
亚急性和慢性毒性			
刺激性			
致敏性			
致突变性			
致畸性			
致癌性			

续上表

第十二部分:生态学资料	
生态毒理毒性	
生物降解性	
非生物降解性	
生物富集或生物积累性	
其他有害作用	该物质对环境可能有危害,在地下水中有蓄积作用
第十三部分:废弃处置	
废弃物性质	
废弃处置方法	根据国家和地方有关法规的要求处置。或与厂商或制造商联系,确定处置方法
废弃注意事项	
第十四部分:运输信息	
危险货物编号	51069
UN 编号	1942
包装标志	
包装类别	053
包装方法	两层塑料袋或一层塑料袋外麻袋、塑料编织袋、乳胶布袋;螺纹口玻璃瓶、铁盖压口玻璃瓶、塑料瓶或金属桶(罐)外普通木箱
运输注意事项	铁路运输时应严格按照铁道部《危险货物运输规则》中的危险货物配装表进行配装。运输时单独装运,运输过程中要确保容器不泄漏、不倒塌、不坠落、不损坏。运输时运输车辆应配备相应品种和数量的消防器材。严禁与酸类、易燃物、有机物、还原剂、自燃物品、遇湿易燃物品等并车混运。运输时车速不宜过快,不得强行超车。运输车辆装卸前后,均应彻底清扫、洗净,严禁混入有机物、易燃物等杂质
第十五部分:法规信息	
法规信息	化学危险物品安全管理条例(1987 年 2 月 17 日国务院发布),化学危险物品安全管理条例实施细则(化劳发〔1992〕677 号),工作场所安全使用化学品规定(1996〕劳部发 423 号)等法规,针对化学危险品的安全使用、生产、储存、运输、装卸等方面均作了相应规定;常用危险化学品的分类及标志(GB 13690—92)将该物质划为第 5.1 类氧化剂
第十六部分:其他信息	
参考文献	
填表部门	
数据审核单位	msds 查询网整理
修改说明	
其他信息	

第五节　危险化学品名录中固体散装危险化学品的性质

一、我国危化条例管辖的危险化学品

（一）危险化学品的定义

危险化学品系指具有毒害、腐蚀、爆炸、燃烧、助燃等性质，对人体、设施、环境具有危害的剧毒化学品和其他化学品。

危险化学品的品种依据化学品分类和标签国家标准，从物理危险、健康危害、环境危害三个方面进行确定。在这些方面，我国均制订了相应标准和国家规定。应当指出，危险化学品中列出的物质的危险性系根据我国国内规则确定的，这些概念与国际运输中的一些规定有些差异。

化学品常具有一定危险性，但不是所有化学品都是危险化学品。在危险化学品中还分成包装危险化学品、固体散装危险化学品、液体散装危险化学品、气体散装危险化学品及液化气体散装危险化学品等。

（二）危险化学品目录

我国的《危化条例》管辖的危险化学品是《危险化学品目录（2015 版）》（后称“危化品目录”）中列明的危险化学品，共 2828 种。其后，我国又对这一目录进行了微调，现行版为《危险化学品目录（2022 版）》，仍列 2828 种。表 1-14 是我国列明危险化学品的前 21 种。

危险化学品目录　　表 1-14

序号	品名	别名	CAS 号	备注
1	阿片	鸦片	8008-60-4	
2	氨	液氨;氨气	7664-41-7	
3	5-氨基-1,3,3-三甲基环己甲胺	异佛尔酮二胺;3,3,5-三甲基-4,6-二氨基-2-烯环己酮;1-氨基-3-氨基甲基-3,5,5-三甲基环己烷	2855-13-2	
4	5-氨基-3-苯基-1-[双(N,N-二甲基氨基氧膦基)]-1,2,4-三唑[含量>20%]	威菌磷	1031-47-6	剧毒
5	4-[3-氨基-5-(1-甲基胍基)戊酰氨基]-1-[4-氨基-2-氧化-1(2H)-嘧啶基]-1,2,3,4-四脱氧-β,D赤己-2-烯吡喃糖醛酸	灰瘟素	2079-00-7	
6	4-氨基-N,N-二甲基苯胺	N,N-二甲基对苯二胺;对氨基-N,N-二甲基苯胺	99-98-9	
7	2-氨基苯酚	邻氨基苯酚	95-55-6	
8	3-氨基苯酚	间氨基苯酚	591-27-5	

续上表

序号	品名	别名	CAS号	备注
9	4-氨基苯酚	对氨基苯酚	123-30-8	
10	3-氨基苯甲腈	间氨基苯甲腈;氰化氨基苯	2237-30-1	
11	2-氨基苯胂酸	邻氨基苯胂酸	2045-00-3	
12	3-氨基苯胂酸	间氨基苯胂酸	2038-72-4	
13	4-氨基苯胂酸	对氨基苯胂酸	98-50-0	
14	4-氨基苯胂酸钠	对氨基苯胂酸钠	127-85-5	
15	2-氨基吡啶	邻氨基吡啶	504-29-0	
16	3-氨基吡啶	间氨基吡啶	462-08-8	
17	4-氨基吡啶	对氨基吡啶;4-氨基氮杂苯;对氨基氮苯;γ-吡啶胺	504-24-5	
18	1-氨基丙烷	正丙胺	107-10-8	
19	2-氨基丙烷	异丙胺	75-31-0	
20	3-氨基丙烯	烯丙胺	107-11-9	剧毒
21	4-氨基二苯胺	对氨基二苯胺	101-54-2	

(三)剧毒化学品

危化品目录列出的剧毒化学品共148种。

剧毒化学品系指具有剧烈急性毒性危害的化学品,包括人工合成的化学品及其混合物和天然毒素,还包括具有急性毒性易造成公共安全危害的化学品。剧烈急性毒性危险化学品系满足下列条件之一的物质:

(1)经口 LD50≤5mg/kg。

(2)经皮 LD50≤50mg/kg。

(3)吸入(4h)LC50≤100ml/m^3(气体)或0.5mg/L(蒸气)或0.05mg/L(尘、雾)。

这里的试验动物为大鼠,但经皮 LD50 也可使用兔实验数据。

(四)物理危险品

危化品目录列出的物理危险品包括下列16种。这些种类的划分是基于我国危险品方面的规定做出的,但也与国际规定逐渐接近。

(1)爆炸物:我国危险品中的不稳定爆炸物、1.1、1.2、1.3、1.4。

(2)易燃气体:我国危险品中的类别1、类别2、化学不稳定性气体类别A、化学不稳定性气体类别B。

(3)气溶胶(又称气雾剂):我国危险品中的类别1。

(4)氧化性气体:我国危险品中的类别1。

(5)加压气体:我国危险品中的压缩气体、液化气体、冷冻液化气体、溶解气体。

(6)易燃液体:我国危险品中的类别1、类别2、类别3。

(7)易燃固体:我国危险品中的类别1、类别2。

(8)自反应物质和混合物:我国危险品中的A型、B型、C型、D型、E型。
(9)自燃液体:我国危险品中的类别1。
(10)自燃固体:我国危险品中的类别1。
(11)自热物质和混合物:我国危险品中的类别1、类别2。
(12)遇水放出易燃气体的物质和混合物:我国危险品中的类别1、类别2、类别3。
(13)氧化性液体:我国危险品中的类别1、类别2、类别3。
(14)氧化性固体:我国危险品中的类别1、类别2、类别3。
(15)有机过氧化物:我国危险品中的A型、B型、C型、D型、E型、F型。
(16)金属腐蚀物:我国危险品中的类别1。

(五)健康危害品

危化品目录列出的健康危害包括下列10种。这些种类的划分是基于我国危险品方面的规定做出的,但也与国际规定逐渐接近。

(1)急性毒性:我国危险品中的类别1、类别2、类别3。
(2)皮肤腐蚀/刺激:我国危险品中的类别1A、类别1B、类别1C、类别2。
(3)严重眼损伤/眼刺激:我国危险品中的类别1、类别2A、类别2B。
(4)呼吸道或皮肤致敏:我国危险品中的呼吸道致敏物1A、呼吸道致敏物1B、皮肤致敏物1A、皮肤致敏物1B。
(5)生殖细胞致突变性:我国危险品中的类别1A、类别1B、类别2。
(6)致癌性:我国危险品中的类别1A、类别1B、类别2。
(7)生殖毒性:我国危险品中的类别1A、类别1B、类别2、附加类别。
(8)特异性靶器官毒性-一次接触:我国危险品中的类别1、类别2、类别3。
(9)特异性靶器官毒性-反复接触:我国危险品中的类别1、类别2。
(10)吸入危害:我国危险品中的类别1。

(六)环境危害品

危化品目录列出的环境危害包括下列2种。这些种类的划分是基于我国危险品方面的规定做出的,但也与国际规定逐渐接近。

(1)危害水生环境-急性危害:我国危险品中的类别1、类别2。
(2)危害水生环境-长期危害:类别1、类别2、类别3。
(3)危害臭氧层:我国危险品中的类别1。

(七)固体散装危险品

危化品目录并未标示出哪些危险是固体散装危险品,但自“易燃固体”之后的危险品基本上都可以散装运输。

二、我国危化条例与有关国际规则的关系

早年,我国运输中的危险品基本上仅指具有化学危险的货物。那些年,我国仅远洋运输与

国际完全接轨,而沿海运输、江河运输、铁路运输和道路运输方面国际业务很少,因而很多管理规则没有与国际接轨。在危险品运输方面,我国基于当时的运输技术和管理水平,形成了一个较完整的体系。总体上看,这些规定较相应的国际规则严格很多。如今,我国危险品运输技术在不断提高,而且急需与国际规则全面接轨。在这一背景下,我国颁布了"危化条例",相应规则略有放松,但也是针对我国危险化学品运输的实际情况作出的规定。

我国"危化条例"是国务院颁布的,因而对我国水路、道路、铁路、航空和管道运输均具有约束力。

(一)危化条例与 Orange 书和 GHS 制度的关系

我国危化条例是基于我国国内规则和国内标准确定的危险化学品管理规则,相应的危化品目录中列明的物质也基于国内规则和国内标准选定。

危化条例的很多内容与 Orange 书和 GHS 制度的规定基本一致,但确有一些原则性差异。但是,危险化学品目录中的大部物质均给出了相应的 CAS 编号(Chemical Abstracts Service of the American Chemical Society),据此可以查得其确切的英文名称,从而可以确定其与 Orange 书和 GHS 制度中列明的危险品之间的关系。

(二)危化条例与 IMDG 规则的关系

我国危化条例对危险化学品的管理比 IMDG 规则严格很多。这是一个总体概念,将危化条例的规定与 IMDG 规则的相应规定作具体比较才能得到更确切的理解。

我国危化品目录中的包装危险化学品基本上均可在 IMDG 规则中找到,但有一些未列入 IMDG 规则中。这就是说,在我国作为包装危险化学品对待的物质在国际上并不作为包装危险品对待。

(三)危化条例与 IMSBC 规则的关系

我国危化条例对危险化学品的管理也比 IMSBC 规则严格很多。这二份规则基本上不是一个意义上的规则。IMSBC 规则中列明的具有化学危险的物质共约 140 种,基本上都没有列入我国危化品目录,只有表 1-15 所示的几种硝酸盐列入其中:

列入危化条例中的 IMSBC 规则中具有化学危险性质的物质 表 1-15

硝酸钠 UN1498 B	SODIUM NITRATE UN1498 B
硝酸钙 UN1454 B	CALCIUM NITRATE UN1454 B
亚硝酸钡 UN1446 B	BARIUM NITRATE UN1446 B
硝酸铵 UN1942 B	AMMONIUM NITRATE UN1942 B
硝酸铝 UN1438 B	ALUMINIUM NITRATE UN1438 B
硝酸铅 UN1469 B	LEAD NITRATE UN1469 B
硝酸钾 UN1486 B	POTASSIUM NITRATE UN1486 B
硝酸镁 UN1474 B	MAGNESIUM NITRATE UN1474 B

IMSBC 规则所管理的货物与我国危化条例管理的货物完全不相同，二规则是完全不同的规则。

（四）危化条例与 IBC/BCH 规则的关系

我国危化条例对危险化学品的管理也比 IBC/BCH 规则严格很多。IBC/BCH 规则中列明的货物共 700 余种，基本上均可在我国危化品目录查到。显然，我国危化条例所列货物远多 IBC/BCH 规则所列货物。

（五）危化条例与 IGC 规则的关系

我国危化条例对危险化学品的管理也比 IGC 规则严格很多。IGC 规则中列明的货物共 30 余种，基本上均可在我国"危化品目录"查到。我国危化品目录所列货物远多 IGC 规则所列货物，这两个规则所管理的货物种类完全不是一个量级。

三、我国国内危险货物运输规则

（一）我国危险货物运输方面的国家标准

早年，我国的运输技术和管理水平有限，但在国内形成了一个较完整的体系。这一体系与国际上的规则有一些差异，但总体上看这些规定较相应的国际规则严格很多。在 2000 之后，我国先后对这些规则进行了较大幅度的修改，修改后的规则在很多方面与国规则比较一致。

但是，我国危险货物运输方面的国家标准仍与国际规则有相当差异。

（二）道路危险货物运输管理规定

我国在各级道路即道路上运输危险货物，必须遵行《道路危险货物运输管理规定》。这一规定几经修改[1]，最近版本于 2016 年 4 月 7 日以交通运输部部长令发布。这一规定明确说明，在道路运输中的危险货物以列入国家标准《危险货物品名表》（GB 12268—2012）的为准，未列入《危险货物品名表》的，以有关法律、行政法规的规定或者国务院有关部门公布的结果为准。

我国道路危险货物运输中，危险货物的分类与当时版本的 Orange 书和 GHS 制度中规定比较接近。这说明，我国在道路危险货物运输中正逐步走向国际并与国际运输标准和规定保持一致。

（三）我国铁路危险货物运输规定

早年，我国铁路危险货物运输规则是基于国内铁路方面对危险货物的认识并考虑到当时我国铁路运输状况作出的规定。当时将铁路货物只分成三级，一级为最危险的物质，三级为危险最小的物质。

1995 年我国原铁道部颁布了《铁路危险货物运输管理规则》，这一规则也将危险分成了

---

[1] 道路危险货物运输管理规定，交通运输部令 2016 年第 36 号。

九类:

第一类:爆炸品。

第二类:压缩气体和液化气体。

第三类:易燃液体。

第四类:易燃固体、自燃物品和遇湿易燃物品。

第五类:氧化剂和有机过氧化物。

第六类:毒害品和感染性物品。

第七类:放射性物品。

第八类:腐蚀品。

第九类:杂类。

但每一类中的具体规定和划分原则均与国际规则有一定差异。

2013 年中国铁道部并入交通运输部,同时组建国家铁路局,由交通运输部管理,承担原铁道部的其他行政职责;组建中国铁路总公司,承担铁道部的企业职责。

2014 年,由于国内危险货物运输方面的规则不断完善,中国铁路总公司颁布了《铁路危险货物运输管理暂行规定》。这一规定对原规则进行了较大调整,但仍然在很大程度上保留了原规则的内容。在危险货物分类方面,仍然分成九类,但每一小类及有关细则仍与国际上的规则有较大区别,例如,第 3 类易燃液体分成 3.1 项即一级易燃液体和 3.2 项即二级易燃液体;第 8 类腐蚀性物质分成 8.1 项即酸性腐蚀性物质、8.2 项即碱性腐蚀性物质和 8.3 项即其他腐蚀性物质;第 9 类杂项危险物质和物品分成 9.1 项即危害环境的物质、9.2 项即高温物质和 9.3 项即经过基因修改的微生物或组织、不属于感染性物质但可以非正常的天然繁殖的方式改变动物、植物或微生物物质。

同时,我国仍然保留有《铁路危险货物品名表》,这一品名表中的货物名称与国际规则中名称的对应关系也不是很明确,因为该表中没有给出相应的英文名称。

总之,我国铁路危险货物运输规则与国际规则有较大差异。

(四)我国国内水路危险货物规则

我国《国内水路危险货物规则》自 20 世纪 90 年代发布以来,一直未进行修改,其中很多规定参考了当时的国际运输规则,但这些国家在其后均进行了大幅度修订。

我国《国内水路危险货物规则》较相应的国际规则落后很多。这方面,我国似乎有在国内运输中应用国际规则的趋势。

第二章
港口安全管理

第一节 固体散装危险货物积载、隔离与装卸作业的管理要求

一、固体散装货物的积载与隔离的基本概念

(一)固体散装货物的积载位置

固体散装货物一般用固体散装货物船运输,但有时也可以装载在杂货船上。在杂货船上积载时,固体散装货物可以积载在底舱,也可以积载在二层舱。

固体散装货物不能在甲板上积载,也不能积载在特种货舱中。

(二)固体散装货物与人员的隔离

固体散装货物积载在货舱中,可认为与人员和居住处所进行了充分隔离。在固体散装货物船上,人员与固体散装货物的接触、进入装有固体散装货物的舱室、进入曾经装有固体散装货物的舱室、进入封闭处所,均需要采取专门安全措施。

(三)固体散装货物与机械处所的隔离

固体散装货物积载在货舱中,可认为与机械处所进行了充分隔离。但是,在装货和卸货期间,应特别注意防止粉尘对机械设备的污染。

二、固体散装货物间的隔离

(一)防止固体散装货物发生移动

固体散装货物在货舱可能发生移动,这种移动一方面可能对船舶浮态和稳性产生影响,另一方面可能导致积载在同一货舱中的不同货物发生混票。防止货物移动的方法主要如下几种。

1. 充分平舱

各舱内所装载的货物,应在不超过货舱局部许用负荷和船体纵向许用负荷的前提下尽可能满载。

装货完成后,应用手工或专用机械将货垛表面整平。平整的程度取决于货物的性质,一般来说,货垛的最高处与最低处相差在半米左右基本上可以认为进行了充分平舱。

2. 使用止移板

在装货过程中,将止移板(shifting board)沿纵向插入货垛中一定深度,这样可以限制货垛横向移动的幅度。

止移板的使用方法、止移板的强度、长度和宽度、插入货垛中的深度,均与货物性质有关。

3. 使用压包

为了防止固体散装货物移动，在装完货物之后，在货垛表面装载一层袋装货物，以限制货垛横向移动的幅度。

在散货表面堆装袋装货物的层数、袋装货物堆装的范围、其下部所用衬垫材料（帆布或木板），取决于散货的性质。

4. 使用添注漏斗

利用船舶结构设置添注漏斗，使上层货物能够在下层货物上表面产生空当时流入其内进行补充，从而有助于限制底层货物的移动。

（二）固体散装货物之间的隔离形式

1. 远离

远离（Away from），系指二货垛间的水平垂直投影距离不少于3m的积载，如图2-1所示。这里的货垛可以是一般固体散装货物的货垛，可以是固体散装危险货物的货垛，也可以是包装货物或包装危险货物的货垛，其间的分隔距离是一个大约数值。

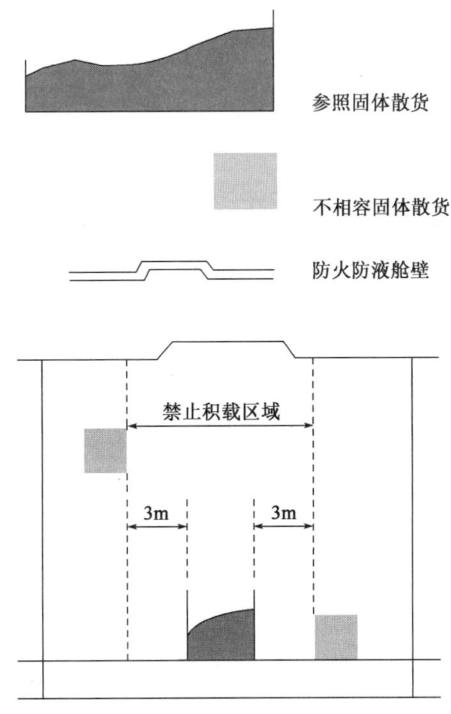

图2-1　固体散装货物的远离

这一概念不适用于固体散装货物在CTU中的积载，也不适用于固体散装货物和包装危险品在CTU中的积载。

2. 隔离

隔离（Separated from），系指二票固体散装货物之间或一票固体散与一票包装货物之间以一道水火密舱壁分隔开来的积载,如图2-2所示。这里固体散包括固体散装危险货物,包装货物包括包装危险货物。

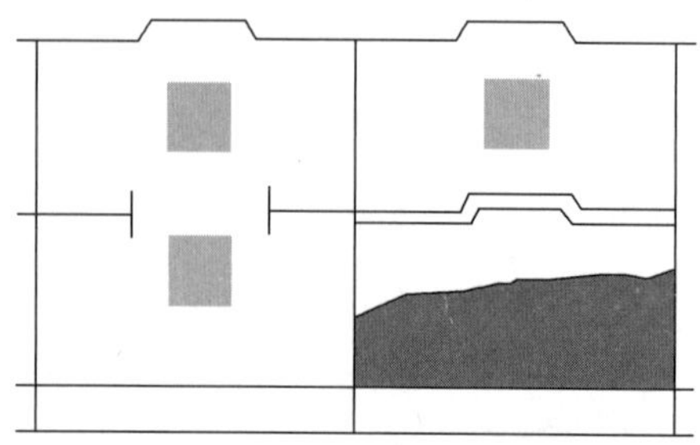

图2-2 固体散装货物的隔离

3. 以二道水火密舱壁隔离

以二道水火密舱壁隔离或以一整个舱室或货舱隔离(Separated by acomplete a compartment or hold from),系指二票固体散装货物之间或一票固体散与一票包装货物之间以二道水火密舱壁分隔开来的积载,如图2-3所示。这里固体散包括固体散装危险货物,包装货物包括包装危险货物。

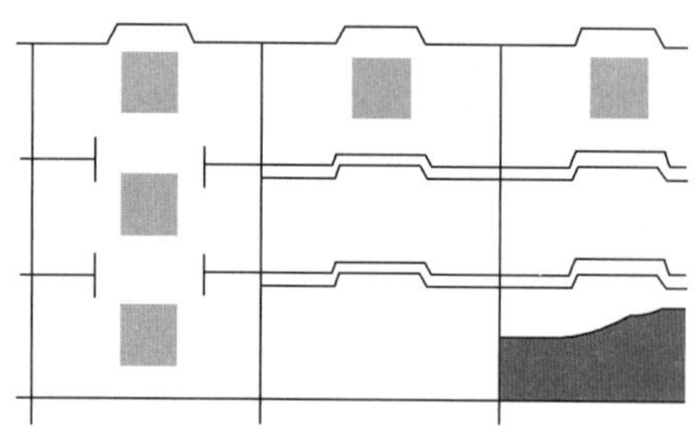

图2-3 固体散装货物以二道水火密舱壁的隔离

4. 纵向上以二道水火密舱壁隔离

纵向上以二道水火密舱壁隔离或纵向上以一整个舱室或货舱隔离(Separated longitudinally by an intervening complete compartment or hold from:),系指二票固体散装货物之间或一票固体散与一票包装货物之间以二道纵向上的水火密舱壁分隔开来的积载,如图2-4所示。这里固体散包括固体散装危险货物,包装货物包括包装危险货物。

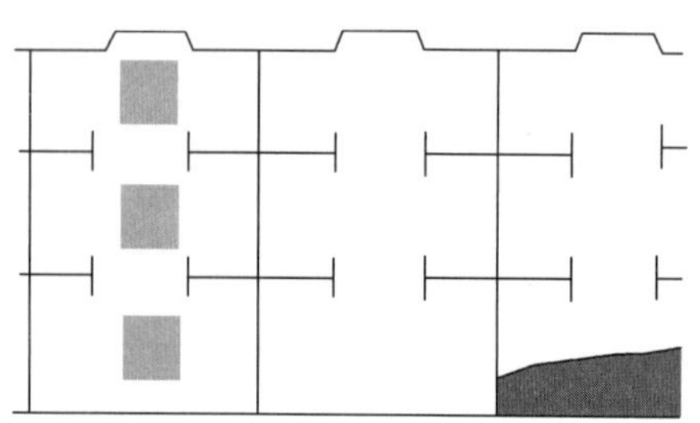

图2-4 固体散装货物纵向上以二道水火密舱壁的隔离

(三)固体散装化学危险货物之间的隔离

固体散装化学危险货物之间的隔离应按表2-1查取。这里,只有二种隔离形式,即在货垛间以一道或二道水火密舱壁进行隔离,如图2-5所示。

固体散装化学危险货物之间的隔离 表2-1

	固体散装物质									
	类别	4.1	4.2	4.3	5.1	6.1	7	8	9	MHB
易燃固体	4.1	×								
易自燃物质	4.2	2	×							
遇水释放出易燃气体的物质	4.3	3	3	×						
氧化物质(氧化剂)	5.1	3	3	3	×					
毒性物质	6.1	×	×	×	2	×				
放射性物质	7	2	2	2	2	2	×			
腐蚀性物质	8	2	2	2	2	×	2	×		
杂类危险物质和物品	9	×	×	×	×	×	2	×	×	
仅在散装时有危险的物质(MHB)	MHB	×	×	×	×	×	×	2	×	×

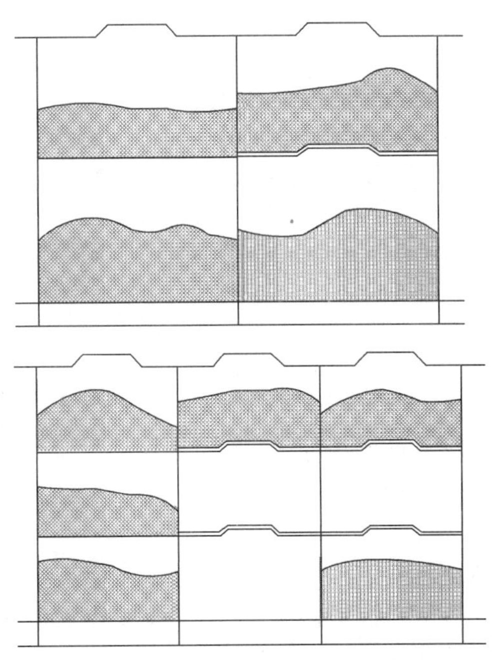

图2-5 固体散装化学危险货物间的隔离形式

表2-1查中,隔离形式"×"意指应查找IMSBC规则的具体规定,确定应采取以一道水火密舱壁进行隔离还是以二道水火密舱壁进行隔离。

(四)固体散装化学危险货物与包装危险货物之间的隔离

固体散装化学危险货物与包装危险货物之间的隔离应按表 2-2 查取。这里,隔离形式“×”意指应查找 IMSBC 规则和 IMDG 规则的具体规定确定应采取的隔离方式。

固体散装化学危险货物与包装危险货物之间的隔离　　表 2-2

散装货物(属危险品类)	类别	包装危险货物 1.1 1.2 1.5	1.3	1.4	2.1	2.2 2.3	3	4.1	4.2	4.3	5.1	5.2	6.1	6.2	7	8	9
易燃固体	4.1	4	3	2	2	2	2	×	1	×	1	2	×	3	2	1	×
易自燃物质	4.2	4	3	2	2	2	2	1	×	1	2	2	1	3	2	1	×
遇水释放出易燃气体的物质	4.3	4	4	2	1	×	2	×	1	×	2	2	×	2	2	1	×
氧化物质(氧化剂)	5.1	4	4	2	2	×	2	1	2	2	×	2	1	3	1	2	×
毒性物质	6.1	2	2	×	×	×	×	×	1	×	1	1	×	1	×	×	×
放射性物质	7	2	2	2	2	2	2	2	2	2	1	2	×	3	×	2	×
腐蚀性物质	8	4	2	2	1	×	1	1	1	1	2	2	×	3	2	×	×
杂类危险物质和物品	9	×	×	×	×	×	×	×	×	×	×	×	×	×	×	×	×
仅在散装时有危险的物质(MHB)	MHB	×	×	×	×	×	×	×	×	×	×	×	×	3	×	×	×

三、固体散装化学危险货物与其他货物间的隔离

(一)固体散装化学危险货物与其他散装货物间的隔离

固体散装化学危险货物与是散装谷物需一定的隔离,但在生产中需考虑这种情况的机会较少。这方面,需根据具体情况进行专门研究,这里提出如下几点注意事项,供运输中参考:

(1)6.1 类有毒固体散装危险货物与散装谷物隔离至少二道纵向舱壁。

(2)MHB 货物与散装谷物隔离一道纵向舱壁。

(3)其他固体散装化学危险货物与散装谷物隔离至少一道纵向舱壁。

(二)固体散装化学危险货物与易流态化货物间的隔离

固体散装化学危险货物与是易流态化货物需一定的隔离,但在生产中需考虑这种情况的机会较少。这方面,需进行根据具体情况进行专门研究,这里提出如下几点注意事项,供运输中参考:

(1)4.3 类遇水放出易燃气体的货物与易流态化货物至少二道纵向舱壁。

(2)MHB 货物与易流态化货物隔离一道纵向舱壁。

(3)其他固体散装化学危险货物与易流态化货物隔离至少一道纵向舱壁。

(三)固体散装化学危险货物与普通杂货间的隔离

到目前为止,没有专门规则规定固体散装化学危险货物与普通杂货间的隔离要求。这方面,应按通常的知识或经验采取隔离。若船员在积载中有疑问,可以咨询有关专家或请求有关研究机构提出建议。

四、固体散装化学危险货物间在库场内和堆场上的隔离

中国国家标准《港口作业安全要求:第3部分危险货物集装箱》(GB 16994.3—2021)对堆场和库场上固体危险货物间的隔离作出了规定,如表2-3所示。

水路危险货物规则规定的危险货物在港内堆存的隔离表　　表2-3

危险货物类别和项别		1类			2类			3类	4类			5类		6类		7类	8类	9类
		1.5项	1.3、1.6项	1.4项	2.1项	2.2项	2.3项		4.1项	4.2项	4.3项	5.1项	5.2项	6.1项	6.2项			
1类	1.5项	*	*	*	4	2	2	4	4	4	4	4	4	2	4	2	4	×
	1.3、1.6项	*	*	*	4	2	2	4	3	3	4	4	4	2	4	2	2	×
	1.4项	*	*	*	2	1	1	2	2	2	2	2	2	×	4	2	2	×
2类	2.1项	4	4	2	×	×	×	2	1	2	2	2	2	×	4	2	1	×
	2.2项	2	2	1	×	×	×	1	×	1	×	×	1	×	2	1	×	×
	2.3项	2	2	1	×	×	×	2	×	2	×	×	2	×	2	1	×	×
3类		4	4	2	2	1	2	×	×	2	2	2	2	×	3	2	×	×
4类	4.1项	4	3	2	1	×	×	×	×	×	×	1	2	×	3	2	1	×
	4.2项	4	3	2	2	1	2	2	1	×	1	2	2	1	3	2	1	×
	4.3项	4	4	2	2	×	×	2	×	1	×	2	2	×	2	2	1	×
5类	5.1项	4	4	2	2	×	×	2	1	2	2	×	2	1	3	1	2	×
	5.2项	4	4	2	2	1	2	2	2	2	2	2	×	1	3	2	2	×
6类	6.1项	2	2	×	×	×	×	×	×	1	×	1	1	×	1	×	×	×
	6.2项	4	4	4	4	2	2	3	3	3	2	3	3	1	×	3	3	×
7类		2	2	2	2	1	1	2	2	2	2	1	2	×	3	×	2	×
8类		4	2	2	1	×	×	×	1	1	1	2	2	×	3	2	×	×
9类		×	×	×	×	×	×	×	×	×	×	×	×	×	×	×	×	×

注:隔离数码分别表示:

库内:	场地:
1——相距3m;	1——相距3m;
2——分库房;	2——相距10m;
3——中间隔一个库房;	3——相距30m;
4——中间隔一个库房;	4——相距30m;

×——按IMDG规则危险货物一览表的特殊隔离规定;

*——按IMDG规则危险货物第7.2.7.1条关于第1类第1类危险货物的隔离规定。

中国《水路危险货物运输规则》(以下简称《水路危规》)中也有类似要求。但该规则是1994 年提出的,虽然仍然有效,但其合理性应进行进一步研究,使之与我国水路运输的实际更为吻合。

目前(2024 年),国内外对固体散装危险货物在库场内和堆场上的隔离并没有作出明确规定,这里参照 IMSBC 规则和我国《水路危规》及国家标准,提出如下规定:

(1)参表 2.1.4.1,确定固体散装化学危险货物间的隔离要求。

(2)若为隔离一道水火密舱(即"隔离 2")则不得在同一库场内存储,不得在同一堆场上堆码。

(3)若为隔离二道水火密舱(即"隔离 3")则不得在相邻库场内存储,不得在相邻的库场与堆场上存储,不得在同一堆场上堆码。

第二节　国际海运固体散装货物规则有关积载、隔离、装卸和应急的规定

国际海运固体散装货物规则(International Maritime Solid Bulk Cargo Code,简称 IMSBC,以下简称 IMSBC 规则)是国际海事组织按《1974 年国际海上人命安全公约》(以下简称国际海上人命安全公约)制定的有关固体散装货物安全操作的技术规则。

一、一般规定

(一)有关 IMSBC 规则的说明

应注意,存在其他国际和国家规则,那些规则可能承认 IMSBC 规则的全部或部分。此外,港口当局和其他机构和组织应承认 IMSBC 规则,可把它用作其装卸区内的存放和装卸细则的基本文件。

(二)列入 IMSBC 规则的货物

目前散货运输的典型货物以及关于它们的特性和装卸方法的建议列于各个货物明细表。但是,这些明细表并非详尽无遗,所列出的货物性质仅供作指导用。

因此,装货前需从托运人那里获得交运货物的物理和化学性质的最新而有效的资料。托运人须提供关于装船货物的充分信息。

如一种固体散货详细列于 IMSBC 规则附录 1(固体散货明细表)中,除该规则第 1 至 10 节和第 11.1.1 节的规定外,它还须按照其明细表的规定予以运输。必要时,船长须就有效并适用的装运要求咨询装货港和卸货港主管机关。

(三)未列入 IMSBC 规则的货物

如果一种未列入 IMSBC 规则附录 1 的固体货物拟交付散装运输,托运人须在装货前按照 IMSBC 规则第 4 节要求向装货港主管机关提供该货物特性资料。基于所收到的资料,主管机

关将对安全运输的可能性进行评估。

当估计拟装运的固体散装货物会呈现出 IMSBC 规则 A 或 B 组界定的那些危险时,需寻求卸货港和船旗国主管机关的建议。三个主管机关将共商装运该货物的合适条件。

当估计拟装运的固体散装货物不会呈现出运输危险时,须批准装运该货物。

并将此种批准通知该卸货港和船旗国主管机关。

装货港主管机关须向船长签发一份陈述该货物特性以及要求的该货物装运和装卸条件的证书。装货港主管机关还须在签发证书后一年内将一份申请提交 IMO,以便将该种固体散装货物纳入 IMSBC 规则附录 1 中。

(四)IMSBC 规则的适用和实施

按国际海上人命安全公约,IMSBC 规则在法律上是强制性规则,但其中有关保安的规定、积载因数换算表和相关参考资料则属于建议性的。

在 IMSBC 规则的某些部分,规定了具体的行动,但贯彻行动的责任没有具体划给任何特定的人。此类责任可依不同国家的法律和习惯及它们参加的国际公约而异。就 IMSBC 规则而言,不必作出如划定,但仅需要明确行动本身。划定该责任依然是每一政府的特权。

(五)免除和等效措施

如果 IMSBC 规则要求遵守固体散装货物运输的某一特殊规定,一个或多个主管机关(始发港港口国、抵达港港口国或船旗国)在认为这样的规定最起码与 IMSBC 规则的要求具有同等的效果及安全时,可通过免除批准任何其他的规定。对没参与该规定的主管机关接受根据本节批准的免除,由该主管机关自行决定。所以,在此种免除涵盖的任何运输之前,获得此种免除的一方须通知其他有关的主管机关。

二、一般装载、装运和卸载预防措施

一些事故的发生是因为不当装载和卸载固体散装货物而造成的。为使船舶具备足够的稳性和使其结构不超过其强度负荷能力,须注意确保固体散装货物在全船的合理分布。此外,托运人须向船长提供所运货物的充分信息,以确保船舶的适当装载。

杂货船在构造上适合装载积载因数约为 $1.39m^3/t$ 至 $1.67m^3/t$ 的货物。当装载高密度固体散货时,须特别注意货物重量的分布,以免产生过度应力;要考虑到由于某些货物的密度较大,不合理的重量分布可能会使承载货物的局部结构或整个船体的应力过大。由于每艘船舶结构布置千差万别,为所有船舶的荷载分布作出确切的规定是不实际的。因此,可向船长提供稳性资料手册中提及的货物适当分布信息和使用配载计算机所得出的结果(如有的话)。

所有船舶上须配备稳性资料手册,以使船长须能够计算出预期航程中最恶劣状态下以及离港时的船舶稳性,计算结果应表明有足够稳性。当将有可能产生移动的散货装载在二层舱处所中或货物处所只有部分装满时,则须设置具有足够强度的防移板或防移箱。高密度货物须尽可能装载在底舱而不是二层舱处所中。如果需要将高密度货物装载在二层舱或较高的货物处所内,须充分注意保证其下的甲板不得超负荷,并且船舶的稳性不得小于提供给船长的船舶稳性信息手册中规定的最小允许值。

装货前须检查和准备货物处所,使其适于拟装的特定货物。应充分注意保持污水井和滤板畅通无阻,做好特殊准备很有必要,以防止货物落入污水排放系统。污水管、测深管和货物处所内的其它管系须处于良好状态。

考虑到高密度散货的装载速度,可能有必要采取特别措施以防货物处所设备受到损坏。在完成装载后,测量污水可能是查出货物处所设备损坏的有效办法。若可能,为最大限度地减少粉尘进入船舶生活区或其它舱室,在装载或卸货期间须关闭或遮盖通风系统并将空调系统(如有的话)调为内部循环。须充分注意尽可能减少粉尘与甲板机械及室外助航仪器的活动部件的接触。

三、人员与船舶安全

(一)对配备应急反应和医疗急救指南的要求

在装载、装运和卸载固体散装货物之前和期间,须遵守所有必要的安全预防措施。每艘船舶须配备一套处理固体散装危险货物事故的应急反应和医疗急救指南。

(二)中毒、腐蚀和窒息危险

某些固体散装货物易于氧化,从而造成缺氧、散发毒气或烟雾及自热。某些货物不易于氧化,但可能散发毒性气体,尤其是在潮湿时。还有一些货物潮湿时对皮肤、眼睛、黏膜或对船舶结构具有腐蚀性。在装运这些货物时,须特别注意人身防护以及在装载前或卸载后采取必要的特别预防措施。

须适当注意货物处所及其毗邻处所可能缺氧或存在毒性或窒息性气体,而且曾在一段时间内保持关闭状态的空货物处所或液舱中的氧气可能不足以维持生命。很多固体散装货物容易在货物处所或液体舱内造成缺氧。这类货物包括但不限于大多数植物和林木制品、黑色金属、硫金属矿和货煤等。进入船上封闭处所之前,须遵守适当的程序,同时考虑国际海事组织制订的建议案。需要注意,经测试发现可安全进入的货物处所或液舱中,仍可能存在缺氧或存在有毒气体的局部区域。在运输易散发有毒气体或易燃气体和(或)易造成货物处所缺氧的散货时,须配备可测量货物处所内气体或氧气浓度的合适仪器。在紧急情况下进入货物处所时,须佩戴自给式呼吸器和防护服,在负责高级船员的监督下由经过训练的人员进入。

(三)粉尘对健康的危险性

为了将因人体暴露于某些固体散货粉尘中所造成的慢性和急性危险减小到最低程度,那些暴露于粉尘中的人员需要高标准的个人卫生,这一点无论怎样强调也不过分。须根据需要采取预防措施,包括使用合适的呼吸保护装置、穿防护服和涂抹护肤膏、充分的人体冲洗和外衣洗涤。

(四)易燃气体

某些固体散装货物产生的粉尘会构成爆炸危险,特别是在装载、卸载和清扫时。通风以防止形成充满粉尘的空气以及用水龙头冲洗而不用扫把清扫,会使爆炸危险减至最小。某些货物可能放出大量的可燃气体,足以构成火灾或爆炸危险。若货物的这一性质列明在 IMSBC 规则货物明细表中或者托运人提供货物信息中,则货物处所须根据需要进行有效通风。须使用适当气体探测器对货物处所内的空气进行监测。须充分注意通风和监测货物处所的毗邻封闭处所中的空气。

(五)通风

除非另有明文规定,在所装运的货物可能释放有毒气体时,须为货物处所提供机械或自然通风;在所装运的货物可能释放易燃气体时,须为货物处所提供机械通风。如果保持通风会危及船舶或货物安全,则可以中断通风,除非中断通风会造成爆炸危险。

如 IMSBC 规则明细表或托运人提供的货物信息要求对某货物保持通风,当货物在舱内时,则须保持通风,除非出现通风将危及船舶的情况。拟装载需要持续通风的货物的货物处所须装有在需要时能保持开启状态的通风口。这种开口须满足经修订的《载重线公约》关于无关闭装置的开口的要求。通风系统须防止任何泄漏的危险气体、蒸气或粉尘到达生活舱室或有危险浓度的其他内部处所。须充分注意防止任何泄漏的危险气体、蒸气或粉尘飘到工作处所。采取充分预防措施保护那些工作处所人员的安全。如货物会发生自热,不得采用表面通风以外的通风。绝不能将空气送入货物堆中。

正在途中熏蒸的货物须按照 IMO 制订的建议案进行熏蒸。

四、货物的安全适运性评价

(一)识别和分类

IMSBC 规则中的各种固体散货均被指定一个散货船运名(BCSN)。如果某种散货经海上运输,须通过其散货船运名在其运输单证上对其予以识别。如果该货物是危险货物,散货船运名须用联合国(UN)编号加以补充。

如果废弃货物是为处置或为处置前加工而运输,该货物名称前须标有“废物”字样。散装货物的正确识别有利于确定安全装运该货物的必要条件和适用的应急程序。固体散货须酌情根据联合国试验和标准手册第Ⅲ部分的要求进行分类。若存在原产地国主管当局认可的试验程序,IMSBC 规则要求的固体散货的各种特性须按照此种程序以适合该货物的方式予以测定。若不存在此种试验程序,固体散货的那些特性须按照 IMSBC 规则附录 2 所述的试验程序以适合该货物的方式予以测定。

(二)提供信息

在装载前托运人须提前向船长或其代表提供货物的适当信息,以便能够采取必要的措施对货物进行妥善积载和安全运输。这些信息须在货物装船前以书面形式和通过运输单证予以确认。货物信息须包括:

(1)若该货物已列入 IMSBC 规则,散装货物船运名。除散装货物船运名之外,还可使用第二名称。

(2)货物组别(A 和 B、A、B 或 C)。

(3)该货物的海事组织类别,如适用。

(4)该类货物的联合国编号,以字母 UN 开头。如适用。

(5)交运货物的总量。

(6)积载因数。

(7)平舱的需要和平舱程序,必要时。

(8)移动的可能性,包括静止角(如适用)。

(9)以证书形式提供的关于货物水分含量及精矿或其他易流态化货物的适运水分极限的附加信息。

(10)形成湿底的可能性。

(11)货物可能产生的有毒或易燃气体,如适用。

(12)货物的易燃性、毒性、腐蚀性以及耗氧倾向,如适用。

(13)货物自热的特性,以及平舱的需要,如适用。

(14)与水接触释放出易燃气体的特性,如适用。

(15)放射特性,如适用;和。

(16)国家主管当局要求的任何其他相关信息。

托运人提供的信息须随附一份声明。货物声明表格的样本如表 2-4 所示。货物声明可用其他表格。可使用电子数据处理(EDP)或电子数据交换(EDI)技术,作为纸头单证的辅助手段。

货物信息表(适用于固体散装货物) 表 2-4

<table>
<tr><td colspan="2">散装货物船运名:</td></tr>
<tr><td>托运人:</td><td>运输单证编号:</td></tr>
<tr><td>收货人:</td><td>承运人:</td></tr>
<tr><td>名称/运输工具:
出发港/出发地点:</td><td rowspan="2">指南或其他事项:</td></tr>
<tr><td>到达港/目的地:</td></tr>
<tr><td>货物一般性描述(物质种类/颗粒大小)</td><td>总重(kg/N)</td></tr>
<tr><td colspan="2">散装货物说明,如适用:
积载因素:
静止角,如适用:
平舱程序:
如有潜在危险的,化学特性*:
*例如:类别和联合国编号或者仅在散装运输时具有化学危险的物质</td></tr>
<tr><td>货物组别
□ A 组和 B 组*
□ A 组*
□ B 组
□ C 组
*易流态化货物(A 组和 A 及 B 组货物)</td><td>适运水分极限

运输时水分含量</td></tr>
</table>

续上表

货物的相关特殊性质 （如：可快速溶于水）	补充证书* □ 水分含量和适运水分限制证书 □ 风化证书 □ 免除证书 □其他（需要说明） * 如有要求的话。
声明 本人特此声明：对托运货物的说明全面而准确。据我所知，所给出的实验结果和其他说明准确无误，我也相信如此，该批货物可视为对拟装货物具有代表性。	签字人姓名/身份，公司/组织名称 地点和日期 代表托运人签字

（三）测试证书

为获得货物的有关信息，托运人须安排货物的妥善取样和试验。如 IMSBC 规则要求，托运人须向船长或其代表提供适当的测试证书。

当船舶装运精矿或其他货物时，托运人须向船长或其代表提供一份经签字的适运水分极限证书和一份经签字的水分含量证书或声明。该适运水分极限证书须包括或另附测定适运水分极限的试验结果。该水分含量声明须包括或附有托运人的声明：就其所知和看法，在将该声明提交船长时，货物的水分含量是当时货物的平均水分含量。

如果易流态化精矿或其他货物拟装入船上一个以上货舱，则水分含量证书或声明须证明装入各舱中的每一种细颗粒货物的水分含量。尽管有此规定，如果按国际或国家认可的标准程序进行的采样表明货物的水分含量对于整批货物是均匀的，则可接受一份关于所有货物处所平均水分含量的证书。

如果具有化学危险的货物的明细表要求提交证书，该证书须包括或另附托运人声明：据其所知，船舶装货当时的货物化学性质即为证书中所列者。

（四）采样程序

除非在装货前对真正有代表性的试样进行试验，否则对货物的任何物理特性的测定都将毫无意义。

试样的采集只能由受过采样程序训练的人员进行，并应在熟悉托运货物特性以及适用的采样原则和实践的人员的监督下进行。

在采样前，如果可行，须对将要装船的托运货物进行外观检查。对看上去受到沾染或者性质或水分含量与大部分散货明显不同的部分应予分别采样和分析。根据这些测试所取得的结果，可能需要拒绝装运不适合运输的特定部分货物。

试样的采集所用技术须考虑到以下因素：

(1)货物的种类。

(2)颗粒尺寸的分布。

(3)货物的成分及其差异。

(4)货物的贮存方式,如堆积、装在铁路货车或其它容器内。

(5)货物的转运或装载方式,如利用传送带、装货滑槽、抓斗起重机等。

(6)化学危险(毒性、腐蚀性等)。

(7)需测定的特性:水分含量、适运水分极限、散货密度/积载因数、静止角等。

(8)由于天气和自然排水条件等,在整批货物中水分分布的差异,如水分向货堆或容器底部的渗移或其他形式的移动。

(9)因货物冻结而产生的差异。

在采样过程中,须特别注意防止品质和特性的变化。采样后,试样须立即存放在合适的密封容器中,并妥善作出标记录。

除另有明文规定外,IMSBC 规则要求的用于试验采样须按照国际或国家认可的标准程序进行。

(五)确定“适运水分极限”和“水分含量”的采样/试验与装载的间隔期

固体散装货物的适运水分极限的测定试验须在装货之日前 6 个月内进行。尽管有此规定,如果货物成分或性质因某种原因发生了变化,在有理由认为此种变化已经发生的情况下,须再次进行试验以测定适运水分极限。

测定水分含量的采样和试验时间应尽可能与装货时间接近。若从试验到装货期间遇到大的雨雪,则须进行核对试验,以确保货物水分含量仍低于适运水分极限。采样、试验与装货的间隔期不得超过 7 天。

冻结货物的试样,须在全部解冻后测定其适运水分极限或水分含量。

(六)精矿货堆的采样程序

因为物质的性质及其状态会影响采样程序的选择,目前对所有货物规定单一的采样方法是不切实际的。如果没有国际或国家承认的采样程序,可使用下述精矿采样程序来测定适运水分极限和水分含量。这些程序无意取代可得出相等或更准确适运水分极限和水分含量的采样方法,如使用自动采样法。

如果从平整的货堆中取样,则子样应在基本均布的格点上采集。

画出货堆平面图,划分成区,根据待运精矿的数量,每区约包括 125t、250t 或 500t。此平面图将为采样人员指出所需子样的数量以及每一子样的采集点。每一子样应从指定区域的表面下约 50cm 处提取。

所需子样的数量及试样的重量应由主管当局确定,或按下述比例确定:货重在 15,000t 以下时:每 125t 货物应取子样 200g。货重超过 15,000t 但少于 60,000t 时:每 250t 货物应取子样 200g。货重在 60,000t 以上时:每 500t 货物应取子样 200g。

用于测定水分含量的子样,提取后应立即装入密封的容器中(如塑料袋、罐、或小型金属桶),以便运往试验室。应在试验室将子样充分混合,以得到一份具有充分代表性的试样。如果试验场所没有试验设施,则子样应在货堆处在控制条件下混合,然后将代表性试样装入密封容器中运往试验室。

基本采样步骤包括：

(1)确定拟采样的货物。

(2)按前文规定确定所需子样和代表性试样的数量。

(3)确定子样的采样点和混合这些子样以取得代表性试样的方法。

(4)收集各子样并将它们封装在密封容器中。

(5)充分混合各子样，以得到代表性试样。

(6)如果需将试样运往实验室，则将代表性试样封装在密封容器中。

五、易流态货物的测试程序

对于 A 组货物，除非由专门建造的或装有专门设备的货船装运，其实际水分含量和适运水分极限须按照 IMSBC 规则的要求根据有关当局认可的测试程序测定。

测量水分含量的测试程序有一些国际和国家承认的方法。

确定流态化可能性的补充测试程序船长可以利用下述辅助方法在船上或岸边近似确定货物的流动可能性：取一圆筒或类似容器(0.5～1L 容量)，将物质的试样盛到容器的一半。用一只手提起容器，从高度约 0.2m 处砸向一硬表面，如硬桌面。以 1～2s 为间隔，重复 25 次。观察货样表面是否出现游离水分或流动状态。如果出现游离水分或流动状态，则应在装货前安排对物质的附加实验室试验。

(一)易流态化固体散货

IMSBC 规则中并未给出易流态化货物的精确定义。该规则中只说明易流态货物中含有一定量细颗粒物质和一定量液体成分(A certain proportion of fine particles and a certain amount of moisture)，并且其含水量在流动水分限点(FMP)以上时在运输中可能发生流态化。图 2-6 是镍矿在船舱中发生流态化的状态。

图 2-6 镍矿在船舱中发生流态化

最新版 IMSBC 规则列出的易流态化“固体散货标准名称”(Bulk Cargo Shipping Name，BCSN)近 100 种，如表 2-5 所示，其中的英文小写字母代表的名称为非标准名称。

易流态化"固体散货标准名称"

表 2-5

英文名称	中文名称	组别	REFERENCES
ALUMINA HYDRATE	水化氧化铝	A and B	
ALUMINIUM FLUORIDE	氟化铝	A	
Aluminium hydroxide	氢氧化铝	A and B	见 ALUMINA HYDRATE
ALUMINIUM SMELTING/REMELTING BY PRODUCTS, PROCESSED	熔铝/再熔铝副产品	A and B	
BAUXITE FINES	铝土粉	A	
Blende(zinc sulphide)	闪锌矿(硫化锌)	A	见 Mineral Concentrates schedule
Bottom ash	炉底灰	A and B	见 CLINKER ASH
Calcined pyrites	煅烧黄铁矿	A and B	见 PYRITES, CALCINED
Calcium fluoride	氟化钙	A and B	见 FLUORSPAR
CALCIUM FLUORIDE, CALCIUM SULPHATE, CALCIUM CARBONATE MIXTURE	氟化钙、硫酸钙和碳酸钙混合物	A	
CEMENT COPPER	沉淀铜	A	见 Mineral Concentrates schedule
Chalcopyrite	黄铜矿	A	见 COPPER CONCENTRATE
CLINKER ASH	水泥熟料灰	A and B	
COAL	煤	B and A	
COAL SLURRY	煤泥	A	IBC 规则中货名和 IMSBC 规则中货名
COKE BREEZE	焦炭粉	A	
COPPER CONCENTRATE	铜精矿	A	见 Mineral Concentrates schedule
Copper nickel	铜镍矿	A	见 NICKEL CONCENTRATE
Copper ore concentrate	铜精矿	A	见 COPPER CONCENTRATE
Copper precipitate	铜泥	A	见 CEMENT COPPER
COPPER SLAG	铜泥	A	
FISH(IN BULK)	散装鱼	A	
FLUE DUST, CONTAINING LEAD AND ZINC	烟尘,含铅和锌的	A and B	
FLUORSPAR	氟石	A and B	
FLY ASH, WET	飘尘,湿的	A	
Galena(lead sulphide)	方铅矿(硫化铅)	A	见 LEAD CONCENTRATE
ILMENITE CLAY	钛铁矿黏土	A	
ILMENITE SAND	钛铁矿砂	A	
ILMENITE(UPGRADED)	钛铁矿(富化的)	A	
IRON AND STEEL SLAG AND ITS MIXTURE	钢铁渣粉	A	
IRON CONCENTRATE	铁精矿	A	见 Mineral Concentrates schedule
IRON CONCENTRATE(pellet feed)	铁精矿(球团原料)	A	见 Mineral Concentrates schedule
IRON CONCENTRATE(sinter feed)	铁精矿(烧结原料)	A	见 Mineral Concentrates schedule

续上表

英文名称	中文名称	组别	REFERENCES
Iron ore(concentrate, pellet feed, sinter feed)	铁矿(精矿粉, 球团原料,烧结原料)	A	见 IRON CONCENTRATE (pellet feed or sinter feed)
IRON ORE FINES	铁矿粉	A	
IRON OXIDE TECHNICAL	技术用氧化铁	A	
Iron silicate granulated	硅酸铁碎	A	见 COPPER SLAG
LEACH RESIDUE CONTAINING LEAD	含铅浸取残渣	A and B	
LEAD AND ZINC CALCINES(mixed)	铅锌煅砂(混合的)	A	见 Mineral Concentrates schedule
LEAD AND ZINC MIDDLINGS	铅锌中矿	A	见 Mineral Concentrates schedule
LEAD CONCENTRATE	铅精矿	A	见 Mineral Concentrates schedule
Lead ore concentrate	铅精矿	A	见 LEAD CONCENTRATE
LEAD ORE RESIDUE	铅矿渣	A	见 Mineral Concentrates schedule
LEAD SILVER CONCENTRATE	铅银精矿	A	见 Mineral Concentrates schedule
Lead silver ore	铅银矿	A	见 LEAD SILVER CONCENTRATE
Lead sulphide	硫化铅	A	见 LEAD CONCENTRATE
Lead sulphide(galena)	硫化铅(方铅矿)	A	见 LEAD CONCENTRATE
MANGANESE CONCENTRATE	锰精矿	A	见 Mineral Concentrates schedule
MANGANESE ORE FINES	锰矿粉	A	
METAL SULPHIDE CONCENTRATES	硫化金属精矿粉	A and B	
METAL SULPHIDE CONCENTRATES, CORROSIVE	硫化金属精矿粉,腐蚀性的	A and B	UN 编号 1759,IMSBC 规则中货名
METAL SULPHIDE CONCENTRATES, SELF-HEATING	硫化金属精矿粉,自热性的	A and B	UN 编号 3190,IMSBC 规则中货名
Mineral Concentrates	精矿粉	A	
MONOCALCIUMPHOSPHATE(MCP)	磷酸一钙	A and B	
NEFELINE SYENITE(mineral)	霞石正长岩(矿物)	A	见 Mineral Concentrates schedule
NICKEL CONCENTRATE	镍精矿	A	见 Mineral Concentrates schedule
NICKEL ORE	镍矿	A	
Nickel ore concentrate	镍精矿	A	见 NICKEL CONCENTRATE
PEAT MOSS	草泥	A and B	
PENTAHYDRATE CRUDE	五水合物原矿	A	见 Mineral Concentrates schedule
PYRITES, CALCINED	黄铁矿,煅烧的	A and B	
PYRITES	黄铁矿	A	见 Mineral Concentrates schedule
Pyrites(cupreous, fine, flotation orsulphur)	黄铁矿(含铜、细粉、 浮选或含硫)	A	见 PYRITES
Pyritic ash	黄铁矿灰	A and B	见 PYRITES, CALCINED

续上表

英文名称	中文名称	组别	REFERENCES
PYRITIC ASHES(iron)	黄铁矿粉(铁)	A	见 Mineral Concentrates schedule
PYRITIC CINDERS	黄铁矿渣	A	见 Mineral Concentrates schedule
SAND, HEAVY MINERAL	砂,重矿物	A	
Sand, ilmenite	砂,钛铁矿	A	见 ILMENITE SAND
SAND, MINERAL CONCENTRATE, RADIOACTIVE MATERIAL, LOW SPECIFIC ACTIVITY(LSA-I)	砂,精矿粉,属放射性矿物,低比度的	A and B	UN 编号 2912,IMSBC 规则中货名
SILVER LEAD CONCENTRATE	银铅精矿	A	见 Mineral Concentrates schedule
Silver lead ore concentrate	银铅精矿	A	见 SILVER LEAD CONCENTRATE
Sinter	烧结矿	A	见 ZINC AND LEAD CALCINES(mixed)
SLIG(iron ore)	斯利格矿(铁矿)	A	见 Mineral Concentrates schedule
SPODUMENE(UPGRADED)	锂辉石精矿(升级的)	A	
SYNTHETIC CALCIUM FLUORIDE	合成氟化钙	A	
SYNTHETIC SILICON DIOXIDE	合成二氧化硅	A	
TITANOMAGNETITE SAND	钛磁铁矿砂	A	
ZINC AND LEAD CALCINES(mixed)	锌铅煅砂(混合物)	A	见 Mineral Concentrates schedule
ZINC AND LEAD MIDDLINGS	锌铅中矿	A	见 Mineral Concentrates schedule
ZINC CONCENTRATE	锌精矿	A	见 Mineral Concentrates schedule
Zinc ore, burnt	锌矿,煅烧的	A	见 Mineral Concentrates schedule
Zinc ore, calamine	锌矿,菱锌矿	A	见 Mineral Concentrates schedule
Zinc ore, concentrates	锌矿,精矿	A	见 Mineral Concentrates schedule
Zinc ore, crude	锌矿,原矿	A	见 Mineral Concentrates schedule
ZINC OXIDE ENRICHED FLUE DUST	氧化锌富矿粉	A and B	
ZINC SINTER	锌烧结矿	A	见 Mineral Concentrates schedule
ZINC SLAG	锌渣	A	
ZINC SLUDGE	锌淤渣	A	见 Mineral Concentrates schedule
Zinc sulphide	硫化锌	A	见 Mineral Concentrates schedule
Zinc sulphide(blende)	硫化锌(闪锌矿)	A	见 Mineral Concentrates schedule
ZIRCON KYANITE CONCENTRATE	锆晶精矿	A	

(二)易流态化货物样品的采制

运输中,货物的实际名称可能与 IMSBC 规则中给出的易流态货物名称不一样,因为前者很可能是当地语言的名称、俗名、别名或其他名称,是否具有流态化性质难以确定,有时需要通过试验进行确定。货物是否具有易流态化性质的申报责任在货方。所以,易流态化货物样品的采制应由托运人组织进行,应由受过采样程序训练的专业人员来完成。

1. 采样准备工作

在采样前,应对将要装船的托运货物进行外观检查。对看上去受到沾染或者性质或水分含量与大部分散货明显不同的部分应予分别采样和分析,因为船方可能根据这些测试所取得的结果,拒绝装运这部分货物。设计采样方案时应考虑:货物的种类;颗粒尺寸的分布;货物的成分及其差异;货物的贮存方式,如堆积、装在铁路货车或其他容器内;货物的转运或装载方式,如利用传送带、装货滑槽、抓斗起重机等;化学危险(毒性、腐蚀性等);需测定的特性:水分含量、适运水分极限、散货密度/积载因数、静止角等;由于天气和自然排水条件等,在整批货物中水分分布的差异,如水分向货堆或容器底部的渗移或其他形式的移动;因货物冻结而产生的差异。

2. 采样时间的选择

确定"适运水分极限"和"水分含量"的采样/试验应在装货之日前6个月内进行。尽管有此规定,如果货物成分或性质因某种原因发生了变化,应再次进行试验以测定适运水分极限。测定水分含量的采样和试验时间应尽可能与装货时间接近。若从试验到装货期间遇到大的雨雪,则须进行核对试验,以确保货物水分含量仍低于适运水分极限。采样/试验与装货的间隔期不得超过7天。冻结货物的试样,须在全部解冻后测定其适运水分极限或水分含量。

3. 制订采样计划

这主要是画出货堆平面图,划分成区,根据待运精矿的数量,每区约包括125t、250t或500t。此平面图将为采样人员指出所需子样的数量以及每一子样的采集点。每一子样应从指定区域的表面下约50cm处提取。所需子样的数量及试样的重量应由主管当局确定,可参下述比例:货重在15,000t以下时,每125t货物应取子样200g;货重超过15,000t但少于60,000t时,每250t货物应取子样200g;货重在60,000t以上时,每500t货物应取子样200g。

4. 采样中的注意事项

采样应由专门技术人员进行,并应在熟悉托运货物特性、采样规则和实践的人员监督下进行。在采样过程中,应特别注意防止品质和特性的变化。采样后,试样须立即存放在合适的密封容器中(如塑料袋、罐、或小型金属桶),并妥善作出标记,以便运往实验室。采样过程应按照国际或国家认可的标准程序进行。

5. 样品试验

确定货物是否具有易流态性质的试验有三种:流盘试验(flow table test)、插入度试验(penetration test)和葡氏/樊氏试验(Proctor/Fagerberg test)。样品应提交给具有试验资质的机构进行试验。

(三)流盘试验

目前的流盘主要有两种,一种是手动结构的流盘,如图2-7所示;另一种是自动结构的流盘,如图2-8所示。

图 2-7　手动结构的流盘

图 2-8　自动结构的流盘

流盘试验一般适用于最大粒度为 1mm 的精矿或其他颗粒物质。最大粒度达到 7mm 时也可以使用。颗粒大于此限的物质不适用,对于含黏土比例较高的同类物质,测试结果也不理想。如果货物不适于用流盘测试,则采用的测试程序应由港口国主管机关批准。

试验中,将货样装填入圆模中。一般将圆模置于流盘中心,将试样分三层装填。经捣实后的第一层应约占圆模深度的三分之一。为此而需要的试样数量依试验物质的不同而不同,但对试验物质的填密性取得某些经验之后就能很容易地确定。经捣实后的第二层应约达到圆模深度的三分之二,最后一层试样经捣实后应刚好达到圆模顶边的下部,如图 2-9 所示。捣实的目的是将试样压实到类似在船舶舱底积载时的程度。

捣实后,轻拍圆模四周至其松动,取去圆模,将截锥状试样留在流盘上。将流盘以 25 次/分的速率自 12.5mm 高处升落 50 次。如果试样的含水量低于流动水分点,则会随连续的颠振而散落并颠成碎块,这时应停止流盘的颠振,将试样重新收起,在试样表面喷洒 5 ~ 10mL 或更多的水,重新填装圆模,再按上述方法将流盘升落 50 次。若未出现流态,则再加水重复上述步骤,直到达到流态。

所谓流态,就是流盘的颠振使颗粒间重新镶嵌,形成紧凑状态。结果,试样在某一状态下所含水分体积占总体积的百分数增加了。如果水分在紧凑的试样中达到饱和并且试样产生塑性变形,则认为试样的含水量达到了流动水分点。这时,截锥体会产生变形,形成凸面或凹面,如图 2-10 所示。

图 2-9　向圆模中填装货样

图 2-10　经振动后的货样用千分尺测量周径的变化

将达到流态的试样收起，测定其含水量，这一含水量便是该种货物的流动水分点（Flow Moisture Point，FMP），该值的90%即为适运水分限（Transportable Moisture Limit，TML）。

（四）插入度试验

插入度试验是使试验物质在圆缸中进行振动，根据其上标尺的插入深度确定流动水分点。插入度试验仪如图2-11所示，图2-12是试验用的插入棒。

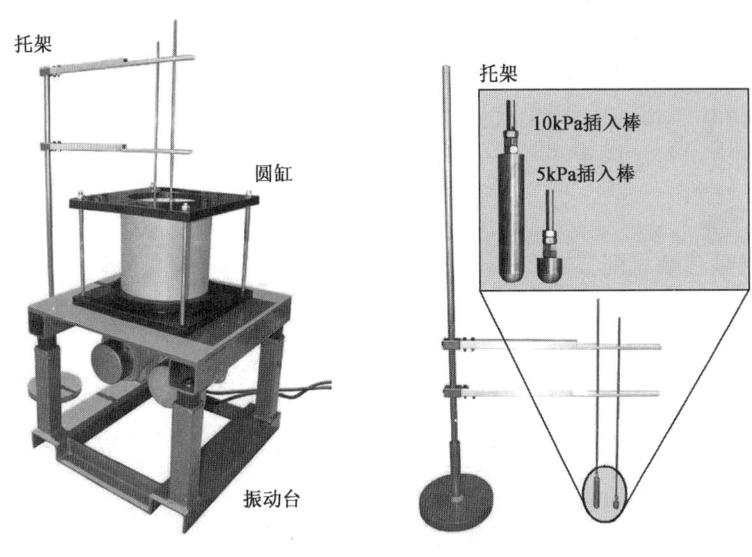

图2-11　插入度式试验仪　　　　图2-12　插入棒

插入度试验一般适用于精矿及类似物质和最大颗粒为25mm的煤。

试验中，圆缸中试样以2grms ±10%（grms为振动按均方根计算出的相当重力加速度）振动6分钟。如果试样表面上的标尺插入深度大于50mm，则表明试样的含水量大于流动水分点。

将达到流态的试样收起，测定其含水量，这一含水量便是该种货物的流动水分点，该值的90%即为适运水分限。

（五）葡氏/樊氏试验

葡氏/樊氏试验方法可用于细粒和相对较粗粒精矿或最大颗粒为5mm的类似物质的试验。本方法不得用于煤或其他多孔物质。

在对最大颗粒为5mm以上的较粗物质应用葡氏/樊氏测试法方法之前，应对本方法进行仔细研究和改进。按葡氏/樊氏测试法，适运水分极限（TML）的取值为临界水分限制，取为饱和含水量的70%。

葡氏/樊氏测试仪如图2-13所示，其中包括一个柱形铁模和一个可拆卸的加长部分（冲压圆筒）以及在底端开口的可在导筒中滑动的冲压器（冲压锤）。

图2-13　葡氏/樊氏试验仪器

1. 确定冲压曲线

将具代表性的试样放在约 100℃温度下进行干燥。试样的总量至少为进行一次完整试验所需试样的 3 倍。应利用冲压试验测定 5 ~ 10 个不同含水量(即进行 5 ~ 10 次不同试验)。试样的含水量应从干燥调制到接近饱和。每次冲压试验约需 2000cm^{3}精矿试样。

每次进行冲压试验时应向干燥的试样中加入适量的水,充分搅拌约 5min。取约五分之一的试样装入铁模中并铲平、然后在增加的试样表面均匀捣实。捣实用带有导筒的冲压器进行,捶捣 25 次,每次的升落高度为 0. 2m。全部五层试样均应用此法捣实。最后一层试样捣实后,移去加长模,这时试样与铁模顶部平齐。将铁模与捣实的试样一同称重之后取出试样。将试样进行干燥和称重。对其他不同含水量的试样重复进行上述试验。

对其他不同含水量试样重新进行上述试验。

2. 计算

计算中的各项参数见图 2-14。

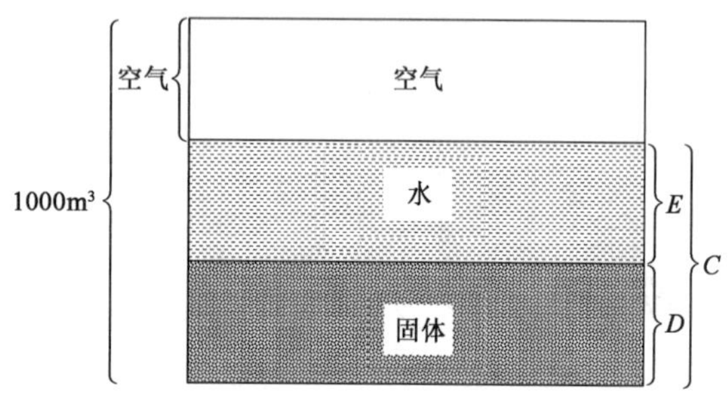

图 2-14　货样容器空气、水和固体的比例

A:空模质量(g);

B:铁模与试样总质量(g);

C:湿试样的质量(g),

$$C = B - A \tag{2-1}$$

D:干样的质量(g);

E:水的重量(g)(等于立方厘米数),

$$E = C - D \tag{2-2}$$

铁模的容积:1000cm^3。

d:固体货物的密度(g/cm^3,t/m^3)

γ:干散货的密度(g/cm^3,t/m^3)

$$\gamma = \frac{D}{1000} \tag{2-3}$$

e_v:净含水体积比(%)

$$e_v = \frac{E}{D} \times 100 \times d \tag{2-4}$$

-e:空档比(空档体积与固体体积比)

$$e = \frac{1000d - D}{D} = \frac{d}{\gamma} - 1 \tag{2-5}$$

-S:饱和度(体积百分比)

$$S = \frac{e_v}{e} \tag{2-6}$$

-W^1:总含水量(质量百分比)

$$W^1 = \frac{E}{C} \times 100 \tag{2-7}$$

-W:净含水量(质量百分比)

$$W = \frac{E}{C} \times 100 \tag{2-8}$$

3. 冲压试验图的绘制

将每次冲压试验后计算出的空气比(e)标在标有净含水体积比(e_v)和饱和度(S)的坐标图上,如图2-15和图2-16所示。

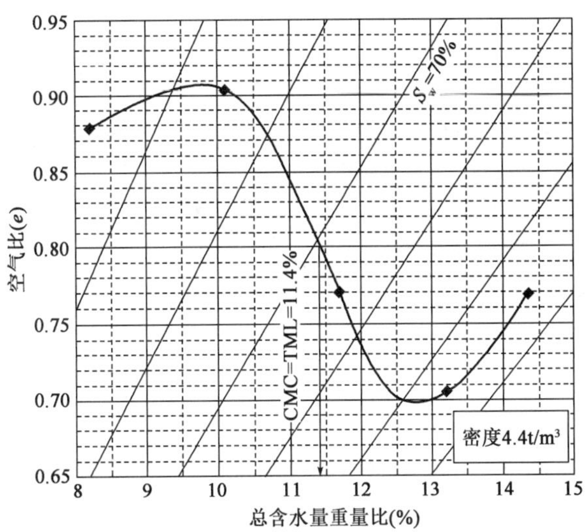

图2-15　货样容器空气、水和固体的比例值

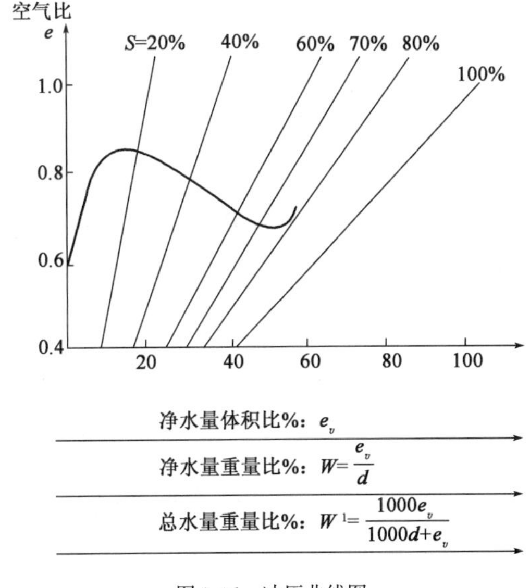

图2-16　冲压曲线图

4. 适运水分极限

全部试验构成一条具体的冲压曲线(图2-16)。冲压曲线与饱和度线$S=70\%$的交点即为临界含水量。该含水量即为适运水分极限。

葡氏/樊氏试验有多种变种,新版 IMSBC 规则为铁矿(Iron ore)、煤(Coal)和铝矾土(Bauxite)规定了专门测试方法。

(六)应注意 A 组中的一些货物与 A 组货物的定义不符

IMSBC 规则指出,易流态化货物含有一定量细颗粒物质(Fineparticles)和一定量液体成分(moisture),但所列的“鱼(散装)”[FISH(IN BULK)]虽然可能含有一定液体成分,但显然不含有颗粒物质。而且,这一条目常给海上运输带来很多疑惑:冷冻的鱼和干鱼在散装时显然不具有易流态性;“贝类”(Shell Fish)和“甲鱼”(Turtle)是否于属于该条目存有异议;从质量为数十吨的鲸鱼到肉眼难以辨认的小鱼,全部列入“鱼(散装)”这一条目中,显然难以全面说明其海上运输的要求。

“藻泥”(PEAT MOSS)是从淤泥、泥塘、沼泽、泥苔沼泽和沼泽地带开采出来的表层物质,其主要成分是藻类泥苔、芦苇泥苔和草本泥苔。这种物质的饱和含水量可达 90% 以上,其内的主要成分是植物纤维,基本上不含细颗粒物质。

“鱼(散装)”和“草泥”显然不存在流动水分点,从而无法确定其适运水分极限(TML)。

(七)应注意一些列出货物的确切指代

IMSBC 规则中列出的一些货物,没有明确的指代,或航运业对其指代存有异议。

1. 煤

煤有各种物理形态且品质各异。IMSBC 规则在“煤”(COAL)条目中,对煤进行的说明为“煤(沥青质的及无烟的)”[Coal(bituminous and anthracite)]。这在航运业中常引起误解,很多人以为这里指两种煤,即沥青质煤和无烟煤;而且,只要粒度在 5mm 以下的颗粒达到 75% 便一定会流态化。事实上,这里所指的煤系含有非晶质碳和碳氢化合物的天然易燃固体。这种煤内粒度在 5mm 以下的颗粒达到 75% 时才有可能在船舶运输中发生流态化。在船舶运输中大部分煤不会发生流态化;粒度在 5mm 以下的颗粒达到 75% 的煤只是有可能流态化,而不是一定流态化。这是因为这种煤是否发生流态化还取决于其内的含水量、粒度的分布、船舶装载和航行中的运动情况等多种要素。

天然开采的煤不会发生流态化,能够发生流态化的煤往往是经过粉碎等加工处理后的煤。

2. 煤泥

“煤泥”(COAL SLURRY)是经过粉碎等加工后而成的细颗粒状煤水混合物,在船舶运输中易发生流态化。

IMSBC 规则中列出的“煤”和“煤泥”并没有严格的区分界限,这在海上运输中也常产生混淆。

3. 斯利格矿(铁矿)

“斯利格矿(铁矿)”[SLIG(iron ore)]是一种什么样的铁矿无法得知,因为在我们目前掌握的所有文献中均无说明。笔者于 1989 年将这一物质译为此名称,在中文版的各种文献中沿用至今。我们估计,这一名称是某国家对铁矿粉的旧称,大约现在已经不存在。

4. 烧结矿

IMSBC 规则将"烧结矿"(Sinter)作为固体散货的非标准名称列出,但未说明其所属的组别,只规定参见"锌铅烧结矿"[ZINC AND LEAD CALCINES(mixed)]。

笔者查找了有关技术文献,确认该种"烧结矿"应属于 A 组货物,系人造矿石球团,其确切名称应为"烧结矿"(Sinter feed)。但是,具有类似性质的货物"团矿料"(Pellet feed)却没有作为一个条目列出。

5. 银铅精矿

"银铅精矿"(SILVER LEAD CONCENTRATE,LEAD SILVER CONCENTRATE)有两个英文名子,这两个名子均指同一种物质。这在运输中常令有关人员误解,因为常不能肯定这两个名子是不是同一种物质。

(八)应注意识别所列货物的物理状态

IMSBC 规则将"钛铁黏土"(ILMENITE CLAY)明确列为 A 组货物,将"钛铁矿砂"(ILMENITE SAND)列为即可属于 A 组又可属于 C 组,而没有列出生产中大量存的"钛铁矿粉"(ILMENITE POWDER)所于何组。

事实上。固体散货的面、粉、末、粒、渣、饼、球、块等性状在中文中难以区别,在英文中也难以区别。"CLAY""SAND"和"POWDER"在英文中的物理性状难以区别,从而有关人员判断不了或难以区别一种具体的钛矿是"钛铁黏土""钛铁矿砂"还是"钛铁矿粉",因此不能准确确定其所属的组别。

(九)应注意所列英文名称基本上均为较低级别的类名称

IMSBC 规则所列出的易流态化货物名称,既可认为属于具体名称,又可认为属于类名称。

货物的具体名称是指对一个具体物件的指代,而货物的类名称则是对其所属种类的指代。然而,二者间的关系实际上是相对的。严格说来,任何一个货物名称都可以是类名称,也可以是具体名称。例如,"镍精矿"(NICKEL CONCENTRATE)就是一个类名称,因为经精磨和水选,含镍在 15.0% ~20.0% 之间的镍矿均为"镍精矿",而"SBIMC 镍精矿"(SBIMC NICKEL CONCENTRATE)才具体指代由菲律宾"苏比克湾国际矿业公司"(SBMA Subic Bay International Mining Corporation)所生产的镍精矿;另一方面,"镍精矿"又可认为是一个具体货物名称,因为它就是指代镍精矿,而"精矿粉"(Mineral Concentrates)才是其类名称。

货物的类名称往往无法确切指代一种具体物质。取那一个名称为货物名称,应综合考虑各项要素来确定。IMSBC 规则要求航运业将其所列易流态货物名称作为具体名称,这使海运生产中的有关人员产生了很多误解。

(十)应注意区别非标准名称属何种名称

IMSBC 规则中列出的"固体散货非标准名称"是航运业常用的名称,这些名称属何种名称,航运业人员难以区别。

1. 学名

一些 IMSBC 规则中列出的"固体散货非标准名称"是货物的学名(Technical names, scientific names),即其物理名称(Physical name)、化学名称(Chemical name)、生物学名称(Biological name)等名称。这类名称一般为其主要物理成分、主要化学成分或主要生物成分的学术或技术名称。这一名称在运输领域中人们可能不熟悉。例如"硫化锌"(Zinc sulphide)和"硫化铅"(Lead sulphide)均为化学名称,并且仅表明这里的这类货物中含有大量的指明化学品。

2. 商品名称

商品名称(Trade name)是其用以区别其他商品的称呼。IMSBC 规则中列出的"固体散货非标准名称"大都是类名称,但对类别级别的处理很不一致。例如,该规则将"硫化金属精矿"(METAL SULPHIDE CONCENTRATES)列为标准名称,而将"精矿粉"(Mineral Concentrates)列为非标准名称。运输中,人们难解其意,从而产生了很多混淆和疑惑。

3. 别名

货物的别名(Synonym, alias)是其在一定范围内比较通用的名称,但并不是公认的标准名称。货物的别名一般为除标准名称之外的外文音译名称和俗称等,如"闪锌矿"(Blende)和"方铅矿"(Galena)等。IMSBC 规则中列出的这类名称,往往不能明确其化学成分和物理结构的指代。

(十一)应注意同一货物的别名未列述全面

一般,同一货物在航运业中会有多个名称。IMSBC 规则列出了一些货物的非标准名称,但对另一些货物则没有列出或列出了很少几个非标准名称。例如,"硫化锌"(Zinc sulphide)、"硫化锌(闪锌矿)"[Zinc sulphide(blende)]和"闪锌矿(硫化锌)"[Blende(zinc sulphide)]均指代同一种物质,标准名称为"锌精矿"(ZINC CONCENTRATE),但对于"黄铁矿渣"(PYRITIC CINDERS)则没有列出任何别名。

IMSBC 规则中列出的非标准名称中共 25 个,大部分易流态化货物的非标准名称并没有列出。

(十二)应明确非标准名称与标准名称间关系

1. 对应于同一标准名称下的货物,运输性质并不完全相同

IMSBC 规则中列出的非标准名称,有时并不是相应标准名称的别名,而是与之相似的另一种物质。例如,"煅烧锌矿"(Zinc ore, burnt)、"菱锌矿"(Zinc ore, calamine)、"锌精矿"(Zinc ore, concentrates)和"锌原矿"(Zinc ore, crude)均为不同的物质。除"锌精矿"(Zinc ore, concentrates)与"锌精矿"(ZINC CONCENTRATE)相同,其余三种物质均在运输性质方面与"锌精矿"相似,但属于不同物质。

2. 一些非标准名称并不对应某一个标准名称

在 IMSBC 规则中列出的非标准名称中,有些不能与某一具体标准名称对应。例如,"精矿

粉”(Mineral concentrates)和“烧结矿”均为类名称,没有与某一标准名称对应。

3. 一些非标准名称的指代不明

在 IMSBC 规则中列出的一些非标准名称中,航运业人员难以判断其确切的指代。例如,“锌原矿”(Zinc ore,crude)本应是从矿场直接开采出来而未经机械加工的矿物质,但事实上这样的物质不可能是 A 组货物,因为“锌原矿”主要为大型块状物质。IMSBC 规则中列出的“锌原矿”实际上是指经过粉碎而未加精选的矿物质,因在加工过程中曾加入水分以降低粉尘,从而具有易流态性质。

4. 一些非标准名称是对标准名称的说明

非标准名称一般在标准名称后加在括号内,但有的标准名称后所加括号内的名称实际上是对标准名称的说明,如“斯利格精矿”(铁矿)”[SLIG(iron ore)],这里的铁矿显然是对“斯利格精矿”的说明,即说明该种精矿属于铁矿,即“铁矿”(Iron ore)并不是一个非标准名称。航运业人士对这一点有时没有理解,而误以为“铁矿”(Iron ore)也是易流态货物。

(十三)应明确英文名称与当地语言名称间的关系

货物的当地语言名称对于当地人来说,有不言自明的成分,往往就是指当地在当时利用指定工具和设备生产出的一种具体物质。将这种货物译成英文的主动权自然在货方方面。然而,货方限于对航海技术的了解,特别是限于对这种货物在船舶运输中所表现出来的性质的了解,难以将其准确译成 IMSBC 规则所规定的名称。

例如,“麦克精矿粉”(MAC Fine Ore)系指近些年在澳大利亚西部的一个矿山镇(Newman)由澳大利亚必和必拓集团(BHP BILLITON)生产的一种铁矿粉,其含铁量在63% ~ 64%之间,积载因数为 1.90t/m^3,含水量通常小于 8%。该货物常在黑德兰(Port Hedland)港装船,当地人员将其译成“IRON ORE”,这便不属于易流态货物;但该货物在生产过程中经过精磨和水选,所以完全应当译成“IRON CONCENTRATE”,这便属于易流态货物。

世界各地的货物名称系由各种语言构成的语符系统,并且在动态变化,其本身并不是一个完备的集合,因为这一集合与世界各地货物所构成的集合之间没有建立起一个“一一对应”的关系。也就是说,一个种货物可能拥有不止一个名称;一个名称可能对应几种货物;有的货物可能没有名称;也有的货物名称并未在实际上指代一种货物;甚至,有的货物名称所指代的实际上并不是货物或不仅仅是货物。航运业人员必须了解 IMSBC 规则在处理这方面问题时存在的不足。

将货物的原语语符名称译成英文的责任在于货方,这完全取决于货方人员的英文水平、对于货物性质和加工过程的了解程度、主观意识方面的公正性等。目前很多国家没有对此项工作作出明确规定,国际海事组织也无具体要求。因此,将货物英文名称确定的权力完全不加以限制地交由货方,是 IMSBC 规则本身存在的一项隐患。

实际上,IMSBC 规则并没有给出 A 组货物的明确定义,所以货方及译者均无法确切判定一种货物是属于 A 组还是属于 C 组。该规则所给出的试验方法,实际上是对部分 A 组货物的流动水分点和适运水分极限的测量,而不能用以判定一种货物是否具有易流态性。

理论上,对于某一种具体货物而言,只有当其装载在船上并且确实导致了沉船事故,货方人员才有理由将其作为 A 组货物译出并申报。然而,许多年来载运矿粉类货物的船舶发生的沉船事故中,有些并非确因货物发生流态化所致,而发生沉船以后港口作业人对货物状态及其变化的描述并不能在判断事故原因中完全采信。另一方面,一些船舶并未发生事故,甚至并未发生严重横倾,但所载货物确已发生流态化,货物在这种情况下表现出来的性质货方及有关人员往往并不会充分注意。这是 IMSBC 规则本身存在的一项缺欠。

尽管一些监督和检验机构对货物英文名称的确认负有一定责任,但确认货物英文名称的主要责任在船方。在船方确认货物名称方面,会面临如下问题:货方对易态化货物作出了正确申报,这种情况下,船方一般不会提出怀疑,只要按照这种货物的运输要求采取相应的安全措施即可;货方将不具有易态化性质的货物误报为 A 组货物,这种情况下,船方一般也不会提出怀疑,虽然按照 A 组货物的运输要求采取相应安全措施会在很大程度上增加运输成本,但一般不会引发生船、货安全问题;货方将具有易态化性质的货物误报为 C 组货物。这种情况下,船方必须及时提出,以免未按照 A 组货物的运输要求采取相应安全措施而引发生船、货安全事故。这里针对后一种情况提出一些船方应注意的原则。

1. 现场查看货物

船方必须凭借自己的经验,到货物现场进行查看,一旦对申报的货物性质有疑问,应要求货方出具有关证明,证明货物可以按 C 组货物的要求进行安全运输。

这一点实际上具有难度,因为货方实际没有切实可行的方法证明货物确实属于 C 组。这个意义上,货物是否可按 C 组的要求进行运输的最终决定权还在于船方。

2. 了解货方的生产背景

船方在决定货方所申报的货物是否可按 C 组的要求进行运输时,应了解货物生产商的背景、生产情况、以往托过货物的运输安全情况等,据以判断所申报的货物是否确实可按 C 组的要求进行运输。

3. 查找专业技术文献

船方在决定货方所申报的货物是否可按 C 组的要求进行运输时,还应查找有关专业技术文献、有关规则、学术研究报告等,据以判断货方所申报的货物是否确实符合 C 组货物。

4. 请专家指导

如果船方对货方申报的货物性质有怀疑,又无法确定其所属组别,则还可以申请专家进行指导。应注意,全世界各地目前这方面的专家实际很少,这方面的专家必须在全世界范围内进行选择。

因货物名称翻译不确而生产的运输事故不在少数。“汶桥”轮 2007 年 9 月 15 日在朝鲜元山港装货,货方申报的货物名称为“zinc cake”。港口作业人不懂朝语,无法核对朝文的确切指代,只按其英文名称译为“锌饼”。事实上,所装货物的标准名称应为“ZINC ORE CONCENTRATE”,中文译名为“锌精矿”,属固体散装危险货物中的 A 组货物。但是,港口作业人所译名称并不在 A 组货物之列,因而未采取任何防范措施。该货物装船后发生流态化,出港后不足 3 小时船舶稳性即减为负值而沉没。

（十四）干粉货物专用船的建造规定

按 IMSBC 规则，干粉货物可用专门建造的船进行运输。这种船应专门用于装运干粉类货物，用气动式装卸设备进行封闭装卸，避免货物与外界空气直接接触。

承运船应在船持有主管当局的建造批准证书。

六、具有化学危险的货物

（一）具有化学危险货物间的隔离

由于其化学性质而在运输中可能产生危险的固体散装物质均在 B 组内。其中一些物质被归类为危险货物，其他为仅在散装运输时会造成危险的货物（MHB）。在装运拟以散装形式运输的固体散货前，最重要的是取得其最新和有效的物理性质和化学性质的数据。

具有化学危险并拟按 IMSBC 规则的要求以散装形式运输的货物，须按 IMDG 规则进行分类。

（二）积载与隔离要求

由于列入 B 组的物质具有潜在危险性，因而其中的不相容的货物须进行隔离。隔离还须考虑到所确定的次级危险。

除整类物质之间的一般隔离之外，某一具体货物也可能需要与其他货物隔离。就与易燃物质的隔离而言，须理解为不包括包装材料、天花板和垫舱材料。在这些情况下，后者的数量应控制在最少量。

就不相容物质的隔离而言，“货舱”和“舱室”被视为由钢质舱壁或船壳板及钢质甲板围蔽的货物处所。这种围壁应为防火和防液的。

当装运两种或两种以上不同的 B 组固体散货时，它们之间的隔离须符合隔离要求。

如果同一货舱中装有不同隔离等级的货物，则任何不同等级的最严格的规定须适用于所有货物。

当装运 B 组固体散货与包装危险货物时，它们之间的隔离须符合有关隔离要求。

不相容货物不得同时装卸。装完一种此类货物后须关闭各货物处所的舱盖，在开始装载其他货物之前须清除甲板上的残渣。在卸货时也须采取同样步骤。

为防止沾染，一切食品须按下列要求积载：

（1）与标明有毒的物质“隔离”。

（2）与感染性物质用一整个舱室或货舱“隔离”。

（3）与放射性物质“隔离”。

（4）与腐蚀性物质“远离”。

可能产生的毒气足以危害健康的物质，不得装载在毒气能渗入起居处所或与起居处所相连的通风系统的处所。其腐蚀强度足以损害人体组织或船舶结构的物质，须在采取充分的预防措施和保护措施之后方可装船。卸下有毒或氧化物质后，须对装运这些物质的货物处所作沾染状况检查，然后才能用于装运其他物质。卸货后，须仔细检查船舶是否存有任何残留物。

对于在紧急情况下须打开舱盖的货物,货舱的舱盖须保持随时能够打开的状态。

(三)隔离方面的特殊要求

1. 第 4.1、4.2 和 4.3 类物质

这些类别的物质须尽量保持凉爽和干燥,而且除非另有明文规定,须在“远离”一切热源和火源的处所积载。电器设备和电缆须处于良好状态,并有妥善的保护,避免短路和产生电火花。如果要求舱壁适合于隔离用途,则穿过甲板和舱壁的电缆及导管处须作密封处理,以防气体和蒸气通过。散发出的气体能与空气形成可爆混合物的货物,须在有机械通风的处所积载。应严格禁止在危险区内吸烟,并须显著标示“严禁吸烟”字样。

2. 第 5.1 类物质

该类货物须尽量保持凉爽和干燥,而且除非另有明文规定,须在“远离”一切热源和火源的处所积载。它们还须与其他可燃物质“隔离”积载。在装载此类货物之前,须特别注意清洁拟装载这类货物的货舱。须尽量使用不燃的固定和防护材料,并尽量少用干燥垫舱木。须采取防护措施,防止氧化物质渗入其他货物处所或污水沟和含有可燃物质的其他货物处所。

3. 第 7 类物质

用于装运低比度放射性物质(LSA-Ⅰ)和表面受到放射沾染的物体(SCO-Ⅰ)的货物处所,不得用于装载其他货物,除非经过合格人员消除了放射性沾染,使任何表面上非固定沾染平均每 $300cm^2$ 不超过下述水平:

$4Bq/cm^2$ β 和 γ 放射源和低毒性的 α 放射源;天然铀;天然钍;铀—235 或铀—238;钍—232;含有的钍—228 和钍—230 的矿石、物理或化学精矿;半衰期低于 10 天的放射性核素;

$0.4Bq/cm^2$ 所有其它 α—放射源。

4. 第 8 类物质或具有类似特性的物质

该类物质须切实可行地尽量保持干燥。在装载该类货物前,须注意清洁拟装载此类货物的货舱,特别要确保货舱干燥。须防止该类物质漏入其它货舱、污水沟、污水井及舱壁护板间的缝隙。卸货后须特别注意清洁货物处所,因为这类货物的残渣可能对船体结构具有极强的腐蚀性。须考虑用水管冲洗货舱后仔细进行干燥处理。

七、具有多重危险性质的货物及一般固体散货

IMSBC 规则中将固体散货分成 A、B、C 三组,这一分法,实际上将这种货物分成了六组,即除了前所述的 A 组和 B 组之外还有如下四组。

(一)既具有易流态化性质又具有化学危险性质的货物

按 IMSBC 规则,有一些货物既具有易流态化性质又具有化学危险性质的货物,即同时属于 A 组和 B 组。IMSBC 规则中共列出了四种(五个名称)这种货物:

1. 焙烧黄铁矿

焙烧黄铁矿(PYRITES,CALCINED;Calcined pyrites;Pyritic ash)是一类物质,航运中很多

人以这种物质就是加工黄铁矿的残留物，其实这一种货物包括大部矿石加工后残留物，如加工铜矿的残留物、加工铅矿的残留物、加工锌矿的残留物等，其内含有一定水分，从而可能流态化；又含有一定酸的成分，对船体和机械会造成腐蚀。

2. 硫化金属精矿

硫化金属精矿（METAL SULPHIDE CONCENTRATES）的危险性与焙烧黄铁矿类似，既可能因其内所含水分而流态化，又可能因含有一定酸的成分而对船体和机械造成腐蚀。

3. 氟石

氟石（FLUORSPAR）中含有一定水分，从而可能流态化；装卸作业中，人员吸入这种货物的粉尘会受到刺激性作用。这种影响实际上是生物性质而非化学性质，但究其深层次原理也可勉强划归化学作用。

4. 煤

煤（COAL）是一种覆盖大范围的货物，种类各异，其中块较大的煤肯定不属于易流态化货物，因此只具有一定化学危险性；颗粒较细的煤有可能有一定水分，从而可能流态化；同时又具有一定化学危险性。

5. 藻泥

藻泥（PEAT MOSS）是池塘底部积存的有机肥，这种货物含水量很大，并不是一般意义上的易流态货物，而常常在装船当时会已成流态化状态。同时，其内含有大量微生物和细菌，甚至含有残余农药等化学成分。

（二）可能具有易流态化性质的货物

按 IMSBC 规则，有一些货物可能具有易流态化性质，即可能属于 A 组或可能属于 C 组。

IMSBC 规则只列出了一种货物即“钛铁矿砂”（ILMENITE SAND）既可属于 A 组又可属于 C 组。运输中，这类货物还有一些未能被 IMSBC 规则收录其中。

（三）可能具有化学危险性质的货物

按 IMSBC 规则，有一些货物可能具有化学危险性质，即可能属于 B 组或可能属于 C 组。

IMSBC 规则列出了很多种这类货物，但均为种子饼（SEED CAKE）。种子饼中的油分和水分达到一定限值时便会发生自热甚至自燃。

（四）无特别性质的固体散货

IMSBC 规则将无特别性质的固体散货列入 C 组。生产中必须注意，这只是说明这种货物不具有流态化性质，也不具有化学危险性，但可能具有其他危险。

例如，铝矾土（Boxite）和河沙（SAND）均属于 C 组货物，但却导致了多起沉船事故，这是因为这类货物中的水分析出后，在货物表面形成了自由液面，从而减小了稳性，导致了沉船事故。但这种水分的出现并不属于 IMSBC 规则所定义的流态化现象。

(五)垃圾

海上垃圾可以包装运输、可以在 CTU 中运输、也可以散装运输。在海上运输中,应参 BASEL 公约按 IMDG 规则的具体规定进行运输。

1. 含有放射性物质的垃圾必须按放射性物质进行运输

物质、溶液、混合物或物品中,含有放射性物质或受到放射性物质污染,应按第 7 类物质运输,而不得作为垃圾运输。

2. 过境运输的垃圾应经双方政府同意

对于过境运输的垃圾,启运国政府或出口人经启运国政府的官方渠道,向目的国政府作出了申报;且启运国政府收到了目的国政府的书面认可,并说明将对垃圾进行焚烧或用其他方式进行处理;启运国政府批准了此项过境运输。

3. 垃圾运输文件的准备

垃圾运输文件应从启运地开始至目的地为止,一直在船,并且可供运输中有关当局和有关人员检查。

4. 在 CTU 中或公路车辆中运输垃圾

在 CTU 中或公路车辆中运输垃圾必须经启运国政府批准。

5. 垃圾包件或 CTU 的损坏

运输中,若垃圾包件或 CTU 的损坏而发生泄漏,应立即通知启运国政府,并取得该政府的处置指导。

6. 垃圾危险类别的划分

若垃圾仅含有一种危险物质,则应认为该垃圾具有这种危险;若这种物质的浓度使得该垃圾具有这种危险物质本来的危险,则应将该垃圾划为这种类别的危险物质;若该项垃圾含有两种或两种以上危险成分,则应按多重危险物质进行分类。

7. 仅对海洋环境有害的垃圾运输

仅对海洋环境有害的液体垃圾和固体垃圾可分别按 UN 编号 3082 和 UN 编号 3077 作为第 9 类危险品提交运输,标出“垃圾”(WASTE)字样,标准运输名称如下:

ENVIRONMENTALLY HAZARDOUS SUBSTANCE,LIQUID,N. O. S. ,UN3082

仅对海洋环境有害的物质,垃圾,液体的,未列明的,UN 编号 3082

ENVIRONMENTALLY HAZARDOUS SUBSTANCE,SOLID,N. O. S. ,UN3077

仅对海洋环境有害的物质,垃圾,固体的,未列明的,UN 编号 3083

8. 贝塞尔公约下物质的运输

对于不属 IMDG 规则管辖而属于贝塞尔公约管辖的物质,可分别按 UN 编号 3082 和 UN 编号 3077 作为第 9 类危险品提交运输,并标出“垃圾”(WASTE)字样,标准运输名称的使用方式同前。

（六）具有化学危险的散装物质与包装危险货物的隔离

除非本节或明细表中另有明文要求，否则，B 组中的散装货物与包装危险货物须按表 2-2 进行隔离。对于包装危险货物积载和隔离的附加要求，须参照 IMDG 规则中的危险货物清单。

八、固体散装废物运输

（一）废物越境转移的基本概念

1. 废物

废物系指一些固体散装货物，含有受 IMSBC 规则第 4.1、4.2、4.3、5.1、6.1、8 或 9 类物质的规定约束的一种或多种成分或受其沾染，而且预料其运输是为了倾倒、焚烧或其他处置，无其他直接用途。

2. 越境转移

越境转移系指将废物从一个国家管辖的区域运抵或运经另一个国家管辖的区域，或运抵或运经不属于任何国家管辖的区域，但运输中至少应涉及两个国家。

3. 废物越境转移的危险性

废物的越境转移对人类健康和环境安全具有威胁。因此，废物须按有关的国际建议和公约进行运输；若是进行海上运输，则须特别遵守 IMSBC 规则的规定。

4. 适用性

IMSBC 规则中的规定适用于船舶装运废物的散装运输，并且须与该规则的其他规定一并考虑。

含有放射性质或受到放射性物质沾染的固体货物的运输受关于放射性物质运输的适用规定约束，而就本节而言不被视为废物。

（二）《巴塞尔公约》规定的越境转移

仅在满足下述规定时方可进行废物的越境转移：

1. 起运国主管机关或生产者或出口者经起运国主管机关向目的地国的主管机关发出了通知；并且符合《控制危险废物越境转移及其处置巴塞尔公约》的规定。

2. 起运国主管机关在收到目的地国主管机关说明废物将被安全焚烧或作其他处置的书面同意之后，批准了此项转移。

（三）废物越境转移所需的文件

所有废物越境转移，除了须备妥必要的固体散货运输文件之外，均须自始发地至处置地携带一份越境转移文件。该文件须随时可供有关主管机关和所有参与废物运输管理的人员检查。

(四)废物的分类

仅含有一种应受 IMSBC 规则第 4.1、4.2、4.3、5.1、6.1、8 或 9 类货物的规定约束的物质成分的废物须被视为属于该种货物。如果该种成分的浓度使废物持续具有该种成分的危险,它须被列为适用于该成分的危险货物种类。

含有两种或两种以上受 IMSBC 规则第 4.1、4.2、4.3、5.1、6.1、8 或 9 类货物的规定约束的物质成分的废物,须依据其危险特性和性质按第 10.6.3 和 10.6.4 段进行分类。

依据危险特性和性质进行分类须按以下方法进行:

(1)通过测量或计算确定物理特性、化学特性和生理特性,然后以适用于其成分的衡准进行分类。

(2)若确定上述特性为不切实际,该废物须按构成的主要危险的成分进行分类。

确定主要危险时须考虑到下述衡准:

(1)若一种或以上的成分属于某一危险类别而且具有这些成分所具有的危险,则该废物属于该类危险物质。

(2)若所含成分属于两个或两个以上危险类别,则废物的分类须考虑到 IMDG 规则所述的适用于多项危险货物的危险主次顺序。

(五)废物的积载与装卸

废物的积载与装卸须按 IMSBC 规则的规定进行,并须符合构成主要危险的成分的 B 组具体条目中的附加规定。

(六)隔离

废物须根据所含物质的性质按散装固货物进行隔离。

(七)事故处理程序

在运输中,如果废物发生了危及船舶或环境的危险,该船长则须立即通知起运国和目的国的主管机关,并取得他们关于应采取行动的建议。

九、测定固体散货化学危险的仪器

按 IMSBC 规则,下述几种仪器常用测定固体散货的化学危险性。

(一)天平与砝码

为了测量固体散货的有关性质,所用天平和砝码(Scales and weights)应具有较高精度。原则上应配备新仪器,但船上旧有的仪器若具有足够精度则也可以使用。

所使用的天平,若为旧天平,称量 2000g 重量的允许误差应在 ±2.0g 以内,新天平的允许误差应为上述数值的一半。

所使用的砝码,若为旧砝码,允许误差应如表 2-6 所示。新砝码的允许误差为表中各对应值的一半。

旧砝码的允许误差　　表 2-6

质量(g)	误差(±g)	质量(g)	误差(±g)
1000	0.50	100	0.15
900	0.45	50	0.10
750	0.40	20	0.05
500	0.35	10	0.04
300	0.30	5	0.03
250	0.25	2	0.02
200	0.20	1	0.01

(二)测定含硝酸盐化肥自续放热分解的试验槽

能自续分解的化肥系指在其中局部开始的分解将扩散至其全部的化肥。交运的化肥会发生此类分解倾向可用试验槽的方法来测定。试验中,将拟交付运输的化肥盛入水平试验槽中,使分解从局部开始。移去热源后,测出其分解的扩散速度。

该仪器如图 2-17 所示,其为一个内尺寸为 150mm × 150mm × 500mm、顶部开口试验槽构成。试验槽由方孔钢丝网(最好为不锈钢钢丝)制成,网孔宽为 1.5mm,钢丝直径为 1.0mm,其支架应为 15mm 宽,2mm 厚的钢架。试验槽的两端可用厚 1.5mm、150mm × 150mm 见方的不锈钢板代替钢丝网。试验槽应有合适的支撑。若化肥的粒度分布会使大量化肥从网孔中漏出,则应使用网孔较小的试验槽进行试验,或用衬有较小网孔钢丝网的试验槽进行试验。在开始阶段,应持续供足量热量以形成一个均匀的分解锋。加热方法可用电加热器加热,也可用气体燃烧器加热,如图 2-18 所示。

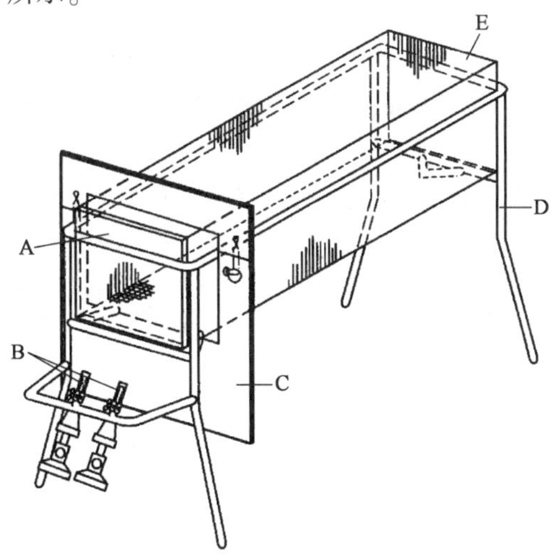

A-钢板(规格 150mm × 150mm,厚 1 ~ 3mm);B-气体燃烧器(如:Teclu 或 Bunsen);C-防热屏(厚 2mm);D-支架(如由 15mm 见方,厚 2mm 的钢板制成);E-网状试验槽(150 × 150 × 500mm)

图 2-17　硝酸盐化肥自续放热分解的试验槽

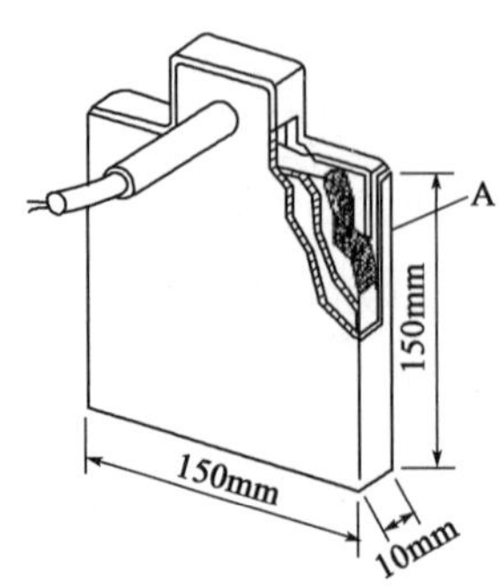

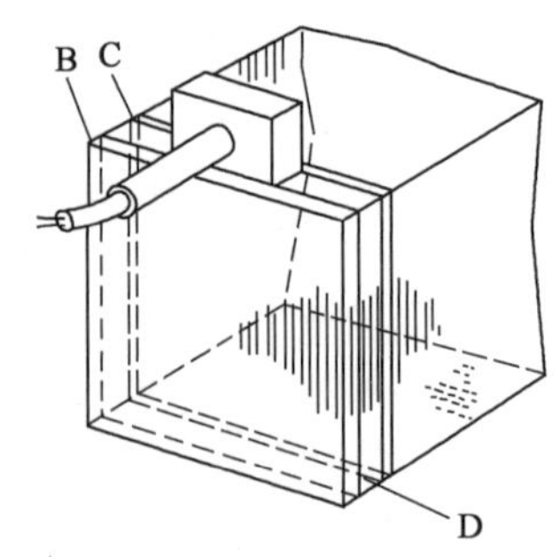

A-铝或不锈钢防护板(厚 3mm);B-隔热板(厚 5mm);C-铝箔或不锈钢板(厚 3mm);D-槽中加热器位置

图 2-18 电加热器

在试验槽一端的内侧置一钢板(厚为 1 ~ 3mm),使之与丝网相接触,用两个气体燃烧器加热。这两个燃烧器应固定在支架上,并能将不锈钢板的温度保持在 400 ~ 600℃,即处于暗红热状态。

为了防止热量沿试验槽外边传导,在装有加热器一端距端边 50mm 处应装设不锈钢板(厚为 2mm)。如果全部用不锈钢制成,则该设备的寿命会延长。这对网状试验槽来说特别重要。

测定扩散速度时,可将热电耦置入试验物质中,当分解锋到达热电耦并使之温度达到某一数值时将时间记下。

试验时,将该仪器应置于吸烟罩下以将分解时产生的毒气排出,或置于开敞空间以使产生的烟雾可及时散尽。尽管没有爆炸危险,但建议进行试验时在观测者和仪器之间设置防护屏,如透明塑料板。

在试验槽中盛满拟交付运输的化肥,在一端用上述电加热器或气体燃烧器加热,使之开始分解。加热应持续到化肥分解已充分展开,能观察到分解锋已开始扩展(约超过 30 ~ 50mm)为止。对具有较高热稳定性的化肥可能需连续加热 2h。如果化肥有易熔倾向,则加热应谨慎进行,即用小火加热。

停止加热后约 20min,记下分解锋的位置。分解锋可根据化肥颜色的差别来识别,例如棕色(未分解的化肥)对白色(已分解的化肥);也可利用分解锋两端的热电耦所指示的温度来识别。扩展速度可通过观测和计时或从热电耦的记录来确定。应注意停止加热后是否未发生扩展,或是否扩展到了所有化肥。

如果分解扩展到了所有化肥,则表明该化肥能自续分解。如果分解未扩展到所有化肥,则表明这种化肥无自续分解的危险。

(三)抗爆试验仪

将试样装入钢管,以经受助爆药的爆炸震动。试验期间,钢管平置在铅柱上,以铅柱受到挤压的程度来确定爆炸的蔓延度。

该试验须在货物的代表性试样上进行。进行抗爆试验前,全部试样应在封闭的钢管中以

25℃和50℃(±1℃)的温度至少循环预热五次。应保持试样处于预热期间的最高温度至少一小时,而且在试验前完成预热时的温度至少应为20℃(±3℃),该温度应从试样的中心测得。

所用材料为:不锈钢管应达到ISO 65-1981-Heavy或与之相当的标准,管长1000mm,标称外径114mm,标称壁厚5~6.5mm,座板(160mm×160mm),应由具有良好焊接性能的钢板制成,厚为5~6mm,与钢管的一端全周对接焊;起爆系统和引爆剂;电雷管或非金属外皮的点火索(10~13g/m);压制的助爆药球团,如旋风炸药/腊95/5或三硝基苯甲硝胺,中心压有凹穴以装起爆药;含83%~86%季戊炸药的塑料炸药500±1g,用纸板或塑料管作出柱形,爆炸速度为7300~7700m/s;六个用于检测爆震的精炼铸铅铅柱,直径50mm×高100mm,由精炼铅制成,含铅纯度至少为99.5%。

试验时将试样填充至测试管1/3处,在离地10cm处垂直跌落五次。在跌落之间用锤子轻敲管壁以增加压力。应向管内继续添装试样,经过20次提起和跌落及20次的敲击和压实,直至装填的试样离管口的距离为70mm。

将塑料炸药填入钢管中,并用一个凸形木模压紧。将压制的助爆药球团置于塑料炸药中的凹处。将钢管用木盘封妥,以保证该装置与试样的完全接触。将钢管平放在6个中心间距为150mm的铅柱上,最后一个铅柱的中心距管底板的距离应为75mm。铅柱应放置在不会发生变形、不会发生移动的水平硬质平面上。将电雷管或点火索插入助爆药中。采取一切必要的安全措施后,连接和引爆炸药。

记录每一根铅柱被压缩的高度占原高度100mm的百分比。由于压缩不均匀,所取变形应为最大值和最小值的平均值。

该试验应进行2次,若每次试验中有一个或一个以上铅柱的压缩量小于5%,则可认为该试验物质符合抗爆性要求。

(四)木炭自热试验

备妥烘干炉,内部设有空气循环装置,可使温度控制在140±2℃范围内。备金属网箱,顶部开口,边高100mm,用磷青铜纱制成,每平方厘米18000网眼(350mm×350mm网眼)。将这一网箱置入磷青铜纱制成的每平方厘米11网眼(8×8网眼)、稍大而适宜的网箱内。在外部装上把柄和钩,使之可以悬挂起来。

温度的测量。一个测量和记录烘干炉和网箱中心温度的系统。用直径0.27mm的电线制成的镍铝温差电偶即适合测量预定范围内的温度。

在网箱中装上木炭,边加炭边轻拍直至装满。将烘干炉温度预热到140±2℃,将网箱悬挂其内。在试样中心插入一个温差电偶,另一个在网箱和炉腔之间。将烘干炉的温度在140±2℃保持12个小时,记录炉内温度和试样温度。

如果非活性炭、非活性木炭、炭黑、炭块在12小时内的任何时间温度超过200℃,则试样有自热性。

如果活性炭、活性木炭在12小时内的任何时间温度超过400℃,则试样有自热性。

十、保安规定

作为散装货物运输的一些物质,通过其固有的性质,或与其他物质混合运输时,可能会被用作从事违法行为时使用的武器的成分或用以提高武器的效力。而且,通常装运散装货物的船舶还可能被用来运输经批准的武器、燃烧装置或爆炸品,不管其装运的货物特征如何。

国家主管机关可制定额外的保安规定,以在提供或运输散装货物时考虑采用。

(一)对公司、船舶和港口设施的一般规定

经修正的《1974 年安全公约》第 X1-2 章和国际船舶和港口设施保安(ISPS)规则 A 部分的相关规定须适用于从事散装货物装卸运输的公司、船舶和港口设施,并且考虑到 ISPS 规则 B 部分给出的指南,经修正的《1974 年安全公约》第 X1-2 的规定亦适用。

应酌情关注与保安有关的 ILO/IMO 港口保安实用规则和《国际海运危险货物规则》。

任何从事散装货物装卸和运输的岸上公司人员、船上人员和港口设施人员,除了掌握 ISPS 规则规定的与其职责相应的保安要求外,还应了解这些货物的任何保安要求。

对从事散装货物装卸和运输的公司保安员、承担具体保安任务的岸上公司人员、港口设施保安员和承担具体保安任务的港口设施人员的培训还应包括与这些货物特性相关的保安知识,例如在何种情况下这些货物仅在散装运输时具有危险性。

从事散装货物运输的所有船上人员和港口设施人员均应熟悉与这些货物相关的和与其职责相应的有关保安计划的规定。

(二)对岸上人员的一般规定

岸上人员包括负责以下工作各方人员:

(1)制作散装货物运输单证。

(2)将散装货物托付运输。

(3)接收运输的散装货物。

(4)装卸散装货物。

(5)编制散装货物装载/积载计划。

(6)装载/卸载船舶装运的散装货物。

(7)实施或检验或检查符合适用规则和规定。

(8)参与装卸和运输经主管机关确定的散装货物。

但是,这里的规定不适用于:

(1)ISPS 规则第 A/13.1 提及的公司保安员和有关岸上公司人员。

(2)ISPS 规则第 A/13.2 和 A/13.3 节提及的船舶保安员和船上人员。

(3)ISPS 规则第 A/18.1 和 A/18.2 节提及的港口设施保安员、有关港口设施保安人员和承担具体保安任务的港口设施人员。

对这些保安员和人员的培训,见《国际船舶和港口设施保安(ISPS)规则》。

从事海运散装货物的岸上人员应遵守与其职责相应的有关散装货物运输的保安规定。

岸上人员的培训还应包括保安知识、控制接近货物和船舶的必要性以及各种散装货物保安重要性的一般性指南。保安知识培训应针对保安危险性质、对保安危险(风险)的认识、处理和减少危险的方法以及发生保安违章事件时应采取的行动。它应包括了解与各自职责相应的保安计划和他们在实施保安计划时的作用。应为招聘涉及散装货物运输的岗位人员提供培训或确认受过培训,并应定期提供再培训。雇主应保存所进行的所有保安培训记录并应在需要时提供给被雇人员。

(三)对可产生严重后果的散装货物的规定

具有潜在保安问题的、可产生严重后果的散装货物是指在违法行为中可能被滥用而产生诸如大量人员伤亡或大规模毁灭的严重后果的散装货物,例如:第5.1类硝酸铵UN1942和硝酸铵化肥UN2067。

这里的规定不适用于船舶和港口设施(见有关船舶保安计划和港口设施保安计划的ISPS规则)。发货人和运输具有潜在保安问题的、会造成严重后果的散装货物的其他人应采用、实施和符合至少包含这里所述内容的保安计划。

保安计划应至少包含下列内容:

(1)将保安职责具体分配给适任和称职的人员,并为履行其职责赋予适当授权。

(2)具有潜在的严重保安问题的散装货物的记录或所运输的具有潜在的严重保安问题的散装货物的种类。

(3)对当前作业的审查和对易受破坏性的评估,视情包括多式联运、临时中转储存、装卸和分送。

(4)对各种措施的清晰表述,包括培训、方针政策(包括对较高度威胁情况的反应、新雇员/招聘审核等)、操作方法(如已知路径的选择/使用,控制接近船舶、散装货物储存和装载区域,与易受破坏的基础设施的接近程度等)、拟用于降低保安风险的设备和资源。

(5)对保安威胁、保安违章或相关事件报告和处理的有效和最新的程序。

(6)保安计划的评估和测试程序以及对该计划进行定期审查和更新的程序。

(7)确保保安计划所含运输信息的安全的措施。

(8)确保尽可能限制运输信息传播的措施。

第三节 固体散装危险货物安全装卸工作要求

一、清舱工作

(一)散装货物对货舱清洁程度的要求

散装货物对货舱清洁程度的要求一般分为五级。

1. 铲洁

铲洁(Shovel clean)是对货舱的最基本的要,有时称为抓洁(Grab cleaned),即用抓斗抓卸完毕或用铲车(Bobcat)铲卸完毕即达到了清洁要求。例如,若多次运输相同质量标准的煤炭,则每次装货之前便不必进行特别清舱。

2. 扫洁

扫洁(Broomed clean)是指货物卸出后船员或装卸工人利用扫帚等工具将货舱清扫后所达到的清洁水平。为了达到这种清洁水平,船长需将具体操作步骤向船员或装卸工人说明清楚。

3. 视洁

视洁(Normal clean;observed clean)系指用扫帚等工具清扫后再用海水或淡水冲洗之后的清洁程度。在这种清洁下,肉眼看不到前航次的残货、污渍、积水等。

4. 谷洁

谷洁(Grain clean)是货舱的一种较高的清洁要求,所有的散装谷物、豆粕、大豆制品、矾土(Alumina)、硫磺(Sulphur)、散装水泥(Bulk cement)、铝矾土(Bauxite)、某些精矿粉(Concentrates)及散装化肥等。谷洁是船员所不能确定的清洁水平,而经专门检验人员检查,并出具证书。

5. 医洁

有些散装货物在装货前要求货舱达到医洁(Hospital clean)水平,这是最严格的清洁要求。要求货舱达到这种清洁水平的货物有高岭土(Kaolin/china clay)、锆石(Zircon)、重晶石(Barytes)、金红砂(Rutile sand)、钛铁矿(Ilmenite)、氟石(Fluorspar)、铬矿(Chrome ore)、纯碱(Soda ash)、散装大米(Rice in bulk)及某木浆(Wood pulp)等。谷洁也是船员所不能确定的清洁水平,也需要经专门检验人员检查,并出具证书。

(二)货舱清扫

前航次所载货物对货舱具有不同程度的污染;其清扫应根据本航次拟装货物的要求进行。一般应由大副制定清扫计划,由水手长组织水手实施。一般应包括如下各项:

1. 每一货舱的清扫工作应自上而下进行

舱内的横梁、角窝、横向护条上表面均可能积存货物的残渣和污垢,应组织水手用锹、铲、竹扫帚(Bamboo broom)、铁扫帚(Wire broom)等工具清扫干净。清扫工作应自上而下进行,最后将落在底舱内的垃圾和污物用脏土吊兜(Dirt sling)、环形吊索(Endless rope sling)吊出舱外。夜间应用货灯(Cluster lights)照明。

2. 锈与垢的清扫

较老旧的船舶锈蚀较为严重,在航行中会有浮锈从舱盖板或舱壁上落入货物中,对货物造成污染。在装载谷物前,这种船舱不除锈便不能达到装货要求。舱内浮锈的清除可用锤、铲和扫把进行,有时应按图 2-19 和图 2-20 所示部署人力和设备。

图 2-19 清除锈与垢的工具和设备

图 2-20 清除锈与垢的人力产部署

3. 货舱的冲洗

货舱的垃圾、浮锈清除之后,可先用海水冲洗,之后再用淡水冲洗,如图 2-21 所示。经冲洗的货舱应大开舱盖,使之尽快风干。舱底凹陷处的积水需较长时间才能完全风干,必要时应用抹布将这些部位擦干,以免再有锈迹生成。

图 2-21 货舱的冲洗

一般情况下,经冲洗的货舱需 2 ~ 3 天才能完全干燥,在天气晴朗、气温干燥、视风较大的情况下需 36 小时左右便可干燥。若舱外空气潮湿或正逢雨季,货舱的干燥时间可能较长。若船舶装有干燥通风系统,则可关舱用干燥空气进行干舱,一般一个货舱约需 3 小时,全船的货舱可在一天内完全干燥完毕。

(三)污水沟和污水井的清洗

污水沟和污水井内积水深度是确定舱内货物是否渗漏、舱内汗湿程度等的重要参数。因此,装货前,应将污水沟和污水井内的污水排放干净。应将污水沟和污水井的盖板打开,清除其污物。盖板上的眼孔、排水管、吸入孔、过滤盒(Rose box)的清扫有困难时,可将海水倒排,清洗后再排出舷外。拟装散货时,污水沟或污水井的部位应用废布擦干,再在其上加铺麻布并绑扎牢固。污水沟和污水井至舷外的整个管路均应检查,以防阻塞。

因船长未使污水沟和污水井清洁而造成货物污染,承运人应负责任,如案(1)[1]及案(2)[2]。

案(1)Herald & Weekly Times Ltd v. New Zealand Shipping Co. Ltd

航行中,船舶污水管阻塞且污水阀下部存有污物,阀门不能关紧,致使海水灌入舱内,造成舱内新闻纸受损。按《1936 年加拿大水上货物运输法》,法官 Morris 先生判:"被告船舶所有人既未能推卸掉举证海水的进入系因其雇员未关阀门之责,又未能证明其雇员未关此阀属'驾驶或管理船舶'之过失"。货物所有人胜诉。另,法庭又判此过失并未构成船舶在开航当时不适航的证据。

案(2)The West Kebar,1954,A. M. C.

WestKebar 在冬季航经北大西洋时,袋装锌精矿粉货堆倒塌,致使锌精矿粉破漏,并有部分货物漏入污水排放管中,导致污水排放系统阻塞。法庭判:我们不明白,她有什么理由不料想到在这一水域的这个季节中会遇到 8 级甚至 9 级风而致船舶剧烈摇摆?我们不能同意"货物的损坏是由于海上风险所致"。恰恰相反,我们不得不判定 West Kebar 轮对灌入舱内的海水所造成的货物损坏负全部责任;船舶不适航,因装货前未采取有效措施防止散货漏入污水排放系统。

(四)舱内异味的清除

舱内沾染油漆味、腥味或其他异味时可用浓度为 5% 的漂白粉(Chloride of lime)溶液清洗。如果仅局部沾染异味,则可用漂白粉溶液擦洗。沾染异味稍浓的部位可将少量漂白粉喷洒其上,之后用清水冲洗。

如果沾染的异味过浓,则可用高挥发性次氯酸盐(HTH,High Test Hipochlorate)溶液冲洗。这种清洗剂的除味作用极强,但其本身产生的气味也会对货物造成污染。生产中,一桶水中放一汤匙高挥发性次氯酸盐即制成相当强力的清洗剂。注意不要使高挥发性次氯酸盐粉与货物直接接触,以免造成污染。

因前航次所载货物的异味对本航次货物所造成的货损一般应由船方负责,如案(3)[3]。

案(3)Sofial v. Ove Skou Rederi

在货舱还残留有前一航次所装鱼粉气味时船长递交了装载脱脂乳(skimmed milk)准备就绪通知书。承租人没有检查货舱便无条件接受这一通知书,并开始装货。装载部分货物后,承租人发觉货舱不够清洁,便将已装脱脂乳货卸下,重新清洗货舱。事后承租人向船方就脱脂乳受污染向船方索赔,并声称装货准备就绪通知无效。判:船方对该部分货损负责,但承租人无条件接受的就绪通知仍然有效,装货时间照样计算。

(五)固体散装货物适装证书的取得

散货舱清洗完毕并干燥之后,可以申请检验机构进行适装检验。经检验合格的货舱才可以装载散装物。图 2-22 是备妥以装载矿粉的货船。

---

[1] Herald & Weekly Times Ltd v. New Zealand Shipping Co. Ltd(1947),80Ll. L. REp. 596

[2] The West Kebar,1954,A. M. C.

[3] Sofial v. Ove Skou Rederi(The Helle Skou)(1976)2LLR.

图2-22 备妥以装载矿粉的货船

二、货舱设备的检查

(一)电缆线护箱(Conduit)及电源插座(Outlet)

舱内的各种电缆线护箱(Conduit)及电源插座(Outlet)应在装货前进行检查,发现损坏应及时修理。较小的损坏可由船上电工进行修理,较严重的损坏应雇用岸方的专门技术人员进行。这些设备的修理有时可在装货过程中进行。

(二)梯道(Ladder)

通往货舱道门中的梯道应在装货前进行检查,发现梯磴(Rung,Step)损坏,应立即修理。如果两梯杆均未损坏,则可在其上钻15mm孔,之后镶入13mm的钢杆,两端用螺钉固定作为临时梯磴。有时可用引航员梯作为临时梯道。

(三)铆钉(Rivet)、焊缝(Seam)及管线(Pipe)

装货之前,船长应指派大副或其他高级船到舱内检查船壳板(Hull plating)、舱底板(Tank top plating)、甲板(Deck plating)及横舱壁板(Plating of transverse bulkhead)的铆钉及焊缝,发现损坏或有渗漏应及时修理。发现这些部位出现水痕、锈迹或油迹,应仔细检查是否有铆钉及焊缝损坏。这一方法也适用于液体管线及与液舱相通的通气管渗漏或损坏的检查,特别是其接头处如法兰(Flange)、转弯处、变径处、与液舱的连接处等。

一般,铆钉、焊缝及与液舱相通的管线的渗漏和破损是一长时间腐蚀和锈蚀的过程,通过仔细检查均可以发现。而且,经仔细检查本可以发现而发现的渗漏或损坏所造成的货物灭失和损坏应由船方负责,如案(4)❶及案(5)❷。

案(4)Minister of Materrails v. Wold S. S. Company(1952)

❶ Minister of Materrails v. Wold S. S. Company(1952),1 Ll. L. Rep. 485.

❷ Sewaram v. Ellerman Lines Ltd(1930),37 Li. L. Rep. 97.

航行中,通气管破裂,海水灌入舱内舱造成货损。法庭上,船方证明开航前已雇用船级社检验员对通气管和测深管进行了检验,并修复和换新了一些破损管道;海水的灌入系因固有缺陷所致。判:通气管路的破损一定是一长时间的渐进过程,若尽应有的谨慎本可以发现;检验中,应该进行检验的管路可能有的未被检验;管路应检验而未被检验属船方未尽应有谨慎。

案(5)Sewaram v. Ellerman Lines Ltd(1930)

航行中,压载舱的通气管破裂,海水灌入舱内舱造成棉捆淹损。船方企图证明开航前已尽应有谨慎,但均未被法庭接受。判:通气管路的破损必定在开航前就存在;相应地,船舶在开航前不适航;船舶未能证明已尽应有谨慎并且损坏事实上已经发生;船方对灭失和损坏负责任。

(四)人孔(Manhole)和边门(Side port)

装货准备中,应对舱底板上的人孔盖板、甲板上的人孔盖板、船舶的边门、首门或尾门上的水密门进行检查。其上的填料若由亚麻或植物纤维制成则不得沾有油漆并应充满油脂;若由橡胶制成则不得沾有油、脂或漆,并保持清洁。与填料接触的牙边应清洁、无损痕、无凹陷。发现损坏应即刻修复。

检查这些处所时应作出详细记录,以备发生事故时作为船方已尽应有谨慎的证据,如案(6)[1]和案(7)[2]。

案(6)The Iris Bank(1953)

双层底舱柜内载燃油。航行中,该双层底人孔盖板上的两个螺丝发生松动,致使柜内燃油渗出,造成底舱内货物污损。船方证实开航前已对此盖进行了细致检查,并称螺丝的松动一方面因横跨太平洋航行中所风浪致使船舶受到应力过大,另一方面因航线上气温过高,舱柜内油温高压力大,而轮机员未采取措施释放此种压力。前者属海上风险,后者属管船过失。判:船方的抗辩成立,对货物损失不负责任。

案(7)The Lone Star v. Florida Sword(1956)

袋装货物成捆后装船。航行中,双层底淡水舱柜上的人孔盖板松动,淡水渗出,致袋货受损。判:船方对货物的损失负责任,因船方既未能证明装货前对这一人孔盖进行过检查,又不能证明此项损坏系管船过失。

(五)灭火设备(Firefighting equipment)的检查

在装货准备中,应对舱内的灭火用蒸汽管道及喷口、二氧化碳管道及喷口进行检查。管道的检查一般只用目视即可;进行喷口检查时,在管道中加风,用长杆上系飘带在喷口试风,以判断是否畅通。烟雾探测器的管路也应进行检查。

(六)舱盖设备(Hatch cover equipment)

完好的舱盖是保证货物完整和安全的重要设备。舱盖的构造各种各样,但检查的要点应

---

[1] The Iris Bank(1953), A. M. C. 1278.

[2] The Lone Star v. Florida Sword(1956), A. M. C. 1560.

为:水密性、坚固性和确保良好帆布使用三层,如案(8)[1]。

案(8)Fareast(P. R. C.)Flour Mill v. Magi Shipping Corp. & Fairmont Shipping(HK)Ltd Affiliates

被告 Magi Shipping Corp. 所属“宏大”轮于 1989 年 2 月 12 日在美国温哥华特区港载 Fairmont Shipping(HK)Ltd Affiliates 受原告 Fareast(P. R. C.)Flour Mill 委托为其购买的 5250 吨小麦,经加拿大温哥华港驶往中国蛇口港。该轮船长在加拿大温哥华港收到的经营人提供的远航建议书中提到,该轮该航次的预定航线附近可能会有 7 ~ 11 级大风。航行中,该轮实际遇 5 ~ 11 级大风。到达蛇口后,经检验该轮第一、三货舱舱盖出现严重锈蚀并有裂缝,自动舱盖板接缝处橡皮衬垫老化、损坏、脱开、变质、不水密,而第一、三舱盖右通风筒损坏。舱盖边缘、舱盖裂缝和接缝处及通风筒下的小麦水湿发热、发霉、结团、变质。该货物提单中收编了《1936 年美国海上货物运输法》,广州海事法院据此判:“宏大”轮所遭遇的风浪未超过预计值,因而不能认为受到不可抗力作用;舱盖板的缺欠及通风筒的不水密实属船舶实际不适航,因这些缺欠需较长变化过程才能达到,船方若在开航前或开航当时做到谨慎处理本可发现。被告应承担全部损失,共计 995195.11 美元。

(七)通风管道(Ventilation duct)

通风管道的检查主要是保证其畅通性和可关闭性。前者保证管道能对货舱进行有效的通风,后保证在紧急情况下能将货舱封闭,如在舱内失火时将通风筒关闭以窒息舱内的火焰、在风浪较大时关闭通风筒以防舱内进水。

(八)其他设备的检查

运输中的船舶各不相同,每艘船舶均有各自的特殊设备。船长、大副和其他高级船员应尽快熟悉船舶,以采取有效措施保证船舶安全,如案(9)[2]。船长还应指示轮机长对机舱设备进行妥善准备,如案(10)[3]。

案(9)Pendle & Rivett v. Ellerman Lines(1927)

货舱的一个应急灌水阀的防护罩未盖妥,航行中该阀开启,海水灌入舱内并造成货损。判:船舶不适航;该船根本没有考虑船舶的适航性以及对不适航所应采取的措施。

案(10)“广河”轮轮机长不服吊销职务证书处罚案

1982 年 11 月,广州远洋公司的“广河”轮在南中国海发生曲轴断裂事故,该公司和黄埔港务监督局于 1984 年 9 月以“机舱管理能力不符合轮机长要求”为由将该轮轮机长证书吊销。根据专家意见,“‘广河’轮主机曲轴断裂是由于材料强度不足、韧性差和材料缺欠等引起的低应力高周次的疲劳断裂”,“在断裂前一般不易察觉,除非使用无损探测设备才能探测到”,“当曲轴发生断裂时,由于采取应急措施,避免了事故的进一步扩大……”“经分析,断裂前未发现轴瓦有过度磨损现象,轴瓦的最终损坏是由于曲轴破裂所致……”广州海事法院判:撤销黄埔

---

[1] Fareast(P. R. C.)Flour Mill v. Magi Shipping Corp. & Fairmont Shipping(HK)Ltd Affiliates,海事审判,1994 年 1-10 期合订本,PP272 ~ 274。

[2] Pendle & Rivett v. Ellerman Lines(1927),29Li. L. Rep. 133.

[3] “广河”轮轮机长不服吊销职务证书处罚案,海事审判,1994 年 1-10 期合订本,PP244 ~ 245。

港务监督局吊销“广河”轮轮机长职务证书的决定。广东省高级人民法院驳回了黄埔港务监督局的上述,维持广州海事法院原判。

三、装货设备准备中应注意的事项

(一)可用船员也可用岸方工人

在货舱和装货设备的准备中,船长可指示船员进行这一工作,也可雇用岸方工人来完成。目前,船长在航运生产作出这一决定时应征得船舶所有人或承租人的同意。

在国外的一些船上,高级船员的职责是固定的,工资也是固定的而且没有加班费。普通船员每天的工作超过 8h 时,超额的时数应由船舶所有人支付加班费。我国及东南亚一些国家的船上,利用船员进行货舱和装货设备的准备工作时船舶所有人另外支付费用,如进行扫舱、开关舱等。

许多港口提供扫舱工班,船舶可以雇用这类工班进行扫舱等作业。一般,雇用岸方工班进行扫舱等作业的费用远高于利用船员进行扫舱的费用。

(二)有怀疑时应雇佣检验员进行检验

对货舱的清洁程度、对装货设备状况有怀疑时,应雇佣检验员进行检验,并要求出具相关证书。

1. 新船或经重要修理后投入营运的船舶应进行检验

新船或经重要修理后投入营运的船舶在装货之前应雇用检验员对货舱和装货设备进行检验,以证明货舱及装货设备适货。而未进行此项检验时,如果货舱及装货设备不适货,则船方应负责任,如案(11)❶。

案(11) Angliss nv. P. &O. Steam Nav Co.

新造船,其设有一特别结构,即将二层舱设在横舱壁上。在装货港,拟在冷藏舱中装载肉类货物。装货前,船长雇佣检验员仔细检查了货舱结构,并出具了适于所载货物的证书。航行中,燃料油漏入冷藏舱中致肉类货物污染。判:船方雇佣检验员仔细检查了货舱结构并证明该船货舱适于所载货物,属已尽应有谨慎,因而对此污染不负责任。

2. 老旧的船舶或刚刚发生过较大事故的船舶应进行检验

过于老旧的船舶或刚刚发生过较大事故后即投入营运的船舶在装货之前应雇用检验员对货舱和装货设备进行检验,以证明货舱及装货设备适货。而未进行此项检验时,如果货舱及装货设备不适货,则船方应负责任,如案(12)❷。

案(12) The Assunzione(1956)

该船船龄 38 年,在 Bay of Biscay 遇恶劣天气但非属异常天气,甲板和壳板明显渗水,其原因一方面为壳板老旧,另一方面为铆钉松动。渗水后,操舵装置又失灵。船货均遭受严重损

---

❶ Angliss nv. P. &O. Steam Nav Co. (1927) ,28Ll. L. Rep. 202.

❷ The Assunzione(1956) ,2Ll. L. Rep. 458.

失。判:该船在开航当时不适航,由于船方既不能证明在开航之前船舶经过船级社的检验并进行了必要的修理,又不能证明船舶的保养得到了船舶检验员的监督。高等法院法官 Willmer 先生断言:“一些案例中,法庭可以认定得到船级社检验员的检验即证明船方尽到了应尽的职责;但也有另一些案例,在相同的情况下法庭必须作出相反的结论,我完全相信此案即属此类”。

(三)船方应对所雇用的检验员等雇员的资格、水平和技术负责

船长在雇用检验员时应仔细加以选择,特别是对其资格、水平、技术和经验应加以严格选择,因为按海牙规则,船方应对其雇用的劳动力、技术人员、代理人等的行为、过失负责。船舶的货舱的清洁程度、货舱设备和工属具的适货性等即使检验合格也并不是表明船舶在这些方面适于并能安全接受、装运和保管货物的最终证据,如案(13)[1]。

案(13)Riverstone Meat Company,Pty,Ltd v. Lancashire Shipping Company Ltd

Muncaster Castle 轮由 Sydney 驶往 London 之前雇用了检验员对风浪阀(storm valve)进行了检验。检验中,船方指示修船厂将风浪阀盖拆下以方便检验。验后,风浪阀盖由修船厂的工人装复,但紧固螺丝未上紧。出航时未见渗漏,但自 Sydney 回航 London 时因船舶重载加之恶劣天气的作用,螺丝松动,海水漏入舱内,造成货损。判:船方应对修船厂工人的行为负责,因为按海牙规则,承运人应对其雇员、代理人、独立合同行为人的行为负责。

(四)货舱和装货设备的准备应针对可预见风险进行

船舶货舱和装货设备的准备应针对可预见风险进行,如航线上的风浪、气温、船舶的技术状况、货载的具体要求等,如案(14)[2]。

案(14)The Sargent(1940)

在装货港,船舶淡水管线因气温过低而冻裂,淡水漏入舱内,致所装小麦受损。判:船方在寒冷天气中未对淡水管线采取防冻措施,属未尽应有谨慎,因而应对货损负责。

四、平舱工作

(一)散装货物的平舱

有关散装货物的平舱,有如下几个概念必须明确。

1. 经平舱的满载舱

经平舱的满载舱(Filled compartment trimmed)系指货舱的甲板下、舱盖板下等所有空间完全充满货物的装载状态;对于上部有添注管(Feeder ducts)、孔眼甲板(Perforated decks)且其上有货物可漏入其内的货舱,舱口围内的货物质应经平舱而舱口围外的货物可以保持自然静止状态;对于专门适合装载货物的货舱(Specially Suitable Compartment)可保持货物的自然静止状态。

---

[1] Riverstone Meat Company,Pty,Ltd v. Lancashire Shipping Company Ltd(The Muncaster Castle),H. L.(1961),1 Ll. L. Rep. 57.

[2] The Sargent(1940),A. M. C. 670;F. Supp.,520.

2. 未经平舱的满载舱

未经平舱的满载(Filled compartment untrimmed)系指舱口围内的货物质经过平舱而舱口围外的货物处于自然静止状态。

3. 仅在底舱装载货物时的要求

若仅在底舱装载货物,则底舱舱口盖应规定关妥。

4. 仅在上层舱装载货物时的要求

若仅在上层舱装载货物而底舱舱口盖并不谷密,则应用胶带(Tape)、油帆布(Tarpaulins)或其他隔布(Separation cloths)保持谷密。

5. 部分装载舱的处置

部分装载舱的货物表面应用压包(Over-stowing)的方法进行固定,除非其货物移动影响已居稳性计算中作出了考虑。

6. 纵向隔壁的设置

在经平舱的满载舱、未经平舱的满载舱和部分装载舱中,可以纵向隔壁限制货物的横向移动。设置纵向隔壁的要求为:纵向隔壁必须谷密;按 Grain 规则的规定进行制作;在二层舱中应从层甲板延伸至下层甲板;从舱盖下向下设置。

7. 对稳性的要求

装货前,船长应保证船舶在航程的任何阶段均可满足稳性要求;出航前船舶无横倾;所有有关证书保存在船。

(二)平舱的目的

平舱的目的为:

1. 防止货物移位。
2. 尽可能装载货舱的各角落。
3. 防止或减少货体内的气体。

(三)平舱操作

船长全面负责散货装运平舱的安全管理。大副具体负责船舶装运散货的安全操作。

装货时,应督促装卸工人及时调整装船机喷口位置,以尽可能保持船身正浮,即使存在短时横倾,也不应超过 3°,并可减少平舱工作量。

应根据货物静止角大小进行合理平舱。

静止角 $30° < \alpha \leq 35°$的散货,在船舶强度允许的前提下应尽量装满,并予以合理平舱,使其货堆表面最高与最低处的垂直距离不超过船宽的 1/10 并不大于 1.5m。

静止角 $\alpha > 35°$的散货,可仅在舱口范围内平舱,舱口范围外的货物可形成斜坡均匀地达到两舱及前后舱壁,无任何空挡,并使坡度明显小于货物的自然倾斜角。

或针对具体参 IMSBC 规则的要求进行平舱。

装卸结束时,应消除船舶横倾,保持船身正浮出港。

第四节　固体散装危险货物码头设备设施与工艺流程

一、货物的操作

（一）货区的布置

货物库场和堆场上货区的划分，对保证货物质量、保证货物安全、保证环境安全和提高运输效益具有重要影响。这里提出如下几个方面的注意事项。

1. 利于作业优化

货物库场和堆场上货区的划分，应注意提高作业的连续性，实现一次性作业，减少装卸次数，缩短搬运距离，使完成一定任务所发生的装卸和搬运量最少；同时还要注意方便各作业场所和科室之间的业务联系和信息传递，提高安全和可靠性。

2. 保证单一的物流流向

货物库场和堆场上货区的划分，应保证单一的物流流向，保持直线作业，避免迂回逆向作业；强调唯一的物流出口和唯一的物流入口，便于监控和管理。

3. 保证货物的相容性

保管在同一货区的货物必须具有相容性，当货物的性质互相有影响或相互有抵触时，不能在同一货区内存储；温度等保管条件不同的货物、作业手段不同的货物不能在同一货区中存储；货物的体积和重量相差悬殊时，也不宜存储在同一货区，因这将严重影响该区域作业所配置的设备利用率，同时也增加了作业的复杂性和作业难度；消防和灭火措施不同的货物不能存储在同一货区。

4. 充分利用库场和堆场的平面和空间

从充分利用库场和堆场的平面和空间角度考虑，库场和堆场的货区布置形式主要有三种：横列式，即货位的长度与库场或堆场的长度方向互相垂直；纵列式，即货位的长度与库场或堆场的长度方向平行；混合式，即根据库场或堆场的具体情况将横列式和纵列式充分结合的布置方式。

5. 充分考虑到设置保障系统的便利性

库场和堆场中货区的划分还应充分考虑到供电、供水、供暖、通信等设施的配备方便性，这方面是也是保证安全和提高货物质量的重要保障部分。

（二）货物作业的操作原则

码头货物作业的操作原则各种各样，而且随时代的变化这些操作原则也在变化。我国近年来提倡“三标六清” 原则、“四标七清”原则，其主要要求是按标准进行作业，保证作业环境清洁。

1. “三标”系指“标准关、标准舱、标准桩”，“四标”系指“标准关、标准垛、标准舱、标准车”。这主要是指在船上装卸过程中要按港口吊机及其他机械的关路操作标准来进行,在船舱内要按照通行的标准或船方的要求进行装货装业,从码头向堆场的运输中要用标准车按规定路线和速度行驶到堆场,卸下来的货物在堆场要堆成标准垛形。

2.“六清”系指“船舱清、甲板清、码头清、道路清、库场清及机具平板清”,“七清”系指“舱底清、甲板清、吊口清、车厢清、道路清、垛头清、机械工属具清”即要求装卸工人把船舱、甲板、吊口、码头、车厢等处所清扫干净,将运输过程中行驶的道路也清扫干净,而且应将机械设备包括铲车、拖头、平板车、吊机等按标准进行清理,甚至进行必要的保养。

(三)货垛标牌

货垛标牌是固定在货垛上、用以记录货物名称(中英文)、数量、进库日期、运单号码、船名、航次、流向等参数的标牌,如图 2-23 所示,图 2-24 是货垛标牌上的主要内容。

图 2-23　货垛上的标牌

(正面)
货垛牌

货位号				
货名				
包装				
规格				
唛头				
货主				
流向	日期	件数/重量	累计数	理货员

(背面)

流向	日期	件数/重量	累计数	理货员
备注				

图 2-24　货垛标牌上的内容

(四)涨吨与亏吨

货物在港口堆存时,出库或出场的重量多于入库或入场重量的部分,称为涨吨,少于入库或入场的重量称为亏吨。

货物涨吨与亏吨的致有如下几个方面。

1. 自然因素

影响货物亏吨的自然因素有多个方面,如蒸发、飞扬、流失等。影响货物涨吨的自然因素有淋雨、吸湿、吸尘等。

2. 操作原因

由于装卸工艺、输送工艺和堆存工艺均会对货物的涨吨与亏吨产生影响,例如,装卸过程中引起的货物散失、过长输送距离导致的货物挥发和飞扬、堆存过程中引起的货物散失和飞扬等。

3. 货物自身性质

一些货物的蒸发、飞扬、流失等数量较大,另一些可能不会发生蒸发、飞扬、流失等损失。

4. 计量误差

固体散装货物的数量较大,一般不可能准确计量而会产生一定误差。通常认为这种误差在港口操作中占有较大成分。

5. 失窃

有一些固体散装货物价值较高,容易发生失窃。这也是固体散装亏吨的一项重要因素。

二、散装货物装卸作业前的船岸检查

散货船装卸船/岸安全检查表如表2-7所示。应由船长、码头负责人或其代表共同填写。各条填写的注意事项参见所附指南。操作的安全要求所有问题做肯定回答并在方格内相应标记,否则应写明原因,并且船方与码头应达成采用的预防措施的协议。如某一条不适用则填写"N/A"并注明原因。

散货船装卸船/岸安全检查表

SHIP/SHORE SAFETY CHECKLIST

For Loading or Unloading Dry Bulk Cargo Carriers 表2-7

船名 Ship's name		日期 Date	
港口 Port		码头 Terminal/Quay	
泊位水深 Available depth of water in berth		最小水上高度 Minimum Air draught	
到港吃水(读数/计算) Arrival draught(read/calculated)		水上高度 Air draught	
计算出港吃水 Calculated departure draught		水上高度 Air draught	

续上表

序号	项目 Item	船方 Ship	码头 Terminal	备注 Remark
1	泊位水深及水上高度是否适合货物装卸? Is the depth of water at the berth, and the air draught, adequate for the cargo operation?	□	□	
2	系泊设备是否适合当地所有潮汐、海流、天气、通航及船舶离靠港的影响? Are mooring arrangements adequate for all local effects of tide, current, weather, traffic and craft alongside?	□	□	
3	紧急情况下船舶是否可以随时离开码头? In emergency, is the ship able to leave the berth at any time?	□	□	
4	船舶与码头之间的通路是否安全? Is there safe access between the ship and the wharf? 由船方/码头(不适用者划去)负责 Tended by Ship/Terminal(cross out the appropriate)	□	□	
5	船方/码头同意的通信系统是否有效? Is the agreed ship / terminal communications system operative? 通信方式__________ Communication method __________ 语言 Language __________ 无线电话频道/电话号码 Radio channels/phone numbers __________	□	□	
6	操作时通信联络人员是否可以识别? Are the liaison contact persons during operations positively identified? 船方联络人员 Ship contact persons __________ 岸上联络人员 Shore contact person(s)__________ 位置 Location __________	□	□	
7	船上及码头是否配备足够处理紧急情况的人员? Are adequate crew on board, and adequate staff in the terminal, for emergency?	□	□	
8	是否准备或计划进行加油操作? Have any bunkering operations been advised and agreed?	□	□	
9	船舶靠港期间是否准备或计划对码头或船舶进行修理? Have any intended repairs to wharf or ship whilst alongside been advised and agreed?	□	□	
10	是否接受由于货物装卸操作造成损坏的报告和记录程序? Has a procedure for reporting and recording damage from cargo operations been agreed?	□	□	
11	船上是否具有港口和码头规定(包括安全和防污染要求及应急措施)的副本? Has the ship been provided with copies of port and terminal regulations, including safety and pollution requirements and details of emergency services?	□	□	

续上表

序号	项目 Item	船方 Ship	码头 Terminal	备注 Remark
12	托运人是否向船长提供 SOLAS 第 VI 章要求所述的货物性质？ Has the shipper provided the Master with the properties of the cargo in accordance with the requirements of chapter VI of SOLAS.	□	□	
13	对于可能需要进入的货舱和围闭处所，其空气是否安全？熏蒸货物是否标明？船方和码头对需要进行大气监控是否达成一致？ Is the atmosphere safe in holds and enclosed spaces to which access may be required, have fumigated cargoes been identified, and has the need for monitoring of atmosphere been agreed by ship and terminal?	□	□	
14	货物装卸能力和每台装/卸货机运行限制是否已通知船方/码头？ Have the cargo handling capacity and any limits of travel for each loader/unloader been passed to the ship/terminal? 装货机 Loader ______________ 装货机 Loader ______________ 装货机 Loader ______________	□	□	
15	对于装货/排压载或卸货/加压载在各个阶段的装卸货操作计划是否已经计算？ Has a cargo loading or unloading plan been calculated for all stages of loading / deballasting or unloading/ballasting? 计划副本持有人 Copy lodged with ______________	□	□	
16	装卸货计划中是否已经清楚地说明作业货舱，是否标明作业次序及每次作业货舱转移的货物等级和吨数？ Have the holds to be worked been clearly identified in the loading or unloading plan, showing the sequence of work, and the grade and tonnage of cargo to be transferred each time the hold is worked?	□	□	
17	已经讨论货物是否需要平舱？其方法和范围是否已取得一致？ Has the need for trimming of cargo in the holds been discussed, and the method and extent been agreed?	□	□	
18	船方和码头是否理解并接受如果压载和货物作业失调，货物装卸将暂停直到压载操作调整正常？ Do both ship and terminal understand and accept that if the ballast programme becomes out of step with the cargo operation, it will be necessary to suspend cargo operation until the ballast operation has caught up?	□	□	
19	船方是否已经知道并同意卸货时移去遗留货物的预定程序？ Have the intended procedures for removing cargo residues lodged in the holds while unloading, been explained to the ship and accepted?	□	□	

续上表

序号	项目 Item	船方 Ship	码头 Terminal	备注 Remark
20	船舶最终纵平衡程序是否已确立并取得一致意见? Have the procedures to adjust the final trim of the loading ship been decided and agreed? 码头传输系统传输记录的吨数________________ Tonnage held by the terminal conveyor system	□	□	
21	是否已经通知码头货物装卸完成后船舶准备开航所需的时间? Has the terminal been advised of the time required for the ship to prepare for sea, on completion of cargo work?	□	□	

注:水上高度应仔细考虑到:船舶在内河或河口空船吃水通常指过桥时桅杆的最大高度,船舶在泊位通常指有效的或要求的在装卸货设备的高度。

The term air draught should be construed carefully: if the ship is in a river or an estuary, it usually refers to maximum mast height for passing under bridges, while on the berth it usually refers to the height available or required under the loader or unloaders.

同意以上各项内容:

THE ABOVE HAS BEEN AGREED:

时间 Time ________________	日期 Date ________________
船方 For Ship ________________	码头 For Terminal ________________
职务 Rank ________________	职务 Position/Title ________________

三、固体散装船的装货作业

(一)生产组织方面

(1)调度通知开工后,指导员组织人员和设备就位,开始作业。作业后上报开工时间和作业线数量,并予以记录。

(2)因客观原因无法组织开工的,要将具体情况上报调度,并予以记录。

(3)要保证作业中船舶平稳,避免磕碰船体及设施。注重作业安全,提醒作业车辆和人员不要在门机运行线下停留,发现问题及时解决。检查下舱梯是否完好,如有缺陷,通知船方整改,必要时采用其他下舱方式(如吊篮)。夜间检查舱内照明是否达到作业要求,如照明度不够,通知船方加照明灯。

(4)作业中关注门机亏超载情况,尽早协调更换适合的门机抓斗保证作业速率。

(5)如发现舱内货物有明水要及时通知值班调度并做好记录。

(6)整点汇报船舶作业情况,包括船舶进度、有无异常等。对人力及设备派工数进行核查并上报调度。对于交叉作业船舶,需要被协作方派出人员、设备的,指导员有权对人员、设备按本公司规定和作业要求进行处罚。

(7)并根据实际情况组织作业工人及时清理甲板、门机轨道等。

(8)指导员要将现场的停车指示牌摆放到安全位置,根据规定对外来人员车辆进行监管,避免其行为影响船舶装货作业。如有特殊情况要及时向调度汇报。

(9)随时检查指挥工安全措施和作业情况,严禁无证上岗,杜绝酒后操作等违规行为。

(10)作业门机不足时,考虑相邻泊位作业情况是否可以抽调门机并入作业,没有闲置门机可以并入作业的要及时调整作业线,保证各舱作业均衡,避免重点舱,严禁门机司机挖井留山。

(二)装船作业

(1)要根据各舱配载组织好货物集港,增加水尺查验频率,避免多次上货或余货回倒。因指导员与船方沟通不善或责任心不强,造成货物回倒的(2 万吨以上回倒 150 吨,2 万吨以下回倒 100 吨),指导员负相关责任。

(2)临近完货时,根据船舶排水情况调整作业进度,禁止船舶超出载重线。

(3)因船方机械故障或天气原因造成的排水不畅而影响作业进度,指导员要及时上报值班调度。

(4)作业中出现的特殊问题,生产不能正常进行,指导员要及时上报,并做好记录(造成停工 1 小时以上的值班调度要上报总调度室和值班领导)。①船方将压载水排放至码头,一经发现上报调度并协调船方消除跑冒现象。②因生产工艺或天气等特殊情况造成作业标准不能满足船方要求,船方提出异议的,指导员要及时沟通说明情况并上报值班调度。③因为门机故障,停电,船方原因,造成的一条或多条作业线停工的要上报调度并记录停工原因及时间。④港口监管部门(海事、边检等)因船舶或货物问题要求现场指导员停工的,指导员要上报当班调度,得到停工指令后方可停工。⑤恶劣天气作业时,叮嘱相关人员注意危险源,确保安全生产。大风、大雪天气时,组织人员配合门机队防风、清理积雪。因天气原因导致停工的,要及时上报当班调度并记录停工时间。⑥出现磕碰船方设施等特殊情况时,第一时间报告值班调度协调解决。如需指导员配合,积极与安质部门、船方、代理做好协调工作,本班未解决,及时转交下班进行处理。

(5)完工前半小时指导员要通知调度办理相关手续。

(6)完工后要求船方填写《装卸、服务、质量征询表》。组织班组人员离船,并点名核实,确认无人员滞留后,指导员要在单船作业交接记录本上做好相应记录,并且要有班长的签名确认。

(三)重点类船舶的生产组织

(1)调度四班组每班各选拔 2 名优秀指导员负责重点类船舶范围内船舶生产组织工作。各班组每月进行绩效分配时应对以上人员适当侧重。

(2)当班值班主任对重点类作业船舶负有直接管理责任,为当班期间的总指挥;指导员对重点类作业船舶负有现场组织直接责任;倒班计划调度对重点类作业船舶负有直接监管责任;

(3)重点类船舶在靠泊计划编排前要详细了解货种信息,如货物水分、货物品位、货物票数、是否有减载完的空舱情况,以便提前制订卸货方案。

(4)重点类船舶(尤其是大型减载船舶)靠泊前指导员要进行重点关注,门机要摆放到位,并加强与引水的联系,靠泊时避免出现质量事故。

(5)大型减载船舶靠好后,值班主任、指导员和倒班计划调度上船检查有无重点舱、各舱作业是否均衡、是否有磕碰船情况或其他异常情况,发现异常及时报值班调度和白班计划调度。

(6)门机队在接到调度室重点船舶信息后,严格服从调度室的统筹安排,选择操作技能熟练和责任心强的门机司机参与作业(具体列出名单),同时有责任和义务向指导员反馈相关异常信息,倒班计划调度负责对作业司机进行抽查,未按要求安排司机给予调度班组考核扣分。司机不能作业重点船时,必须经过值班主任同意。

(7)存在重点舱情况时,值班主任、指导员结合门机班长或门机值班队长应及时安排熟练的门机司机作业重点舱,门机队必须服从生产安排。

四、固体散装船的卸货作业

散货卸船进场或直装流程作业时,球、块及流动性较好的粉矿与煤炭,作业工艺按正常流程作业程序进行;流动性差堵料斗的货物,可采用门机货物抛码头作业方式进行;特殊要求的货物,可采用装船机货物抛码头流程或者与进场、门机抛码头交互进行的方式作业。

(一)流动性较好货物的操作步骤

流动性较好的货物主要指球、块、某些粉矿和某些煤炭。操作步骤如下。

1. 作业前

(1)按公司调度室《昼夜生产作业计划表》指令,安排生产计划,编制《煤炭队昼夜生产作业计划表》,根据作业船舶信息和设备状况,确定作业方式和设备投入数量。

(2)及时掌握全队各大机、流动机械设备状态及修理、保养安排情况和可投用数量;全面掌握堆场现状、堆存能力,提前做好各种准备;掌握外协单位参与作业投入的设备、人员等信息,主动做好沟通。

(3)各岗位报名:门机班由各班班长向值班长报名,装船机、斗轮机、水尺、中控、电机修值班各自直接报名,民工队各类人员向民工值班长报名。

(4)船舶靠泊准备:按照公司《昼夜生产作业计划表》的靠泊计划、靠泊位置和要求,通知水手,做好各种准备,并随时和公司调度室值班调度联系,准确掌握靠泊时间或靠泊时间的变更;水手接到靠泊指令后,及时开启海事频道,随时与船方、引水联系,穿好救生衣,带好指泊旗或夜间信号灯,提前 15min 到码头前沿等候靠泊。

(5)检查码头大型机械处于安全位置。确认门机料斗内缩到位,抓斗、吊钩、装船机伸缩悬臂回陆侧,码头前沿无障碍物。

(6)监督船舶靠泊位置、系解缆绳人数及安全防护穿戴和安全站位情况。

(7)落实作业前需联检、商检、取样、边检等的特殊要求。

(8)按规定安全靠泊后及时向值班长报告实际靠泊位置,并做好记录。督促船方放好舷梯及跳板,挂好安全梯网,或提供跳板安全网,并办理、发放“安全告知书”。

(9)上船进行作业前准备:水尺鉴定签字;收取、核对船方提供的运单及交接清单,待卸船结束盖章交接;向船方索取货物配载图或积载图,和船方商讨确定卸货顺序,并接受船方卸货注意事项，通知船方做好卸货前的各项安全准备工作及措施。

(10)检查船舶适工情况，确认船方完整开启舱门，了解掌握舱口舷梯位置方向等影响作业事宜；通知各操作人员准时到岗就位，做好相关准备；确认作业机械按卸货顺序就位，检查确认无误。

(11)拴挂关路安全网，对准每条作业关路，检查有无破损，按规定绑扎。

(12)检查门机等各设备状况。

(13)各岗位准备完毕，报告中控，经值班长同意，操作流程启动。必要时，流程提前启动检查。

2. 作业中

(1)严格执行《装卸机械安全技术操作规程》，规范操作。

(2)指挥手穿好反光背心，正确站位，手势规范准确，通信畅通。

(3)门机司机操作要稳，动作要轻抓轻放，作业不挖井留山，抓斗不碰撞船舱损坏栏杆舱梯。

(4)门机司机和指挥手密切配合，时刻做到平衡卸船，符合船方要求并随时调整作业舱口，不“关舱”；认真区别不同舱口的不同货种，不得混卸。

(5)门机关路必须挂设安全网，禁止关路不正作业。

(6)对不同货种、不同场地的堆存要求，要及时调整作业顺序及机械状态。

(7)随时接受中控指令，及时停止放料或开始放料；随时检查大料斗落料情况，发现堵料或溢料及时调整和清理。

(8)必要时及时捅料斗，每台门机增派1～2位捅料斗人员。

(9)根据舱内装货情况做好设备进出舱的生产组织工作，严格按照设备进出舱相关规定执行，把好安全关并记录设备进出舱时间。①把握设备进舱时机，保障设备进舱后作业安全和作业效率。②根据进舱时间，提前要求设备队派出设备，提前准备吊装用具。对交叉作业的船舶要事先明确设备和吊具提供方，根据沟通方式提前组织。③对设备状态，人员状态和天气情况等吊装条件进行确认，各方确认无误并签字后方能吊装。对于交叉作业船舶需要被协作方安质人员到场的，要根据吊装时间提前通知。

(10)组织作业时随时掌握码头倒运或集港情况，协调设备队作业进度，对于交叉作业船舶由被协作方负责码头倒运的，要积极协调倒运单位保证倒运速度，防止卸船货物压港和装船货物断货，指导员无法协调的要报请调度协助解决。

(11)清舱阶段，严格执行《散货船舶舱内作业实施细则》《作业机械进出船舱吊运安全规定》等，做好地面监护；提前做好各项有关清舱设备的安全检查；作业中注意避让，严格按《散货作业安全操作规程》实施清舱操作；人力清舱随时注意抓斗及清舱机械动向，主动避让，严禁进入“死位”。

3. 作业后

(1)每班作业结束，甲板清理，安全网整理完整，码头沿及靠霸积料清理；整船作业结束，门机、长短皮带、分叉料斗、大料斗清理，以及船舶甲板、高平台、装船机、斗轮机平台清理和全流程转运站落料清理。

(2)船舶作业完毕:和船方进行空载水尺复审,签名后收取水尺鉴定表,办理交接清单,办理运单,办理杂项签证,减载适航签证。

(3)各项记录:做好值班日志、调度日志等运行记录;做好各种机械设备运行日志的记录;作业结束后,将各门机抓斗数及作业量报告指导员,并记录;将当班产量报告值班长,并记录。做好各单项装卸作业票。

(二)流动性较差货物的操作步骤

流动性较差货物是指一些常堵料斗的货物,如含水量大于 3% 的粉矿、精粉、印尼煤、焦煤等、含水湿煤等,应采用抛码头作业模式,操作步骤如下。

1. 作业前

(1)确定作业方式,与短驳运输外协单位对作业事项进行沟通;备足短驳车辆和单斗机(如备 8 辆以上,单斗机 3 台以上)。

(2)整理码头作业面,转移抓斗、吊具等障碍物;门机陆侧抛物点水泥挡板的放置和准备。可使用门机吊移或流动机械搬移。

(3)确认、整理堆存场地。

(4)检查确认门机性能和钢丝绳安全等各设备状况。

(5)其他参照流程进场或直装作业组织操作规定执行。

2. 作业中

(1)门机货物抛码头作业,注意作业环境安全,控制堆料高度原则上在 4m 以内,监控现场抛料作业和短驳作业机械安全情况,发现问题及时报告。

(2)发现短驳车辆作业不安全时,及时采取措施,如增派人员或要求驳运单位派人管理;车辆多时派一名地面车辆行驶指挥人员。

(3)船舶进场时,短驳车辆在引桥排队等候,按秩序通过引桥到煤炭堆场或公司其他堆场。

(4)门机抛陆侧码头时注意钢平台和候工楼,抛海侧时注意钢平台和海侧门机轨道,货物堆放距码头沿 1m 以上,两辆单斗机装车或短驳疏运。其他门机抛陆侧。

(5)门机旋转注意钢平台高度,放料时必须按要求降低抓斗高度(离堆料 2m)。

(6)其它参照流程进场或直装作业组织操作规定执行。

3. 作业后

(1)清理码头积料。

(2)安排码头面清理恢复被转移物品回适当位置。

(3)各作业机械到锚定位置,做好防风工作。

(4)其它参照流程进场或直装作业组织操作规定执行。

(三)特殊要求作业组织操作步骤

特殊要求货物系具有特殊作业要求的货物,如二程船不能及时靠离泊影响卸船作业中的矿、煤直取作业；流程进场作业中需要捅料斗的货物；两种矿、两种煤同时接卸；散盐等货物；需要两个短驳车队同时作业的货物。这情况下，一般需要根据具体情况制订专门方案。

1. 作业前

(1)确定作业方式，如门机抛码头，其后回抓装船、其后回抓流程进场、其后短驳进场、其后转驳至其他装船。

(2)与短驳运输作业进行协调和沟通。

(3)整理装船机抛码头作业面。

(4)整理码头作业面，包括转移抓斗、吊具等障碍物，门机陆侧抛物点水泥挡板位置的调整，用门机吊移或流动机械搬移。

(5)确认、整理堆存场地。

(6)检查确认门机性能和钢丝绳安全等各设备状况。

(7)装船机及相应皮带排水或其他杂物。

(8)要5#、8#门机装船作业的，清理好轨道保证门机能正常行走。

(9)其它参照流程进场或直装作业和货物抛码头作业组织操作规定执行。

2. 作业中

(1)遇二程船不能及时靠离泊影响卸船作业的矿、煤直装、流程进场捅料斗的情况，确保大船按时离泊，可采用门机抛码头其后回抓装船、流程进场的方法，节约时间，也可在门机抛码头后短驳进场。

(2)采取这种方法，要业务部和调度室确认。

3. 作业后

(1)清理码头积料。

(2)安排码头面清理恢复被转移物品回适当位置。

(3)各作业机械到锚定位置，做好防风工作。

(4)其它参照流程进场或直装作业操作规定执行。

第五节　固体散装危险货物库场管理要求

一、固体散装货物堆场的结构与布置

(一)堆场上存储的固体散装货物种类

固体散装货物垛场是指用于堆存散货的专用露天场地。按所堆存散货种类的需要，地面表面可为沙土地面也可为混凝土地面。

一个港口或一个码头可能拥有不止一处固体散装货物垛场。适合在固体散装货物堆场堆存的货物为：

(1)易流态化货物。

(2)具体化学危险的货物。

(3)不具有特殊性质的货物。

应注意,散装谷物不宜在堆场上露天存放。

(二)固体散装货物垛场货区的划分

同一种货物也不一定适合在同一货区中存储。在同一货区中储存货物应具有“三一致”性:即性能一致、养护措施一致、消防方法一致。

固体散装货物按类别分区存放可以缩短货物收、发货作业时间;可以合理使用有限的堆场占地面积;可以使堆场管理人员掌握货物进出堆场活动规律,熟悉货物性能,提高管理水平;可以合理配置和使用机械设施,提高机械化操作程度。

堆场分区分类的方法为:

1. 按照货物种类和性质进行分区

这是大多数堆场采用的分区方法,就是按货主单位经营的货物性质来分区,把性能互不影响、互不抵触的货物,在同一堆场内划定在同一货区里集中储存。

2. 按照货物发往地区进行分区

这种方法主要适用于储存期限不长,而进出数量较大的中转性质的堆场。具体做法是,货物按照交通工具划分为公路、铁路、水路,再按到达站、港的线路划分。这种分区分类方法,虽然不分货物种类,但是对于危险品、性能互相抵触的货物,也应该分别存放。

(三)固体散装货物垛场与装卸码头间的关系

显然,固体散装货物堆场与码头的距离越近越好,但由于地形、其他堆场布置等原因,大部分固体散装货物堆场与码头相距一定距离,其间利用传送带或其他运输方式进行运输,如图 2-25和图 2-26 所示。

图 2-25　固体散装货物大型堆场的布置

图 2-26　固体散装货物小型堆场的布置

图 2-25 是一个以卸船为主的固体散装货物码头,固体散装货物经桥式抓斗卸船机卸到传送带上,传送到相应的货区,由堆取料机堆存在堆场;之后再由堆取料机从堆存处取起,装载到传送带上,再由传送带装载到火车车辆或公路汽车上进行陆上运输。

图 2-26 是一个以装船为主的固体散装货物码头。在堆场,固体散装货物由堆取料机从

堆存处取起，装载到传送带上，再由传送带传送到桥式装船机上，装入货舱。另一方面，铁路车辆和公路车辆驶进堆场，装固体散体卸到传送带上，传送到相应货区，由堆取料机堆存在堆场。

（四）固体散装化学危险货物之间在堆场上的隔离

参本章第二节，这里提出固体散装化学危险货物之间在堆场上隔离的规定。

（1）参表 2-1，确定固体散装化学危险货物间的隔离要求。

按表 2-1，固体散装化学危险货物之间的隔离只有两种隔离形式，即在货垛间以一道或二道水火密舱壁进行隔离，其中隔离形式“×”意指应查找 IMSBC 规则的具体规定确定应采取以一道水火密舱壁进行隔离还是以二道水火密舱壁进行隔离。

（2）若为隔离一道水火密舱（即“隔离 2”）则不得在同一堆场上堆码。

因为固体散装化学危险货物在同一堆场上堆码时，特别是堆垛和拆垛期间，受风力等因素影响，不能保证货物之间的隔离要求。这里，同一堆场包括中间没有充分分隔的相邻堆场。

这里的充分分隔，原则上指相距不小于 1000m 的距离分隔。

（3）若为隔离二道水火密舱（即“隔离 3”）则不得在相邻的库场与堆场上存储，不得在同一堆场上堆码。

若为隔离二道水火密舱（即“隔离 3”）则两货物不得在相邻的库场与堆场上存储。这就是说，一种货物在库场中存储，另一种货物不得在与该库场相邻的堆场上存储。这里，原则上指相距小于 1000m 的距离。

不得在同一堆场上堆码，意义同前。

（五）性质相容固体散装化学危险货物之间在同一堆场上的堆码要求

性质相容固体散装化学危险货物在同一堆场上的堆码、固体散装化学危险货物与普通固体散装货物在同一堆场的堆码、多种普通固体散装货物在同一堆场的堆码，相互之间也必须进行必要的分隔，以免发生混票。

1. 货垛挡板

货垛挡板是分隔固体散装货物货垛的水泥结构物，长度 1.5 ~ 1.8m，宽度不小于 1m，单块重量不超过 1.5t，以便于叉车搬运，如图 2-27 所示。

图 2-27 用货垛挡板进行的隔离

2. 用货垛挡板分隔不同种类货物

不同种类的性质相容固体散装化学危险货物在同一堆场上堆码时，相邻货垛之间应物货垛挡板进行隔离。

3. 用货垛挡板分隔货物与通道

在堆场上，固体散装化学危险货物与通道之间应用挡板分隔，如图2-28所示。

图2-28　用货垛挡板分隔货物与通道

4. 货垛与挡板之间的距离

堆码中，一些货物必须与挡板保持适当距离，这是因为挡板之间的连接不尘密。

对于铁矿粉类货垛，垛高在4m以下时，货垛距离挡板不得小于0.5m，在雨季货垛距离挡板不得小于1.0m；垛高在4m以上时，货垛距离挡板不得小于1.0m，在雨季货垛距离挡板不得小于1.5m。

铁精粉货垛距离挡板不得小于0.2m，在雨季货垛距离挡板不得小于1.0m。

(六)固体散装货物与重要设施之间的隔离

固体散装货物，包括固体散装化学危险货物及普通货物，在堆场上堆码时，应远离一些重要设施。

货垛堆码时，易起尘、易吸水的固体散装化学危险货物应远离主干道、铁路线等重要路段及设施；货垛距离电源线、开关箱、灯塔等的距离应在一米以上；货垛应距离消防栓2m～3m以上，距离消防通道2m以上；货垛应距离铁路4m以上；货垛应距离围墙4m以上。

(七)固体散装货物之间的自然分隔

考虑到固体散装货物之间的分隔对作业造成的影响，对于不可能发生混票的固体散装货物，可以在堆码时用自然分隔，如图2-29所示。当然，这种货垛之间最好也隔离一个相应距离，特别是利用作业工具或作业设备进行必要的分隔，如图2-30所示；也可将不同色泽货物垛间隔堆码，以便起到分隔的作用，如图2-31所示。

图 2-29 性质相同的固体散装货物之间的自然分隔

图 2-30 性质相同的固体散装货物之间用作业设备进行的分隔

图 2-31 色泽不同货物之间的自然分隔

二、固体散装货物的堆垛与拆垛

(一)固体散装货物货垛的基本概念

1. 堆存使用定额

库场或堆场单位面积的堆存使用定额(P_u)系指保证库场或堆场安全及货物无损的条件下,单位面积上可以堆存的最大货物重量(t/m^2)。

2. 堆存技术定额

库场或堆场单位面积的堆存技术定额(P_d)系指库场或堆场建筑设计中制定的且在建筑施工中达到的单位面积上的最大许可承重(t/m^2)。

显然,在实际操作中,必须保证 $P_u < P_d$。

3. 垛高

固体散装货物垛高(H)是货垛底部至其最顶部的垂直距离。垛高是一个粗略的概念,因为一个堆成的货垛,很难量得其底部到顶的垂直距离,而且顶部的最高点也是一个模糊的概念,例如,在货顶部恰有一小石,但量取垛高时并不会量至这一小石的顶部。

4. 货垛体积

货垛体积 V 按式(2-9)计算,

$$V = \frac{1}{3}H(S_1 + S_2 + \sqrt{S_1 + S_2}) \tag{2-9}$$

式中,S_1 和 S_2 分别是货垛上底面积(m^2)和下底面积(m^2);H 是货垛高度(m)。

式(2-9)主要用于计算四棱货垛的体积,但也适用于其他形状的货垛。

(二)固体散装货物垛桩中的基本要求

港口作业实践中,对固体散装货物垛桩中的基本要求可概括为如下几点:

(1)货垛必须严格按照货位及标准堆码。

(2)堆垛作业前相关人员应根据货物数量及堆场堆存使用定额 P_u 确定拟使用堆场面积;确定货垛高度 H;遇雨季,应适当降低货垛高度以防坍塌。

(3)卸船的临时货垛及 3000t 以下尾货,可不用摆放挡板;铁块矿及铁矿球团类货垛堆码时,无论是否在雨季均可码到挡板高一半处。

(4)堆垛之前须将堆场清扫干净,挡板摆放整齐。

(5)堆垛作业应分票、分货种进行,除有特殊要求外不得混堆。

(6)货垛堆码不得掩埋高杆灯、雨水井及电缆沟等,若遇特殊情况必须采取防护隔离、防漏保护等措施。

(三)固体散装货物的标准货垛

固体散装货物的堆量一般较大,其标准货垛有如下几种。

1. 四棱台形货垛

四棱台形货垛可以堆得很小,如图 2-32 所示;也可以堆得很大,如图 2-33 所示。

图 2-32 小型四棱台货垛

图 2-33 大型四棱台货垛

四棱台形货垛适用于铁粉矿、铁块矿、铁矿球团等铁矿类散货的堆码。这种货垛一般适用于堆高在4m以下的固体散装货物。

2. 二层台形货垛

二层台形货垛是二个四棱台形货垛的叠加，如图2-34和图2-35所示。该形货垛适合装码高度在4m以上的流动性较好的固体散装货物。

图2-34　大型四棱台货垛

图2-35　多层四棱台货垛

3. 圆锥形货垛

圆锥形货垛适合小量散货的堆存，一般堆存量在10000t以下，如图2-36所示。这是因为若装圆锥形货垛堆得很大，会浪费场地，而且堆存过程中所用机械也不好配备。所以一般机械难以将圆形货垛得很高很大。

图2-36　为了保证货垛的形状而进行的支撑

（四）堆垛作业

固体散装货物的堆场，常由卸船机传送料，由铁路车辆或公路车辆送料。铁路车辆、公路车辆或卸船流程线斗轮机只能堆单层货垛，而且堆高很有限。对于多层货垛和高层货垛，必须将装载机、挖掘机和卸船流程线斗轮机配合使用。

若由铁路车辆或公路车辆送料，则常可用装载机和挖掘机配合，分层堆码，从而可以堆成规范货垛，如图2-37所示。

图2-37　装载机和挖掘机配合作业

挖掘机也可和卸船流程线斗轮机配合使用,分层堆码,堆成很高很规范的货垛,如图 2-38 所示。

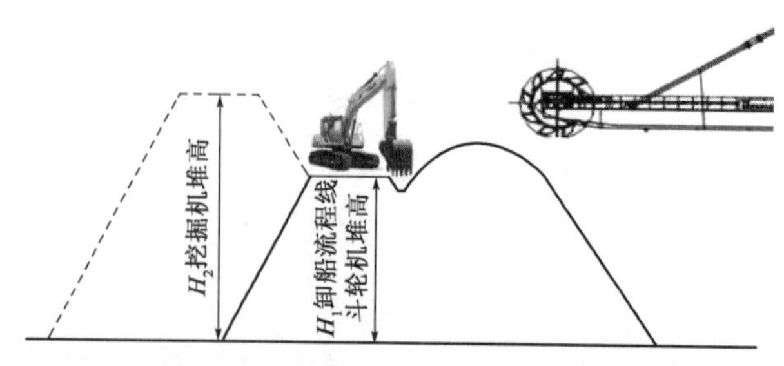

图 2-38　卸船流程线斗轮机和挖掘机配合作业

二层垛的堆码方法是,用装载机或卸船流程线斗轮机堆成一层垛,在货垛的顶部用挖掘机堆第二层,确保在第一层顶部四周留出 2m 宽的平台。第一层和第二层总垛高不得大于 9m。第一层和第二层货垛四周应用挖掘机拍实,如图 2-39 所示。

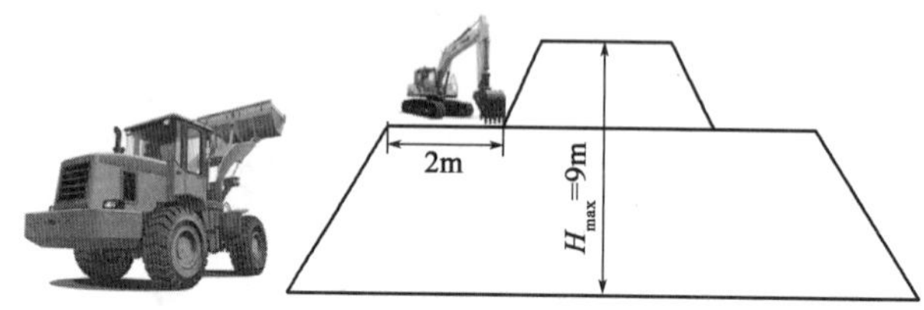

图 2-39　装载机和卸船流程线斗轮机配合作业

锥形货垛由卸船流程线斗轮机直接堆码,如图 2-40 所示;也可由装载机直接堆码,如图 2-41所示。

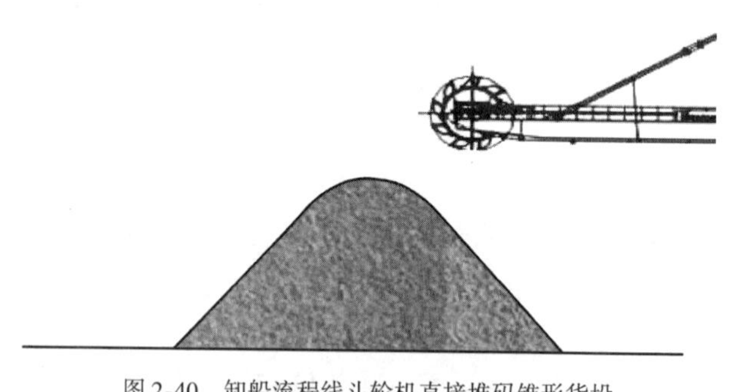
图 2-40　卸船流程线斗轮机直接堆码锥形货垛

图 2-41　装载机直接堆码锥形货垛

货垛的整垛垛面,包括顶面和四周,应无明显凸凹处;垛顶平面的高低差不得大于 0.5m,垛棱线和垛脚线呈直线。

利用堆垛机直接堆垛的方法，实际上是将卡车的散料直接卸到堆垛机，由堆垛的输料臂将货物堆在货垛上，如图2-42和图2-43所示。这种方法能够堆成的垛高取决于堆垛机的臂长和功率。

图2-42 卡车散料装入堆垛机

图2-43 用堆垛机直接堆垛

一般，利用堆垛机可以堆成非常规范的货垛，如图2-44所示。

图2-44 用堆垛机堆成的规范货垛

货垛的整垛垛面，包括顶面和四周，应无明显凸凹处；垛顶平面的高低差不得大于0.5m，垛棱线和垛脚线应呈直线。

收垛时，垛脚角应约等于散货的静止角。

（五）收垛作业

固体散装货物堆场的收垛作业主要有如下几个环节：

（1）根据货垛的性质、货物性质、天气条件，对货垛进行充分苫盖。对于易发生氧化的货物，主要进行防晒苫盖；对易受水湿影响的货物，主要进行防雨雪苫盖；对于扬尘量较大的货物，主要进行防尘苫盖。

（2）作业完毕之前，必须按“四标七清”原则清理现场，清扫起来的货物应集中归垛。

(3)在货垛靠近通道一侧的中部、距地面高度1.5m处安放货垛牌。

(六)拆垛作业

固体散装货物货垛拆取过程中,应注意垛边整齐、地面清洁、篷布叠放规整、货堆不留险情。

图2-45　装载机在拆垛

(1)作业机械要明确取料地点,确定走向,确定装料方法。

(2)装载机铲货时,取料面要整齐,作业完毕后必须将货垛整理整齐。

(3)装载机应从货垛底部依次铲运,料斗不能过满,以免运行时发生撒漏;取料时不能插入货垛过深,如图2-45所示。

(4)装载机取料时发生的零星洒漏,要及时篦清和归堆,避免车轮碾压。

(5)拆取苫盖货堆时,工人应先将盖布掀开并叠好。

(6)拆垛过程中,注意不要使货垛形成陡崖,防止货垛发生坍塌而造成危险。

(7)若物料较黏,因不易松动而形成陡崖,应及时排险;不可强力作业,以免造成坍塌和掩埋事故。

(8)用流程线料轮机以料时,斗轮机必须从堆场一边取料,分层分段,保证层清段清,以提高堆场利用率。

(9)对于高于4m的货堆,需在取料面一侧留有高1m、宽2m并与货垛等长的取料平台。

(10)拆垛铲完货后,应将周围零星洒漏货物清妥,再并归拢并堆;将货堆围好盖妥,按"四标七清"原则清理现场后方可离开。

三、固体散装货物货垛的苫盖

(一)固体散装货物货垛苫盖的目的

固体散装货物货垛的苫盖是指采用专用材料对货垛进行遮盖,以减少或削弱自然环境中的光、雨、雪、风、尘等对货物的侵蚀和损害,减小货物的自然减量和延长存储期。

对货垛进行苫盖的目的有多项,但至少包括如下几个方面:

(1)防止货物受到阳光直射而发生氧化、变质等。

(2)防止货物受到雨雪等侵蚀。

(3)防止货物产生粉尘而对环境造成污染。

(4)防止货物受到粉尘等污染。

(5)防止货物失窃。

(6)对货物堆场具有美化作用和广告作用。

(二)苫盖方法

对货垛进行苫盖的方法有如下几种。

1. 直接苫盖法

直接苫盖法就是直接将大面积苫盖材料覆盖在货垛上的做法,如图2-46所示。这种方法适用于各种四棱形、台形和双台形货堆。直接苫盖一般采用大面积的帆布、油布、塑料膜等材料进行操作,方法简单,成本较低。但是,这种方法基本上不具有通风条件。

图2-46 直接苫盖法

2. 鱼鳞式苫盖法

鱼鳞式苫盖法是将苫盖材料从货垛的底部开始,自上而下呈鱼鳞式逐层交叠围盖的方法。鱼鳞式苫盖法可使用面积较小的席、瓦等材料进行苫盖,具有较好的通风条件,如图2-47所示;也可使用大面积的苫盖布进行苫盖,通风条件较差,如图2-48所示。在鱼鳞式苫盖法中,每件苫盖材料都需要固定,操作比较繁琐复杂。

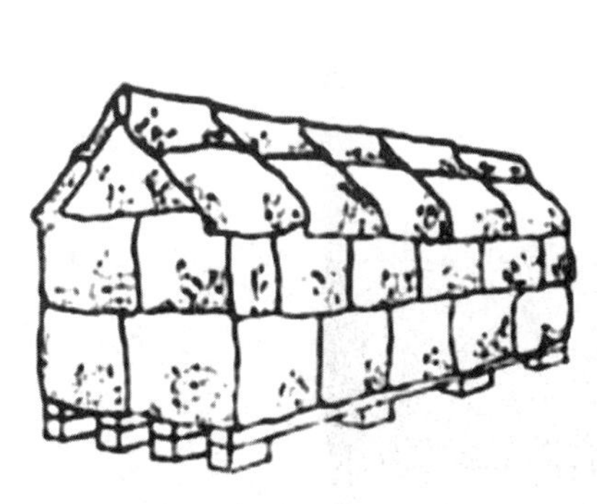

图2-47 鱼鳞式苫盖法示意图

图2-48 鱼鳞式苫盖法的实例

3. 活动棚苫盖法

活动棚苫盖法是利用苫盖物料制作成一定形状的棚架,在货物堆垛完毕后,移动棚架到货垛上,以实现遮盖的目的;或者,在货垛上部即时安装活动棚架,以进行苫盖。活动棚苫盖法较为快捷,具有良好的通风条件,但活动棚本身需要占用堆场面积,而且制作成本也较高。

4. 固定棚苫盖法

固定棚苫盖法是利用苫盖物料制作成一定形状的固体棚架,将货物装载在其内,达到苫盖的目的,如图 2-49 所示。

图 2-49　固体棚式苫盖法

(三)苫盖材料

固体散装货物货垛的苫盖材料应根据苫盖目的选用。常用的苫盖材料有,帆布、芦席、竹席、塑料膜、铁皮、铁瓦、玻璃钢瓦、塑料瓦等,但近年来,下述材料应用比较广泛。

1. 遮阳网

遮阳网又称遮光网是防止货物受到阳光直射而发生氧化、变质等的一种保护覆盖材料。遮阳网覆盖在货垛上,夏天具有挡光、挡雨、保湿、降温的作用,冬春具有保温增湿的作用。

遮阳网覆盖在货垛上,主要是具有防风作用,遮盖区内的空气和外界的沟通速度减小,从而起到保持空气相对湿度、保持温度的作用。

遮阳网主要采用聚乙烯(HDPE)、高密度聚乙烯(PE、PB、PVC)、回收料、全新料、聚乙丙等为原材料,经紫外线稳定剂及防氧化处理,具有抗拉力强、耐老化、耐腐蚀、耐辐射、轻便等特点。

遮阳网是由经线和纬线交叉编织而成。如果经线和纬线均由圆丝构成,那就是圆丝遮阳网,如图 2-50 所示;如果经线和纬线均由扁丝构成,那就是扁丝遮阳网,如图 2-51 所示。

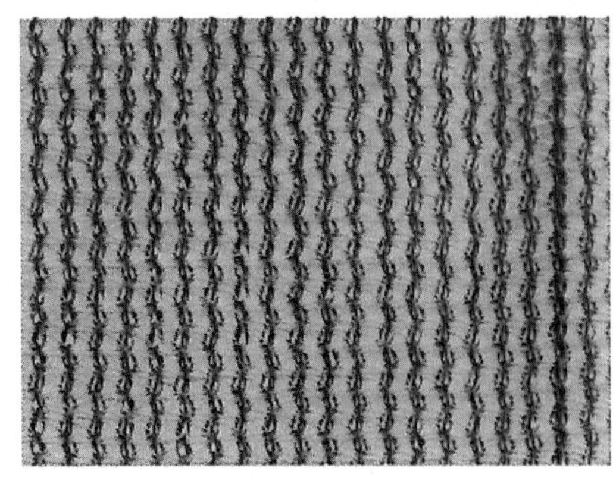

图 2-50　圆丝遮阳网

图 2-51　扁丝遮阳网

2. 防止货物受到雨雪等侵蚀的防水篷布

防止货物受到雨雪等侵蚀防水篷布多以涤纶布为基布，涂敷聚氯乙烯（PVC）糊状树脂配加多种化学助剂，经高温塑化而成，如图 2-52 所示。篷布的规格型号比较多，价位不一，可供选择范围比较大。较高级的篷布采用高温热合机或者高频机加工，接口是无缝无孔，完全不会渗水，适合苫盖各种货垛。篷布的颜色有各种，包括绿、黄、蓝、红、白等色，幅宽 1.3m ~ 3.0m，长度可按货垛要求定制。

3. 防尘盖布

防尘盖布具有防止货物产生粉尘而对环境造成污染的功能，还有防止外界的污染物污染本船、本库场或本堆场功能，如图 2-53 所示。

图 2-52　防水篷布

图 2-53　防尘盖布

4. 防止货物失窃

防止货物失窃的苫盖常用安全平网，如图 2-54 和图 2-55 所示；有时也用密目网，如图 2-56 和图 2-57 所示。

图 2-54　成捆的安全平网

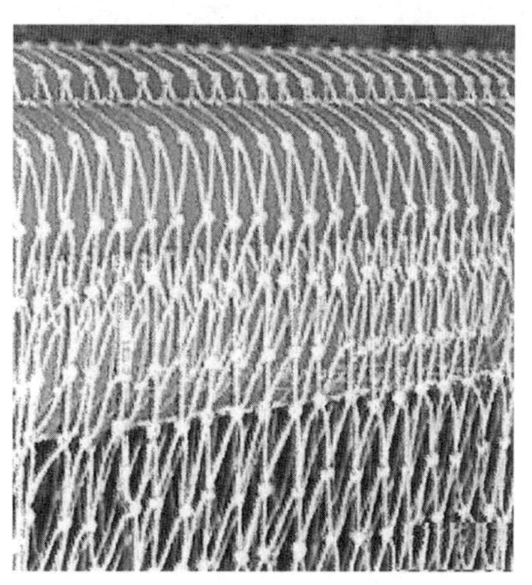

图 2-55　苫盖中的安全平网

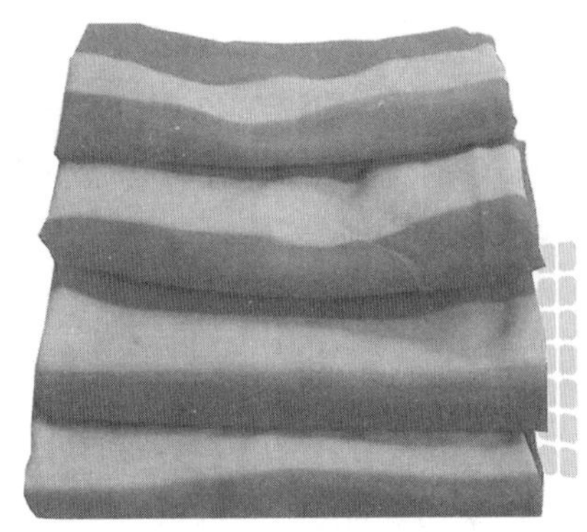

图2-56　密目安全立网

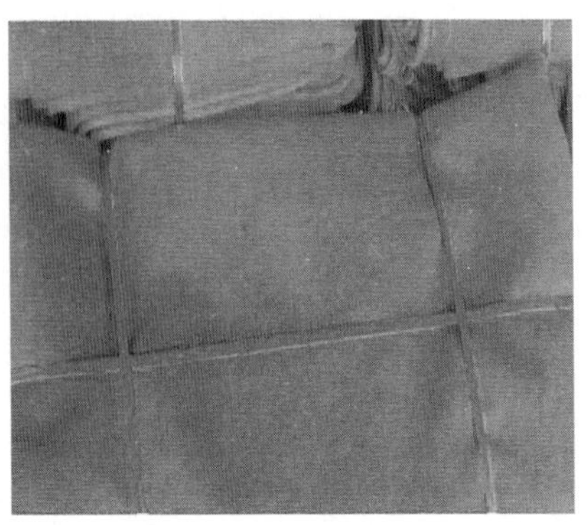

图2-57　密目安全立网的苫盖

(四)固体散装货物的苫盖过程

1.做好垛底的衬垫

选择地垫平坦部位,根据货物的性质,对垛底铺好衬垫。重质货物,可木方或枕木;轻质货物而怕水湿货物,可在木方或枕木上再铺防水布。

2.堆成适合苫盖的货垛

根据货物,堆成稳定货垛。最常见货垛是台形垛,如图2-58所示;或梯形货垛,如图2-59所示。

图2-58　中型货垛的苫盖

图2-59　苫盖中的检查

3.选择合适苫盖材料

根据货物的苫盖要求,最好选用防火、无害的安全苫盖材料,保证苫盖材料不会对货物产生不利影响且成本低廉,不易损坏。苫盖若能重复使用则较经济。应确保苫盖材料没有破损和霉烂。

4.牢固苫盖

苫盖时,每张苫盖材料都需要牢固地固定,必要时在苫盖物外用绳索、绳网绑扎或者采用重物镇压,确保具有防风作用。苫盖的接口要有一定深度的互相叠盖,不能迎风叠置或留空隙;苫盖必须拉挺、平整,不得有折叠和凹陷,防止积水。如图2-60所示。

图 2-60　用重叠和压缝法堆成稳定的梯形货垛

5. 保证垛底苫盖牢固

苫盖的底部与垫垛平齐，不腾空或拖地，并牢固地绑扎在垫垛外侧或地面的绳桩上，衬垫材料不露出垛外，以防雨水顺延渗入垛内。垛脚的绑扎要规范，如图 2-61 和图 2-62 所示。

图 2-61　用重叠和压缝法堆成稳定的梯形货垛(一)

图 2-62　用重叠和压缝法堆成稳定的梯形货垛(二)

6. 保证货垛整体绑扎牢固

使用旧的苫盖物或雨水丰沛季节时，垛顶或者风口需要加层苫盖，确保雨淋不透。苫盖中，鱼鳞法比较有效。苫盖后，一定将整个货垛绑扎牢固，如图 2-63 所示。

图 2-63　货区中相同垛形的充分防雨苫盖

四、固体散装货物货垛的垫底

固体散装货物的货垛垫底,一般是指在货垛下面使用各种物料铺垫,为隔地面的潮湿,便于通风,防止货物受潮、霉变、残损所采取的保护措施。有的货物不需要垫底,如瓷土等,见图 2-64。

图 2-64　不必垫底的瓷土粉垛

需要垫底的货物如何垫底,首先取决于储存货物堆场的现实状况和货物性能这两个基本条件。堆场的实际条件很复杂,堆场多数是泥土、煤屑或水泥地坪,由于地坪本身所含有水分的蒸发或冷、暖空气的侵入,会使垛底一定高度处货物受潮、霉变。因此,采取垫底措施十分必要。

堆场在使用前必须平整夯实,四周开挖明沟,以便于排除积水。堆场上存放的货垛,一般都比较大,分量比较重,所以要选择较坚固耐压的垫底材料,例如,枕木、水泥块、花岗石等。垫底高度应视气候条件和防汛要求而定,一般应该不低于 30cm,地势低洼和可能积水的场地,则要适当加高。垫底贴面一层可放花岗石或水泥条(垫木贴在地面容易腐朽),上面再架设垫木或垫木架。垫木或垫木架不能露在货垛外面,以防雨水顺着垫木流进货垛。

五、防尘管理

(一)码头上的粉尘

随着经济的快速发展,我国对能源和原材料(包括煤炭和矿石)的需求越来越大,目前形成了西煤东输、北煤南运、进口矿石急剧增加的局面。水路运输作为便捷、经济的运输方式,带动了我国港口的快速发展,但同时也引起了环境污染问题,尤其是矿石、煤炭等固体大宗散货在装卸、运输过程中的尘源扩散构成了港口粉尘污染的主体,对港口环境造成影响。在当今全球共同应对气候及环境变化的背景下,减少温室气体排放、降低环境污染已成为国际社会的共同责任,发展“低碳绿色”经济正成为世界经济发展的新模式,控制粉尘污染已成为我国港口发展面临的重大课题。

港口粉尘污染主要是指固体散装货物中的微粒在风的作用下悬扬到空气中形成的污染,一般可分为静态污染和动态污染。静态污染是指堆场堆存以及洒落在道路和堆垛间隙的固体散装货物颗粒,在风的直接作用下,由静止状态转变为悬扬状态造成的粉尘污染;动态污染是指固体散装货物码头和堆场在装卸和输送作业过程中,固体颗粒在空中经过时受风力作用随风扩散形成的粉尘污染。

港口货物产生的粉尘,具一定的危害,如煤炭、矿石的粉尘对人员健康有害;也具有一定的危险,例谷物粉尘有发生粉尘爆炸的危险。所以,港口需要对粉尘加以防范。防范粉尘的方法有多种,这里主要论述防止堆场上固体散装货物粉尘的方法,用筒仓防尘的方法在其他章节中说明。

(二)影响码头粉尘产生量的要素

容易产生粉尘污染的常见固体散装货物码头有煤炭码头,矿石码头(铁矿、镍矿、铝矾土矿等),水泥码头,粮食码头,散装化肥码头,木片、木薯干、砂石料等散装作业码头。

不同种类的货物由于物料容重的差异,起尘量相差较大。例如,煤的物料容重约635kg/m^3,铁矿石约3800kg/m^3,在同一工况下煤的起尘量远大于铁矿石。另外,对于同一物料,由于粒径的差异,起尘量也相差较大。南非铁矿石小于0.4mm的颗粒仅占5%,巴西铁矿石占14.8%,而澳大利亚铁矿石则高达27.9%,实验表明,粒径大于2mm的铁矿石颗粒一般不会起尘。

通常情况下,含水率越大,水分对于粉尘颗粒的黏结作用就越强,起尘量越小,反之起尘量越大。对于不同粒径的粉尘颗粒,含水率的影响不同,粒径越小,含水率的作用越明显。实验表明,当含水率较小时,起尘量随含水率的增加而降低很快,但当含水率大于某值时,起尘量变化出现拐点,之后随含水率的增加,起尘量变化很小。这个拐点处的含水率,就是在粉尘污染控制中洒水抑尘要求的控制指标。实验研究结果表明,煤炭含水率拐点为5%~6%,铁矿石一般大于4%。

风力是起尘量的影响因素之一。颗粒的容重不同,其起尘风速也不一样。实验结果表明,铁矿石堆场的起尘风速约为6.0m/s,混合煤约为4.0m/s。自然含水率在3.2%以下时,风速小于4m/s,基本不起尘,当风速大于5m/s时一般会出现起尘现象,因此,在港口的日常管理中,风速4.5m/s一般作为堆场洒水抑尘的工作点。

港口固体散装物垛存有露天堆存和封闭储存两种方式。目前港口大部分固体散装货物(如煤炭、矿石等)采用露天堆存的方式,露天堆存时物料容易在风力作用下起尘,而封闭堆存不存在起尘条件,对粉尘污染控制起到很好的效果。

(三)港口粉尘污染主要控制措施

固体散装货物码头主要产尘环节为设备物料落差起尘、皮带机振动起尘、风力扬尘、堆料机和堆取料机堆取料扬尘等。目前国内外港口粉尘控制的技术方法主要分为防尘(或抑尘)和除尘两类,以防为主,以除为辅。按粉尘控制方式,可分为湿式抑尘和干式除尘两种。湿式抑尘主要有洒水抑尘、喷雾抑尘和干雾抑尘等方法,干式除尘主要有过滤除尘、离心除尘、静电除尘和真空清扫等方法。根据有关研究,国内外通常使用的各种防、除尘措施不下数十种,港口粉尘控制措施及其运行效果和各项经济技术指标也不相同,这里介绍以下几种。

1.喷洒水

可用手动、自动喷洒水系统,向散传输带、大型堆场、装卸作业系统等的固定点处喷洒水,或利用流动喷洒车、喷洒设备进行喷洒水,以起到降尘的作用,如图 2-65 所示。这种方法操作简单,效率较高,但不足是增加了货物的含水量,这在有些情况下不可行,甚至会增加货物的危险,例如有时会增加货物的易流态化特性。

向货垛上进行高压喷水具有很好的降尘效果,喷水量在 38 ~ 45t/h,喷水高度在 8 ~ 20m 间,如图 2-66 所示。

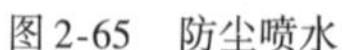

图 2-65　防尘喷水

图 2-66　向货垛上高压喷水

在装卸船机头部设密封漏斗并加环行洒水喷头或设置干式除尘设备,具有降低在装卸过程中粉尘污染的效果。在皮带机转接点设置密封罩并增设联动洒水喷头、在火车翻车机卸车坑四周建维护隔离建筑物并在翻车机和落料口设置洒水喷头也有不错的防尘效果。

近年来,为了充分发挥喷水抑尘效果,人们引入了抑尘射雾车,如图 2-67 和图 2-68 所示。抑尘射雾车的利用应按散杂货作业、堆存、运输过程需要,积极发挥其先进的防尘、控尘效果,并综合天气条件、现场环境、保障任务时限等多方面因素,进行合理调控、科学洒水,确保港区路面湿润不起尘、不拖泥、不积水。

图 2-67　抑尘射雾车的流动射雾作业

图 2-68　抑尘射雾车的固定射雾作业

洒水和喷雾的降尘效果较佳。喷洒水作用在于湿润空气,增加空气中的水分子含量,使其与粉尘颗粒相互碰撞吸附后,形成大的颗粒加速沉淀,从而抑制堆场装卸作业过程中的动态起尘。

对于北方堆垛时间较长的煤(矿)堆,可采用冬季人工造雪的方法。冬季采用迎风面铺雪抑尘,该方法不仅抑尘效果好,而且还可节省大量水资源。

2. 喷洒抑尘剂

这是将抑尘剂利用喷洒系统喷向货物皮带输送机、货物转运点或装卸重点及特殊起尘部位。这种方法效率较高，但需要一定成本，而且有时会对货物性质具有一定影响，甚至降低货物质量图 2-69 所示。

喷洒中，应根据堆放时间的长短，调整覆盖剂浓度，其成本从 0.12～1.00RMB/m^2。

图 2-69　向货喷洒抑尘剂

3. 湿法通风

湿法通风是在通风系统中加入湿气或水雾，以增加对粉尘的排除效果。这种方法只能在定场合或一定条件才能使用，效果一般。

4. 设置密闭构造和集尘装置

用伸缩溜槽、防尘帘、防尘罩等装置对装卸站抓斗进出口、皮带机输送带、料斗落点等部位应进行封闭，形成密闭构造，从而起到防尘的作用，如图 2-70 所示。当然，在这些处理还可以设置集尘装置，收集产生的灰尘，也有利于限制灰尘的扩散。

图 2-70　封闭式传送

在专业化港口码头和中转堆场的装卸中，采用专用的码头装卸船机和堆场堆取料机，由于在装卸落料处设有固定密闭和除尘设施，从而粉尘排放量得到了极大降低。

5. 压实

在货物堆码过程，对货垛保持压实，这包括在堆码过程中的压实、堆垛完成后对垛顶的压实、用挖掘机对四周进行拍实，如图 2-71 所示。

6. 苫盖

目前很多港口规定逢垛必苫，同时秦皇岛港散杂货码头进一步加强作业过程管控，严格执行散货货垛苫盖措施，控制倒运车辆的车速与装载量，严禁车轮带泥上路，坚持源头治理道路遗撒不动摇，如图 2-72 所示。

图 2-71　压实货垛

图 2-72　防尘网的覆盖

7. 防风网

利用防风网可以阻止或减小空气流动的速度,同时又可阻止或减小粉尘的影响范围,从而具有降尘的作用。常用防风网有柔性网和刚性网二种,如图 2-73 和图 2-74 所示。

图 2-73　柔性防风网

图 2-74　刚性防风网

防风网是一种多孔障碍物,一般设置在固体散装货物垛场四周。防风网由于背风面形成了低风速区,从而有效控制堆场区域内的风流场,减小堆场区的风速及风流场的紊流度,减少了堆场起尘。防风网有防风和捕捉粉尘两种功能。

在港口堆场进行防风网建设时,不仅要考虑堆场的大小、形状和当地的风向、风频等因素,还要考虑堆场的现场设网条件。防风网平面布置主要有三种形式:主导风上风单面设置型、三面设置型和四周设置型。

大规模布置时,防风网高度设计最好经风洞试验或数值模拟分析确定。在考虑防风网的结构设计时,不仅需按规范计算等效静风压,对防风网应力、位移进行静力分析,甚至需要对防风网的动荷载、阻力系数及振动等结构安全进行技术研究。

根据风洞试验结论,设置防风网并结合喷雾等湿法除尘,抑尘率可达 90% 以上。根据风洞试验和模拟计算结果,防风网的减风效果与板材的截面形式、开孔率等参数有关。防风网一般板厚约为 1.0 ~ 2.0mm,开孔率 40% ~ 60%,开孔直径 1 ~ 6mm,网板包括镀铝网板、玻璃钢网板、塑料网及纤维网等,网高一般取 1.1 ~ 1.3 倍的遮蔽高度,风速衰减程度可达到 30% ~ 70%,抑尘率为 40% ~ 60%。防风网的最佳遮蔽区域在距离防风网 2 倍至 3 倍网高处,在距防风网6倍网高距离范围内，风速折减效果明显，最大折减率可达80%左右，另外在距离防风网相同距离处，距地面越近，遮蔽效果越好，在0.8倍网高以下，遮蔽效果良好，0.8倍网高以上，遮蔽效果不明显。在防风网设计时，网高至少应高于1.2倍的堆垛高度。目前我国北方港口，如曹妃甸港、京唐港和黄骅港等港口在煤炭、矿石等固体散装货物垛场已设置了防风网。

8.防风林

在大型固体散装货物堆场周围设置防风林带也是防尘的一种方法。这种方法效果较好，但用时很长，常需要10年左右才能培育好具有实际防风效果的防风林。

9.操作方面的措施

我国有些港口为加强现场扬尘源头控制，要求所有散货装卸使用防撒漏抓斗，门机司机低放慢开，控制好开口度，减少起尘。在码头和堆场装卸时，降低装卸过程中的落差高度。同时，还规定遇七级或七级以上的大风天气时，停止作业。这类措施也具有一定的抑尘效果。

10.仓库与筒仓堆存

由于堆取料作业为封闭操作，且筒仓内部设置除尘器，可彻底解决煤炭等货物露天堆存以及堆取料作业时由于风力作用而起尘的问题。

仓库和筒仓占地面积小，为常规堆场的50%，筒仓内无大型堆取料设备，同时由于筒仓内煤炭“先进先出”，避免了传统堆场煤炭“先进后出”，煤炭由于堆存时间过长而容易产生的自燃现象。目前煤筒仓堆存工艺在大型热电厂和煤矿已得到广泛应用，而由于受工程投资和安全生产等因素的制约，储煤筒仓在国内外港口应用较少。我国黄骅港（煤炭港区）建设了24个总容量约为72万吨的煤炭筒仓，开创了世界港口筒仓储配结合模式之先河。而且，黄骅港（煤炭港区）也采用了筒仓的储煤方式。

六、散装煤货垛的露天堆码

（一）煤垛自热的原理与条件

煤长期堆积会因氧化作用而灰分升高，固定炭和热值下降，因此煤的质量会下降。这期间，煤可能因此而发生自燃，造成大量浪费和环境污染。一些建在码头边的电厂，所用烟煤经常会在煤场贮3个月以上，在这期间常会发生自燃，有时几处同时发生自燃。煤的这种自燃常为阴燃，而阴燃的煤被送到输送和研磨设备中则可能发生燃烧和爆炸事故。煤自燃既是重要安全隐患，又会降低煤的经济价值。

煤大体上由有机物和无机物组成，主要可燃元素是碳（约占65%～95%），其次是氢（约占1%～2%），并含少量氧（约占3%～5%，有时高达25%）、硫（约占10%），上述元素一起构成可燃化合物，称为煤的可燃质。除此之外，煤中还含有一些不可燃的矿物质灰分（5%～15%，也有高达50%）和水分（一般在2%～20%之间变化），这些物质称为煤的惰性质。煤被空气中的氧气氧化是煤自燃的根本原因。煤中的碳、氢等元素在常温下就会发生反应，生成可燃物CO、CH_4及其他烷烃物质。煤的氧化又是放热反应，如果热量不能及时散发掉，将使煤的堆积温度升高，反过来又加速煤的氧化，放出更多的可燃质和热量。当热量聚集，温度上升到一定值时,即会引起可燃物质燃烧而自燃。煤堆发生自燃要同时具备以下4个条件。

1.具有自燃倾向性

煤的自燃倾向性是煤的一种自然属性,反映了煤的变质程度,水分、灰分、含硫量、粒度、孔隙度、导热性,是煤自燃的基本条件。煤在常温下的氧化能力主要取决于挥发分的含量,挥发分含量越高,自燃倾向性越强,而且自燃时间也会相应缩短。根据煤的氧化程度与着火点之间的关系,利用原煤样的着火点和氧化煤样的着火点的差值 δT 来推测煤的自燃倾向。一般,原煤样着火点低,而且 δT 大的煤容易自燃;$\delta T>40$℃的煤为易自燃煤;$\delta T<20$℃的煤(褐煤和长焰煤除外)是不易自燃煤。从表2-8可看出,从褐煤到无烟煤,其着火点越来越高,自燃倾向性越来越弱。

我国各类煤的着火点范围

表2-8

煤种	褐煤	长焰煤	不粘煤	弱粘煤	气煤	肥煤	焦煤	贫瘦煤	无烟煤
着火点(℃)	267~300	275~330	278~315	310~350	305~350	340~365	355~365	360~390	365~420
自燃倾向性	强 ←——→ 弱								

2.供氧条件

煤堆暴露于空气中,表面与空气充分接触,而且空气通过煤块之间的间隙渗透到煤堆内部,给煤堆内部氧化创造了条件。煤的块度越大,煤块之间的间隙越大,其供氧条件越好。

3.氧化时间

煤从氧化发展到自燃有一个过程,氧化时间达到自燃发火期才能自燃。如长焰煤的自然发火期为1~3个月,气煤为4~6个月。

4.储热条件

煤在氧化的过程中放出热量,只有当放出的热量大于散发掉的热量时,才能使热量聚集,温度上升,达到煤的着火点就会自燃。

此外,煤的粒度、水分、灰分、压实程度、环境温度、湿度等因素都会影响煤的自燃。粒度越细,比表面积越大,氧化反应越剧烈,越易自燃。

(二)煤垛自热的过程

一般,煤自燃要经历水分蒸发、氧化、自燃3个阶段。煤的湿度大,将煤浸在水中,能阻止煤与氧气直接接触而发生氧化反应,只要水不流失,也不会影响煤的质量;再者,水分蒸发要消耗大量的热量,煤含水量越大,蒸发期越长,此阶段温度无明显上升。灰分越高,越不易自燃。将煤堆压实,能减少煤块之间的间隙,减少空气在煤堆内的渗透量,削弱供氧条件。环境温度和湿度都会影响煤自燃的时间,温度越高、湿度越大,煤自燃的时间越短。根据电力、冶金、煤炭和水泥行业的煤堆发生自燃的实际情况看,发生自燃的部位既不在煤堆的表面,也不在煤堆深部,而在表层以下。

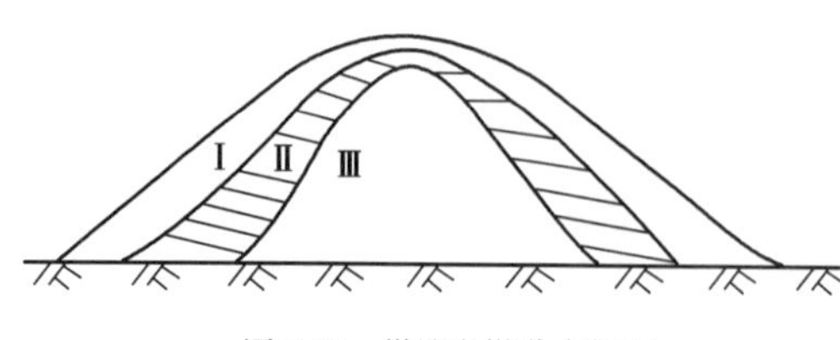

图2-75　煤堆自燃分布剖面

在自然堆积状况下,可将煤堆分为3层,如图2-75所示。

1. 冷却层

煤堆的表层，约0.5m～1.5m厚，该层煤较松散，与空气接触充分，虽发生氧化反应，但散热条件好，所以不会发生自燃。

2. 氧化层

该层位于冷却层以下，厚度在1m～4m左右，具备煤自燃的所有条件，达到自然发火期即会自燃。

3. 窒息层

该层位于氧化层以下，煤层相对压实，供氧不充分，且含水率较高，氧化程度较低，不易发生自燃。煤在自然堆放时，一般中心部位处颗粒较细，越往四周颗粒越粗，相应的，从中心往四周，空隙越来越大，通风散热条件越来越好，冷却层和氧化层越来越厚。

自燃一般发生在氧化层。同时伴随着温度升高、冒热气、冒烟等现象。当发现煤堆上某处释放热气或冒烟，那么自热或自燃点一定在该部位垂直向下的氧化层内，因为受煤的自热或自燃的热压作用，气体流动方向为垂直向上方向。一旦某个部位发生了自燃，也会改变其上部冷却层的受热条件，使冷却层也自燃。因此，发现煤堆自燃必须立即采取措施，防止自燃范围扩大。

(三)煤垛的堆存

采取由南向北的堆放方式，合理安排煤炭在煤场的堆放位置。执行煤炭的先进先出原则，但对后进先自燃的煤采用先出的原则。预知新进煤储存期有可能超过1个月时，新进煤先用定点堆煤法堆煤，待堆煤中心点高度有5m～6m高时回转一定角度堆煤，同样堆到5m～6m高时继续回转一定角度堆煤，如此往复，当整个煤堆堆到1/3预堆煤区域后可用推土机或装载机将新煤堆往挡墙方向推散并尽量堆高，以避免挡墙处集中堆放大颗粒煤炭的现象，减少挡墙低处自燃的可能性。

煤堆形状以屋脊式为佳，以减少阳光照射及雨水渗入。堆煤角度控制在40°～45°，顶部平齐。煤堆的高度一般不超过6m，煤堆过高，一旦发生自燃，很难进行倒堆或喷水处理。加强煤场现场管理，尽早发现煤自燃兆头，并采取措施处理，每天检查煤堆自燃情况，发现有煤局部温度升高、冒热气、冒烟等现象。即可判断该处煤氧化层已经发生自燃，此时CO浓度会升高，闻到会有恶心乏力，头晕的感觉。

煤堆的存放时间应根据煤种而定，一般无烟煤和贫煤的存放时间可稍长一些，但以不超过4个月为宜。长焰煤、不粘煤、弱粘煤和褐煤的堆存时间以不超过1个月为宜。

(四)防止煤堆自燃的措施

防止煤堆自燃要防治结合，以防为主。对煤自燃的原因进行分析，提出如下措施。

1. 自燃倾向性鉴定

煤的自燃倾向性鉴定，对掌握煤自燃火灾的规律，有针对性地采取防火措施，保证安全生产具有重要意义。因此，对贮存自燃倾向性较大的煤和贮煤时间较长的煤场，应作煤的自燃倾向性鉴定,测定煤的挥发分的含量、最低着火温度、自燃发火期等指标。

2. 适当选择煤场

应选择合适的贮煤场和堆置方式,保持通风良好,防止煤堆暴晒。宜将贮煤场设置在宽敞的区域,背阳光的地方(如高山的北坡),或设置煤棚。周围和煤场下部不得有高温热源。这样可降低煤的氧化速度。

3. 正确核定贮煤时间

正确核定贮煤时间,尽量不要超过煤的自燃发火期。在露天贮煤场情况下,贮煤时间过长是发生自燃的主要原因之一。而且,贮煤时间越长,氧化程度越高,煤的经济价值下降越多。

4. 尽可能压实煤堆

用推土机将煤一层一层压实,尤其是要将堆边大块部分压实,铺盖一层黏土更好,这样可以减少煤堆的空隙度,赶走煤堆空隙中的一部分空气,减少煤与氧气的接触。铺盖黏土会增加煤的灰分,对煤质要求较高的情况不适用。在煤堆表面喷洒凝体材料,可阻止外界空气向煤堆内部渗透,防止煤堆自燃。该方法适应性较广,但成本较高,而且增加煤的灰分,对煤质有影响。

5. 使煤堆保持适当的水分

使煤堆保持适当的水分能延长煤的氧化期,有效防止煤自燃。根据分析,煤自燃前的全水分为5% ~7%。当煤的含水量达到12%时,不会发生自燃。贮煤场的底部和周边应采用混凝土结构,以防止水分渗漏和流失。煤场周边设置喷洒水设施,定期向煤堆喷洒水,这样做还能够防止煤场扬尘。有把煤浸在水中来防止煤氧化自燃的做法。

6. 在操作上采取措施

煤堆部分采煤后,应避免煤堆顶部出现凹陷的面积过大,以减少雨水的聚积及阳光的照射。对取煤作业形成的陡坡、陡崖及时平整,杜绝煤场存煤流失,并及时做好煤场排水沟清理工作,确保煤场排水畅通,避免积水漫溢现象的发生。

长期未用的煤堆,有条件的话,煤堆上可铺放一层黏土,在夏季也可在煤堆上喷洒一层石灰水以减少煤堆的吸热。

新煤和旧煤最好分垛。

7. 用防尘网苫盖

为了减小粉尘对环境的影响,常需要对煤垛进行苫盖。苫盖时,必须使用具有通风效果的防尘网而不能使用通风效果不佳的密封布。

8. 加强煤场现场管理并尽早发现自燃征兆

加强煤场现场管理,尽早发现煤自燃征兆,并采取处理措施。每天派人巡查自燃情况,发现有局部温度升高、冒热气、冒烟等现象时,即可判断该处氧化层已发生自燃。发生自燃还伴随着CO浓度升高,因此,可用CO检测仪进行检测。处理煤堆自燃主要用喷灌水的方法。将水直接洒在煤堆表面上,或挖沟浇灌的方法都会使渗入煤堆内的水量不均,而且容易流失,把煤冲走,由于受热压作用,进入自燃部位的水量少,防火效果不好。改为插管注水将注水管直接插入自燃部位,用压力水湿润氧化自燃部位的煤体,降低了煤体的自热温度,抑制了煤氧化自燃。对于较小的煤堆,可把发生自燃部位的外表层扒掉,露出氧化自燃层来散热冷却,或经常倒堆破坏氧化层以延缓或阻止自燃。如同时喷洒水,则阻燃效果更好。该方法只适用于煤堆较小、四周有空间的情况。

(五)在卸船时发现煤自燃采取的措施

发现煤舱有自燃煤时,应通知船方将自燃煤浇透后再卸。严禁将未浇透的自燃煤卸入煤场。浇透后的自燃煤在煤场有足够空地的情况下尽量与不会自燃的新煤分区堆放。

自热的煤对传送带有一定影响。

卸载自燃煤时,应注意货舱中产生的可燃气体和有毒气体对船员及装卸工人的影响,确保人员安全。

七、散装硫磺货垛的露天堆码

在气候炎热、空气潮湿的情况下,大量堆积的硫磺货垛底部不可避免会发生复杂的化学反应产生大量热量,产生硫磺自燃的可能性,甚至发生火灾。堆取料机在作业过程中会产生大量粉尘,当空气中粉尘浓度达到爆炸极限时,遇到火源即会引起粉尘爆炸。

(一)散装硫磺的火灾危险

硫磺货垛可能因自热而起火,也可能因点燃而起火。散装硫磺火灾有如下特点。

1. 燃烧缓慢且不易被发现

硫磺的燃烧比较缓慢,火焰呈淡色,所以不易被发现。

2. 燃烧中会产生二氧化硫

硫磺着火会产生大量二氧化硫。二氧化硫与水溶解便会产生亚硫酸和硫化氢。

3. 硫磺火灾控制具有相当大的难度

硫磺着火中产生的二氧化硫,人员吸入后便在呼吸道中产生亚硫酸产生,会有强烈刺激性感觉。这会给火灾的控制带来很大难度。

(二)硫磺的粉尘爆炸危险

硫磺装卸、输送、堆码过程中会产生大量粉尘。当粉尘含量达到一定浓度并有点火源的情况下便会发生爆炸。硫磺粉尘爆炸具有很大危害,这是一种化学反应,产生的大量烟气具有很大化学毒性,而且难以控制。

1. 硫磺粉尘的爆炸极限

硫磺粉尘的爆炸极限与硫磺的粒度有关。硫磺颗粒的常见形态有粉状、粒状、片状或块状,其颗粒越小爆炸下限越低,爆炸上限越高。

一般情况下,硫磺粉尘的爆炸下限为 2.3 ~ 35g/m^3;爆炸上限的变化范围更大。

2. 最小点火能量

硫磺粉尘的最小点火能量严格说来应进行测试,但测试工作不易进行。我们查阅了多份资料,这些表明硫磺粉尘的最小点火能量为 0.015J。

3. 最低点燃温度

硫磺粉尘的最低点燃温度与粉尘的分布状态有关。对于硫磺粉尘云,其最低点燃温度约为 190℃;对于硫磺粉尘层,其最低点燃温度约为 220℃。

4. 硫磺粉尘粒度与点火能量的关系

硫磺粉尘粒度与点火能量的关系如表 2-9 所示。从该表中可以看出,随着粉尘粒度的增加,点火能量也增加。

不同粒度硫磺粉尘的点火能量 表 2-9

粒度	粒径范围(μm)	平均粒径	点燃能量(mJ)	粉尘云着火温度(℃)
200 目筛下	<75	35	0.38	210
100 目筛下	<150	75	3.40	230
35 目 ~ 100 目	150 ~ 420	285	>13J	400
10 ~ 12 目	1400 ~ 1680	1540	>13J	490

硫磺粗粉的点燃能量大于 13J,而在运输生产中,基本不可能遇到 10J 能量的点燃源(明火除外)。因此,即使粒径在 150μm 以上的硫磺也是可爆炸的,但是由于点燃能量较高,在运输生产中不易点燃。随着硫磺粒径的增加,硫磺着火温度也上升较快。粒径到 2mm 以上的硫磺颗粒用现有的测试方法无法分散,因此不会发生爆炸。颗粒粒径为 2mm ~ 6mm 类型的硫磺较难点燃,不会发生爆炸。这类货物堆场的火灾、爆炸危险性较小。

(三)散装硫磺垛的堆码

我国一些港口硫磺堆场中的货堆一般在 5m 左右,近年来有增加堆高的趋势,如图 2-76 和图 2-77 所示。

图 2-76　较小硫磺的货堆

图 2-77　较大硫磺的货堆

硫磺货垛用堆取料机堆码，如图 2-78 所示。为了减小堆码过程中产生的粉尘，有时会在堆取料机头部装设减尘器，如图 2-79 和图 2-80 所示。

图 2-78　硫磺货垛的堆码

图 2-79　硫磺堆取料机上装设的减尘器

国际上，有的散装硫磺货垛很大，如图 2-81 所示。这种硫磺货堆高度在数十米，堆存量在数百万吨，其堆码和管理均需要专门技术。

图 2-80　硫磺堆取料机上减尘器的作用

图 2-81　散装硫磺的大型货垛

（四）防止散装硫磺货垛火灾的注意事项

1. 避免过长时间在堆场存储

散装硫磺在堆场存储时间过长会因内部热量的积累而发生自燃。一般情况，存储时间不应超过 2 个月。

2. 正确管理货垛

对货垛中的货物，应本“先入先出”的原则，确保没有硫磺在堆场中过长时间堆存。

3. 装设必要的监控系统

一般情况下，应在散装硫磺货垛周围装设若干监控电视，用以察看是否有自热和自燃的迹象。

4. 配备必要的消防设施

在散装硫磺货垛周围应布设一定数量消防系统，以应对硫磺自热和自燃事故。

5. 控制火源

在散装硫磺货垛周围应用明火。

(五)防止散装硫磺发生粉尘爆炸的注意事项

1. 堆场的选择

散装硫磺的堆场应具有良好的通风条件,尽可能选择在阳光直射较少、与消防设施较近的区域。

2. 保持货垛周围清爽

应保持货垛周围清爽,及时清除堆场周围的硫磺粉尘,以防二次起尘。

3. 严控火源

在硫磺货堆周围应严控火源,不得使用明火;尽可能选用不会产火花的机械进行作业。

4. 避免发生自燃

应当遵守防止硫磺货垛发生自燃的所有规定,避免货垛发生自燃,因为自燃即会产生明火,易引起爆炸。

八、固体散装货物在小型仓库中的存储

(一)小型仓库中存储的固体散装货物

存储固体散装货物的一般仓库系可以存储杂货等货物的仓库。将固体散装货物存储在港口的这种仓库中,可以在很大程度上提高防止雨雪侵蚀、对粉尘进行控制和安全管理等效果,同时还可以在仓库进行一些如装袋、过筛等作业。

但是,仓库的空间毕竟有限,一般只有具有一定特殊性质的固体散装货物才在仓库中存储。而且,在小型仓库中存储的固体散装货物的数量通常也较少。

(二)出入库过程

这种小量货物一般由卡车运入仓库中,如图 2-82 所示。运入仓库之后再用推土机、装载机或挖掘机进行堆码,如图 2-83 所示。

图 2-82　由卡车运入仓库中的货物

图 2-83　用装载机进行堆码

如果货量较小,可以将货物堆成锥形货堆,如图 2-84 所示。如果货量较大,可以将货物堆成形状,如不规则的山形货垛、台形货垛及其他不规则形货垛,如图 2-85 和图 2-86 所示。

图 2-84 固体散装货物在仓库中的锥形货堆

图 2-85 化肥在一般仓库中的存储

图 2-86 盐在一般仓库中的存储

对于大量货物,可以使用各种机械进行堆码,如图 2-87 所示。

图 2-87 由卡车运入、用散料堆码机在仓库堆码化肥

(三)固体散装货物在仓库中的操作

固体散装货物在仓库中可进行的操作。

1. 装袋操作

装袋操作是将固体散装货物装入货袋中,以便进行再运输,如图 2-88 所示。这种货袋多为 50kg 袋或 75kg 袋。当然,装袋包括装成各种吨袋,如图 2-89 所示,这里的吨袋常为 1t 袋或 2t 袋。

图 2-88 在仓库中的装袋操作

图 2-89 在仓库中装成的吨袋

2. 过磅操作

装袋操作中,常会伴随过磅操作,以确定装入袋中货物的重量,如图 2-90 所示。

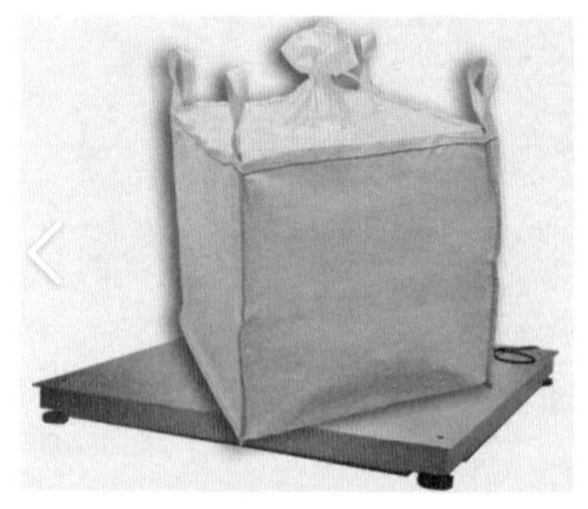

图 2-90 在仓库中的过磅操作

3. 拆袋操作

拆袋操作是将袋装货物拆开、作为固体散装货物堆码在仓库中以便进行再运输的操作过程。所拆货袋多为 50kg 袋、75kg 袋、1t 袋、2t 袋等。

4. 过筛操作

有些固体散装货物,可能含有较多杂质,需进行过筛处理。过筛操作可在仓库中进行。过筛过程可能还需要一些辅助作业设备,如图 2-91 所示。

a)

b)

图 2-91 化肥在仓库中的存储

九、固体散装货物在机械化仓库中的存储

（一）固体散装货物机械化仓库的结构

固体散装货物机械化仓库系指配备专门用于装卸和堆码固体散装机械的仓库，其中包括入库用机械、堆码用机械和出库用机械。

固体散装货物的机械化仓库常为长条的大型仓库，如图2-92所示。这种仓库常多座按一定规律排列。各仓库可存储相同也可存储不同固体散装货物。

图2-92　固体散装货物的长方形专用堆场

这种仓库的长度可在300m左右，宽度可在50m左右，存储货物的数量常为6万至10万t左右，即一个仓库的存储数量约为一艘船的载货量。

（二）固体散装货物的入库作业

固体散装货物的入库作业有多种方式。

1. 利用公路车辆将固体散装货物的输入仓库

利用公路车辆将固体散装货物的输入仓库是固体散装货物的入库基本作业方法，如图2-93和图2-94所示。

图2-93　用公路车辆将散装化肥输入仓库

图2-94　用公路车辆将散装盐输入仓库

2. 利用铁路车辆将固体散装货物的输入仓库

有些仓库内设有铁路系统,铁路车辆可直接驶入仓库中,将固体散装货物的输入仓库中,如图 2-95 所示。

图 2-95 用铁路车辆将固体散装货物输入仓库

3. 利用皮带输送机将固体散装货物输入仓库

有些仓库内设有皮带输送机,如图 2-96 所示。利用皮带输送机可将固体散装货物堆成规范的货垛或连续的货垛,图 2-97 是利用皮带输送机将钛铁矿(Ilmenite)输入仓库内并堆成规范货垛的过程,图 2-98 和图 2-99 分别是利用皮带输送机将固体散装货物堆成规范货垛和连续货垛的过程。

图 2-96 装有皮带输送机的固体散装货物专用仓库

图 2-97 用皮带输送机将散装钛铁矿输入仓库

图2-98 用皮带输送机将固体散装货物输入仓库并堆成规范货垛

图2-99 用皮带输送机将固体散装货物输入仓库并堆成连续货垛

4.利用皮带输送机将固体散装货物从顶部输入仓库

可以用皮带输送机将固体散装货物从仓库顶部输入仓内,如图2-100所示。

图2-100 从顶部输入仓库

(三)固体散装货物在仓库中的堆码作业

利用公路车辆、铁路车辆和皮带输机将固体散装货物输入仓库的过程中,有时需要专门堆码机械将货物堆成规范的货垛。

对公路车辆、铁路车辆输入的货物,如果只需堆成小型货垛或较低货垛,则用推土机便可完成这种作业,如图2-101所示。

对公路车辆、铁路车辆输入的货物,如果需要堆成大型货垛或较高货垛,则需利用专用堆垛机和推土机共同完成这种作业,如图2-102和图2-103所示。

图 2-101　利用推土机在仓库中进行堆垛

图 2-102　公路车辆和堆码机共同作业的过程

图 2-103　固体散装货物在仓库中利用堆垛进行堆码作业

有时,利用皮带输机将固体散装货物输入仓库的过程中还需要推土机和一些专用设备进行货垛的调整,如图 2-104 所示。

图 2-104　利用推土机对皮带输送输入的固体散装货物的货垛进行调整

(四)固体散装货物的出库作业

固体散装货物的出库作业主要利用公路车辆、铁路车辆和皮带输机进行。固体散装货物出库后,可装载上船进行远洋运输,也可装载到小型船上进行沿海或内河运输,还可装载到公路车辆或铁路车辆上进行内陆运输。

出库作业主要分为装船和装车两种作业过程。装船作业可利用公路车辆或铁路车辆进行,也可利用皮带输送机进行。

在仓库中,装载公路车辆和铁路车辆是常见的作业过程,如图 2-105 和图 2-106 所示。

图 2-105　公路车辆的装载

图 2-106　铁路车辆的装载

为了快速将仓库中的货物装船,工人常用门式刮板取料机和皮带输送机联合作业。

仓库中的货堆一般呈坡形。为了将货堆的货物快速大量输送到皮带机上,人们会在这种仓库中配备门式刮板取料机(Portal scraper reclaimer),如图 2-107 所示。门式刮板取料机可沿仓库的长度方向移动,其取料臂的角度可随货垛坡角的减小而减小,料斗取料后,经三角门上的传送带将货物连续不断地输送到仓库侧边的皮带输送机上,输送到仓库之外。

由于门式刮板取料机取料臂的角度会随货垛坡角的减小而减小,直至水平,所以取料斗可将仓库中的货物完全取净。

对于仓库中的坡形货垛,也可利用臂式刮板取料机(Side scraper reclaimer)进行取料,如图 2-108所示。

图 2-107　门式刮板取料机将固体散装货物输送到传送带上

图 2-108　臂式刮板取料机将固体散装货物输送到传送带上

臂式刮板取料机可沿仓库长度方向移动,而且其取料臂的角度也会随货垛坡角的减小而减小,直至水平,从而其上的取料斗可将仓库中的货物完全取净。

对于仓库中的坡形货垛,还可利用桥式刮板取料机(Bridge scraper reclaimer)进行取料,如图 2-109 所示。

图 2-109　桥式刮板取料机将固体散装货物输送到传送带上

桥式刮板取料机可沿仓库长度方向移动,从而取料臂上的取料斗可将货物不断取起,经皮带输送机输送到通往仓库的皮带机上。

这种堆场中的货物,一般用皮带输送机输送至装船机,装载上船,如图 2-110 和图 2-111 所示。大型皮带输送机的输送速率可达 20000t/h,即装船速度。

图 2-110　固体散装货物仓库中的输送带

图 2-111　固体散装货物专用仓库外的装船系统

十、固体散装货物在自动化仓库中的存储

(一)固体散装货物自动化仓库的概念

固体散装货物自动化仓库具有如下几项功能:

(1)在仓内自动提取货物。

(2)向仓内自动存储货物。

(3)对入仓货物进行均匀混合。

(4)对仓内货物状态自动进行一些必要的监测。

为实现这些目的,仓库必须设计成圆形,必须配备具有自动堆码和取料功能的机械,必须根据存储货物的类别配备一些监测仪器。

(二)固体散装货物自动化仓库的工作原理

固体散装货物自动化仓库一般为圆顶无壁的仓库或圆顶直壁的仓库,内配自动刮板式取料机和自动堆垛机,如图 2-112 和图 2-113 所示。

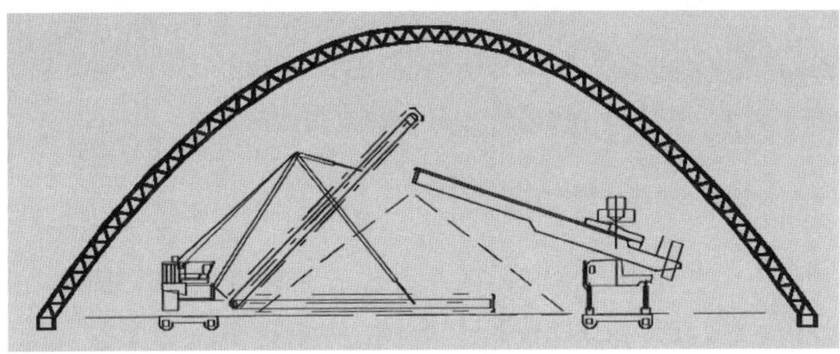

图 2-112　圆顶无壁自动化仓库

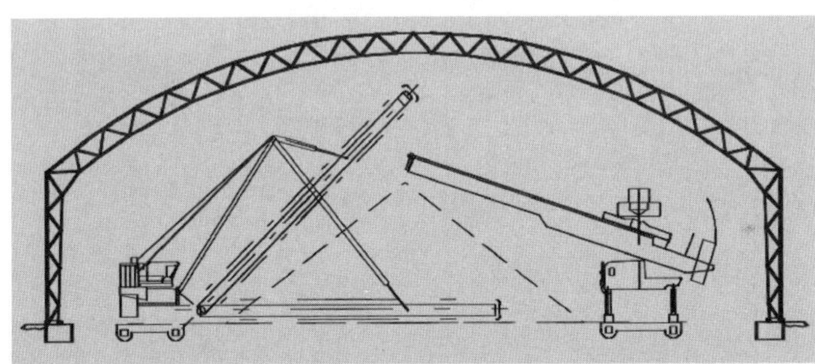

图 2-113　圆顶直壁自动化仓库

实际生产中,仓库的直径为 60m ~ 120m,高度约为 20m ~ 30m。堆垛机和取料机一般合为一体,如图 2-114 所示。

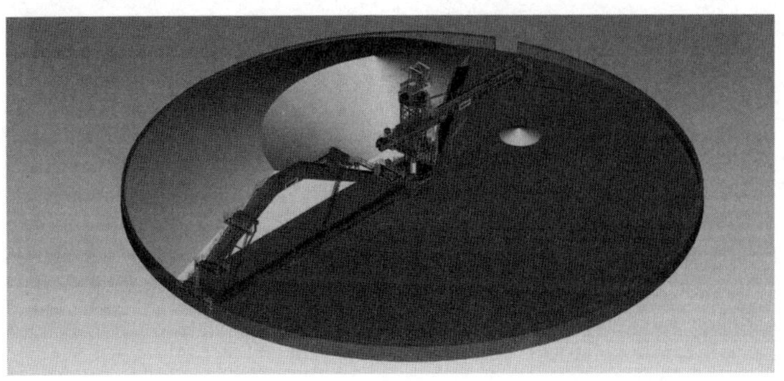

图 2-114　圆顶自动化仓库的工作原理

图 2-115 是一座圆顶无壁的固体散装货物自动化仓库。

图 2-115　圆顶无壁自动化仓库

(三)固体散装货物自动化仓库的作业

固体散装货物自动化仓库中的桥取料机可为桥式取料机或臂式取料机,堆料机多为臂式堆料机,输送机也多为皮带输送机,如图 2-116 ~ 图 2-118 所示。

图 2-116　圆顶自动化仓库的实际布置

图 2-117　自动化仓库的中桥式取料机、堆料机与输送机

图 2-118　自动化仓库的中臂式取料机、堆料机与输送机

输入时,可由公路车辆将货物运到仓库内,利用推土机和堆码机堆成圆环形货垛。

十一、固体散装货物筒仓的基本概念

（一）筒仓的定义

筒仓(Silo;cylindric storage house)是专门用于存储固体散装货物的容器,其与仓库的区别在于在前者中货物与仓壁完全接触并且仓壁处于受力状态,后者中货物与仓壁不完全接触甚至不接触,因此仓壁不处于受力状态。

固体散装货物存储在港口堆场、普通仓库和专业仓库中,对保证货物质量和提高安全水平具有一定作用。对于一些特殊货物,如散装谷物、具有物理危险的固体散装货物、具有化学危险的固体散装货物,为了提高存储质量,延长存储时间,提高安全水平,人们采用了筒仓存储技术。

筒仓占地面积小,约为常规堆场的50%,其内没有大型堆取料设备,适合于存储散装谷物、散装煤炭、散装水泥、散装化肥等货物。

（二）筒仓形状和布置

筒仓的俯视平面形状有正方形、矩形、多边形和圆形等。俯视平面为圆形的筒仓仓壁受力均匀合理,用料经济,所以应用最广。当储存的物料品种单一或储量较小时,用独立仓或单列布置。当储存的物料品种较多或储量大时,则布置成群仓。筒仓之间的空间称星仓,亦可供利用。

圆筒群仓的总长度一般不超过60m,方形群仓的总长度一般不超过40m。

（三）筒仓材料

筒仓可采用砖石、木材、钢筋混凝土或钢材建造,小型筒仓也可用塑料制造。砖石材料具有取材方便,造价低廉,施工简便等特点,因此应用广泛。

高度较大的砖石筒仓,须配置环向钢筋或每隔一定高度设置钢筋混凝土圈梁,以承受环向拉力。砖石筒仓的直径多在6m以下,高度不超过20m。钢筋混凝土用于建造容量较大的筒仓,其直径在群仓中可达12m,在独立仓中可达18m以上,其高度根据提升设备的能力和经济效益而定,一般为35m左右。用气流输送入仓的水泥筒仓高度可达50m。

（四）筒仓的基本技术参数

1. 仓壁与筒壁

仓壁(Silo wall)是与散料直接接触或直接承受散料侧压力的仓体竖壁;筒壁(Supporting wall)则为支承仓体的立壁。

2. 漏斗与填料

漏斗(Hopper)是筒仓下部卸出散料的结构容器。填料(Filler)则是仓底填坡的材料。

3. 深仓与浅仓

物料与仓壁之间的摩擦作用,会减小物料对仓壁和仓底的压力。在计算中按受力条件不同可分为深仓和浅仓,当 $H/D \geqslant 1.5$ 时(H 为仓深,D 为圆仓内径或矩形仓短边长或正多边形仓的内接圆直径)称深仓,当 $H/D < 1.5$ 时称浅仓。深仓应考虑上述摩擦作用,浅仓则可忽略。

4. 仓壁的主动载荷与被动载荷

筒仓在装满货物后,仓壁上的受力由上向下不断增加,到达漏斗边时开始缓慢减小,称为主动载荷状,如图 2-119a)所示;筒仓在卸下一些货物后,仓内颗粒间的受到关系会发生变化,仓壁上的受力由上向下不断增加,到达漏斗边时开始迅速减小,称为被动载荷状,如图 2-119b)所示。

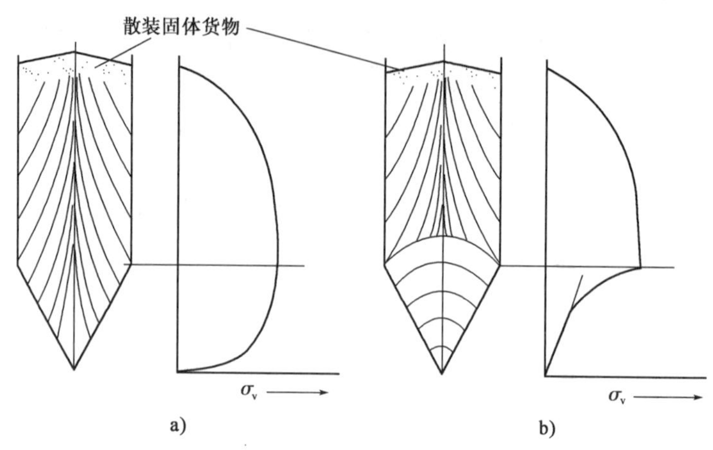

图 2-119　筒仓中的主动载荷和被动载荷

5. 筒仓中的整体流动和中心流动

筒仓内的货物可从底部大量卸出,直到卸空,称为整体流动(Mass discharge),如图 2-120a)所示;也可能只是漏斗上部的货物卸出,而接近漏斗边的货物保持不动,称为中心流动(Funnel discharge),如图 2-120b)所示。整体流动和中心流动的发生取决于货物的静止角、仓的光滑度、漏斗的角度等要素。

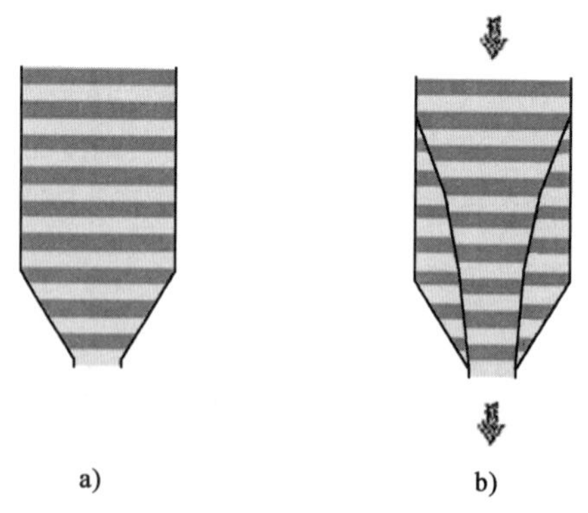

图 2-120　筒仓中的整体流动和中心流动

卸料过程,有时还会发生偏心流动(Eccentric discharge)现象,即卸料过程中仓内散料沿仓体几何中心不对称向下的流动的现象。

发生中心流动或偏心流动,不能卸出的部分称为死区(Dead zone;Stagnant zone)。

6. 筒仓中的拱孔和鼠洞

由于筒仓内的货物颗粒大小、颗粒间的摩擦力及漏斗大小的不同,货物有可能完全不能从漏斗中流出,形成拱孔(Arching),如图 2-121a)所示;在形成囟卸状态时,只有漏斗上部的货物才能流出,形成鼠洞(Ratholing),如图 2-121b)所示。

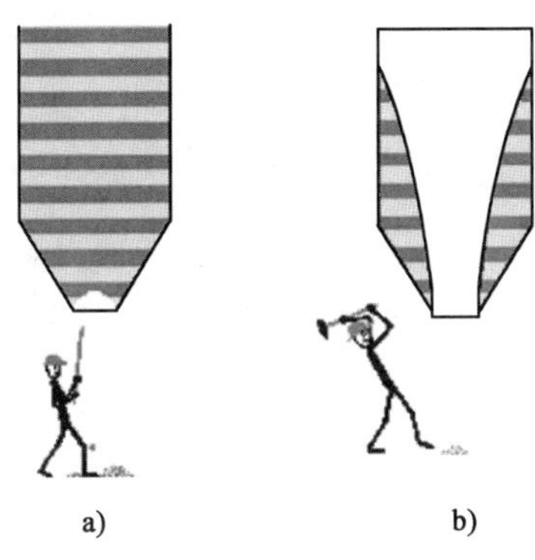

图 2-121　拱孔和鼠洞的形成

7. 不规则地卸出货流

若筒仓内的货物形成拱孔和鼠洞,则可能导致卸出货流不均匀。当拱孔和鼠洞破碎时,卸出货流较大;拱孔和鼠洞正在形成时,卸出货流较小。

8. 货物在仓间的不均匀存储时间

当仓内形成鼠洞时,死区中的货物只在全部货物卸空时才可能卸出。但在全部货物卸出之前,可能向仓内加装货物,这样死区中的货物可能在仓内存储的时间过长,这对运输秤不利,特别是一些性质不稳定的货物,这期间可能发生变质或产生危险。这种情况会导致货物在仓间的不均匀存储时间(Wide residence time distribution)。

9. 货物在仓内的不均匀存储时间

当仓内形成鼠洞时,死区中的货物只有在全部货物卸空时才可能卸出。但在全部货物卸出之前,仓内可能会加装货物,这样死区中的货物可能在仓内存储的时间过长,这对运输秤不利,特别是一些性质不稳定的货物可能发生变质或产生危险。这种情况会导致货物在仓内的不均匀存储时间(Wide residence time distribution)。

10. 货物在仓内的分级

若在向仓内装货的过程形成货堆,则颗粒较大的货物会自动流向仓边,而颗粒较小的货物则会集中在仓中央,这种现象称为货物在仓内的分级(Segregation)。

11. 单仓、仓群与星仓

单仓(Single silo)系不与其他建、构筑物联成整体的单体筒仓。由多个且成组布置的筒仓组织的一组筒仓称为仓群(Group silos)。星仓(Interstice silo)则是三个及多于三个联为整体的筒仓间形成的封闭空间。

(五)平底筒仓与尖底筒仓

平底筒仓(Flat bottom silo)的底部是平面结构,如图 2-122 所示。平底筒仓适合存储谷物,也适合存储水泥、灰粉等需要进行氧化装卸作业的货物。

图 2-122 平底筒仓

这种筒舱,底部可设通风道,侧部和顶部可设装卸和控制系统,如图 2-123 和图 2-124 所示。

图 2-123 平底筒仓侧部的装卸机械系统

图 2-124 平底筒仓顶部的装卸机械系统

目前,大部分平底筒仓以钢质材料建造,如图 2-125 和图 2-126 所示。这种筒仓的建造成本较低,便于维护,适合长期存储谷物、饲料、水泥、灰粉类货物。

图 2-125 平底筒仓侧部的结构

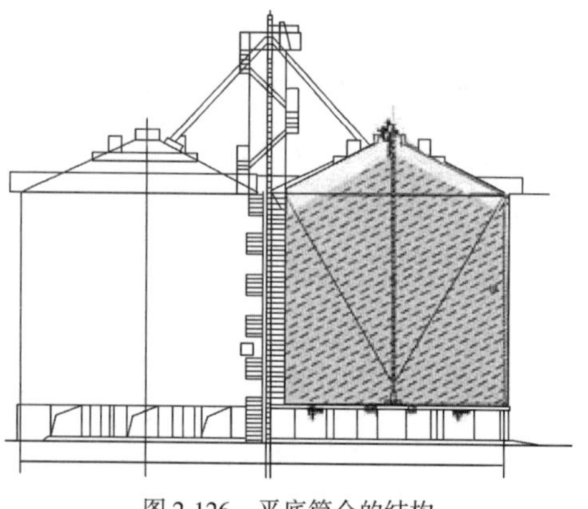

图 2-126 平底筒仓的结构

尖底筒仓(Hopper bottom silo;Cone bottom silo;Hopper bottom storage bins)系指在底装有卸出漏斗的筒仓,如图2-127所示。对于小型尖底筒仓,底部由环形壁支撑即可;对于大型尖底筒仓,底部由环形壁支撑不能保证稳定性,而必须建造底座(silo bottom floor),以保证其稳定性,如图2-128所示。

图2-127　尖底筒仓

图2-128　带有底座的尖底筒仓

尖底筒仓的漏斗角度为45°~60°,球团类货物的角度为45°,面粉类货物角度为60°。

(六)普通钢板筒仓与不锈钢板筒仓

普通钢板仓是用普通钢板经铆接、焊接或组合连接而成的储藏工具,主要用于储存水泥、粉煤灰、矿渣微粉、熟料、粮食等粉、粒状物料,如图2-129和图2-130所示。按制作工艺不同,普通钢板仓分为装配仓、焊接仓、利浦仓即螺旋式钢板仓。普通钢板筒仓具有以下优点:

(1)整体性能好、寿命长。

(2)气密性能好、用途广。

(3)建造工期短、造价低。

(4)占地面积小、易管理。

(5)强度高。

图 2-129　钢板制成的煤炭筒仓

图 2-130　钢板制成的谷物筒仓

不锈钢筒仓(Stainless Steel Silo;Stainless Steel Bin)系指以不锈钢板制成的筒仓,如图 2-131 所示。常用的不锈钢板为4mm板,平底筒仓的存储量可达10000t,尖底筒仓的存储量可达1000t。不锈钢筒仓可用于存储谷物、面粉、种子、球团、化工品等。这种筒仓具有如下特点:

(1)具有可移动性。

(2)保养成本低。

(3)天气适应性强。

(4)建造周期短。

(5)具有稳定和可靠的性能。

(6)不会产生交叉污染。

图 2-131　不锈钢板制成的固体散装化学品筒仓

(七)平壁筒仓与波纹壁筒仓

平壁筒仓(Smooth Wall Silo;Smooth Wall Bin)的仓壁为平滑壁,便于货物从下部的漏斗流出。

平壁筒仓多由普通钢板制成,如图 2-132 所示,其优点如下:

(1)底部没有货物卸出管道,因而结构简单。

(2)所有加强构件均布置在仓体外部。

(3)平滑壁面便于清洁,使其适合存储谷物和饲料等货物。

（4）壁板间的联结可允许正常热胀冷缩，以适应温度的变化；同时这种联结还能吸收因风等引起的振动力。

图 2-132　平壁筒仓

波纹壁筒仓（Corrugated Steel Silo；Corrugated Steel Bin）一般用不锈钢板制成，具有一定的延展性而且与大多数化学品不会发生反应，所以这种筒仓适合存储具有一定化学性质的固体散装货物，如图 2-133 和图 2-134 所示。这类筒仓一般装备较完备的监控仪器，其中包括：

（1）通风系统。

（2）自动温度探测系统。

（3）自动货面高度探测系统。

（4）自动装卸和清仓系统。

图 2-133　波纹壁筒仓的壁纹

图 2-134　波纹壁筒仓的外部结构

第六节　水路运输易流态化固体散装货物安全管理规定

一、水路运输易流态化固体散装货物安全管理规定

《水路运输易流态化固体散装货物安全管理规定》于 2011 年 11 月 9 日由中华人民共和国交通运输部印发。该《规定》共 28 条，自公布之日起施行。《交通部关于发布〈海运精选矿粉

及含水矿产品安全管理暂行规定〉的通知》以及《交通部、国家技术监督局关于发布〈海运精选矿粉及含水矿产品安全检验方法〉的联合通知》予以废止。

凡使用船舶载运易流态化固体散装货物,其含水率不得超过适运水分极限。

船舶载运积载因数小于 0.56m^3/t 高密度易流态化固体散装货物时,应在各舱及同一舱内均匀分布,避免重量过分集中于局部,以防止船舶结构变形而影响船舶强度。

托运人或其代理人(以下简称托运人)应当在货物交付船舶运输前,委托具有国家资质的检测机构(以下简称检测机构)对送检易流态化固体散装货物样品进行适运水分极限、颗粒分布、积载因数检测并出具易流态化固体散装货物检测报告。检测报告有效期 6 个月。易流态化固体散装货物适运水分极限检测所需取样、制样、送检,应当由托运人委托由交通运输部批准的理货机构(以下简称理货机构)进行。

托运人应当在货物装船前,委托检测机构对易流态化固体散装货物平均含水率进行检测并出具货物含水率检测报告。检测报告有效期 7 日。易流态化固体散装货物含水率检测所需取样、制样、送检,应当由托运人委托理货机构进行。托运人应全程参与取样过程。

为保证送检货样状况与装船货物实际状况相一致,托运人还应当委托理货机构对易流态化固体散装货物装船过程实施现场监装。理货机构应当在装船完毕后出具已装船货物含水率汇总报告。

若取样后至装船期间出现可能改变货物适运水分极限和货物含水率等情况,应按本条第二款重新取样检测。

对于通过船舶直接过驳方式转运货物,托运人应当提供货物原始资料并委托检测机构和理货机构对原船易流态化固体散装货物形态进行检查和监测。如无变化,经内贸承运方共同确认后装船;如有变化,应按本条第二款执行。

易流态化固体散装货物取样、制样、送检、检测以及监装等作业程序和要求按国家有关规定和标准执行。

船舶装载易流态化固体散装货物前 24h,船舶或其代理人应当核对托运人提交的易流态化固体散装货物检测报告、含水率检测报告等相关单证和资料,确认货物适运,并在船舶开航前向海事管理机构和港口行政管理部门报备。

船舶装载易流态化固体散装货物前 12h,作业委托人应当将易流态化固体散装货物检测报告等相关单证提供港口经营人,港口经营人应及时对易流态化固体散装货物检测报告等相关单证进行核对,经核对无误后方可作业。

港口经营人应当在作业前 12h 前用传真或电子邮件将作业计划和有关核对情况报告港口行政管理部门和海事管理机构。

装船前,船舶可采用易流态化固体散装货物适运性现场检测简易方法(见附件 2)检测易流态化固体散装货物含水率是否符合运输要求。如发现货物含水率不符合要求,船舶可以委托其他检测机构对货物含水率进行重新检测。

船舶在易流态化固体散装货物作业前,应对照《散货船装卸船/岸安全检查项目表》进行安全检查,并与港口经营人共同确认。

港区内外露天储存易流态化固体散装货物,所用堆场应具备良好的排水功能。堆场经营人和港口经营人应当根据气候情况和货物性质加以苫盖,或采取适当措施,防止货物含水率增加。堆场经营人和港口经营人应当将堆场位置及规模等情况报港口行政管理部门备案。

港口经营人在装船前或装船过程中发现货物不符合规定要求的,应当告知船舶并配合船舶不予装载或停止装载,同时报告港口行政管理部门和海事管理机构。装船过程遇降水天气,应当停止装船作业并关闭舱盖。

港口经营人应根据船舶提供的配载、积载要求装载货物。装载完毕后按船方要求做好平舱工作,船舶对装载质量给予确认。

港口经营人在作业过程中应当做好作业情况记录,内容包括作业船舶名称、货种、作业时间、作业单位、负责人及联系方式、天气情况、资料核对情况、堆场情况、装船情况、发现的问题及处理情况等。

装船前,船舶应做好货舱内污水井、管系等的维修保护工作,并进行污水测量及抽水试验,以防堵塞或受损,确保畅通。

船舶应对装船作业进行全过程观测。如发现问题,船长有权提出拒装或要求重新检测。

装船过程中,船舶可委托理货机构落实船舶装载和积载要求。理货机构应当派专人监测装船过程并做好记录,发现问题应当及时报告船舶和港口经营人。

船舶应当合理积载,满足安全航行要求。如发现超载,海事管理机构应当禁止船舶离港。

港口行政管理部门和海事管理机构应当加强对装卸易流态化固体散装货物的监管。如发现与原始单证不符或违反国际规则的,依照有关规定进行处理。

第二十条 对静止角小于35°的干燥易流态化固体散装货物,船舶应当严格按照积载要求积载,港口经营人应当按照积载要求装舱,装舱完毕及时平舱,平舱效果应经船舶认可。

船舶应当根据装运易流态化固体散装货物的要求,制定操作规程及应急预案,建立定期演练制度,完善各项处置措施。

在航行过程中,船舶应根据所装载货物的特性和航行区域特点制定货舱定期巡查计划,并将定期巡查情况记入航海日志。巡查时如发现水分游离、货物流动或船舶发生倾斜等情况,应采取排水等应急措施,并就近向海事管理机构报告。

船舶经营人或管理人应对船员加强有关专业知识的培训和考核,使其熟悉易流态化固体散装货物的特性、操作规程及应急预案。

载运易流态化固体散装货物的船舶发生水上交通事故,海事管理机构应会同港口行政管理部门对事故进行调查和处理;对特别重大事故或交通运输部认为有必要时,由交通运输部直接组织调查组对事故进行调查和处理。

托运人、港口经营人、船舶经营人及其代理人应当健全制度、加强管理、诚实守信,依法经营。检测机构和理货机构应当恪尽职守、公正执业。港口行政管理部门和海事管理机构应当秉公执法,依法行政。

凡违反规定、玩忽职守、弄虚作假、滥用职权、徇私舞弊,造成事故的,一经查出,依法追究刑事责任;尚不构成犯罪的,依法给予处分。

二、易流态化固体散装货物适运性现场检测简易方法

(一)适用于吸水性弱的固体散货

(1)用坚固圆筒或类似的容器(容积为0.5~1.0L)装半罐样品,从离地面约0.2m高处猛力摔在坚硬的地面上,重复做25次,每次间隔1~2s,如样品表面游离出水分或液化时,则需要重新检验。

(2)手抓一把样品,从1.5m高处自由落到坚硬地面或甲板上,若样品崩散,则适运;若样品仍为一团,则不适运。

(3)手抓样品成团后,即松开,发现样品散开,则适运;若样品抱团不散,需要重新检验。

(二)适用于吸水性强的固体散货

(1)用坚固圆筒或类似的容器(容积为0.5~1L)装半罐样品,从离地面约0.2m高处猛力摔在坚硬的地面上,重复做25次,每次间隔1~2s,如样品表面游离出水分或液化时,则需要重新检验。

(2)样品放入平底玻璃杯或小容器内,来回不停摇动5min,如有明显液体浮在表面,表明不适运。

(3)脚踏在样品上,如出现松软现象,显流沙样流动,表明不适运。

(4)样品放在平盘里,堆成圆锥状后,不断用平盘击桌面,如样品塌成饼状,表明不适运。如样品成碎块或裂开,则适运。

(5)将样品先充分揉捏均匀,然后在平板上用手掌慢慢搓滚成细条,用力均匀,当样品条搓成直径正好为3mm时,如产生横向裂缝并开始断裂,则适运。

三、水路运输易流态化固体散装货物目录

本目录除个别品种外,均为国际海事组织2008年通过的《国际海运固体散装货物规则》(IMSBC规则)中标记为A类的易流态化固体散货,见表2-10。

水路运输易流态化固体散装货物目录 表2-10

1.沉积铜	Cement Copper
2.红砷镍矿	Nickeline
3.红土镍矿	Laterite – nickel Ore
4.黄铁矿	Pyrites
5.黄铁矿(含铜、细粒、浮选或硫)	Pyrites(Cupreous Fine Flotation or Sulphur)
6.黄铁矿,经过煅烧	Pyrites Calcined
7.黄铁矿粉	Pyritic Ash
8.黄铁矿粉(铁)	Pyritic Ashes(Iron)
9.黄铁矿渣	Pyritic Cinders
10.黄铜矿	Chalcopyrite

续上表

11. 焦炭渣	Coke Breeze
12. 金属硫化精矿	Metal Sulphide Concentrate
13. 精矿	Mineral Concentrates
14. 硫化铅	Lead Sulphide
15. 硫化铅(方铅矿)	Lead Sulphide(Galena)
16. 硫化锌	Zinc Sulphide
17. 硫化锌(闪锌矿)	Zinc Sulphide(Blende)
18. 煤泥	Coal Slurry
19. 锰精矿	Manganese Concentrate
20. 泥煤苔	Peat Moss
21. 镍精矿	Nickel Concentrate
22. 镍矿	Nickel Ore
23. 铅精矿	Lead Concentrate
24. 铅矿石精矿	Lead Ore Concentrate
25. 铅矿尾矿	Lead Ore Residue
26. 铅锌煅砂(混合)	Lead and Zinc Calcines(Mixed)
27. 铅锌中矿	Lead and Zinc Middlings
28. 闪锌矿(硫化锌)	Blende(Zinc sulphide)
29. 烧结矿	Sinter(Mixed)
30. 矿渣	Slag
31. 钛铁矿砂	Ilmenite Sand
32. 钛铁矿黏土	Ilmenite Clay
33. 高岭土(陶土)	China clay
34. 铁精矿	Iron Concentrate
35. 铁精矿(球团料)	Iron Concentrate(Pellet Feed)
36. 铁精矿(烧结料)	Iron Concentrate(Sinter Feed)
37. 原矿	Iron Ore
38. 铜精矿	Copper Concentrate
39. 铜矿石精矿	Copper Ore Concentrate
40. 铜泥	Copper Precipitate
41. 五水合物原矿	Pentahydrate Crude
42. 霞石正长岩(矿物)	Nefeline Syenite(Mineral)
43. 锌精矿	Zinc Concentrate
44. 锌矿、煅烧的	Zinc Ore Burnt
45. 锌矿、精矿	Zinc Ore Concentrates
46. 锌矿、菱锌矿	Zinc Ore Calamine

续上表

47. 锌矿、原矿	Zinc Ore Crude
48. 锌铅煅砂(混合)	Zinc and Lead Calcined(Mixed)
49. 锌烧结矿	Zinc Sinter
50. 锌淤渣	Zinc Sludge
51. 银铅精矿	Lead Silver Concentrate
52. 银铅精矿	Silver Lead Concentrate A See
53. 银铅矿精矿	Silver Lead Ore Concentrate
54. 银铅矿石	Lead Silver Ore
55. 氟石	Fluorspar

四、码头易流态化货物作业细则

(一)定义

(1)矿粉:系指各类呈粉、末、颗粒、球团状的矿产品,其中包括经物理或化学方法而富化的精矿粉、细矿粉、粗矿粉,其在海上运输中直接装船而不使用任何包装。

(2)矿粉名称:系指矿粉在 IMSBC 规则中列明的标准运输名称(BCSN),其俗名、别名、商品名、学名及相应的英文名称可用作参考。

(3)密度:系指矿粉单位体积的重量(kg/m^3),其中所含空气、水分及其他杂质均计算在内。

(4)含水矿粉:系指含有一定量水分的矿粉。

(5)易流态化矿粉:系指含有一定量水分而在船舶航行中会因挤压、振动、摇摆而产生流态的矿粉。

(6)流态:系指饱含水分的矿粉在船舶航行中因挤压、振动、摇摆而丧失其抗剪强度所形成的流动状态。

(7)矿粉运输船:系指用于装载矿粉的杂货船、干货船、干杂货船、干散货船、固体散货船、干货驳船。

(8)含水量(W):系指矿粉中所含水、雪、冰等重量占总重量的百分比,又称含水率、水分含量。

(9)货堆的水分均值点:系指一个货堆的内点,其位置上的货样水分含量等于该货堆平均水分含量。

(10)流动水分点(FMP):系指矿粉在发生流态时的含水量,又称成流水分点。

(11)适运水分极限(TML):系指考虑到矿粉流态化而可能对船舶稳性造成的危害,认为可以安全运输的含水量,又称适运水分限、可运含水率等。

(12)IMSBC 规则:系指国际海事组织的《国际海运固体散装货物规则》(International Maritime Solid Bulk Cargoes Code,IMSBC Code)。

(13)BLU 规则:系指国际海事组织的《固体散装货物安全装卸操作规则》(Code of Practice

for the Safe Loading and Unloading of Bulk Carriers)

(二)适用

(1)本规则是对 IMSBC 规则的补充和解释。

(2)本规则适用于下述船舶:

①1984 年 9 月 1 日及以后建造的 500GT 及以上的矿粉运输船。

②1992 年 2 月 1 日及以后建造的不足 500GT 的矿粉运输船。

(三)含水矿粉的识别

(1)含水矿粉一般具有如下特征:

①含水量在 5% 以上。

②积载因数为 0.33 ~ 0.57m^3/t,密度为 1754 ~ 3030kg/m^3。

③粒度在 500μm 以下的成分在 90%(重量)以上。

(2)下述矿粉应作为含水矿粉对待:

①理论研究或试验表明具有流态化性质;

②运输经验证明具有流态化性质;

③怀疑含有一定水分并具有流态化性质。

(3)含水矿粉包括 IMSBC 规则中的易流态化货物即 A 组货物,但不仅限于该组中所列明的货物。

(四)含水矿粉的分类

从含水量角度将矿粉分成如下三类:

(1)A 类含水矿粉,系指水分在航行中不可排出舷外的矿粉。

(2)B 类含水矿粉,系指水分在航行中可排出舷外的矿粉,不需出具含水量报告。

(3)C 类含水矿粉,系指含有镍金属成分的矿粉、其他含水量比较高且流态化状态难以识别的矿粉以及怀疑具有易流态化性质的矿粉。

(五)含水量的测定

(1)为测定含水矿粉含水量,应由托运人从拟装船货堆中采取货样,进行封存,并作出采样报告。

(2)托运人在采样时应注意下述事项:

①货样应分货堆采取。

②对于一般货堆,应从货堆的水分均值点(即货堆内水分含量为整个货堆平均含水量之点)处采取货样。

③若拟装船货物为货堆的一部分,则应从该部的水分均值点处采取。

④在船—船直装的作业中,应从拟装部分货物高度的中点处采取。

(3)托运人应将采取的货样交由具有资质的检测机构进行水分测量,并由其出具相应证书。

(4)对于未加苫盖的货堆,若在托运人的采样报告中所标注的采样日期之后发生降水,则相应含水量测量报告(证书)自动失效。

(5)在船—船直装的作业中,若拟装货受到降水影响,则相应含水量测量报告(证书)自动失效。

(六)含水量的认定

(1)在船—船直取作业中,若原装船在装货中、航行中、转装中货舱未发生进水事故且未受降水影响,原则认可原装船《货物品质证书》中载明的各项指标。但有怀疑时应重新检测。

(2)含水矿粉堆存时间少于 15 天,若堆存期间未受降水影响,原则认可原装船《货物品质证书》中载明的各项指标;堆存时间不少于 15 天,若装船前 15 天中未受降水影响,则可取原认可的《货物品质证书》中载明的含水量为装船当时的含水量。但有怀疑时应重新检测。

(3)含水矿粉卸船后一直在苫盖下堆存或经喷洒结壳剂,则可取原认可的《货物品质证书》(Cargo information declaration)中载明的含水量为装船当时的含水量。

(七)含水量的计算

(1)装载上船的含水矿粉应分舱计算含水量。

(2)若一个货舱的货物由若干货堆构成,则应按各货堆的重量加权,计算该舱货物的平均含水量。

(3)各舱含水矿粉的含水量均应满足适装要求。

(八)A 类含水矿粉的装运

(1)A 类含水矿粉进一步分成下述各类:

①A1 类含水矿粉,装船当时的含水量高于适运水分极限的矿粉($W > TML = FMP \times 90\%$),且在航行中水分不可排出舷外;

②A2 类含水矿粉,装船当时的含水量低于或接近适运水分极限的矿粉($FML \times 80\% < W < TML = FMP \times 90\%$),且在航行中水分不可排出舷外;

③A3 类含水矿粉,装船当时的含水量远低于适运水分极限的矿粉($W < FMP \times 80\%$),且在航行中水分不可排出舷外。

(2)A1 类含水矿粉一般不得装载上船,但下述情况除外。

①利用专门设计、专用于装载含水量超过适运水分极限货物的船舶装载。

②对于一般货船,当下述条件同时满足时可以装运:

a. 拟装含水矿粉由外港运至本港,原装船船长申明航行中货物不曾在表面产生液面;或经流动水分点试验,证明其表面不会产生快速移动的液面。

b. 拟装含水矿粉装船时的含水量不超过运至本港时的含水量。

c. 拟装船曾利用反向压载的方法有效控制了船舶的横倾,且拟装船船长确认其可实施此项操作。

d. 装货过程中无降水。

(3)A2 类含水矿粉的装载中应注意下述事项:

①不得在降水中装船。

②装船前应由具有资质的检测机构检测实际含水率，并出具含水率报告（不得采用《货物品质证书》中载明的含水量），如果发现含水率高于适运水分极限，应按 A1 类矿粉装运。

③船长应确认其了解此种货物的危险性，并承诺可以保证此种货物运输的安全性。

(4) A3 类含水矿粉装载中应注意下述事项：

①码头方应严格控制雨天装载，确需雨天装载时应由具有资质的检测机构检测实际含水率，并出具含水率报告，确保增加的降水不会使矿粉的含水量超过适运水分极限。

②船长或大副应按简易法检验含水量，核对其含水量是否低于适运水分极限。

③在装货过程中若船方对货物的安全性有怀疑，则应由具有资质的检测机构检测实际含水率。

（九）B 类含水矿粉的装运

(1)仅当下述条件同时满足时，B 类含水矿粉才可以装载上船：

①货方应提供由原装运船船长申明，证明其在航行中曾经将货物产生的水分及时排出舱外；或科学试验报告，表明此种货物的水分可在航行中排出舱外。

②船上备有充分的排水设备并确保其效用性。

③现装运船船长确认其可以实施此项排水操作。

(2) B 类含水矿粉装载中应注意下述事项：

①码头方应严格控制雨天装载。

②若船方怀疑其流态化时对船舶稳性影响的可控性时，则应对其流动水分点和流动特性进行科学试验；若科学试验结果表明其水分在航行中不可排除舱外，则按应 A 类矿粉进行装运。

（十）C 类含水矿粉的装运

(1) C 类含水矿粉装船前应由具有资质的检测机构检测实际含水率，并出具含水率报告（不得采用《货物品质证书》中载明的含水量），含水量在 30% 及以上时应对其流动水分点进行测量，确保含水量低于适运水分极限。

(2)装货过程中无降水。

(3)含水量超过适运水分极限不得装船出运。

（十一）流动水分点与适运水分极限间的关系

(1)对于提交装船的含水矿粉，每一出产矿区的含水矿粉应由具有资质的机构测定一个流动水分点。

(2)含水矿粉的化学成分或粒度发生显著变化时，应重新测量流动水分点。

(3)矿粉的适运水分极限取为其流动水分点的 90%，即

$$\mathrm{TML} = \mathrm{FMP} \times 90\%$$

镍矿粉的适运水分极限取为其流动水分点的 85%，即

$$\mathrm{TML} = \mathrm{FMP} \times 85\%$$

(十二)托运人的职责

(1)托运人应掌握国家有关特殊货物运输的规定,并分别同承运人和起运、到达港港口经营人签订运输、作业合同。

(2)托运人应委托集港运输单位确保含水矿粉在运输过程中含水量没有增加。

(3)托运人应在矿粉船舶靠泊二十四小时前向承运人、港口经营人提交货物资料,其中包括:

①含水矿粉采样报告单(见附件三)。

②含水量测量报告。

③流动水分点和适运水分极限试验报告。

④由原装运船船长签字的证明文件。

⑤货物品质证书。

⑥货物危险性告知书。

(4)托运人应核对货物含水量是否低于适运水分极限,并提出相关注意事项。

(十三)港口经营人(港方)的职责

(1)从事矿粉货物装卸作业的码头和装卸设施必须经港口行政主管机关审批,取得作业许可证,并在许可证规定的范围内进行作业。

(2)港口经营人应加强对从事矿粉装卸作业人员专业技能和安全知识的培训。

(3)从事矿粉作业的港口企业应主动核查托运人提供的 12.3 款所列货物资料,发现货物含水量过高或资料不实、有误时,不得装船;发现船舶超载时,应当及时停止货物作业并报告海事主管机构。

(4)确保港区矿粉堆场排水功能通畅。

(5)向船方提供《含水矿粉装船安全注意事项》。

(6)遇降水天气时,尽可能对露天堆场内的矿粉货堆进行整体苫盖或采取其他防水措施,如喷洒结壳剂。

(7)港方不得装载无合格文件及有关检验报告的含水矿粉。

(8)港方在矿粉装舱作业前,应备妥《散货船装卸船/岸安全检查项目表》,并与船方共同在装舱前、装舱中及装舱后按其内容进行检查确认。

(9)装船作业结束后,港方应切实根据船方提供的配载计划图及装货注意事项,密切配合船方做好装载和平舱工作,确保舱内货物表面符合港口作业质量标准。

(10)装船作业结束后,由港方和船方均保留船舶前、中、后吃水情况记录及《散货船装卸船/岸安全检查项目表》等资料。

(十四)船方的职责

(1)装船前

①对于载运矿粉的船舶,船长和大副应熟悉载运矿粉船舶国内航行安全管理要求。

②船舶应当向港口经营人预报和确报船舶到港日期,提供船舶规范以及货物装、卸载的

有关资料。

③装运矿粉前，船舶应熟知货物相关资料，并核对货物含水量是否低于适运水分极限，在必要应拒绝（建议改为“不得”）装运不满足安全要求的含水矿粉。

④船舶及港口经营人在货物装舱作业前，应建立《散货船装卸船/岸安全检查项目表》（见附件2）。

⑤矿粉装船作业前，船方应采取简易测量方法现场对货物含水量进行检验，如有疑问向海事部门汇报，并应及时通知托运人重新委托检验。矿粉含水量过大时应拒绝装运。

⑥船舶在装舱前，应对货舱内污水井、管系、货舱污水泵和通风设备作全面检查和试运行，以保证其状况良好，以防堵塞或受损。

⑦船舶在装舱前，应确保人孔盖、舱盖以及甲板各开口处封闭设施的水密性；货舱、舱盖及舱口围、货舱底板、肋骨状态状况良好。

⑧船舶装舱前应采取清除污水沟垃圾，盖子适当衬垫，防止阻塞，保持管系畅通。必要时配备潜水泵。

⑨船舶装货前应根据船舶技术状况制定适合航次货运任务的配载计划和配载图，应认真核算船舶稳性、强度、吃水及吃水差，严禁船舶超载运输，保障船舶在恶劣海况中航行安全。

（2）装船期间

①装船作业时必须保持船体正浮，左右横倾 $<3°$ 和前后吃水平衡，发现船体不平衡应及时调正。均衡装各舱货，避免船体强度应力集中。

②装船期间如遇雨雪天气，应及时停止作业，关闭船舱盖。

（3）装船完成后，船方应对船舶强度、稳性、吃水及吃水差进行核算，确保船舶处于安全和适航状态；完善货物资料、含水矿粉采样报告单（见附件3）、配载计划、《载运特殊货物船舶自查确认表》（见附件4）等单证留船备查。

（4）航行前还应检查载重线标志和水尺，确认浮态和吃水是否正常；检查船舶非系泊情况下横摇（是否左右不对称或是否横摇周期不正常增大）是否正常，否则必须查明原因，采取纠正措施后方能开航。

根据气象条件，确保船舶强度和稳性具备适航的条件。

（5）航行中船长应采取以下措施确保船舶航行安全：

①在货物上部设有集水桶时，应及时用潜水泵抽干其内积水，并在航海日志上作出记录。

②用船舶横摇周期测定船舶稳性变化，以便及早发现可能的危险并采取应急措施。

③应采取适当措施，尽可能减小船舶横摇和纵摇。

④船舶发生横倾，应及时电告公司，并查明原因，采取恢复措施，必要时可驶往附近锚地或港口进行处理。

⑤航行途中发现舱内表面有水，造成货物倾移一侧，船体横倾，应视情择地抛锚检查，并采取相应措施（见附件5）。

（十五）船舶所有人/管理人/经营人的职责

（1）船公司应加强船员的针对性培训，督促船员熟悉海运精选矿粉的安全知识，提高船员对精矿粉运输风险的认识和应急处置能力，特别要掌握含水量简易检测方法。（见附件5）

(2)船公司应为载运精矿粉及含水矿产品的船舶配备简易检测含水量所需的相关设备。

(3)船公司应加强安全管理,提供完善的岸基支持,针对性检查精选矿粉及含水矿产品的船舶的安全技术状况,使船舶具备相应的适航、适装条件。

(十六)港口行政管理部门的职责

(1)对拟从事矿粉装卸作业的港口经营人的资质进行审核,符合条件的,发放作业许可证。

(2)拟从事矿粉装卸作业的港口经营人应符合下列条件:

①有符合矿粉堆存标准的堆场。

②制定并严格执行矿粉装卸作业操作规程。

③对相关操作人员经过专业培训。

(3)港口行政管理部门应督促港口企业制定并严格执行相应的规章制度和操作规程,督促落实生产经营单位的安全生产主体责任。

(十七)海事管理机构的监管职责

(1)海事部门应督促航运企业和船舶制定并严格执行相应的规章制度和操作规程,督促落实生产经营单位的安全生产主体责任。

(2)海事管理机构应加强对船舶装货前、装货过程中、装货完成后等环节的现场抽查。抽查本规定及船岸检查表的执行情况。如发现违反情况,应要求船舶及时整改,否则禁止船舶离港。

(3)海事管理机构在签证查验过程中应对相关资料进行核对。

五、码头易流态货物作业中的有关表格

码头易流态货物作业中的货物资料表,见表2-11。

货物资料表

表2-11

<table>
<tr><td colspan="2">托运人:</td><td>参考号:</td></tr>
<tr><td colspan="2">收货人:</td><td>承运人:</td></tr>
<tr><td>船舶名称:
运输方式:</td><td>出发港口:
出发地点:</td><td>说明或其他内容:</td></tr>
<tr><td colspan="3">目的港口/地点:</td></tr>
<tr><td colspan="2">货物种类(物质类型):</td><td>总重量(kg/t)
☐普通货物
☐货物单位
☐散货</td></tr>
<tr><td colspan="3">散货特征*
积载因素
静止角
平舱程序
化学性质**(如有潜在危险)
* 适用时
** 例如:IMO等级,UN编号或BC编号和EmS编号</td></tr>
</table>

续上表

货物有关的特殊性质	附加证书* □含水量和适运水分极限证书 □侵蚀证书 □免除证书 □其他(具体说明) *如需要
声明 本人在此声明,已对托运货物完全和准确地说明,实验结果和其它技术参数就自己所知,相信是正确的,能够代表被装货物的性质。	签字人的姓名/职务,公司/组织 地点和日期 托运代表签字

注:电子数据处理(EDP)技术可以作为正面形式的辅助来使用。

本格式满足74 SOLAS公约第Ⅵ第2条、BC规则和CSS规则的要求:

①适用于1984年9月1日及以后建造的船舶。

②参见MSC/Circ.663通函和附件5所示的货物声明格式。

③参见国际油船和码头安全指南(ISGOTT)混装船的有关章节,特别是有关货物装船检查项目表和散货卸船有关内容。

④参见国际油船和码头安全指南(ISGOTT)混装船操作的有关部分。

⑤参见MSC/744通函、大会决议A.864(20)"进入船舶封闭处所的建议"。

*水上高度应仔细考虑到:船舶在内河或河口空船吃水通常指过桥时桅杆的高度,船舶在泊位通常指有效地或要求的在装卸货设备的高度。

第七节　危险化学品重大危险源辨识

一、重大危险源辨识

(一)港口重大危险源的概念

在我国港口的码头从事危险货物存储和运输时,应进行重大危险源辨识,这方面应按《危险化学品重大危险源辨识标准》(GB 18218—2018)请有关专家进行评估。应注意,危险化学品的运输过程中不必进行重大危险源辨识。进行港口重大危险源辨识时会用到下述概念。

1.危险化学品

危险化学品(Dangerous chemicals)系指具有易燃、易爆、有毒、有害等特性,会对人员、设施、环境造成伤害或损害的化学品。我国列出了2828种危险化学品。

2.单元

单元(Unit)系指一个(套)生产装置,设施或场所,或同属一个生产经营单位的且边缘距离小于500m的几个(套)生产装置、设施或场所。

3.临界量

临界量(Threshold quantity)系对于某种或某类危险化学品规定的数量,若单元中的危险化学品数量等于或超过该数量,则该单元定为重大危险源。

4. 危险化学品重大危险源

危险化学品重大危险源(Major hazard installations for dangerous chemicals)长期地或临时地生产、加工、使用或储存危险化学品,且危险化学品的数量等于或超过临界量的单元。

(二)危险化学品重大危险源辨识

危险化学品应依据其危险特性及其数量进行重大危险源辨识,具体见表 2-12 和表 2-13。危险化学品的纯物质及其混合物应按 GB 30000.2 ~ GB 30000.5、GB 30000.7 ~ GB 30000.16 和 GB 30000.18 的规定进行分类。危险化学品的重大危险源可分为生产单位危险化学品重大危险源和存储单位危险化学品重大危险源。

危险化学品名称及其临界量 表 2-12

序号	危险化学品名称和说明	别名	CAS 号	临界量(t)
1	氨	液氨;氨气	7664-41-7	10
2	二氟化氧	一氧化二氟	7783-41-7	1
3	二氧化氮		10102-44-0	1
4	二氧化硫	亚硫酸酐	7446-09-5	20
5	氟		7782-41-4	1
6	碳酰氯	光气	75-44-5	0.3
7	环氧乙烷	氧化乙烯	75-21-8	10
8	甲醛(含量 >90%)	蚁醛	50-00-0	5
9	磷化氢	磷化三氢;膦	7803-51-2	1
10	硫化氢		7783-06-4	5
11	氯化氢(无水)		7647-01-0	20
12	氯	液氯;氯气	7782-50-5	5
13	煤气(CO,CO 和 H_2、CH_4 的混合物等)			20
14	砷化氢	砷化三氢、胂	7784-42-1	1
15	锑化氢	三氢化锑;锑化三氢;䏲	7803-52-3	1
16	硒化氢		7783-07-5	1
17	溴甲烷	甲基溴	74-83-9	10
18	丙酮氰醇	丙酮合氰化氢;2-羟基异丁腈;氰丙醇	75-86-5	20
19	丙烯醛	烯丙醛;败脂醛	107-02-8	20
20	氟化氢		7664-39-3	1
21	1-氯-2,3-环氧丙烷	环氧氯丙烷 (3-氯-1,2-环氧丙烷)	106-89-8	20
22	3-溴-1,2-环氧丙烷	环氧溴丙烷; 溴甲基环氧乙烷;表溴醇	3132-64-7	20
23	甲苯二异氰酸酯	二异氰酸甲苯酯;TDI	26471-62-5	100

续上表

序号	危险化学品名称和说明	别名	CAS号	临界量(t)
24	一氯化硫	氯化硫	10025-67-9	1
25	氰化氢	无水氢氰酸	74-90-8	1
26	三氧化硫	硫酸酐	7446-11-9	75
27	3-氨基丙烯	烯丙胺	107-11-9	20
28	溴	溴素	7726-95-6	20
29	乙撑亚胺	吖丙啶;1-氮杂环丙烷;氮丙啶	151-56-4	20
30	异氰酸甲酯	甲基异氰酸酯	624-83-9	0.75
31	叠氮化钡	叠氮钡	18810-58-7	0.5
32	叠氮化铅		13424-46-9	0.5
33	雷汞	二雷酸汞;雷酸汞	628-86-4	0.5
34	三硝基苯甲醚	三硝基茴香醚	28653-16-9	5
35	2,4,6-三硝基甲苯	梯恩梯;TNT	118-96-7	5
36	硝化甘油	硝化丙三醇; 甘油三硝酸酯	55-63-0	1
37	硝化纤维素[干的或含水(或乙醇)<25%]	硝化棉	9004-70-0	1
38	硝化纤维素(未改型的,或增塑的, 含增塑剂<18%)			1
39	硝化纤维素(含乙醇≥25%)			10
40	硝化纤维素(含氮≤12.6%)			50
41	硝化纤维素(含水≥25%)			50
42	硝化纤维素溶液 (含氮量≤12.6%,含硝化纤维素≤55%)	硝化棉溶液	9004-70-0	50
43	硝酸铵(含可燃物>0.2%,包括以碳计算 的任何有机物,但不包括任何其他添加剂)		6484-52-2	5
44	硝酸铵(含可燃物≤0.2%)		6484-52-2	50
45	硝酸铵肥料(含可燃物≤0.4%)			200
46	硝酸钾		7757-79-1	1 000
47	1,3-丁二烯	联乙烯	106-99-0	5
48	二甲醚	甲醚	115-10-6	50
49	甲烷,天然气		74-82-8(甲烷) 8006-14-2(天然气)	50
50	氯乙烯	乙烯基氯	75-01-4	50
51	氢	氢气	1333-74-0	5
52	液化石油气(含丙烷、丁烷及其混合物)	石油气(液化的)	68476-85-7 74-98-6(丙烷) 106-97-8(丁烷)	50

续上表

序号	危险化学品名称和说明	别名	CAS 号	临界量(t)
53	一甲胺	氨基甲烷;甲胺	74-89-5	5
54	乙炔	电石气	74-86-2	1
55	乙烯		74-85-1	50
56	氧(压缩的或液化的)	液氧;氧气	7782-44-7	200
57	苯	纯苯	71-43-2	50
58	苯乙烯	乙烯苯	100-42-5	500
59	丙酮	二甲基酮	67-64-1	500
60	2-丙烯腈	丙烯腈;乙烯基氰;氰基乙烯	107-13-1	50
61	二硫化碳		75-15-0	50
62	环己烷	六氢化苯	110-82-7	500
63	1,2-环氧丙烷	氧化丙烯;甲基环氧乙烷	75-56-9	10
64	甲苯	甲基苯;苯基甲烷	108-88-3	500
65	甲醇	木醇;木精	67-56-1	500
66	汽油(乙醇汽油、甲醇汽油)		86290-81-5(汽油)	200
67	乙醇	酒精	64-17-5	500
68	乙醚	二乙基醚	60-29-7	10
69	乙酸乙酯	醋酸乙酯	141-78-6	500
70	正己烷	己烷	110-54-3	500
71	过乙酸	过醋酸;过氧乙酸;乙酰过氧化氢	79-21-0	10
72	过氧化甲基乙基酮 (10% < 有效氧含量 ≤10.7%, 含 A 型稀释剂 ≥48%)		1338-23-4	10
73	白磷	黄磷	12185-10-3	50
74	烷基铝	三烷基铝		1
75	戊硼烷	五硼烷	19624-22-7	1
76	过氧化钾		17014-71-0	20
77	过氧化钠	双氧化钠;二氧化钠	1313-60-6	20
78	氯酸钾		3811-04-9	100
79	氯酸钠		7775-09-9	100
80	发烟硝酸		52583-42-3	20
81	硝酸(发红烟的除外,含硝酸 > 70%)		7697-37-2	100
82	硝酸胍	硝酸亚氨脲	506-93-4	50
83	碳化钙	电石	75-20-7	100
84	钾	金属钾	7440-09-7	1
85	钠	金属钠	7440-23-5	10

未在表 2-13 中列举的危险化学品类别及其临界量　　表 2-13

类别	符号	危险性分类及说明	临界量(t)
健康危害	J （健康危害性符号）	—	—
急性毒性	J1	类别 1,所有暴露途径,气体	5
	J2	类别 1,所有暴露途径,固体、液体	50
	J3	类别 2,类别 3,所有暴露途径,气体	50
	J4	类别 2,类别 3,吸入途径,液体(沸点≤35℃)	50
	J5	类别 2,所有暴露途径,液体(除 J4 外)、固体	500
物理危险	W （物理危险性符号）	—	—
爆炸物	W1.1	—不稳定爆炸物 —1.1 项爆炸物	1
	W1.2	1.2、1.3、1.5、1.6 项爆炸物	10
	W1.3	1.4 项爆炸物	50
易燃气体	W2	类别 1 和类别 2	10
气溶胶	W3	类别 1 和类别 2	150(净重)
氧化性气体	W4	类别 1	50
易燃液体	W5.1	—类别 1 —类别 2 和 3,工作温度高于沸点	10
	W5.2	—类别 2 和 3,具有引发重大事故的特殊工艺条件 包括危险化工工艺、爆炸极限范围或附近操作、操作压力大于 1.6MPa 等	50
	W5.3	—不属于 W5.1 或 W5.2 的其他类别 2	1 000
	W5.4	—不属于 W5.1 或 W5.2 的其他类别 3	5 000
自反应物质和混合物	W6.1	A 型和 B 型自反应物质和混合物	10
	W6.2	C 型、D 型、E 型自反应物质和混合物	50
有机过氧化物	W7.1	A 型和 B 型有机过氧化物	10
	W7.2	C 型、D 型、E 型、F 型有机过氧化物	50
自燃液体和自燃固体	W8	类别 1 自燃液体 类别 1 自燃固体	50
氧化性固体和液体	W9.1	类别 1	50
	W9.2	类别 2、类别 3	200
易燃固体	W10	类别 1 易燃固体	200
遇水放出易燃气体的物质和混合物	W11	类别 1 和类别 2	200

危险化学品临界量的确定方法为:在表 2-12 范围内的危险化学品,其临界量按该表确定;未在该表范围内的危险化学品,依据其危险性,按表 2-13 确定临界量;若一种危险化学品具有

多种危险性,按其中最低的临界量确定。

若某一单元内存在的危险化学品数量等于或超过表 2-12 或表 2-13 规定的临界量,则该单元应认为是重大危险源。

若某一单元内存在的危险化学品不止一种,则应按加权方法进行临界量计算,即若式(2-10)成立,则该单元应认为是重大危险源。

$$S=\frac{q_1}{Q_1}+\frac{q_2}{Q_2}+\cdots\frac{q_n}{Q_n}\geqslant 1 \tag{2-10}$$

式中,S 为重大危险源的辨识指标;$q_1,q_2,\cdots,q_n$ 为每种危险货物实际存在量(t);$Q_1,Q_2,\cdots,Q_n$ 为与各危险货物相对应的临界量(t)。

(三)烟花爆竹重大危险源辨识

中华人民共和国应急管理部于 2023 年 8 月 20 日发布了《烟花爆竹重大危险的辨识》(AQ 4131—2023),其中的规定适用于烟花爆竹在港口的堆存与管理。

烟花爆竹用化工产品的临界按表 2-14 查取,烟火药(含黑火药、单基火药)、引火线临界量按表 2-15 查取,烟花爆竹成品或半成品临界量表 2-16 查取。

主要化工原料临界量 表 2-14

类别	名称	临界量(t)
氧化剂	高氯酸铵	20
	高氯酸钾、氯酸钾	100
	硝酸钡、硝酸锶、硝酸钠	200
	硝酸钾	1 000
还原剂	铝镁合金粉	50
	铝粉(又称银粉)、粉钛、赤磷、硫黄	200
有机溶剂	乙醇、丙酮	500
硝化纤维素	含水或乙醇小于 25%	1
	含乙醇大于等于 25%	10
	含氮小于等于 12.6%,或含水大于等于 25%	50

烟火药(含黑火药、单基火药)、引火线临界量 表 2-15

种类	规格(形态)	临界量(t)
烟火药	白药爆响药或白药开包药(如爆竹药、双响药、开包药等)	1
	其他烟火药	5
黑火药	粉状、粒状	5
单基火药	含水或乙醇小于 20%	1
	含水或乙醇大于或等于 20%	8
引火线	燃速大于或等于 3.0cm/s 的引火线(又称快速引火线)	5
	燃速小于 3.0cm/s 的引火线(又称快速引火线)	8

烟花爆竹成品或半成品临界量　　表 2-16

种类	临界量(t)
含雷弹的礼花弹成品及其半成品； 7 号及以上礼花弹成品及其半成品； 白药开包药大于 7g 的小礼花类、组合烟花类成品及其半成品	1
6 号及以下礼花弹成品及其半成品； 除雷弹外的其他效果内筒； 白药开包药小于等于 7g 且大于个人燃放类中组合烟花类、小礼花类最大白药开包药药量的小礼花类、组合烟花类成品及其半成品； 双响成品及其半成品	5
单个爆竹白药药量超过 0.14g 的结鞭爆竹及其半成品； 单个爆竹黑药药量超过 1g 的结鞭爆竹及其半成品	10
个人燃放类组合烟花及其半成品； 单个爆竹白药药量小于等于 0.14g 的结鞭爆竹及其半成品，单个爆竹黑药药量小于等于 1g 的结鞭爆竹及其半成品	50

根据查得的数据，按式(2-11)计算重大指标。

$$S = \frac{q_1}{Q_1} + \frac{q_2}{Q_2} + \cdots + \frac{q_n}{Q_n} \tag{2-11}$$

二、港口重大危险源分级方法

按表 2-13 或表 2-14 确定的重大危险源，并没有考虑到危险品的危险性质和受到威胁的人群大小，因而应对其进行修正。

设修正后的重大危险源指标为 R，则 R 按式(2-12)计算

$$R = \alpha\left(\beta_1 \frac{q_1}{Q_1} + \beta_2 \frac{q_2}{Q_2} + \cdots + \beta_n \frac{q_n}{Q_n}\right) \tag{2-12}$$

式中，β_1，β_2，…，β_n为与各危险货物相对应的校正系数；α 为该重大危险源库区外暴露人员的校正系数。

校正系数 β 按单元内危险货物的类别由表 2-13 和表 2-17 查取。

毒性气体校正系数 β 取值　　表 2-17

名称	校正系数 β	名称	校正系数 β
一氧化碳	2	硫化氢	5
二氧化硫	2	氟化氢	5
氨	2	二氧化氮	10
环氧乙烷	2	氰化氢	10
氯化氢	3	碳酰氯	20
溴甲烷	3	磷化氢	20
氯	4	异氰酸甲酯	20

未在表2-13中列出的有毒气体可按$\beta=2$取值，剧毒气体可按$\beta=4$取值。

校正系数α的取值表2-18查取，表中单元外可能接触人员数量根据重大危险源单元边界向外扩展500m范围内常住人口数量计算。

校正系数α取值

表2-18

厂外可能暴露人员数量	校正系数α	厂外可能暴露人员数量	校正系数α
100人以上	2.0	1～29人	1.0
50～99人	1.5	0人	0.5
30～49人	1.2		

根据计算出来的R值，按表2-19确定危险货物重大危险源的级别。

危险货物重大危险源级别和R值的对应关系

表2-19

港口重大危险源级别	R	港口重大危险源级别	R
一级	$R\geqslant100$	三级	$50>R\geqslant10$
二级	$100>R\geqslant50$	四级	$R<10$

三、个人和社会可容许的风险值

（一）个人风险可容许风险值

个人风险是指因港口重大危险源各种潜在的火灾、爆炸、有毒气体泄漏事故造成区域内某一固定位置人员的个体死亡概率，即单位时间内（通常为年）的个体死亡率。通常用个人风险等值线表示。

通过定量风险评价，港口重大危险源周边重要目标和敏感场所承受的个人风险应满足表2-20中可容许风险值要求。

个人风险可容许标准

表2-20

港口重大危险源周边重要目标和敏感场所类别	可容许风险（年）
高敏感场所（如学校、医院、幼儿园、养老院等）； 重要目标（如党政机关、军事禁区、军事管理区、文物保护单位等）； 特殊高密度场所（如大型体育场、大型交通枢纽、大型露天市场等）	$<3\times10^{-7}$
居住类高密度场所（如居民区、宾馆、度假村等）； 公众聚集类高密度场所（如办公场所、商场、饭店、娱乐场所、公园、广场等）	$<1\times10^{-6}$

（二）社会风险可容许风险值

社会风险是指能够引起大于等于N人死亡的事故累积频率（F），也即单位时间内（通常为年）的死亡人数。常用社会风险曲线（F-N曲线）表示。

社会风险标准采用ALARP（As Low As Reasonable Practice）原则作为可接受原则。ALARP

原则通过两个风险分界线将风险划分为 3 个区域，即：不可容许区、尽可能降低区（ALARP）和可容许区。

若社会风险曲线落在不可容许区，除特殊情况外，该风险无论如何不能被接受。若落在可容许区，风险处于很低的水平，该风险是可以被接受的，无须采取安全改进措施。若落在尽可能降低区，则需要在可能的情况下尽量减少风险，即对各种风险处理措施方案进行成本效益分析等，以决定是否采取这些措施。

通过定量风险评价，港口危险货物重大危险源产生的社会风险应满足图 2-135 中社会风险值要求。

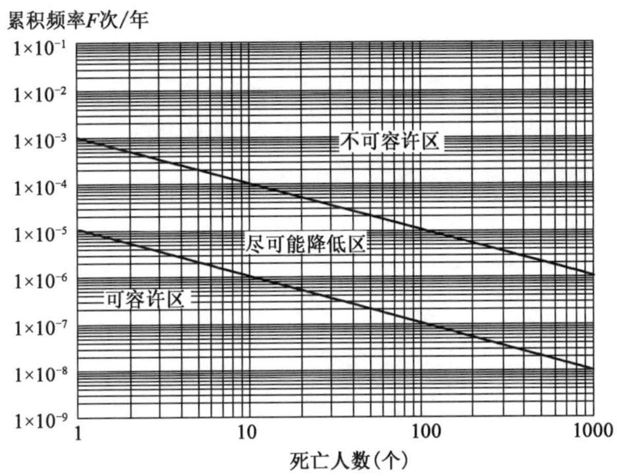

图 2-135　社会风险标准（F-N）曲线

（三）港口重大危险源安全评估报告应当包括的内容

港口重大危险源安全评估报告应当包括以下主要内容：

（1）评估的主要依据。

（2）港口重大危险源基本情况。

（3）辨识、分级的符合性分析。

（4）事故发生的可能性及危害程度。

（5）个人风险和社会风险值（采用定量风险评价方法时）。

（6）可能受事故影响的周边单位、人员状况。

（7）安全管理措施、安全技术措施和监控措施。

（8）事故应急措施。

（9）评估结论与建议。

（四）重大危险源标示牌

企业对重大危险源就作出显著标示，如图 2-136 所示。2021 年，应急管理部还要求对重大危险源作出包保责任标示牌，如图 2-137 所示。

在生产管理中，可将此二牌合为一个，但是内容不得缩减。

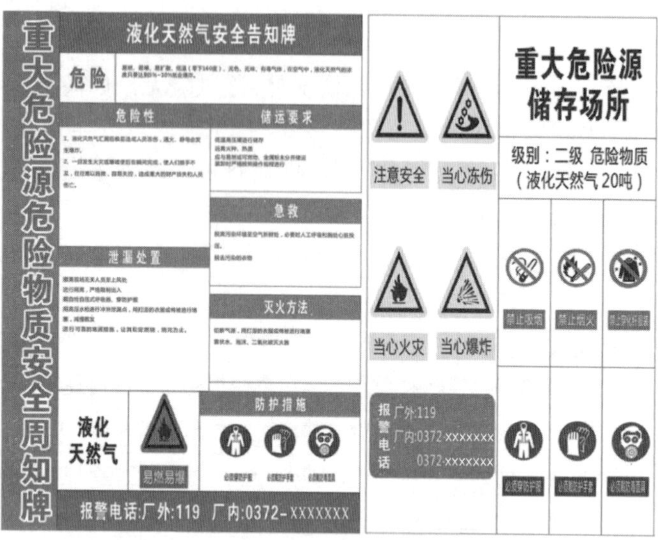

a)

b)

c)

图 2-136 重大危险源标示牌

<table>
<tr><td colspan="3">重大危险源安全包保公示牌
编号：</td></tr>
<tr><td rowspan="2">（危险化学品名称）</td><td>主要负责人</td><td>（姓名）（手机号码）
（在企业的职务）</td></tr>
<tr><td>技术负责人</td><td>（姓名）（手机号码）
（在企业的职务）</td></tr>
<tr><td>（重大危险源级别）
（最大数量/吨）</td><td>操作负责人</td><td>（姓名）（手机号码）
（在企业的职务）</td></tr>
<tr><td>监督举报电话</td><td colspan="2">（企业电话），（企业邮箱），12350</td></tr>
<tr><td>主要
负责人
职责</td><td colspan="2">1. (包保责任原文)
2.
3.</td></tr>
<tr><td>技术
负责人
职责</td><td colspan="2">1.
2.
3.</td></tr>
<tr><td>操作
负责人
职责</td><td colspan="2">1.
2.
3.</td></tr>
</table>

图 2-137　重大危险源包保责任标示牌

第八节　重大危险源的管理与监控方法

一、港口危险货物重大危险源监督和管理的规定

为加强港口危险货物重大危险源的安全监督管理，预防和减少港口危险货物事故的发生，保护人民群众生命财产安全，维护港口安全生产秩序，根据《中华人民共和国港口法》《中华人民共和国安全生产法》《危险化学品安全管理条例》和《港口危险货物安全管理规定》等有关法律、法规、规章，交通运输部制定了《港口危险货物重大危险源监督管理办法》。

（一）总则

港口危险货物重大危险源（以下简称港口重大危险源），是指参照《危险化学品重大危险源辨识》（GB 18218）等标准辨识确定的，危险货物港口经营人（以下简称港口经营人）储存危险货物的数量等于或者超过临界量的单元（包括场所和设施），其中，储罐以罐区防火堤为界限划分为独立的单元，仓库以独立库房（独立建筑物）为界限划分为独立的单元，封闭的危险货物堆场以隔离设施为界划分为独立的单元。

港口经营人是本单位港口重大危险源安全管理的责任主体，其主要负责人对本单位港口重大危险源安全管理工作全面负责。

（二）辨识评估

港口经营人应当对本单位的港口危险货物储存设施或场所进行港口重大危险源辨识，并

记录辨识过程与结果。

港口经营人应当对本单位的港口重大危险源进行安全评估,并确定重大危险源等级。港口重大危险源按照其危险程度,由高到低依次划分为一级、二级、三级、四级。港口重大危险源分级方法见附件。

构成一级、二级港口重大危险源的,港口经营人应当委托具有法律、法规、规章规定资质的安全评价机构,采用定量风险评价方法进行安全评估,按照《危险化学品生产装置和储存设施风险基准》(GB 36894)判定风险,确定个人和社会风险值。超过个人和社会可容许风险值标准的,港口经营人应当采取相应的降低风险措施。

构成三级、四级港口重大危险源的,港口经营人可以组织本单位的注册安全工程师、技术人员或者聘请有关专家对本单位港口重大危险源进行安全评估,也可以委托具有法律、法规、规章规定资质的安全评价机构对港口重大危险源进行安全评估。

依照有关法律、法规、规章等,港口经营人应当进行安全评价的,港口重大危险源安全评估可以与本单位的安全评价一起进行,也可以单独进行港口重大危险源安全评估。

港口重大危险源安全评估报告应当包括以下主要内容:

(1)评估的主要依据。

(2)港口重大危险源基本情况。

(3)辨识、分级。

(4)事故发生的可能性及危害程度。

(5)个人风险和社会风险值(采用定量风险评价方法时)。

(6)可能受事故影响的周边场所、人员状况。

(7)安全管理措施、安全技术措施和监控措施。

(8)事故应急措施。

(9)评估结论与建议。

有下列情形之一的,港口经营人应当对港口重大危险源重新进行辨识、分级,开展安全评估和完善档案:

(1)港口重大危险源安全评估满3年的。

(2)构成港口重大危险源的储存设施、场所进行新建、改建或扩建的。

(3)港口危险货物种类、数量或者储存方式及其相关设备、设施等发生重大变更,可能影响港口重大危险源级别或安全风险程度的。

(4)发生危险货物事故造成人员死亡,或者3人以上重伤,或者10人以上受伤,或者影响到公共安全的。

(5)外界安全环境因素发生变化,可能影响港口重大危险源级别和安全风险程度的。

(6)有关重大危险源辨识和安全评估的强制性国家标准、行业标准发生变化的。

(三)登记备案

港口经营人应当对辨识确认的港口重大危险源及时进行登记建档。档案的主要内容包括:

(1)辨识、分级记录。

(2)港口重大危险源基本特征表。

(3)危险货物安全技术说明书。

(4)区域位置图、平面布置图、工艺流程图和主要设备一览表。

(5)港口重大危险源安全管理制度及安全操作规程。

(6)安全设施、安全监测监控系统说明、检测、检验结果。

(7)港口重大危险源事故应急预案及备案表、评审意见、演练计划和总结评估报告。

(8)安全评估报告或者安全评价报告。

(9)重大危险源的主要负责人、技术负责人、操作负责人和责任机构名称。

(10)港口重大危险源场所安全警示标志的设置情况。

(11)其他文件、资料。

港口经营人在对港口重大危险源进行辨识、分级,并完成港口重大危险源安全评估后15日内,应将港口重大危险源及有关安全措施、应急措施向所在地港口行政管理部门和应急管理部门备案。对涉及船舶航行、停泊、作业安全的港口重大危险源信息,港口行政管理部门应当及时通报海事管理机构。港口重大危险源出现第八条所述情形的,港口经营人应当修改档案,并及时向所在地港口行政管理部门和应急管理部门重新备案。

对不再构成港口重大危险源的,港口经营人应及时向所在地港口行政管理部门书面报告,并提供相关评估材料。港口行政管理部门自收到港口经营人的书面报告之日起20个工作日内进行审核,并组织现场核查,对不再构成重大危险源的予以核销,对仍构成重大危险源的应不予核销。港口经营人不得擅自降低本办法要求的安全管理措施。

各级港口行政管理部门应当定期将本辖区的港口重大危险源汇总信息逐级上报。

(四)安全管理

港口经营人应当建立健全安全风险分级管控和隐患排查治理双重预防工作机制,制定完善港口重大危险源安全管理制度,落实港口重大危险源安全技术措施;对

港口重大危险源的安全状况进行定期检查和日常巡查;对于检查发现的事故隐患,应及时采取措施予以消除。

港口经营人对事故隐患排查治理情况应当如实记录,并通过职工大会或者职工代表大会、信息公示栏等方式向从业人员通报。其中,重大事故隐患排查治理情况应当及时向所在地港口行政管理部门和职工大会或者职工代表大会报告。

港口经营人应当加强安全生产标准化建设,不断提高安全生产标准化水平。涉及一级、二级港口重大危险源的港口经营人按照有关规定和标准规范的要求,鼓励取得一级以上安全生产标准化等级。

港口经营人应当对港口重大危险源进行监测监控,根据危险货物种类、数量、储存工艺或相关设备、设施等实际情况,按照下列要求建立健全港口重大危险源安全监测监控体系,完善控制措施。

(1)危险货物罐区应按照有关标准或相关规定配备温度、压力、液位、流量等信息自动监测系统,涉及可燃和有毒有害气体泄漏的重大危险源场所应按有关国家标准、行业标准设置可燃气体和有毒有害气体泄漏检测报警装置。上述重要参数应具备信息远传、连续记录、事故预

警、信息存储等功能。

(2)危险货物储罐设施应按照有关标准或相关规定的要求设置紧急切断、自动联锁等自动化控制系统。构成一级、二级重大危险源的危险货物罐区应具备紧急切断功能。

(3)涉及毒性气体、液化气体、剧毒液体的一级、二级重大危险源的危险货物罐区应配备独立的安全仪表系统。

(4)港口重大危险源应设置在线监测和视频监控系统。

(5)港口重大危险源安全监测监控系统应具备危险货物储存量的在线实时更新和查询功能,满足应急救援人员第一时间查询需求。

港口经营人应当按照国家有关规定,定期对港口重大危险源的安全设施和监测监控系统进行检测、检验,并进行经常性维护、保养,记录维护、保养、检测、检验结果,保证重大危险源的安全设施和安全监测监控系统有效、可靠运行。

港口经营人不得关闭、破坏直接关系生产安全的监控、报警、防护、救生设备、设施,或者篡改、隐瞒、销毁其相关数据、信息。

港口经营人应当建立安全风险警示公告制度,将港口重大危险源的危险特性、可能的事故后果和应急措施等信息,以适当方式告知从业人员和其他相关单位、人员。港口经营人应当在重大危险源所在场所设置明显的安全。

警示标志和安全风险公告栏,制作岗位安全风险告知卡,标明主要安全风险、可能引发事故隐患类别、事故后果、管控措施、应急措施及报告方式等内容。

港口经营人应当建立健全港口重大危险源安全责任制,明确本单位每一处重大危险源的主要负责人、技术负责人和操作负责人。重大危险源的主要负责人、技术负责人、操作负责人姓名、对应的安全职责及联系方式应在安全风险公告栏中写明。

港口经营人应对港口重大危险源的管理和操作岗位人员进行安全操作技能培训,使其了解港口重大危险源的危险特性,熟悉港口重大危险源安全管理规章制度和安全操作规程,全面掌握本岗位的安全操作技能和在紧急情况下应当采取的应急措施。

港口经营人应当评估本单位存在的安全风险,实施安全风险分级管控,采取相应的安全管控措施;建立安全风险报告制度,对辨识出的重大安全风险按要求向港口行政管理部门报告。将港口重大危险源的危险特性、可能的事故后果和应急措施等信息,以适当方式告知从业人员、船舶驾引人员和其他相关单位、人员。

港口经营人应按照国家有关规定和标准要求,制定完善有关港口重大危险源事故应急预案,配备必要的防护、救援物资和装备,并进行经常性维护、保养,保障其完好。

港口经营人应建立专职或兼职应急救援队伍,应急救援队伍应满足相应的应急处置需求,应急救援队伍规模应与其危险货物储运规模相适应。

港口经营人应当及时将本单位应急救援队伍建立情况报送港口行政管理部门,并依法向社会公布。

对于可能产生吸入性有毒、有害气体的港口重大危险源,港口经营人应当配备便携式浓度监测设备、空气呼吸器、化学防护服、堵漏器材等应急器材和设施;涉及剧毒气体的港口重大危险源应急救援队伍,应配备 2 套以上(含 2 套)气密型化学防护服。

港口经营人应当制定港口重大危险源事故应急预案演练计划,并按照下列要求进行事故

应急演练:

(1)对于一级、二级港口重大危险源,每季度至少进行一次。

(2)对于三级、四级港口重大危险源,每半年至少进行一次。

港口经营人应当记录和评估港口重大危险源事故应急演练情况,并根据记录和评估结果,及时修订完善港口重大危险源事故应急预案,并将演练情况报送所在地港口行政管理部门。

港口经营人应当按照国家有关规定对从业人员和应急救援人员进行应急教育和培训;应急救援人员应当具备处置危险货物重大事故必要的专业知识、技能、身体素质和心理素质,应急救援人员经过培训合格后,方可参加应急救援工作。

港口经营人应当建立应急值班制度,配备应急值班人员,成立应急处置技术组,实行24小时应急值班。

所在地港口行政管理部门应建立健全港口重大危险源安全监管制度,完善本辖区港口重大危险源档案,建立港口重大危险源安全监管系统,掌握辖区内港口重大危险源和应急救援队伍、应急资源等基本信息。

所在地港口行政管理部门应当在本级人民政府应急预案框架下,针对港口重大危险源,建立健全危险货物事故应急体系;组织开展辖区港口重大危险源安全风险分析与应急能力评估,制定完善事故应急预案;应当根据本辖区应急工作的实际需要,会同本级人民政府有关部门、相关口岸单位,统筹规划、组织建立应急物资和装备储备,建立完善应急储备管理制度,加强应急准备;定期组织开展应急培训和应急救援演练,提高应急救援能力。

(五)监督检查

所在地港口行政管理部门应当加强港口重大危险源监督检查,督促港口经营人做好本单位港口重大危险源的辨识、评估及分级、登记建档、监测监控、备案核销和安全管理、应急准备等工作。

港口重大危险源的数量、等级和危险程度、安全生产风险分级管控和隐患排查治理落实情况、安全生产标准化达标情况、应急预案演练情况等,制定完善年度监督检查计划,定期对存在港口重大危险源的港口经营人进行监督检查。

所在地港口行政管理部门应建立港口重大危险源的专项检查制度,专项检查应当重点检查下列内容:

(1)港口重大危险源安全责任制、安全生产风险分级管控和隐患排查治理制度建立和落实情况。

(2)按照相关标准规范要求分区分类储存危险货物的情况,超范围、超能力、超期限储存、堆存等问题。

(3)港口重大危险源的监测监控情况,港口重大危险源自动控制等安全设施和监测监控系统使用和维护保养情况。

(4)港口重大危险源事故应急预案的编制、修订、演练和总结改进情况,应急救援队伍情况以及防护、救援物资和装备配备情况。

(5)港口重大危险源库区内动火和受限空间等特殊作业、装车作业以及承包商管理情况。

(6)危险货物储罐超温、超压、超液位和随意变更储存介质等问题;内浮顶储罐确需浮盘落底时,制定专项制度、办理审批手续、全过程监控等情况。

(7)企业消防安全主体责任落实情况,消防设施设备和消防人员的配备情况。

港口行政管理部门在监督检查中发现港口重大危险源存在事故隐患的,应当及时处理,实行闭环管理;构成重大隐患的,应当挂牌督办。

所在地港口行政管理部门应建立港口重大危险源监督检查台账,内容包括港口重大危险源监督检查记录、现场检查记录、整改意见、整改情况等资料。

所在地港口行政管理部门应当会同本级人民政府有关部门,加强对港口重大危险源集中区域的监督检查,确保港口重大危险源与周边单位、居民区、人员密集场所等重要目标和敏感场所之间距离符合国家相关规定。

二、危险化学品企业重大危险源安全包保责任制办法(试行)

应急管理部于2021年2月4日颁布了《危险化学品企业重大危险源安全包保责任制办法(试行)》,其中规定危险化学品企业应当明确本企业每一处重大危险源的主要负责人、技术负责人和操作负责人,从总体管理、技术管理、操作管理三个层面对重大危险源实行安全包保。

(一)包保责任

重大危险源的主要负责人,对所包保的重大危险源负有下列安全职责:

(1)组织建立重大危险源安全包保责任制并指定对重大危险源负有安全包保责任的技术负责人、操作负责人。

(2)组织制定重大危险源安全生产规章制度和操作规程,并采取有效措施保证其得到执行。

(3)组织对重大危险源的管理和操作岗位人员进行安全技能培训。

(4)保证重大危险源安全生产所必需的安全投入。

(5)督促、检查重大危险源安全生产工作。

(6)组织制定并实施重大危险源生产安全事故应急救援预案。

(7)组织通过危险化学品登记信息管理系统填报重大危险源有关信息,保证重大危险源安全监测监控有关数据接入危险化学品安全生产风险监测预警系统。

重大危险源的技术负责人,对所包保的重大危险源负有下列安全职责:

(1)组织实施重大危险源安全监测监控体系建设,完善控制措施,保证安全监测监控系统符合国家标准或者行业标准的规定。

(2)组织定期对安全设施和监测监控系统进行检测、检验,并进行经常性维护、保养,保证有效、可靠运行。

(3)对于超过个人和社会可容许风险值限值标准的重大危险源,组织采取相应的降低风险措施,直至风险满足可容许风险标准要求。

(4)组织审查涉及重大危险源的外来施工单位及人员的相关资质、安全管理等情况,审查涉及重大危险源的变更管理。

(5)每季度至少组织对重大危险源进行一次针对性安全风险隐患排查,重大活动、重点时段和节假日前必须进行重大危险源安全风险隐患排查,制定管控措施和治理方案并监督落实。

(6)组织演练重大危险源专项应急预案和现场处置方案。

重大危险源的操作负责人,对所包保的重大危险源负有下列安全职责:

(1)负责督促检查各岗位严格执行重大危险源安全生产规章制度和操作规程。

(2)对涉及重大危险源的特殊作业、检维修作业等进行监督检查,督促落实作业安全管控措施。

(3)每周至少组织一次重大危险源安全风险隐患排查。

(4)及时采取措施消除重大危险源事故隐患。

(二)管理措施

危险化学品企业应当在重大危险源安全警示标志位置设立公示牌,写明重大危险源的主要负责人、技术负责人、操作负责人姓名、对应的安全包保职责及联系方式,接受员工监督。

重大危险源安全包保责任人、联系方式应当录入全国危险化学品登记信息管理系统,并向所在地应急管理部门报备,相关信息变更的,应当于变更后5日内在全国危险化学品登记信息管理系统中更新。

危险化学品企业应当按照《应急管理部关于全面实施危险化学品企业安全风险研判与承诺公告制度的通知》有关要求,向社会承诺公告重大危险源安全风险管控情况,在安全承诺公告牌企业承诺内容中增加落实重大危险源安全包保责任的相关内容。

危险化学品企业应当建立重大危险源主要负责人、技术负责人、操作负责人的安全包保履职记录,做到可查询、可追溯,企业的安全管理机构应当对包保责任人履职情况进行评估,纳入企业安全生产责任制考核与绩效管理。

地方各级应急管理部门应当完善危险化学品安全生产风险监测预警机制,保证重大危险源预警信息能够及时推送给对应的安全包保责任人。

各级应急管理部门、危险化学品企业应当结合安全生产标准化建设、风险分级管控和隐患排查治理体系建设,运用信息化工具,加强重大危险源安全管理。

(三)监督检查

地方各级应急管理部门应当运用危险化学品安全生产风险监测预警系统,加强对重大危险源安全运行情况的在线巡查抽查,将重大危险源安全包保责任制落实情况纳入监督检查范畴。

危险化学品企业未按照相关要求对重大危险源安全进行监测监控的,未明确重大危险源中关键装置、重点部位的责任人的,未对重大危险源的安全生产状况进行定期检查、采取措施消除事故隐患的,以及存在其他违法违规行为的,由县级以上应急管理部门依法依规查处;有关责任人员构成犯罪的,依法追究刑事责任。

地方各级应急管理部门应当加强对涉及重大危险源的危险化学品企业的监督检查,督促有关企业做好重大危险源辨识、评估、备案、核销等工作,并及时通过危险化学品登记信息管理系统填报重大危险源有关信息。

三、重大危险源监控系统的建设

生产经营单位应对重大危险源建立实时的监控预警系统。应用系统论、控制论、信息论的原理和方法,结合自动检测与传感器技术、计算机仿真、计算机通信等现代高新技术,对危险源对象的安全状况进行实时监控,严密监视那些可能使危险源对象的安全状态向事故临界状态转化的各种参数变化趋势,及时给出预警信息或应急控制指令,把事故隐患消灭在萌芽状态。

(一)重大危险源宏观监控系统

在对重大危险源进行普查、分级,并制定有关重大危险源监督管理法规的基础上,明确存在重大危险源的企业对于危险源的管理责任、管理要求(包括组织制度、报告制度、监控管理制度及措施、隐患整改方案、应急措施方案等),促使企业建立重大危险源控制机制,确保安全。

港口主管部门应依据有关法规,对存在重大危险源的企业实施分级管理,针对不同级别的企业确定规范的现场监督方法,督促企业执行有关法规,建立监控机制,并督促隐患整改。建立健全新建、改建企业重大危险源申报和分级制度,使重大危险源管理规范化、制度化。同时与技术中介组织配合,根据企业的行业、规模等具体情况,提供监控的管理及技术指导。在各地开展工作的基础上,逐步建立全国范围内的重大危险源信息系统,以便各级港口行政管理部门及时了解、掌握重大危险源状况,从而建立企业负责、港口行政管理部门监督的重大危险源监控体系。

重大危险源的安全生产监督管理工作主要由区县一级港口行政管理部门进行。信息网络建成之后,市级港口行政管理部门可以通过网络了解一、二级危险源的情况和监察信息,有重点地进行现场监察;国家安全监督管理部门可以通过网络对各城市的一级危险源的监察情况进行监督。

各城市应建立重大危险源监管系统。该系统包括各企业重大危险源的普查分类申报信息、危险源分级评价信息、企业对重大危险源管理情况信息及事故应急救援预案,以及港口行政管理部门对重大危险源的监察记录等信息。有条件的城市可建立以地理信息系统为基础的重大危险源信息管理系统,使重大危险源的分布情况更加直观。该系统可以把港口行政管理部门对重大危险源监控管理工作提高到一个新的层次,直接通过计算机实现对各企业重大危险源监控工作的监督管理及跟踪企业重大危险源的分布变化情况,使港口行政管理部门的管理工作从直观性到实时性都有很大的提高,为港口行政管理部门更好地服务。

为了便于信息的传递和更新,各城市应建立各区县港口行政管理部门与市港口行政管理部门的信息网络系统,以拨号连接方式建立网络,定期进行数据的更新。

(二)计算机控制系统的组成原理

危险源对象是指工业生产过程中所需的以及各种生产场所拥有的设施或设备,如罐区、库区、生产场所等对象。这些对象有各种易燃、易爆、毒性等危险物质,对安全生产和人身安全构成了极大的威胁。它们的特性参数是重大危险源监控预警系统所要关注的主要参数,将这些参数进行数据采集,转换成计算机所能识别的信号,利用计算机对重大危险源进行检测、监视、预警和控制,预防重大事故的发生,实现安全生产。

要达到重大危险源的自动检测和自动控制的目的,还应将主计算机所计算出的结果动态反馈到危险源对象上去,由执行机构对危险源对象的各种参数进行控制,使之运行在安全范围以内。计算机控制系统的典型结构如图 2-138 所示。

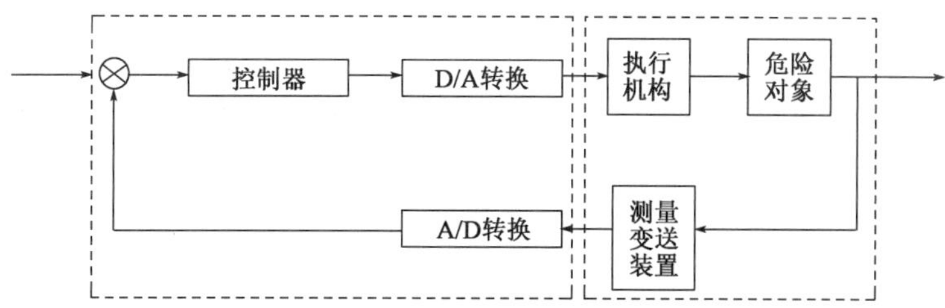

图 2-138 计算机控制系统的典型结构

众所周知,表征工业生产过程特性的物理参数(危险源对象)大部分是模拟信号,或者是开关量信号,而计算机采用的是数字信号。为此,两者之间必须采用模/数转换器(A/D)和数/模转换器(D/A),以实现这两种信号之间的转换。尽管各种工业生产过程、危险源对象多种多样,但对其实施控制的计算机却大同小异。

(三)危险源数据采集系统

应用系统安全工程的理论、观点和方法,结合过程控制、自动检测、传感器、计算机仿真、数据传输和网络通信等理论与实践技术,构成易燃、易爆、有毒重大危险源监控预警系统。

首先从危险源数据采集系统开始,分析哪些因素是造成事故的原因,找到需要采集的危险源对象和参数。

将标准信号通过数据采集装置,转换成计算机能够识别的数字信号,用于控制或预警系统的后处理。

数据采集装置可以是数据采集卡、单片机或 PLC。它往往可以同时采集多路标准信号。如果需采集的标准信号很多,也可以选用多个数据采集装置。

有的系统需要采用数据采集装置所采集来的数据,且监控计算机可能与数据采集装置相距很远,因而需要采用远距离通信技术将数据采集装置采集的数字信号传送到较远的监控计算机上。必要的时候,还要采用网络技术,将其连成局域网。整个数据采集系统采取分布式层级结构,其结构框图如图 2-139 所示。

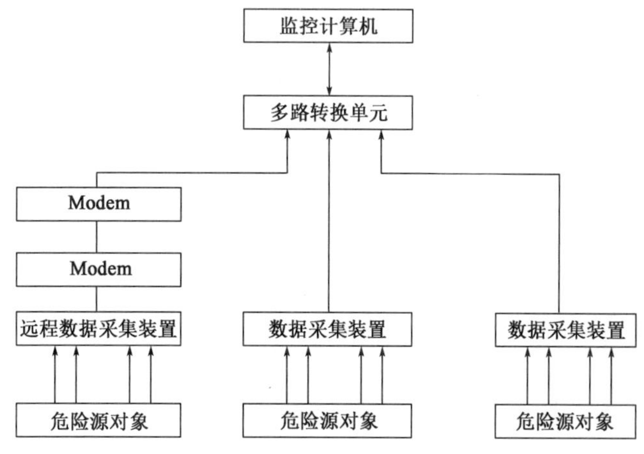

图 2-139 计算机控制系统的典型结构

(四)重大危险源计算机监控预警系统

重大危险源对象大多数时间运行在安全状况下。监控预警系统的目的主要是监视其正常情况下危险源对象的运行情况及状态,并对其实时和历史趋势作一个整体评判,对系统的下一时刻做出一种超前(或提前)的预警行为。因而在正常工况下和非正常工况下应该有对危险源对象及参数的记录显示、报表等功能。

(1)正常运行阶段。正常工况下,危险源运行模拟流程,进行主要参数(温度、压力、浓度、油/水界面、泄漏检测传感器输出等)的数据显示、报表、超限报警,并根据临界状态判据自动判断是否转入应急控制程序。

(2)事故临界状态。当被实时监测的危险源对象的各种参数超出正常值的界限时,如不采取应急控制措施,就会引发火灾、爆炸及重大毒物泄漏事故。在这种状态下,监控系统一方面给出声、光或语言报警信息,由应急决策系统显示排除故障系统的操作步骤,指导操作人员正确、迅速恢复正常工况,同时发出应急控制指令(例如,条件具备时可自动开启喷淋装置,使危险源对象降温,自动开启泄放阀降压,关闭进料阀制止液位上升等);或者当可燃气体传感器检测到危险源对象周围空气中的可燃气体浓度达到阈值时,监控预警系统将及时报警,同时还能根据检测的可燃气体的浓度及气象参数(风速、风向、气温、气压、湿度等)传感器的输出信息,快速绘制出混合气云团在电子地图上的覆盖区域、浓度预测值,以便采取相应的措施,防止火灾、毒物事故进一步扩大。

(3)事故初始阶段。如果上述预防措施全部失效,或因其他原因致使危险源及周边空间起火,为及时控制火势,应与消防措施结合,可从两个方面采取补救措施:①应用早期火灾智能探测与空间定位系统及时报告火灾发生的准确位置,以便迅速扑救;②自动启动应急控制系统,将事故抑制在萌芽状态。

第三章
各种运输模式的安全管理

第一节 海运和内河船舶载运危险货物安全管理基础知识

一、普通固体散货的分类

普通固体散货系指易流态化货物、具有化学危险的固体散货及一般固体散货,这几种固体散货常可细分成如下各类。从物理角度看,这些货物实际上具有土的性质。

(一)黏性散货

黏性散货分为粉质黏散货和一般黏散货。

粉质黏散货系指塑性指数大于 10 且小于或等于 17 的散货。这种散货,用肉眼观察,其中有砂粒,干时不坚硬,用锤可打成细散货粒,湿时有塑性有黏结力,能搓成 $\varphi = 0.5 \sim 2.0$mm 的散货条,长度较小,用手搓、捻感觉有少量细颗粒,稍有黏滞感觉。

一般黏散货系指塑性指数大于 17 的散货。这种黏性散货,用肉眼观察可见较细腻的状态,一般无砂粒,干时很坚硬,用锤可打成碎块,湿时塑性黏性大,散货团压成饼时,边部不裂,能搓成 $\varphi = 0.5$mm 的散货条,长度不小于手掌,用手搓捻有滑润感觉,当水分较大时,极为粘手,感觉不到有颗粒存在。

1. 状态

黏散货可为如下六种:坚硬,即干而坚硬,很难掰成块;硬塑,即用力捏先裂成块后显柔性,手捏感觉干,不易变形,手按无指印;可塑,即手捏似橡皮有柔性,手按有指印;软塑,即手捏很软,易变形,散货块掰时似橡皮,用力不大就能按成坑;流塑,即散货柱不能直立,自行变形。

2. 包含物

黏散货内一般包含有贝壳、铁锰结核、高岭散货姜结石等天然成分,其中一部分为有机物,另一部分为无机物。

3. 光泽反应

黏散货,用取货机切开,视其光滑程度分为:切面粗糙为无光泽、切面略粗糙(稍光滑)即稍有光泽及切面光滑即有光泽。

4. 摇振反应

试验时,对应将软塑~流动的小散货块或散货球,放在手掌中反复摇晃,并以另一手掌振击此手掌,散货中自由水将渗出,球面呈现光泽。用手指捏散货球,放松后水又被吸入,光泽消失,根据散货球渗水和吸水反应快慢可区分为:立即渗水及吸水者为反应迅速;渗水及吸水中等者为反应中等;渗水和吸水慢及不渗,不吸者为反应慢或无反应。

5. 韧性试验

将含水率略高于塑限的散货块在手中揉捏均匀,然后在手掌中搓成直径 3mm 的散货条,再揉成散货团，根据再次搓条的可能性，可分为：能揉成散货团，再搓成条，捏而不碎者为韧性高；可再揉成团，捏而不碎者为韧性中等；勉强或不能再揉成团，稍捏或不捏即碎者为韧性差。

6. 干强度

试验时将一小块散货捏成小散货团，风干后用手指捏碎，根据用力大小区分为：很难或用力才能捏碎或掰断者为干强度高；稍用力即可捏碎或掰断者为干强度中等；易于捏碎和捻成粉末者为干强度低。

（二）粉状货

粒径大于0.075mm的颗粒质量不超过总质量的50%，且塑性指数等于或小于10的散货应称为粉散货。肉眼观察绝大部分是粉粒，砂粒少，干时散货块结合不够坚固，微力即散成粉末，湿时有流动性，散货球经振动可成饼状，在手中可捏成团，能搓成$\varphi=3$mm的短散货条。用手搓捻无黏滞感觉，较粗糙，大部分是粉末。

（三）砂货

粒径大于2mm的颗粒质量不超过总质量的50%，粒径大于0.075mm的颗粒质量超过总质量50%的散货称为砂散货，肉眼观察绝大部分是砂粒，干时松散，湿时无塑性，搓不成条，用水搓捻时感觉砂粒，无滑润感觉。

砂散货按颗粒级配分为：

（1）砾砂，粒径大于2mm的颗粒质量占总质量25%～50%。

（2）粗砂，粒径大于0.5mm的颗粒质量超过总质量的50%。

（3）中砂，粒径大于0.25mm的颗粒质量超过总质量的50%。

（4）细砂，粒径大于0.075mm的颗粒质量超过总质量的85%。

（5）粉砂，粒径大于0.075mm的颗粒质量超过总质量的50%。

砂散货的密实度应根据标准贯入试验锤击数实测值N划分为密实、中密、稍密和松散，并应符合表3-1的规定。

粒组划分标准 表3-1

标准贯入锤击数N	密实度	标准贯入锤击数N	密实度
$N\leqslant10$	松散	$15<N\leqslant30$	中密
$10<N\leqslant15$	稍密	$N>30$	密实

（四）碎石货

粒径大于2mm的颗粒质量超过总质量50%的散货称为碎石散货，并按表3-2进一步分类：

碎石货的分类 表3-2

散货名称	颗粒形状	散货名称	颗粒形状
漂石	圆形及亚圆形为主，粒径大于200mm的颗粒质量超过总质量50%	碎石	棱角形为主

续上表

散货名称	颗粒形状	散货名称	颗粒形状
块石	棱角形为主	圆砾	圆形及亚圆形为主,粒径大于 2mm 的颗粒质量超过总质量 50%
卵石	圆形及亚圆形为主,粒径大于 20mm 的颗粒质量超过总质量 50%	角砾	棱角形为主

碎石货按颗粒级配还分为:

(1)漂石、块石,粒径大于 200mm 超过总质量的 50%。

(2)卵石、碎石,粒径大于 20mm 小于 200mm 超过总质量的 50%。

(3)圆砾、角砾,粒径大于 2mm 小于 20mm 超过总质量的 50%。

碎石货按颗粒形状分为:块石、碎石、角砾,以棱角形为主;漂石、卵石、圆砾,以圆形及亚圆形为主。

碎石货按风化程度分为:

(1)未风化:岩质新鲜,偶见风化痕迹。

(2)微风化:结构基本未变,仅节理面有渲染或略有变色,有少量风化裂隙,用手锤不易击碎。

(3)中等风化:结构部分破坏,沿节理有次生矿物,风化裂隙发育,岩体被切割成岩块,用镐难挖,用手锤易击碎,岩芯钻方可钻进。

(4)强风化:结构大部分破坏,矿物成分显著变化,风化裂隙很发育,岩体破碎,用镐可挖,手可折断,干钻不易钻进。

(5)残积散货:组织结构全部破坏,已风化成散货状,锹镐易挖掘,干钻易钻进,具可塑性。

二、固体散货的三相组成

固体散货是由固体颗粒、水和气体三部分组成的,通常称为固体散货的三相组成。随着三相物质的质量和体积的比例不同,固体散货的性质也不同。这方面,我们引入了土力学方面的一些术语。

(一)固体散货的固相

固体散货的固相物质包括无机矿物颗粒和有机质,是构成固体散货的骨架最基本的物质,称为固体散货粒。对固体散货粒应从其矿物成分、颗粒的大小和形状来描述。

1. 固体散货的矿物成分

固体散货中的矿物成分可以分为原生矿物和次生矿物两大类。原生矿物是指岩浆在冷凝过程中形成的矿物,如石英、长石、云母等;次生矿物是由原生矿物经过风化作用后形成的新矿物,如三氧化二铝、三氧化二铁、次生二氧化硅、黏固体散货矿物以及碳酸盐等。

2. 固体散货的粒度成分(颗粒级配)

固体散货是由大小不同的颗粒组成的,固体散货粒的大小称为粒度。运输中,常用不同粒径颗粒的相对含量来描述固体散货的颗粒组成情况，这种指标称为粒度成分。

3. 固体散货的粒组划分

工程上常把大小相近的固体散货粒合并为组，称为粒组。粒组间的分界线是人为划定的，划分时应使粒组界限与粒组性质的变化相适应，并按一定的比例递减关系划分粒组的界限值。

对粒组的划分，我国《岩土工程勘察规范》(GB 50021—2001)的粒组划分标准可参见表3-3。

粒组划分标准　　表3-3

粒组名称	粒组范围(mm)	粒组名称	粒组范围(mm)
漂石(块石)粒组	>200	砂粒粒组	0.075~2
卵石(碎石)粒组	20~200	粉粒粒组	0.005~0.075
砾石粒组	2~20	黏粒粒组	<0.005

4. 粒度成分及其表示方法

固体散货的粒度成分是指固体散货中各种不同粒组的相对含量(以干固体散货质量的百分比表示)，它可用以描述固体散货中不同粒径固体散货粒的分布特征。

常用的粒度成分的表示方法是累计曲线法，它是一种图示的方法，通常用半对数纸绘制，横坐标(按对数比例尺)表示某一粒径，纵坐标表示小于某一粒径的固体散货粒的百分含量，如图3-1所示。

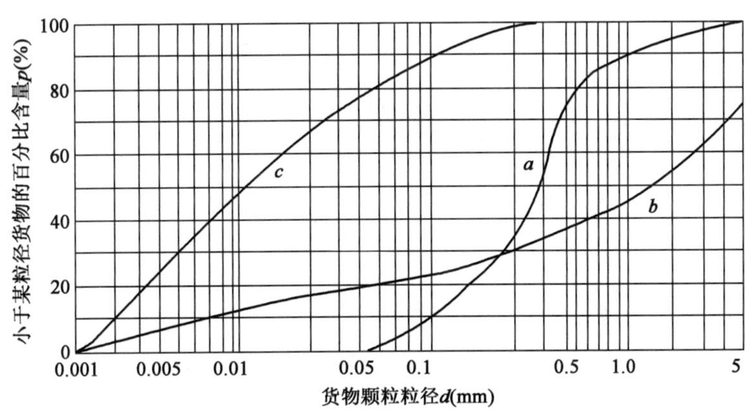

图3-1　固体散货的累积曲线

在累计曲线上，可确定两个描述固体散货的级配的指标。

(1)不均匀系数：

$$C_u = \frac{d_{60}}{d_{10}} \tag{3-1}$$

(2)曲率系数：

$$C_s = \frac{d_{30}^2}{d_{60}d_{10}} \tag{3-2}$$

式中，d_{10}、d_{30}、d_{60}分别相当于累计百分含量为10%，30%和60%的粒径，d_{10}称为有效粒径，d_{60}称为限制粒径。

不均匀系数 C_u 反映大小不同粒组的分布情况,$C_u<5$ 的固体散货称为匀粒固体散货,级配不良;C_u 越大,表示粒组分布范围比较广,$C_u>10$ 的固体散货级配良好。但如 C_u 过大,表示可能缺失中间粒径,属不连续级配,故需同时用曲率系数来评价。曲率系数则是描述累计曲线整体形状的指标。

5. 粒度成分测定方法

对于粗粒固体散货可以采用筛分法,而对于细粒固体散货(粒径小于0.075 mm)则必须用沉降分析法测定其粒度成分。筛分法是用一套不同孔径的标准筛把各种粒组分离出来的方法。沉降分析法是根据固体散货粒在悬液中沉降的速度与粒径的平方成正比的斯托克斯公式来确定各粒组相对含量的方法。

(二)固体散货的液相

固体散货的液相是指存在于固体散货孔隙中的水。按照水与固体散货相互作用程度的强弱,可将固体散货中的水分为结合水和自由水两大类。

结合水是指处于固体散货颗粒表面水膜中的水,它因受到表面引力的控制而不服从静水力学规律,其冰点低于零度。结合水又可分为强结合水和弱结合水。强结合水在最靠近固体散货颗粒表面处,水分子和水化离子排列得非常紧密,以致其密度大于 $1g/cm^3$,并有过冷现象,即温度降到零度以下不发生冻结的现象。在距离固体散货粒表面较远地方的结合水称为弱结合水,由于引力降低,弱结合水的水分子的排列不如强结合水紧密,弱结合水可能从较厚水膜或浓度较低处缓慢地迁移到较薄的水膜或浓度较高处,亦即可从一个固体散货粒迁移到另一个固体散货粒,这种运动与重力无关,这层不能传递静水压力的水定义为弱结合水。

自由水包括毛细水和重力水。毛细水不仅受到重力的作用,还受到表面张力的支配,能沿着固体散货的细孔隙从潜水面上升到一定的高度。重力水在重力或压力差作用下能在固体散货中渗流,对于固体散货颗粒和结构物都有浮力作用,在固体散货力学计算中应当考虑这种渗流及浮力的作用力。

(三)固体散货的气相

固体散货的气相是指充填在固体散货的孔隙中的气体,包括与大气连通的和不连通的两类。

与大气连通的气体对固体散货的工程性质没有多大的影响,它的成分与空气相似,当固体散货受到外力作用时,这种气体很快从孔隙中挤出;但是密闭的气体对固体散货的工程性质有很大的影响,密闭气体的成分可能是空气、水汽或天然气。在压力作用下这种气体可被压缩或溶解于水中,而当压力减小时,气泡会恢复原状或重新游离出来。含气体的固体散货称为非饱和固体散货,非饱和固体散货运输性质值得深入研究。

三、固体散货的三相比例指标

(一)三相比例指标的物理意义

固体散货的三相物质在体积和质量上的比例关系称为三相比例指标。三相比例指标反映了固体散货的干燥与潮湿、疏松与紧密，是评价固体散货的工程性质的最基本的物理性质指标，也是工程地质勘察报告中不可缺少的基本内容。

推导固体散货的三相比例指标时可采用图3-2所示的三相图。该图中的左图是实际固体散货体，中图是固体散货的三相图，右图是固体散货中颗粒、水和气体间的比例关系。设固体散体积为 V，其值为固体散货中空气的体积 V_a、水的体积 V_w 和固体散货粒的体积 V_s 之和；空气的体积 V_a 和水的体积 V_w 之和是 V_v，即固体散货中空当的体积；固体散货样的质量 m 为固体散货中空气的质量 m_a、水的质量 m_w 和固体散货粒的质量 m_s 之和；由于空气的质量可以忽略，故固体散货样的质量 m 可用水和固体散货粒质量之和（m_w+m_s）表示。

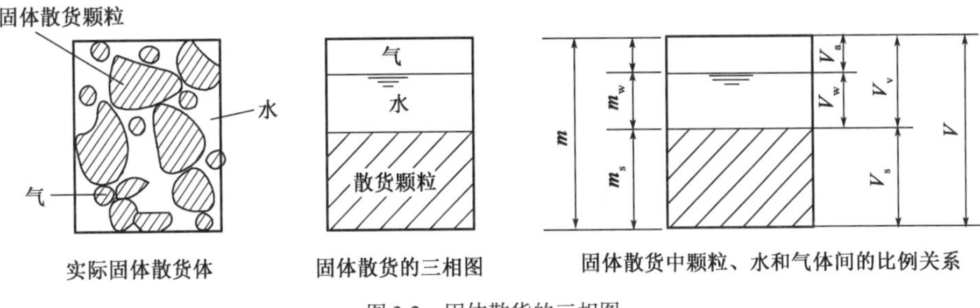

图3-2　固体散货的三相图

三相比例指标可分为两种，一种是试验指标；另一种是换算指标。

（二）试验指标

通过试验测定的指标有固体散货的密度、固体散货粒密度和含水量。

1. 固体散货的密度 ρ

固体散货的密度是单位体积固体散货的质量，设固体散货的体积为 V，质量为 m，则固体散货的密度 ρ 可由下式表示

$$\rho=\frac{m}{v} \tag{3-3}$$

固体散货的密度常用环刀法测定，其单位是 g/cm³，一般固体散货的密度为 1.60～2.20g/cm³。当采用国际单位制计算重力 W 时，由固体散货的质量产生的单位体积的重力称为重力密度 γ，简称为重度（单位为 kN/m³），即

$$\lambda=\rho g\approx 10\rho \tag{3-4}$$

对天然固体散货求得的密度称为天然密度，相应的重度称为天然重度。

2. 固体散货粒密度 ρ_s

固体散货粒密度是干固体散货粒的质量与其体积之比，即

$$\rho_s=\frac{m_s}{v_s} \tag{3-5}$$

固体散货粒密度也称为比重（相对密度），其值可由比重试验求得。固体散货粒密度主要取决于固体散货矿物成分，不同固体散货类的固体散货粒密度变化幅度不大，在有经验的地区可按经验值选用。固体散货粒相对密度是指固体散货的质量与4 ℃时同体积水的质量之比，

其值与固体散货粒密度相同,但没有单位,在用作固体散货的三相指标计算时必须乘以水的密度值才能平衡量纲。

3. 固体散货的含水量 w

固体散货的含水量是固体散货中水的质量 m_w 与固体(固体散货粒)质量 m_s 之比,由下式表示:

$$w = \frac{m_w}{m_s} \times 100\% \tag{3-6}$$

含水量通常以百分数表示。含水量常用烘干法测定,它是描述固体散货的干湿程度的重要指标。固体散货的天然含水量变化范围很大,从干砂的含水量接近于零到蒙脱固体散货的含水量可达百分之几百。

(三)换算指标

除了上述三个试验指标之外,还有六个可以计算求得的指标,称为换算指标,包括固体散货的干密度(干重度)、饱和密度(饱和重度)、有效重度、孔隙比、孔隙率和饱和度。

1. 干密度 ρ_d

干密度是固体散货的固相质量 m_s 与固体散货的总体积 V 之比,可由下式表示:

$$\rho_d = \frac{m_s}{V} \tag{3-7}$$

干密度的单位是 g/cm^3。固体散货的干密度越大,固体散货越密实,强度就越高,水稳定性也好。干密度常用作填固体散货密实度的施工控制指标。

2. 固体散货的饱和密度 m_s

固体散货的饱和密度是当固体散货的孔隙中全部为水所充满时的密度,即全部充满孔隙的水的质量 m_w 与固相质量 m_s 之和与固体散货的总体积 V 之比,由下式表示:

$$\rho_{sat} = \frac{m_s + m_w}{V} \tag{3-8}$$

固体散货的饱和密度的单位是 g/cm^3。当用干密度或饱和密度计算重力时,也应乘以 10 变换为干重度或饱和重度。

3. 有效重度 γ'

有效重度是扣除浮力以后的固相重力与固体散货的总体积之比(又称为浮重度),由下式表示:

$$\gamma' = \frac{W_s + V_s\gamma_w}{V} = \gamma_{sat} - \gamma_w \tag{3-9}$$

式中,γ_w 为水的重度,纯水在 4℃时的重度等于 9.81kN/m^3,在工程上常取为 10kN/m^3。在舱内,若货舱灌满水,则固体散货在水中的重量应当用有效重度计算。

4. 固体散货的孔隙比 e

固体散货的孔隙比是孔隙的体积 V_v 与固相体积 V_s 之比,以小数计,由下式表示:

$$e = \frac{V_v}{V_s} \tag{3-10}$$

孔隙比常用来评价固体散货的紧密程度，或从孔隙比的变化推算固体散货的压密程度。谷物等货物，也有孔隙比的概念。

5. 固体散货的孔隙率 n

固体散货的孔隙率是孔隙的体积 V_v 与固体散货的总体积 V 之比，即

$$n = \frac{V_v}{V} \tag{3-11}$$

6. 固体散货的饱和度 S_r

固体散货的饱和度是指孔隙中水的体积 V_w 与孔隙体积 V_v 之比，常用百分数表示，即

$$S_r = \frac{V_w}{V_v} \tag{3-12}$$

7. 三相指标之间的换算关系

在三相比例指标中，三个试验指标是基本指标，通过试验指标，所有三相比例指标之间可以建立相互换算关系，具体的换算公式可查阅表 3-4。

三相比例指标之间的换算　表 3-4

指标名称	三相比例定义式	常用换算公式	单位
天然密度 ρ	$\rho = \frac{m}{V} = \frac{m_s + m_w}{V_s + V_n}$	$\rho = \rho_d(1 + w)$　$\rho = \frac{\rho_s(1 + \omega)}{1 + e}$	g/cm^3
固体散货粒密度 ρ_s	$\rho_s = \frac{m_s}{V_s}$	$\rho_s = \frac{S_\gamma e}{\omega}\rho_w$	g/cm^3
干密度 ρ_d	$\rho_d = \frac{m_s}{V}$	$\rho_d = \frac{\rho}{1 + w}$　$\rho_d = \frac{\rho_s}{1 + e}$	g/cm^3
饱和密度 ρ_{sat}	$\rho_{sat} = \frac{m_s + V_v \cdot \rho_w}{V}$	$\rho_{sat} = \rho_d + n\rho_w$　$\rho_{sat} = \frac{\rho_s + e \cdot \rho_w}{1 + e}$	g/cm^3
浮重度 γ'	$\gamma' = \gamma_{sat} - \gamma_w$	$\gamma' = \frac{\rho_s - \rho_w}{1 + e} \cdot g$　$\gamma' = \frac{(\rho_s - \rho_w) \cdot \rho}{\rho_s(1 + w)} \cdot g$	kN/m^3
孔隙比 e	$e = \frac{V_v}{V_s}$	$e = \frac{\rho(1 + w)}{\rho} - 1$　$e = \frac{\rho_s}{\rho_d} - 1$	
孔隙度 n	$n = \frac{V_v}{V} \times 100\%$	$n = \frac{e}{1 + e}$　$n = \left(1 - \frac{\rho}{\rho_s(1 + w)}\right) \times 100\%$	
含水量 ω	$\omega = \frac{m_w}{m_s} \times 100\%$	$\omega = \frac{S_\gamma e}{\rho_s}\rho_w$　$\omega = \frac{\rho}{\rho_d} - 1$	
饱和度 S_r	$S_r = \frac{V_w}{V_n} \times 100\%$	$S_\gamma = \frac{w \cdot \rho_s}{e \cdot \rho_w} \times 100\%$	

下面通过一个例题的解答来进一步理解三相指标之间的换算关系:

例 3-1

已知固体散货的试验指标为 $\rho = 18\text{kN/m}^3$,$\rho_s = 2.7\text{g/cm}^3$ 和 $w = 12\%$,求 e,S_r 和 ρ_d。

解:设固体散货的体积等于1,则固体散货的重力 $W = PV = 18\text{kN}$。

已知固体散货粒的重力 W_s 与水的重力 W_w 之和等于固体散货的重力 W,即 $W = W_s + W_w$。水的重力 W_w 与固体散货的重力 W_s 之比等于含水量 w,则 $W_w = w \times W_s = 0.12W_s$,由此求得固体散货粒的重力 $W_s = 15\text{kN}$。固体散货粒体积 V_s 可由固体散货粒的密度 ρ_s 和固体散货粒的重力 W_s 求得,其值为 0.55m^3,孔隙的体积 V_v 则为 0.45m^3,水的体积 V_w 由水的重度 ρ_w 和水的重力 W_w 求得,其值为 0.18m^3。

根据三相指标定义可计算孔隙比 e,饱和度 S_r 和干重度 γ_d 的数值:

$$e = \frac{V_v}{V_s} = \frac{0.45}{0.55} = 0.82 \quad S_r = \frac{V_w}{v_v} = \frac{0.18}{0.45} \times 100\% = 40\%$$

$$\gamma_d = \frac{W_s}{V} = \frac{15.0}{1.0} = 15.0\text{kN/m}^3$$

在实际工程计算中一般是先导出相应的换算公式,然后直接用换算公式计算。

例 3-2

某原状固体散货样,经试验测得 $\rho = 1.85\text{g/cm}^3$,$w = 25\%$,$\rho_s = 2.70\text{g/cm}^3$,求 ρ_d,e,n,S_r。

解法 1:由三相图,根据各指标的定义式求解。

绘三相图如图3-3,设固体散货颗粒的体积 $V_s = 1.0\text{cm}^3$

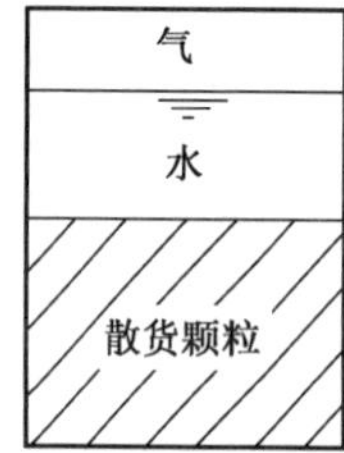

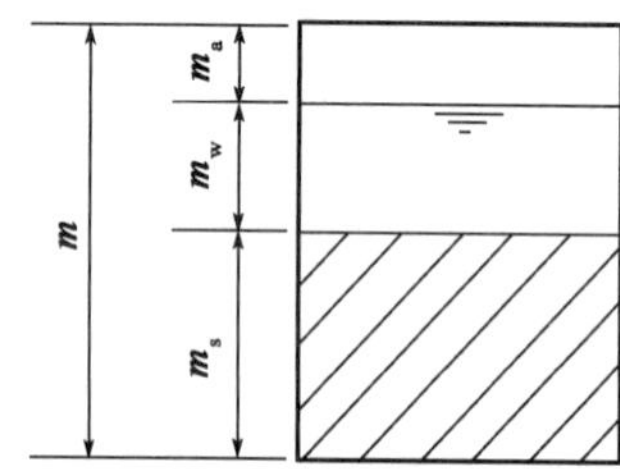

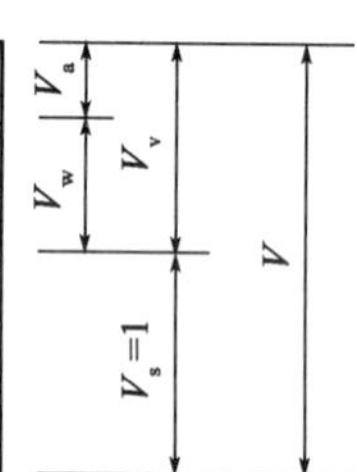

图3-3　固体散货的三相示意图

1)确定三相组成的体积与质量

(1) $m_s = V_s \cdot \rho_s = 2.70 \times 1.0 = 2.70$

(2) $m_w = m_s \cdot w = 2.70 \times 25\% = 0.675$

(3) $m = m_w + m_s = 2.70 + 0.675 = 3.375$

$V_w = m_w / \rho_w = 0.675/1.0 = 0.675$

(4) $V = m/\rho = 3.375/1.85 = 1.824$

$V_v = V - V_s = 1.824 - 1.0 = 0.824$

2)按定义求其他各指标

$$\rho_d = \frac{m_s}{V} = \frac{2.70}{1.824} = 1.48$$

$$e = \frac{V_v}{V_s} = \frac{0.824}{1.0} = 0.824$$

$$n=\frac{V_v}{V}=\frac{0.824}{1.824}=45\%$$

$$S_r=\frac{V_w}{V_v}=\frac{0.675}{0.824}=81.9\%$$

解法 2：由指标之间的变换关系式直接求解。

$$\rho_d=\frac{\rho}{1+w}=\frac{1.85}{1+0.25}=1.48\text{g/cm}^3$$

$$e=\frac{\rho_s(1+w)}{\rho}-1=\frac{\rho_s}{\rho_d}-1=\frac{2.70}{1.48}-1=0.824$$

$$n=\frac{e}{1+e}=\frac{0.824}{1+0.824}=45.2\%$$

$$S_r=\frac{w\cdot\rho_s}{e\cdot\rho_w}=\frac{0.25\times2.70}{0.824\times1.0}=81.9\%$$

（四）三相指标测定

1. 固体散货的密度试验

固体散货的密度一般用“环刀法”测定，使用一个圆环刀（刀刃向下）放在削平的原状固体散货样表面，徐徐削去环刀外围的固体散货，边削边压，使固体散货样压满环刀内，称得环刀内固体散货样质量，求出它与环刀容积之比值即为其密度。

固体散货密度的测试可参图 3-4 所示。

a)

b)

图 3-4　测定固体散货密度的环刀

2. 固体散货的含水量试验

固体散货的含水量一般用“烘干法”测定，先称取小块原状固体散货样的湿固体散货质量 m，然后置于烘箱内维持 100 ~ 105℃烘至恒重，再称出干固体散货质量 m_s，湿固体散货与干固体散货质量之差为固体散货块中水的质量 m_w，而固体散货的含水量为

$$w=\left(\frac{m}{m_s}-1\right)\times100\% \tag{3-13}$$

详细的试验步骤请查阅固体散货性指标试验中的含水量试验内容。

3. 颗粒密度试验

固体散货颗粒密度试验一般是采用比重瓶法测定固体散货粒的比重,通过测定干固体散货质量和瓶、水总质量以及瓶、水、试样总质量和悬液温度,由下式计算固体散货粒的比重 G_s

$$G_s = \frac{m_d}{m_{bw} + m_d - m_{bws}} \cdot G_{lt} \tag{3-14}$$

式中,m_{bw}为比重瓶、水总质量(g);m_{bws}为比重瓶、水、固体散货总质量(g);G_{lt}为T(℃)时纯水或中性液体的比重。水的比重可查物理手册;中性液体的比重应实测。

详细的试验步骤请查阅固体散货性指标试验中的比重瓶法比重试验内容。

四、固体散货的结构

固体散货的结构是指固体散货粒(或团粒)的大小、形状、互相排列及联结的特征。固体散货的结构按其颗粒的排列和联结可分为图3-5所示的三种基本类型。

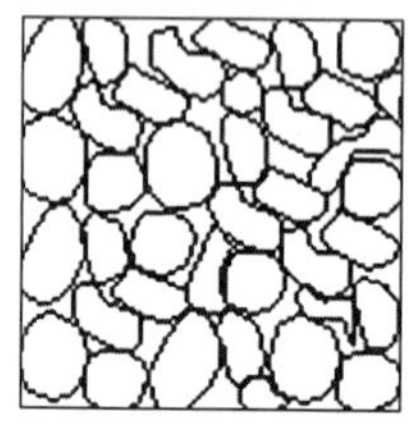

固体散货的单粒结构

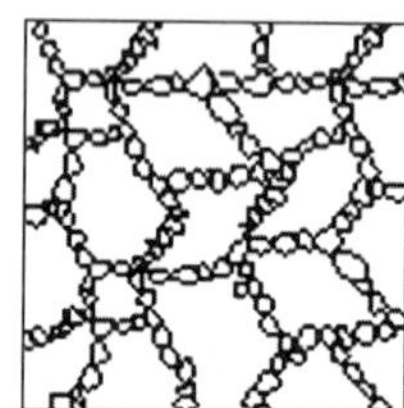

固体散货的蜂窝结构

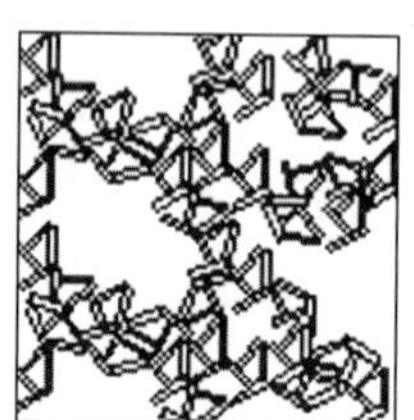

固体散货的絮状结构

图3-5 固体散货结构的基本类型

(一)单粒结构

单粒结构是碎石状和砂状的,其特点是颗粒间没有联结存在,或联结非常微弱,可以忽略不计。疏松状态的单粒结构在荷载作用下,特别在振动荷载作用下会趋向密实,颗粒移向更稳定的位置,同时产生较大的变形;密实状态的单粒结构在剪应力作用下会发生剪胀,即体积膨胀,密度变小。单粒结构的紧密程度取决于矿物成分、颗粒形状、粒度成分及级配的均匀程度。片状矿物颗粒组成的砂粒状散货最为疏松;浑圆的颗粒组成的散货比带棱角的容易趋向密实;货粒的级配越不均匀,结构越紧密。

(二)窝状结构

蜂窝状结构是以粉粒为主的。粒径在0.002~0.02mm左右的货粒在水中沉积时,基本上是单个颗粒下沉,在下沉过程中碰上已沉积的货粒时,若颗粒间的引力相对自重而言已经足够地大,则此颗粒就停留在最初的接触位置上不再下沉,形成大孔隙的蜂窝状结构。

(三)絮状结构

絮状结构是黏固颗粒特有的结构特征。悬浮在水中的黏固体颗粒在介质发生变化时,颗粒互相聚合,以边—边、面—边的接触方式形成絮状物下沉,沉积为大孔隙的絮状结构。

固体散货的结构形成以后,当外界条件变化时,其也会发生变化。例如,固体散货层在上部货层作用下压密固结时,结构会趋于更紧密的排列;卸载时货体中的颗粒会略有膨胀,松动颗粒间的连接结构;当货物失水干缩,颗粒间的连接可能因结晶而胶结在一起,也可能因胶结断损而离散;在振动、挤压等外力作用下会弱化颗粒间的结构,破坏原来的排列方式,发生收缩或膨胀。

五、固体散货黏性

(一)黏性的产生

固体散货中,尺度很小的颗粒之间会受到分子间吸引力即称范德华力(Van der Waals force)作用。这种力可为极性分子的永久偶极矩之间的相互作用力;可为极性分子使另一个分子极化,产生诱导偶极矩并产生相互吸引的力;还可为分子中电子的运动产生瞬时偶极矩,它使邻近分子瞬时极化,后者又反过来增强原来分子的瞬时偶极矩,这种相互耦合产生静电吸引作用,这便是固体散货的黏性。

这三种力的贡献不同,通常第三种作用的贡献最大。

1. 颗粒自身的表面光洁度

固体散货的颗粒越小,表面积总和越大,表面积也越复杂,即光洁性越差。这种情况下,小颗粒之间便会具有一定的镶嵌性,在宏观上的表现即为黏性。

2. 颗粒的密度

固体散货的颗粒密度越小,受到范德华力和镶嵌性的影响就越大,在宏观上的表现即为黏性较大。

3. 颗粒的吸水性

固体散货的颗粒越小,吸水性越强;吸水性当然还与颗粒的品质有关。颗粒吸水后,滑动性会增加,但在表面张力的影响下会表现出具有一定黏性。

(二)黏性固体散货的分类

从运输角度,可粗略地将粒径小于0.005mm的颗粒称为黏性颗粒,从而可将货物分成:

1. 黏性货物

黏性货物含黏性颗粒在重量上大于30%,相应的塑性指数大于17(即含水量大于17%)。

2. 粉质货物

粉质货物又称亚黏性货物,含黏性颗粒在重量上为10%~30%,相应的塑性指数为10~17(即含水量为10%~17%)。

3. 砂质货物

砂质货物又称轻亚黏性货物,含黏性颗粒10%以下,相应的塑性指数为3~10(即含水量为3%~10%)。

(三)黏性固体散货的状态

随着含水量的改变,黏性固体散货将经历不同的物理状态。

1. 流动状态

当含水量很大时,固体散货是一种黏滞流动的液体即泥浆,称为流动状态。

2. 可塑状态

随着含水量逐渐减少,黏滞流动的特点渐渐消失而显示出塑性(所谓塑性就是指可以塑成任何形状而不发生裂缝,并在外力解除以后能保持已有的形状而不恢复原状的性质),称为可塑状态。

3. 半固体状态

当含水量继续减少时,固体散货的可塑性逐渐消失,从可塑状态变为半固体状态。

4. 固体状态

如果同时测定含水量减少过程中的体积变化,则可发现固体散货的体积随着含水量的减少而减小,但当含水量很小的时候,固体散货的体积却不再随含水量的减少而减小了,这种状态称为固体状态。

(四)界限含水量

黏性固体散货从一种状态变到另一种状态的含水量分界点称为界限含水量。流动状态与可塑状态间的分界含水量称为液限 w_L;可塑状态与半固体状态间的分界含水量称为塑限 w_p;半固体状态与固体状态间的分界含水量称为缩限 w_s。

六、塑性指数与液性指数

(一)塑限的测定

塑限 w_p 是用搓条法测定的。把可塑状态的固体散货在毛玻璃板上用手搓条,在缓慢的、单方向的搓动过程中固体散货膏内的水分渐渐蒸发,如搓到固体散货条的直径为3mm左右时断裂为若干段,则此时的含水量即为塑限 w_p。

搓条法主要指滚搓法塑。这种方法适用于粒径小于0.5mm以及有机质含量不大于试样总质量5%的散货。滚搓应在毛玻璃板上进行。

一般取货样约50g备用。为在试验前使货样的含水量接近塑限,可将试样在手中捏揉至不黏手为止,或放在空气中稍为晾干。

取含水量接近塑限的试样一小块,先用手搓成椭圆形,然后再用手掌在毛玻璃板上轻轻搓滚。搓滚时须以手掌均匀施压力于货样条上,不得将货样条在玻璃板上进行无压力的滚动。货样条长度不宜超过手掌宽度,并在滚搓时不应从手掌下任一边脱出。货样条在任何情况下不允许产生中空现象。

继续搓滚货样条，直至货样条直径达 3mm 时，产生裂缝并开始断裂为止。若货样条搓成 3mm 时仍未产生裂缝及断裂，表示这时试样的含水率高于塑限，则将其重新捏成一团，重新搓滚；如货样条直径大于 3mm 时即行断裂，表示试样含水率小于塑限，应弃去，重新取货样加适量水调匀后再搓，直至合格。若货样条在任何含水率下始终搓不到 3mm 即开始断裂，则认为该货样无塑性。

收集约 3 ~ 5g 合格的断裂货样条，放入称量盒内，随即盖紧盒盖，测定其含水率。

国内外在测定塑限的规定中，搓条方法不尽相同，货样条断裂时的直径多数采用 3mm，我国规程均采用 3mm，故仍沿用 3mm。关于滚搓速度，各国均无具体要求，美国 ASTM D424 规定搓滚速度为每分钟 80 ~ 90 次；英国 BS 1377 规定，手指的压力必须使滚搓 5 ~ 10 个往返后，货样条直径由 6mm 减至 3mm，高塑性黏货样则允许往返 10 ~ 15 次。这种规定太细、太死，不易掌握，也无必要，故仍维持原有规定。对于某些低液限砂类货样，始终搓不到 3mm，可认为塑性极低或无塑性，可按极细砂处理。

（二）液限的测定

液限 w_L 可采用平衡锥式液限仪测定。平衡锥重为 76g，锥角为 30°。试验时使平衡锥在自重作用下沉入固体散货膏，当 15s 内正好沉入深度 10mm 时的含水率即为液限 w_L。

《土工试验方法标准》（GB/T 50123—2019）规定，土的塑限和液限可用“液塑限联合测定仪”进行测定，如图 3-6 所示。

目前在液限与塑限的测定中还有根据平衡圆锥沉入深度与液限、塑限的对应关系而采取的液限塑限联合测定法，其试验操作步骤请查阅液限塑限联合测定法的内容。

按 GB/T 50123—2019 规定，利用“液塑限联合测定仪”测定液限、塑限时，可绘制出平衡圆锥在试样中的下沉深度与含水率的关系图，如图 3-7 所示。

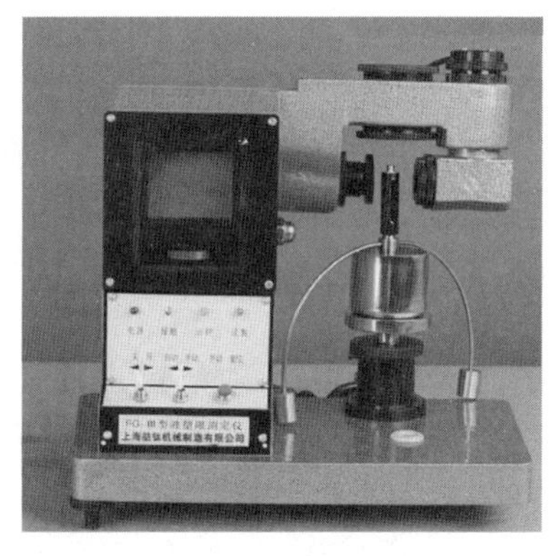

图 3-6　液塑限联合测定仪

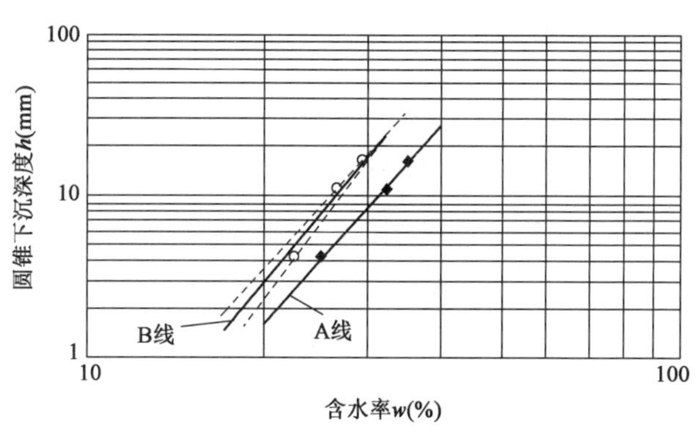

图 3-7　圆锥下沉深度与含水率关系图

以含水量为横坐标，圆锥下沉深度为纵坐标，在双对数坐标纸上绘制关系曲线，三点连一直线（图中 A 线）。当三点不在一直线上时，通过高含水量的一点与其余两点连成两条直线，在圆锥下沉深度为 2 mm 处查得相应的含油率，当两个含油率的差值小于 2% 时，应以该两点含油率的平均值与高含油率的点连一线（图中 B 线）。当两个含油率差值不小于 2% 时，应补做试验。

(三)塑性指数

可塑性是黏性固体散货区别于砂性固体散货的重要特征。可塑性的大小用固体散货处在塑性状态的含水量变化范围来衡量,从液限到塑限含水量的变化范围愈大,固体散货的可塑性愈好。这个范围称为塑性指数 I_p:

$$I_p = w_L - w_p \tag{3-15}$$

塑性指数习惯上用不带%的数值表示。塑性指数是黏固体散货的最基本、最重要的物理指标之一,它综合地反映了黏固体散货的物质组成,广泛应用于固体散货的分类和评价。

(四)液性指数

液性指数 I_L 是表示天然含水量与界限含水量相对关系的指标,其表达式为:

$$I_L = \frac{w - w_p}{w_L - w_p} \tag{3-16}$$

可塑状态的固体散货的液性指数在 0 到 1 之间,液性指数越大,表示固体散货越软;液性指数大于 1 的固体散货处于流动状态;小于 0 的固体散货则处于固体状态或半固体状态。

黏性固体散货的状态可根据液性指数 I_L 分为坚硬、硬塑、可塑、软塑和流塑,见表 3-5 所示。

按塑性指数值确定黏性固体散货状态 表 3-5

I_L 值	$I_L \leqslant 0$	$0 < I_L \leqslant 0.25$	$0.25 < I_L \leqslant 0.75$	$0.75 < I_L \leqslant 1.0$	$1.0 < I_L$
状态	坚硬	硬塑	可塑	软塑	流塑

例 3-3

已知黏性固体散货的密度 $\gamma_s = 27.5\text{g/cm}^3$,液限为 40%,塑限为 22%,饱和度为0.98,孔隙比为 1.15,试计算塑性指数、液性指数及确定黏性固体散货的状态。

解:根据液限和塑限可以求得塑性指数为 18,固体散货的含水量及液性指数可由下式求得:

$$w = \frac{e\gamma_w S_r}{\gamma_s} = \frac{1.15 \times 10 \times 0.98}{27.5} = 41\% \tag{3-17}$$

$$I_L = \frac{w - w_p}{w_L - w_p} = \frac{0.41 - 0.22}{0.40 - 0.22} = 1.06 \tag{3-18}$$

式中,$I_L > 1$,故此黏性固体散货为流塑状态。

(五)不具有黏性的固体散货

理论上,任何固体散货均有黏性,但下述货物的黏性很小,所以 IMSBC 规则规定这些货物不具有黏性,而可用静止角确定其流动性。这些货物共 41 种。

1. 氟化铵(ALUMINIUM FLUORIDE)
2. 硝酸铵(AMMONIUM NITRATE)
3. 硝酸铵基化肥(AMMONIUM NITRATE BASED FERTILIZER)
4. 仅在散装时有危险的硝酸铵基化肥(AMMONIUM NITRATE BASED FERTILIZER MHB)
5. 硝酸铵基化肥,UN 编号 2067(AMMONIUM NITRATE BASED FERTILIZER UN 2067)
6. 硝酸铵基化肥,UN 编号 2071(AMMONIUM NITRATE BASED FERTILIZER UN 2071)
7. 硫酸铵(AMMONIUM SULPHATE)
8. 无水硼砂(BORAX, ANHYDROUS)

9. 水镁石(BRUCITE)

10. 硝酸钙化肥(CALCIUM NITRATE FERTILIZER)

11. 智利天然钾硝石(CHLORITE)

12. 蛤贝(CLAM SHELL)

13. 磷酸二铵(DIAMMONIUM PHOSPHATE)

14. 镍铁合金渣（经研磨的)(FERRONICKEL SLAG (granulated))

15. 烟尘,含铅和锌的(FLUE DUST, CONTAINING LEAD AND ZINC)

16. 谷糠球团(GRAIN SCREENING PELLETS)

17. 粒状磷酸铁(GRANULAR FERROUS SULPHATE)

18. 含铅浸取残渣(LEACH RESIDUE CONTAINING LEAD)

19. 硫酸镁化肥(MAGNESIUM SULPHATE FERTILIZERS)

20. 磷酸一铵(MONOAMMONIUM PHOSPHATE)

21. 磷酸一铵,带加强富矿涂层的(MONOAMMONIUM PHOSPHATE (M. A. P.), MINERAL ENRICHED COATING)

22. 磷酸一钙(MONOCALCIUMPHOSPHATE (MCP))

23. 橄榄石砂及骨料(OLIVINE GRANULAR AND GRAVEL AGGREGATE PRODUCTS)

24. 橄榄石砂(OLIVINE SAND)

25. 钾碱(POTASH)

26. 氯化钾(POTASSIUM CHLORIDE)

27. 硝酸钾(POTASSIUM NITRATE)

28. 硫酸钾(POTASSIUM SULPHATE)

29. 砂,精矿粉,属放射性矿物,低比度的,UN 编号 2912(SAND, MINERAL CONCENTRATE, RADIOACTIVE MATERIAL, LOW SPECIFIC)(ACTIVITY (LSA-I) UN 2912)

30. B 组种子饼及其他植物渣(SEED CAKES AND OTHER RESIDUES OF PROCESSED OILY VEGETABLES)((group B))

31. C 组种子饼及其他植物渣(SEED CAKES AND OTHER RESIDUES OF PROCESSED OILY VEGETABLES)((group C))

32. 硝酸钠和硝酸钾混合物(SODIUM NITRATE AND POTASSIUM NITRATE MIXTURE)

33. 锂辉石精矿(升级的)(SPODUMENE (UPGRADED))

34. 蔗糖生物球团(SUGARCANE BIOMASS PELLETS)

35. 过磷酸盐(SUPERPHOSPHATE)

36. 合成二氧化硅(SYNTHETIC SILICON DIOXIDE)

37. 木薯淀粉(TAPIOCA)

38. 尿素(UREA)

39. 含黏合剂的木球团(WOOD PELLETS CONTAINING ADDITIVES AND/OR BINDERS)

40. 不含黏合剂的木球团(WOOD PELLETS NOT CONTAINING ANY ADDITIVES AND/OR BINDERS)

41. 焙烤木片(WOOD TORREFIED)

七、固体散货参数的测量

(一)静止角的测量方法

固体散货静止角的测量方法有多种,如漏斗法(Funnel method)、滑动法(Sliding method)、转筒法(Revolving sylinder method)、内漏法(Internal funnel method)等,如图 3-8 所示。

IMSBC 规则规定,对于粉体颗粒小于 10mm 的易流态化货物应用倾箱试验测定其静止角。试验箱的结构如图 3-9 所示,其操作要点如下。

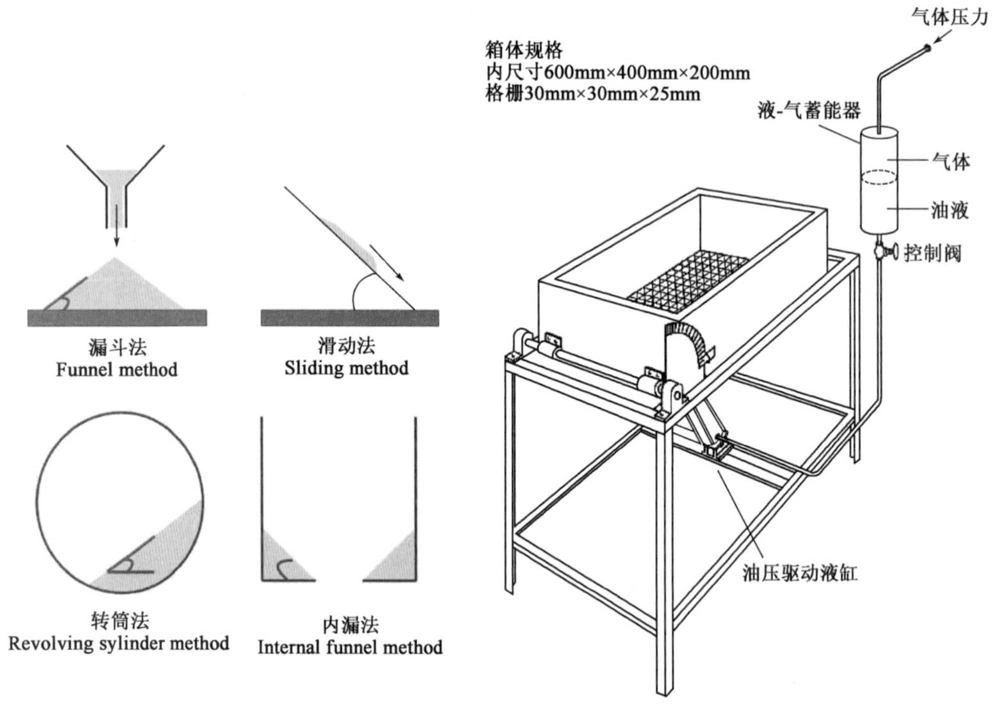

图 3-8　固体散货结构的基本类型

图 3-9　静止角测量仪

开口试验箱与支架由横轴铰接,使试验箱能在可控下倾斜。试验箱的尺寸为长 600mm × 宽 400mm × 高 200mm。试验箱由装在支架与箱底之间的液压缸驱动,可用液—气蓄能器给液压缸加压,其内气体压力应为 $5kP/cm^2$,倾斜速度应为 0.3°/s。试验箱的倾角范围应至少为 50°,在固定轴的一端装有量角器。量角器的一边是固定的,可用螺丝调至水平。量角器用以测定试验箱顶边与水平线的夹角,精度应在 0.5°以内。

应备有一水准仪,以将量角器调至零位。

为防止试样在倾斜时沿箱底滑动,将一格板(尺寸为 30mm × 30mm × 25mm)固定在箱底。

利用本试验测定静止角时,开始时试验箱中物质的表面应水平并和箱底平行。试验箱的倾斜应无振动,并且在箱中物质刚刚开始散滑时即刻停止。

本试验测定的静止角是试验箱中的散装物质刚刚开始滑动时试验箱的顶面与水平面的夹角。

应从尽可能低的高度上将试验物质倒入箱中，保证装填均匀。多余的试样应用直边铲剖掉。铲剖时，应将边铲倾斜45°。

用量角器测出试验箱顶边与水平线的夹角，并用出记录。静止角取为3次测量值的平均值，在试验报告中的记录应精确到半度以内。在无试验箱时也可用船用方法测定静止角。而且，一般认为船用法测得静止角比利用倾箱测得的静止小3°。

将粗质纸铺在水平板上。将10L样分成3等份，对每份分别进行试验。将一份试样的2/3，即2L倒在粗质纸上，形成一初始锥形。将余下该份试样从距锥顶约几毫米高处特别仔细地倒在锥顶。注意使锥形形状对称，可在倾倒时在锥顶近周缓慢转动砂斗。

测量时应注意量角器不要接触锥形，否则试样会滑动而破坏试验。角度应在圆锥四周间隔约90°的四个位置上测出。静止角取为12个测量值的平均值，在试验报告的记录中应精确到半度以内。

（二）粒度的测定

固体散货粉体颗粒的大小称为其粒度（size）。由于颗粒形状通常很复杂，所以有多种方法表示颗粒的粒度：

（1）等效体积径，系指与实际颗粒体积相同的球的直径。一般认为激光法所测的直径为等效体积径。

（2）等效沉速径，系指在相同条件下与实际颗粒在沉降液体中沉降速度相同的球的直径。用沉降法所测得的粒径为等效沉速径，又叫Stokes径。

（3）等效电阻径，在相同条件下与实际颗粒产生相同电阻效果的球形颗粒的直径。用库尔特法所测得的粒径为等效电阻径。

（4）等效投影面积径，与实际颗粒投影面积相同的球形颗粒的直径。显微镜法和图像法所测得的粒径大多是等效投影面积径。

（5）等效表面积径，系指与实际颗粒表面积相等的球的直径。

在工业生产中人们常用的筛网（Sieve，Sifter，Screen）主要有打孔筛，如图3-10所示；编织筛，如图3-11所示。

图3-10　打孔筛网

图3-11　编织筛网

筛网的疏密程度一般以“目数”(Mesh)表示。“目数”是 1 英寸(25.4mm)宽度筛网内的筛孔数,所以目数越大说明筛孔越小。

由于筛孔的形状可为方形、圆形、三角形或其他形状,所以筛网的目数与筛孔直径没有确定关系。

筛分粒度是指利用筛网来测量得到的粉体粒度,一般以“目数”(Mesh)表示。“目数”是 1 英寸(25.4mm)宽度筛网内的筛孔数。这是在船舶运输中最常见的粒度测量方法。

用筛网测量粒度时,筛网分为干筛和湿筛两种;可以用单个筛子来控制单一粒径颗粒的通过率,也可以用多个筛子叠加起来同时测量多个粒径颗粒的通过率,并计算出百分数;筛分法还分成手工筛、振动筛、负压筛、全自动筛等。此外,颗粒能否通过筛孔与颗粒的取向、筛分的时间、筛网丝质及结构等因素有关,不同的行业有各自的筛分方法标准。

例如,某批次秘细粉(Peru pellet feed)的粒度为

100 目(97.7%);200 目(88.1%);325 目(69.8%)。

这表示该批次秘细粉有 97.7% 的粉体通过 100 目筛网;有 88.1% 的粉体通过 200 目筛网;有 69.8% 的粉体通过 325 目筛网。

用特定的仪器和方法反映出的不同粒径颗粒占粉体总量的百分数称为粒度分布,常用区间分布和累计分布两种形式表示。区间分布又称为微分分布或频率分布,它表示一系列粒径区间中颗粒的百分含量。累计分布又称为积分分布,它表示小于或大于某粒径颗粒的百分含量。

粒度分布可用下述方法表示:

(1)表格法,用表格的方法将粒径区间分布、累计分布一一列出。

(2)图形法,在直角标系中用直方图和曲线等形式表示粒度分布。

(3)函数法,用数学函数表示粒度分布,常用于理论研究,如著名的 Rosin-Rammler 分布。

粒度特性的几个关键指标如下:

(1)D50,一个样品的累计粒度分布百分数达到 50% 时所对应的粒径。它的物理意义是粒径大于它的颗粒占 50%,小于它的颗粒也占 50%。D50 也叫中位径或中值粒径,常用来表示粉体的平均粒度。

(2)D97,一个样品的累计粒度分布数达到 97% 时所对应的粒径。它的物理意义是粒径小于它的颗粒占 97%。D97 常用来表示粉体粗端的粒度指标。其他如 D16、D90 等参数的定义与物理意义与 D97 相似。

(3)比表面积(Specific surface area, Blaine surface area),单位重量的颗粒的表面积之和。比表面积的单位为 m^2/kg 或 cm^2/g。比表面积与粒度有一定的关系,粒度越细,比表面积越大,但这种关系并不一定是正比关系。

(三)固体散货含水量测定

固体散货体能够通过振动、夯实和碾压等方法调整固体散货粒排列,进而增加密实度的性质称为固体散货的压实性。

固体散货的含水量是影响固体散货压实性的主要因素之一。在低含水量时,水被固体散货颗粒吸附在颗粒表面,固体散货颗粒因无毛细管作用而互相联结很弱,固体散货颗粒受到夯

击等冲击作用下容易分散而难于获得较高的密实度。在高含水量时,固体散货中多余的水分在夯击时很难快速排出而在固体散货孔隙中形成水团,削弱了固体散货颗粒间的联结,使固体散货粒润滑而变得易于移动,夯击或碾压时容易出现类似弹性变形的"橡皮固体散货"现象,失去夯击效果。

固体散货的干密度 γ_d 是反映固体散货的密实度的重要指标,它与固体散货的含水量、压实能量和填固体散货的性质等有关。将同一种固体散货配置成不同含水量的固体散货样后进行室内击实试验,可以获得如图 3-12 所示的含水量 w 与干密度 γ_d 之间的关系曲线,称作击实曲线。

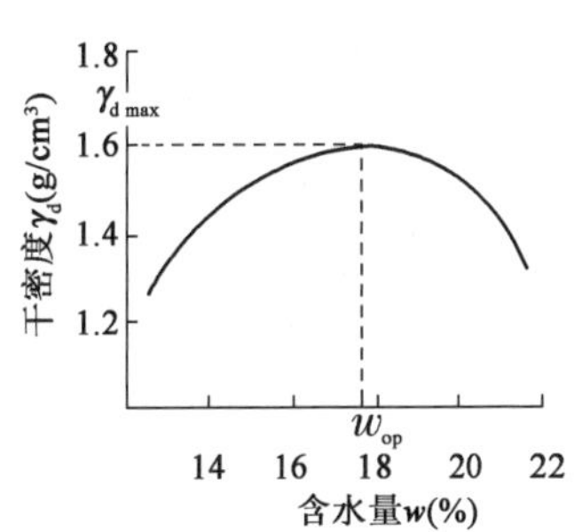

图 3-12 固体散货的击实曲线

击实曲线表明,存在一个含水量可使填固体散货的干密度达到最大值,产生最好的击实效果。将这种在一定夯击能量下填固体散货最易压实并获得最大密实度的含水量称作固体散货的最优含水量(或最佳含水量),用 w_{op} 表示。在最优含水量下得到的干密度称作填固体散货的最大干密度,用 w_{dmax} 表示。固体散货的最优含水量 w_{op} 通常采用室内标准击实试验确定,若采用固体散货的塑限值含水量 w_p 间接确定,一般可取 $w_{op} = w_p + 2$。

在易态化货物的葡樊试验中,需要进行 5 ~ 10 个分试验。在每一个分试验中,均需要测定分试样的含水量和干密度。在进行 10 个分试验时,可取其中的最大干密度作为这里的最大干密度,其所对应的含水量为最优级含水量;在进行 5 个分试验时,可取其中的最大干密度间的内插值作为这里的最大干密度,其所对应的含水量为最优级含水量。

八、一般固体散货的分类

一般固体散货多为矿物质,主要分成如下各类。

(一)碎石

碎石是指粒径大于 2 mm 的颗粒含量超过总质量的 50% 的固体散货,按粒径和颗粒形状可进一步划分为漂石、块石、卵石、碎石、圆砾和角砾,具体划分见表 3-6。

碎石固体散货的分类(GBJ 7—89) 表 3-6

固体散货的名称	颗粒形状	粒组含量
漂石	圆形及亚圆形为主	粒径大于 200mm 的颗粒超过全重 50%
块石	棱角形为主	
卵石	圆形及亚圆形为主	粒径大于 20mm 的颗粒超过全重 50%
碎石	棱角形为主	
圆砾	圆形及亚圆形为主	粒径大于 2mm 的颗粒超过全重 50%
角砾	棱角形为主	

碎石的密实度一般用定性的方法由野外描述确定,卵石的密实度可按超重型动力触探的锤击数划分。

(二)砂

砂是指粒径大于2mm的颗粒含量不超过总质量的50%且粒径大于0.075 mm的颗粒含量超过总质量的50%的固体散货。砂可再划分为5个亚类,即砾砂、粗砂、中砂、细砂和粉砂,具体划分见表3-7。

砂的分类(GBJ 7—89)　　表3-7

固体散货的名称	粒组含量
砾砂	粒径大于2mm的颗粒超过全重25%~50%
粗砂	粒径大于0.5mm的颗粒超过全重50%
中砂	粒径大于0.25mm的颗粒超过全重50%
细砂	粒径大于0.075mm的颗粒超过全重85%
粉砂	粒径大于0.075mm的颗粒超过全重50%

(三)粉

粉是指粒径大于0.075 mm的颗粒含量不超过总质量的50%,且塑性指数I_p小于或等于10的固体散货。粉是介于砂和面之间的过渡性固体散货类,它具有砂和面的某些特征,根据面可将粉再划分为砂质粉和黏质粉二类。

(四)面

面的颗粒更小,系指黏性固体散货。黏性固体散货是指塑性指数大于10的固体散货。根据塑性指数大小,粘性固体散货可再划分为粉质黏固体散货和黏固体散货两个亚类,当$10 < I_p \leq 17$时为粉质黏固体散货,当$I_p > 17$时为黏固体散货。

九、码头货物作业

(一)装卸工艺过程

装船作业中,货物可从公路车辆、江河船舶、铁路车辆直取,可与管道运输直接相接;可由堆场、仓库、筒仓和储罐供货载。

卸船作业中,货物可由公路车辆、江河船舶、铁路车辆直取,可与管道运输直接相接;可直接卸到堆场、仓库、筒仓和储罐。

堆场可由公路车辆、江河船舶、铁路车辆供货;仓库也可由公路车辆、江河船舶、铁路车辆供货;筒仓当然也可由公路车辆、江河船舶、铁路车辆供货。储罐则可由公路车辆、江河船舶、铁路车辆和管道运输供货。

公路车辆、江河船舶、铁路车辆可从堆场、仓库、筒仓或储罐取货;管道转输只能从储罐取转。

装卸工艺过程如图3-13所示。

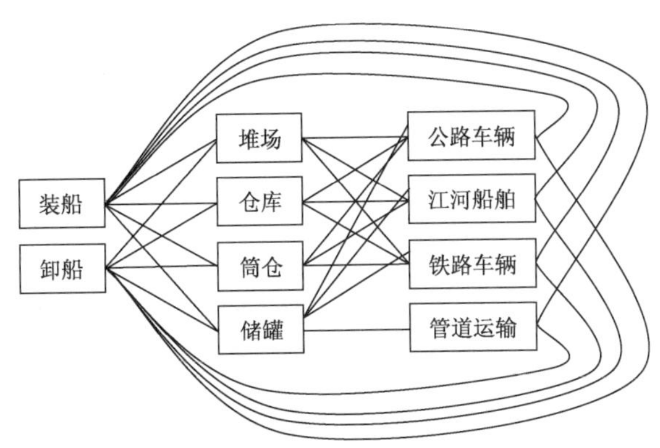

图 3-13　装卸工艺过程

(二)装卸工班

停泊在泊位上的船舶,由装卸作业公司的一个或几个工班进行装卸作业。一个工班由几个或十几个装卸工人组成,其中一人为工班长或装卸长(Foreman)。

世界各地装卸工班的工作时间安排相差很大。各国和地区均有各自的法定假日和周末休息制度。工班作业收费标准常与工作时间性质有关,如假日期间作业、夜间作业、未提前预约的作业等都可能被收取较高费用。

装卸作业期间,雇佣技术工人、技师、专业人员,可能会花费较高费用,如木匠的费用较一般工作的费用高很多。

另外,监理人员、保安人员、专业司机等也需要付费。

(三)装卸工班作业班前会制度

各装卸公司对货物装卸作业的安全、质量和效率均十分重视,一般均规定装卸工作开始工作之前必须由有关负责人组织召开班前会,主要流程如图 3-14,主要内容为:

(1)严格执行《进入作业现场安全通则》,重点抓好作业安全。

(2)严格遵守船舶装卸安全操作规程,严禁违章指挥、违章操作、违反劳动纪律。

(3)班前班中严禁饮酒,作业现场严禁吸烟。

(4)进入作业现场穿戴好劳动保护,选择好安全站位,观察好作业环境。

(5)船舶靠离泊时,系解缆人员穿戴好救生衣,非系解缆人员严禁进入现场。

(6)上下船舶,甲板、舱盖板顶上行走站立抓稳扶牢、注意防滑。

(7)桥吊起升下降操作、进出舱口时必须进行二次稳勾,指挥工确认安全后方可继续操作。

(8)未系好安全带严禁进行高空作业。

(9)严禁在起重机臂下、吊具运行线下或近距离往复行驶的流动机械运行区域内通过或停留;严禁在有倾覆可能的物体前和机械设备的死角位置通过或停留。

(10)横穿车辆行驶路线时,要做到“一站、二看、三通过”。

(11)流动机械严格按照规定线路行驶,严禁超速,重载车辆严禁引桥上停留。

参会后,与会人员必须签字确认对安全内容的理解。

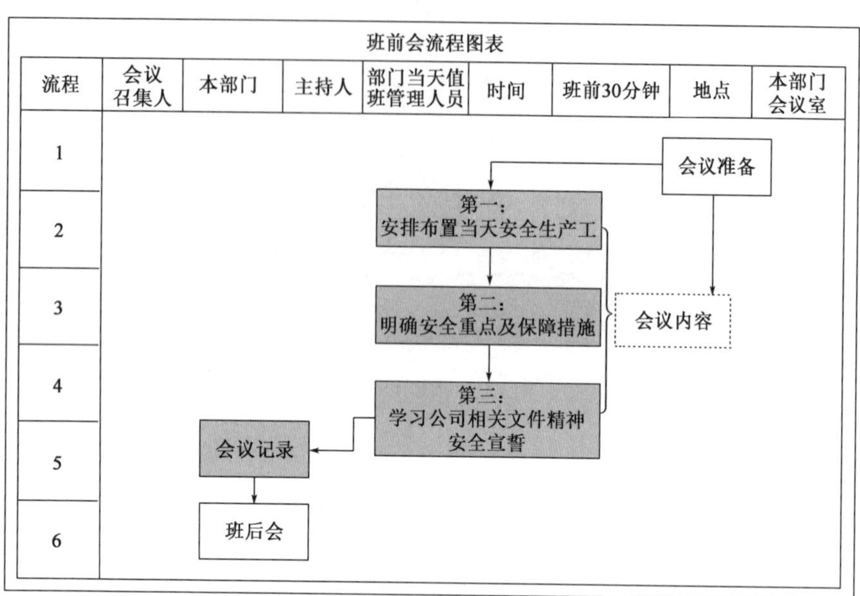

图3-14 装卸作业班前会流程

第二节 集装箱运输固体散装货物的管理规定

大部分固体散装货物均可用集装箱运输。对于一些具有某种特殊物理性质、化学性质或生物的固体散装货物,常需利用具有相应结构或辅助设备的集装箱装运。对于固体散装货物,装箱方法很多,这里列述一些与海上运输关系较密切的装箱方法,供船员及有关人员参考。

一、散装谷物在集装箱中的积载

(一)散装谷物集装箱的应用

利用集装箱装运散装谷物,主要用于短途运输或陆上运输中,特别是用于谷物产地向散装谷物运输船舶的运输和散装谷物运输船舶向谷物消费地的运输。

这方面,我国陆上谷物主要以包装形式和铁路车辆散装形式的运输,较少使用集装箱。而发达国家很少采用包装,主要是铁路车辆散装运输和集装箱运输。

长远地看,用集装箱装运散装谷物具有很强的发展势头,因为这种运输具有"门到门"的直接效果,而用散装形式运输,特别用散装船舶进行国际运输,会耗时较长,不能使用户满意。

(二)利用普通散货集装箱装运谷物

装运谷物的普通集装箱装系指端部有卸货门、顶部有装货孔的散货箱。装运谷物的箱多为20′箱,顶部的装货孔一般为三个,直径450mm~500mm。这种集装箱可用纵倾的方式卸货,如图3-15所示。

图3-15　装运散装谷物的普通集装箱

(三)利用特殊集装箱装运谷物

装运谷物的特殊集装箱主要是一些专门设计的集装箱,这种箱是带有软质顶蓬、便于旋转卸货的集装箱,如图3-16所示。

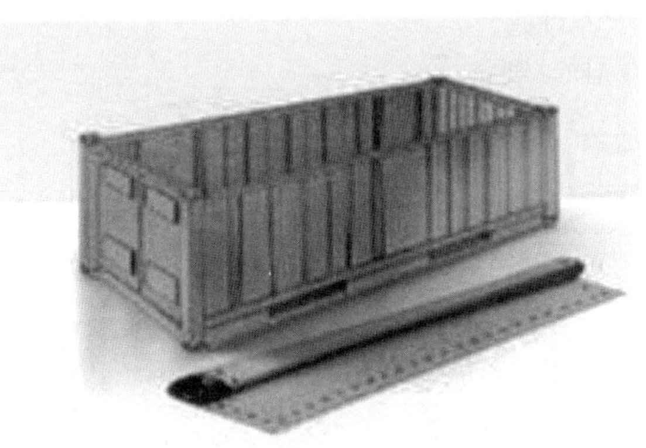

图3-16　装运散装谷物的特殊集装箱

二、易流态化货物在集装箱中的积载

易流态化货物主要是一些精矿粉,其密度较大或积载因数较小,因而装载的集装箱应经专门设计。这里列述一些典型易流态化货物用的集装箱供参考。

(一)铜精矿粉集装箱

铜精矿粉的密度较大,所以铜精矿粉集装箱(Copper Concentrate Container)需要进行一些专门设计,如图3-17所示。铜精矿粉集装箱具有以下特点:

(1)一般为20′箱,总重量为31.6t,运费重量(Pay load)为26.55t。

图 3-17　装运散装铜精矿粉的特殊集装箱

(2)系顶开门的半高箱。

(3)四角带有加强角板(Curved gusset)。

(4)端边和侧边内凹(Tapered side and end walls),以增加强度。

(5)可利用任何旋转卸箱机(Rotainer)翻转。

(6)还有可由倾箱机开启和锁止的箱门锁。

(7)带有叉孔,可用叉车堆码。

(8)堆压可达 86.4t。

(9)满足 BK2 和 ADG7[1] 要求。

(二)镍精矿粉集装箱

镍精矿粉的密度约为 $2t/m^3$,所以镍精矿粉集装箱(Nickel Concentrate Container)在设计上采取的措施不太多,如图 3-18 所示。镍精矿粉集装箱具有以下特点:

(1)在尺度上一般为 20′标准箱。

(2)带有可自动开启和关闭的硬顶门。

(3)可利用任何旋转卸箱机(Rotainer)翻转。

(4)带有叉孔,可用叉车堆码。

(5)满足 BK 各级和 ADG7 要求。

图 3-18　装运散装镍精矿粉的特殊集装箱

(三)铁精矿粉集装箱

铁精矿粉的密度较大,所以铁精矿粉集装箱(Iron Ore Concentrate Container)也需要进行一些专门设计,如图 3-19 所示。铁精矿粉集装箱具有以下特点:

图 3-19　装运散装铁精矿粉的特殊集装箱

[1] Australian Dangerous Goods Code 7th Edition.

(1)一般为20′强度加强箱。

(2)系顶开门的半高箱,也可为其他高度。

(3)运费重量可达35.000t。

(4)设有防水箱盖,在航行中具有防尘功能。

(5)可利用180°旋转卸箱机(Rotainer)翻转。

(6)还有可由倾箱机开启和锁止的箱门锁。

(7)带有叉孔,可用叉车堆码。

三、具有化学危险的固体散装货物在集装箱中的积载

按IMSBC规则,常运的具有化学危险的固体散装货物共约100种左右,性质各异,因而装载这类货物的集装箱应经专门设计。这里列述一些典型具有化学危险的固体散装货物用的集装箱供参考。

(一)散煤集装箱

散煤集装箱(Coal Container)在设计上主要用于装载散装煤炭,但也可以用于装载其他类似货物,如图3-20所示。散煤集装箱具有以下特点:

(1)一般为20′箱。

(2)系软质顶开门箱,软顶可自动也可手动开闭,关闭时可收至一端的防护盖下。

(3)带有测量箱内温度和箱内气体的测量孔,可不用开启软顶即可进行测量。

(4)箱体内壁光滑。

(5)带有叉孔,可用叉车堆码。

(6)可叠装。

图3-20　装运散煤的特殊集装箱

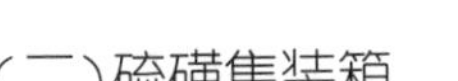

(二)硫磺集装箱

散装硫磺精矿集装箱(Sulphur Concentrate Shipping Container)所适装的硫磺实际上是块状或粗粒硫矿。硫矿细粉由于具有较大的自燃特性而不得以散装形式运输。散装硫磺精矿集装箱如图3-21所示,且具有以下特点:

(1)一般为20′箱。

(2)系软质顶开门箱,软顶可自动也可手动开闭,关闭时可收至一端的防护盖下。

(3)适合运输潮湿或含有一定水分的块状硫或粗粒硫矿。

(4)箱体内壁光滑。

(5)带有叉孔,可用叉车堆码。

(6)可叠装。

图3-21　散装硫磺精矿集装箱

(三)散盐集装箱

散盐(Salt)密度为0.893t/m^3 ~1.235t/m^3 或积载因数为0.81m^3/t ~ 1.12m^3/t,所以散盐集装箱(Salt Shipping Container)在设计上对箱体尺度不必作过多考虑。但盐具有腐蚀性,特别是遇水时腐蚀性更强,所以这种集装箱必须对箱体进行防盐腐蚀处理。散盐集装箱如图3-22所示,且具有以下特点:

图3-22 装运散盐的特殊集装箱

(1)一般为20′箱。

(2)系软质顶开门箱,软顶可自动也可手动开闭,关闭时可收至一端的防护盖下。

(3)箱体内壁光滑。

(4)带有叉孔,可用叉车堆码。

(5)可叠装。

(四)散装沥青集装箱

散装沥青集装箱(Asphalt Tank Container;Bitumen Tank Container)顶部和端部均设有装卸孔,箱体在设计上可允许沥青受热而变为液体,箱底有带有叉孔,可用叉车堆码,可叠装,如图3-23和图3-24所示。图3-25是其端部设置的温度计。

散装沥青集装箱大部分20′箱,其具体尺度如下:

20′×8′×4′3″cubic ft =457ft^3 =12.94m^3

20′×8′×6′cubic ft =736ft^3 =20.84m^3

20′×8′×6′6″cubic ft =810ft^3 =22.94m^3

20′×8′×8′cubic ft =1034ft^3 =29.28m^3

20′×8′×8′6″cubic ft =1108ft^3 =31.37m^3

图3-23 装运沥青的特殊集装箱

图3-24 沥青集装箱端部装卸孔和温度计的位置

图3-25 沥青集装箱端部的温度计

（五）散装垃圾在集装箱中的积载

图 3-26　垃圾集装箱

散装垃圾在集装箱中的积载，并没有规定必须使用专门集装箱，所以运输生产中基本上是用普通集装箱装载散装垃圾。但是，也有一些厂家生产专门用于装垃圾的集装箱，如图 3-26 所示。

散装垃圾装运时选用的集装箱主要由托运人决定，这方面，必须考虑到垃圾中可能含有的有害成分，如可能含有会散货有害气体的成分，托运时必须在箱体上作出确切标志。

四、普通固体散装货物在集装箱中的积载

（一）用于装载散装货物的集装箱中

按 IMSBC 规则，普通固体散装货物系指没有特别危险的固体散装货物也共区 100 种左右，这类货物可用一般集装箱装载。选择时，应注意如下要点：

图 3-27　适装高密度货物的半高箱

（1）对于密度较大的货物，可选用适装高密度货物的半高箱，如图 3-27 所示。

（2）对于需要快卸出的货物，可选用便于用旋转方式卸货的集装箱。

（3）对于摩擦力较大的货物，应注意选择内壁作过防摩擦处理的集装箱。

（4）对含水货物，应注意选择具有专门防渗漏性能的集装箱。

（5）对于扬尘货物，应注意选择具有较好封闭性能的集装箱。

图 3-28 是适装普通固体散装货物的集装箱。

a)

b)

图 3-28　适装普通固体散装货物的集装箱

(二)散装废铁在集装箱中的积载

散装废铁在集装箱中的积载,如图3-29所示。废铁的密度较大,积载时应注意不得超重;有的铁块较大,不得从高处直接倒入箱,以防止对箱体造成损坏。

图3-29 散装废铁在集装箱中的积载

(三)散装食品类货物在集装箱中的积载

散装食品类货物可用集装箱装载,如图3-30所示。

图3-30 散装食品类货物在集装箱中的积载

(四)散装食品类货物在集装箱中的积载

散装粉体类货物也可用集装箱装载,如图 3-31 所示。这类货物一般利用气动泵进行装卸。

图 3-31　散装粉体货物在集装箱中的积载

第三节　道路运输固体散装危险货物管理规定

一、装载固体散装货物的道路车辆

(一)小量固体散装货物的运输

固体散装货物可用多种车型装载。

1. 用皮卡车运输

皮卡(Pick-up)是一种采用轿车车头和驾驶室,同时带有敞开式货车车厢的车型。其特点是既有轿车般的舒适性,又不失动力强劲,而且比轿车的载货和适应不良路面的能力还强。最常见的皮卡车型是双排座皮卡。

皮卡车的载货量基本上可分为三级:0.5t、0.75t 和 1t。这种车的车厢可载固体散装货物,有的还带有车盖板,可防止货物受到风雨侵袭,如图 3-32 所示。

2. 小型栅栏卡车

散装货物可用二~四轴小型厢式卡车装载,如图 3-33 所示。

图 3-32 皮卡车

图 3-33 二轴箱式卡车

这类卡车实际上是一类多用途车,还可用于装载包装货物、杂货及小型重件货物。这种车的栅栏多可下拉,给装卸工作提供方便。

3. 小型封闭卡车

散装货物可用二~四轴小型卡车装载,如图 3-34 所示。这种车适合装载需要进行风雨和灰尘防护的货物。

小型厢式卡车和小型封闭式卡车的载重量从几吨至 10 余吨,多用于终端交付运输或始端集存货物,不适合进行长途运输。

4. 小型自卸车

散装货物可用二~四轴小型自卸式卡车装载,如图 3-35 所示。

图 3-34 四轴封闭式卡车

图 3-35 小型自卸式卡车

(二)用开敞厢车装载固体散装货物

开敞厢车即敞车系指车厢的顶部为开敞式的卡车,这包括可开启的硬质或软质封闭形式、活动的硬质或软质封闭形式的厢式卡车。

封闭厢车包括一体式卡车、半挂车、全挂车及用相应连接装置组合成的各种道路货物运输车辆。

1. 固体散装货物在 U 形尾卸式敞车中的装载

开敞车的厢体为 U 形截面,体积为 30 ~ 100m^3,装载量为 30 ~ 100t,后式倾倒或尾式倾倒,如图 3-36 所示。U 形截面的车厢，厢体强度较大，卸货时货物易被滑落出厢体，厢内残留的货物量很少，厢体易清扫。但是，这种车在相同情况下的装载量会略小于方型厢体车。

2. 固体散装货物在矩形尾卸式敞车中的装载

开敞车的厢体为矩形或方形截面，载货量会略大，体积为 30 ~ 100m^3，装载量为 30 ~ 100t，也为后式倾倒型。这种车厢，卸货时厢内会残留一些货物，不易清扫，如图 3-37 所示。

图 3-36　U 形厢尾卸车(60t)

图 3-37　矩形厢尾卸车(80t)

3. 固体散装货物在侧卸式敞车中的装载

侧卸式敞车的厢体主要有二类，一类是 U 形厢，另一类是矩形厢或方形厢。厢体体积为 30 ~ 100m^3，装载量为 30 ~ 100t。

U 形厢的厢体载货量会略小，卸货后厢内残留货物很少，清扫容易，如图 3-38 所示。矩形或方形厢的厢体载货量会略大，卸货后厢内会残留货物略多，不易清扫，如图 3-39 所示。

图 3-38　U 形厢侧卸车(100t)

图 3-39　矩形厢侧卸车(100t)

4. 固体散装货物在厢壁式敞车中的装载

厢壁式敞车(Wall side trailer)的厢壁为尘密结构，厢体为矩形或方形截面，载货量会略大，体积为 30 ~ 100m^3，装载量为 30 ~ 100t，也为后式倾倒型。这种车厢，卸货时厢内会残留一些货物，不易清扫。

这种车的厢壁大都可以下拉，所以又称厢壁下拉车(Dropside trailer)。这类车有两种类型：

低壁车(Low dropside trailer),厢壁高度在0.5~0.8m左右,厢体体积为50~60m^3左右,装载量为50~60t左右;高壁车(Hghi dropside trailer),厢壁高度在1.0~1.5m左右,这种车的厢体体积为80~120m^3左右,装载量为50~60t左右,只是这种车适合装载密度较小的货物,如图3-40所示。

5. 固体散装货物在栅栏式敞车中的装载

栅栏式敞车(Fence semi trailer)主要用于装果蔬和活动物等货物,但也可用于装固体散装货物。这种车主要装载的货物种类取决于其厢壁的高度。厢壁较高则便于装载固体散装货物,厢壁较低则便于装载果蔬和活动物等货物。

栅栏式敞车多为三轴或四轴。图3-41是厢壁较高的栅栏车。栅栏车可用于装载密度较大的固体散装货物,载货量可达60t。

图3-40 低壁车(50~60t)

图3-41 厢壁较高的栅栏车

6. 固体散装货物在双联侧卸敞车中的装载

双联侧卸敞车(Superlink side tipper trailer;Interlink side tipper trailer)是二辆相连车厢构成的汽车列车,可为二节半挂车组成,可为二节全挂组成,也可为半挂车和全挂混合组成,前节载货量在40t左右,后节载货量在60t左右,总长度可达到19.25m,如图3-42和图3-43所示。

图3-42 双联高栏车(50~100t)侧面图1

图3-43 双联高栏车(50~100t)侧面图2

这种车常为五轴车,车体较长,但这种联结结构可使其转弯性能大为提高。

7. 固体散装货物在V形侧卸式敞车中的装载

有一些固体散装货物的静止角较大,所以只有厢体发生大角度横倾时才可能卸出。为此,我们引入了截面的V形的敞车(图3-44),这种可将这类货物卸出。

图 3-44 截面为 V 形的敞车

这种车实际上也是二辆半挂车相连而成。

8. 固体散装货物在活动式栅栏车中的装载

有些栅栏车的栅栏可拆卸,这种车也可用于装载固体散装货物,如图 3-45 所示。

IMSBC 规则中列明的货物均可利用道路车辆运输。道路车辆最常运输的货物是沙料(Sand)、混凝料(Aggregate)、碎石(Shingle)、鹅卵石(Rubble)、垃圾(Rubbish)、沥青(Asphalt)、铁锭(Ingot)、块砖(Brick)、谷物(Grain)、饲料(Feed)等散料。

装载中应注意的事项有如下几项:

(1)不得超过车辆的载重量,也不得超过各轴的轴负荷,还不得超过道路的负荷限制。当然,也不能超过道路上的桥梁、隧道、闸口等处的限制。

(2)若不用帆布苫盖,则装载高度以上的护栏高度不得小于 100mm。

(3)若装载高度达到护栏的高度且在货物表面形成堆尖,则即使使用帆布苫盖也可能在行驶中发生散落。

(4)车辆启动前,应将有厢体上的各门关妥,以防在行驶中发生散落事故。

(5)由于这类货物只能由厢体的护栏防止移动和散落,所以装载前必须保证车厢牢固,四周的销栓必须处于良好工况。

(6)一般情况下,固体散装货物在道路车辆上装载时应用帆布、油帆布、网罩苫盖,如图 3-46 和图 3-47 所示。

图 3-45 活动栅栏车

图 3-46 散装货物在道路车辆上的积载(一)

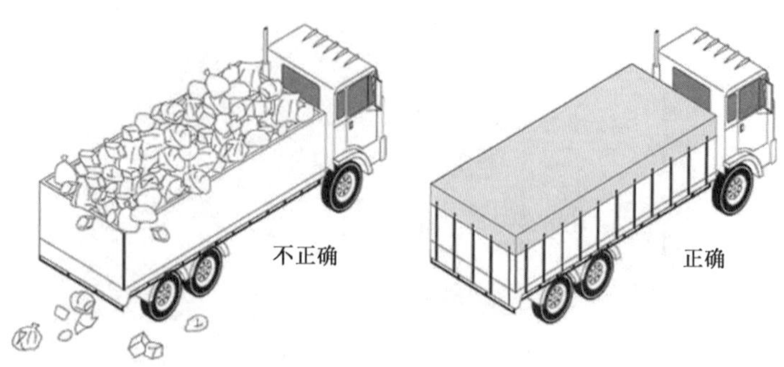

图 3-47 散装货物在道路车辆上的积载(二)

(7)若装载轻质货物,可将围栏加高以增加车厢的容积。升高的车厢必须保证强度,必要时在车辆两侧立柱间再用拉索拉紧。

(三)用封闭厢车装载固体散装货物

封闭厢车(Box trailer;Box cargo trailer;Inloader)系指车厢的顶部为永久硬质封闭结构和软质永久封闭结构,不包括可开启的硬质或软质封闭结构、活动的硬质或软质封闭结构。

这种车的厢体主要用于防风雨、防灰尘、防盗窃,一般不具防止货物在运输中发生移动的能力。

厢体上的厢门可开在端部、侧部或顶部,甚至设置多个厢门。

封闭厢车包括一体式卡车、半挂车、全挂车及相应连接装置形成的各种道路货物运输车辆。

封闭厢车的种类比开敞厢车的种类少很多。

1. 固体散装货物在轻质封闭货车中的装载

轻质封闭货车的长度在 12 ~ 14m,宽度为 2.55m,高度为 3.5m(由地面到车厢顶部的距离),容积在 $60m^3$ 左右,如图 3-48 所示。这种车适合装载轻质货物。

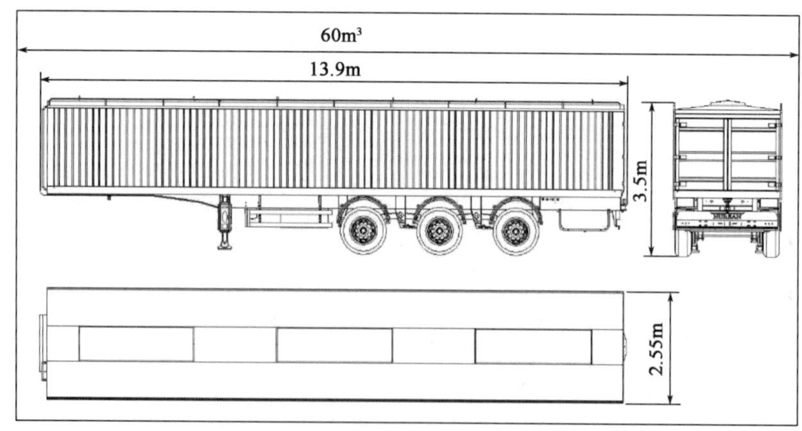

图 3-48 轻质封闭货车的尺度

轻质封闭货车的端部和左右两侧均设有货门，顶部还常设有装货孔。货门具有水密性，从而可以保证厢体完全处于风雨密状态，如图 3-49 所示。

图 3-49　轻质封闭货车

有的封闭货车的容积较大，可达到 $90m^3$ 以上，载货量可达到 100t，远大于 40ft 集装箱的体积和载重量。这种车可用于装载货物的种类较大，比较适合装载密度较小的货物。

这种货车装载固体散装货物时，应特别注意货门处应作必要的防护，以免打开货门时货物突然大量流出。

2. 固体散装货物在多用途封闭货车中的装载

多用途封闭货车多由我国生产。这种车的长度也在 12 ~ 14m 间，宽度为 2.55m，高度为 3.5m（由地面到车厢顶部的距离），如图 3-50 所示。

这种车的车厢强度较大，因此适合装载的货物种类更多。

同样，这种货车装载固体散装货物时，应特别注意货门处应作必要的防护，以免打开货门时货物突然大量流出。

3. 固体散装货物在双联封闭货车中的装载

双联侧卸敞车（Superlink side tipper trailer；Interlink side tipper trailer）是二辆相连车厢构成的汽车列车，可为二节半挂车组成，可为二节全挂组成，也可为半挂车和全挂混合组成，前节载货量在 40t 左右，后节载货量在 60t 左右，总长度可达到 20m 及以上，如图 3-51 所示。

图 3-50　多用途封闭货车

图 3-51　双联封闭货车

这种车大部分属于多功能或多用途车,适合装载多种货物。理论上可以装载固体散装货物,实际上主要用于装载轻质杂货。

(四)用罐式厢车装载固体散装货物

国际海事组织IMDG规则规定,IMO4型道路罐车系指用于运输第3~9类危险货物的罐式卡车,包括四种车型,车身与车头不可分隔的卡车;货罐固定在全挂车上的卡车;货罐固定在半挂车上的卡车;罐箱用四个集装箱角件固定在半挂车上的卡车。

从这一规定可以看出,固体散装货物应用IMO4型道路罐车装运。

1.水泥及类似货物的运输

水泥在IMSBC规则中列为C组货物,其密度为1.0~1.5t/m³。在车辆运输中,装货基本上是利用陆上设备进行装货,卸货则利用车载设备进行,如图3-52所示。

图3-52　大型散装水泥车

散装水泥装载车一般以装载散装水泥为主,但通常还可装载细沙、石灰等散料。这种车有多种结构和车型。

1)20t水泥车

20t水泥车为小型散装水泥车,载货体积为940cuft~1350cuft($25m^3$~$37m^3$)的车辆。

这种车的特点是厢体轻,阀门少,相应管线也较短,充装和卸出速度特别快。而且厢内特别精致,寿命很长,保养成本很低。这种车略大一点设三个锥斗,小的设二个锥斗。

2)40t水泥车

40t水泥属于中型散装水泥车,载货体积为1600cuft~1700cuft($45m^3$~$48m^3$)。

这种车的厢体体积较大,适合装载低密度的轻质货物,如食品、石灰等。同样,这种的厢内特别精致,寿命很长,保养成本很低。这种车略大一点设四个锥斗,小的设三个锥斗。

3)60t水泥车

60t水泥车的尺度可达12000mm×2000mm×4000mm,厢体厚度为5mm高强度耐磨钢,体积为50~$70m^3$,属于大型车。这种车多为三轴、12轮,备胎2只。双缸压缩机,$12m^3$。

4)80t水泥车

80t水泥车的尺度可达13000mm×2000mm×4000mm,属于特大型水泥车,厢体厚度为5mm高强度耐磨钢,体积为$40m^3$,这种车可制成100t车。这种车为四轴、16轮,备胎2只,双缸压缩机,$12m^3$。

2.散煤装卸与运输

散煤可用侧卸车也可用尾卸车装运,如图3-53所示。这种车都是开敞车。

图3-53　散煤车

运输中,煤车应进行苫盖,以减少污染。但是,在非主要干道上行时，也有不苫盖的车辆在运行，而且这些车很可处于超载状态。

煤车的卸载，多由人工完成。这种工作的工作量很大，当然可以用带有自卸功能的车辆运输，这需要根据具体情况进行论证，如人工费用与自卸价格间的关系等。

3. 散装谷物的装卸与运输

散装谷物装载车的装载量可达到50t，即可装载密度最大的谷物，如图3-54所示。散装谷物车的特点是其厢体为铝合金型，厢内无凹槽处，从而可减轻谷物残余颗粒的清扫工作。

图3-54　散装谷物车

当然，这种车也用于装载其他货物。

这种车多为三轴车，栅栏可下拉。这种车都是开敞车。

这种车带有一个工具箱，两侧各有三个谷物专用卸货口，如图3-55所示。该车轮辋直径为70mm，12只轮胎，胎型为12R22.5，即扁平比为12、轮辋直径为22.5in（572mm）的子午胎。该车的减震是10片加厚弹簧板，侧栅为柔性且可下拉。

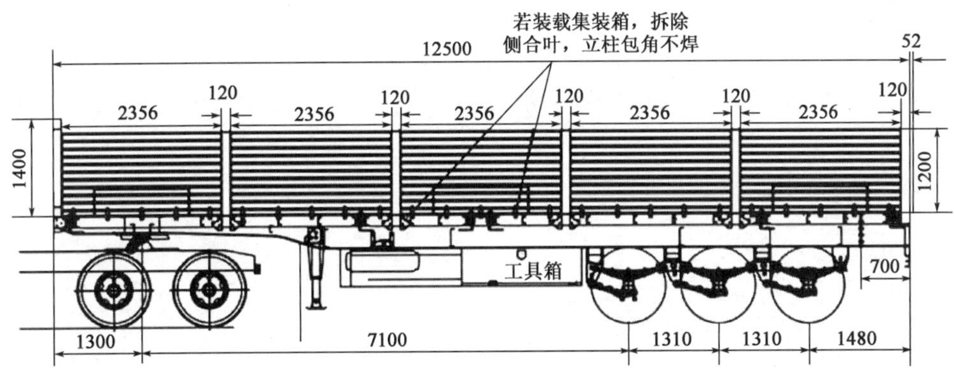

图3-55　散装谷物车

该车按需要还可改装成具有装载集装箱的功能所示。

很多谷物运输车是由收割机直接将收割的谷物装载上车的。

装妥谷物后，运输车直接开往谷物存储地，卸入谷物存储仓中。运输中，运输车需要苫盖，以防雨湿，如图3-56所示。

图 3-56　散装谷物的苫盖

一般,运输距离不会太长,100km 算是很长的距离,所以运输时间是在 100min 这个量级上。因此,运输中不必考虑通风事宜。

到达目的地后,谷物的卸载工作常需要人工辅助。当然,也可以采用具有自动倾倒功能的车辆进行运输,这需要考虑运输成本是否合适。

国际上,有的情况用皮带输送机卸货。

4. 河沙的装卸与运输

河沙常用带有自卸功能的车辆装运,这种可为尾卸车也可为侧卸车。当然,也可利用一体式卡车装运。我国目前还大量利用一体式卡车装运河沙。

河沙的装载,常用挖掘机进行。

车辆装妥之后,行驶过程中应用帆布苫盖,以免对环境产生污染。到达目的地之后,卸载时用车辆的自卸功能进行,可尾卸也可侧卸,如图 3-57 所示。

5. 固体散装化肥车

这种固体散装化肥车称为双锥车,是二个锥形体在车体中部对接,而卸货孔也位于对接处,这有利于将货物卸净,如图 3-58 所示。当然,有些情况也可用直罐运输固体散装化肥。

图 3-57　侧卸式货车

图 3-58　化肥运输罐车

6. 精品散料车

精品散料车是用于运输精致散料货物的车，每只车斗为 560cuft ~ 850cuft（$16m^3$ ~ $24m^3$），如图 3-59 所示。这种车均装有空气悬挂减震系统，运输十分平稳；装卸设备还有消音器，对周围环境十分友好。

7. 塑料散料车

塑料散料车有时具有一定危险性，因可散发出可燃气体，用这种车可以消除这方面的危险，如图 3-60 所示。

图 3-59　精品散料车

图 3-60　塑料散料车

8. 散装饲料车

散装饲料半挂车（Bulk feed trailer）是指箱体为方箱形或圆柱式结构的半挂车，用于装载散装饲料，如图 3-61 所示。这种半挂车可为一体式，也可为半挂式或全挂式。国际上，这种车多为双节箱体。

图 3-61　散装饲料半挂车

9. 食品散料车

食用散料车的容积通常为 560cuft ~ 2700cuft（$16m^3$ ~ $76m^3$），有的带有真空装卸系统，有的带有动力装卸系统，也有的利用普通方法装卸，如图 3-62 所示。这种的共同特点是车体内特别光滑，颗粒不积存在车体内部，清扫、清洗都十分方便。厢体体积可有很大选择余地，可满足不同目的的运输要求。

散装面粉半挂车(Bulk wheat flour trailer)是指箱体为方箱形或圆柱式结构的半挂车,用于装载散装面粉,载货量为 25 ~60cbm,如图 3-63 所示。这种半挂车可为一体式,也可为半挂式或全挂式。国际上,这种车多为双节箱体。

图 3-62　食品散料车

图 3-63　散装面粉半挂车

10. 轻质散料车

轻质散料车的车厢体积可达到 79.3m^3(2800 cf),也可生产出更大的车辆,如图 3-64 所示。这种车辆是用气动方式进行装卸的。

图 3-64　轻质散料车

11. 特大型散料车

特大型散料车设有 5 个人孔、5 个锥斗,前部罐口直径 2.59m,用于装载特殊散料,如图 3-65所示。这种车,为了增加强度,在厢体设有若干道加强箍。

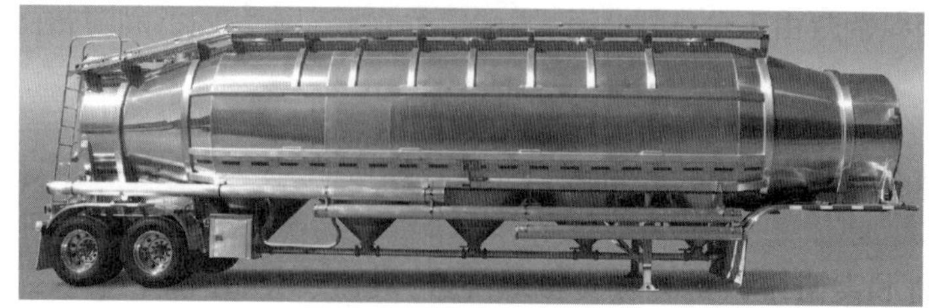

图 3-65　特大型散料车

特大型散料车的尺度并没有严格定义。Bedar 是美国生产的非标散料车，长度 42′，中部带 3 锥斗，顶部带 3 人孔，容积为 1200cft（$34m^3$），用于装载一般散料，如图 3-66。这种的尺度并不太大，但可列为特大型散料车。

Galle 也是美国生产的非标散料车，长度 59′4″，底部带 6 锥斗，顶部带 1 人孔，容积为 4100cft（$116m^3$），用于装载一般散料，如图 3-67 所示。这种车的尺度基本上是最大的，车体长度约 18m，加上牵引车的长度，总长应在 25m 左右。

图 3-66　Bedar 固体散料车

图 3-67　Galle 固体散料车

12. 散料的智能化

国际上，固体散装货物在道路运输正在向智能化方向发展，在这种车上，装有多种监测和监控设备的车，大量应用 AI 技术，如图 3-68 所示。

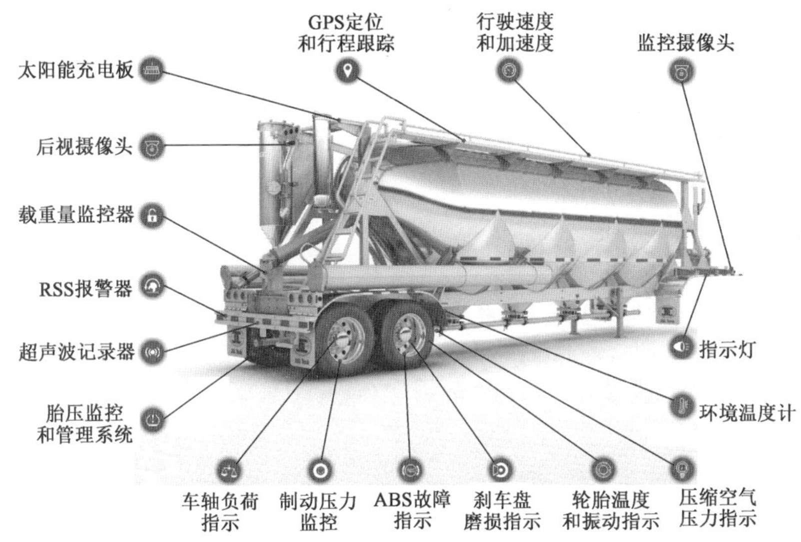

图 3-68　散装水泥车

二、固体散装货物在道路车辆中积载的规定

我国国家法律、国务院条例及交通运输部等部委颁布了一系列有关道路车辆装载固体散装货物的规定，如《中华人民共和国道路交通安全法》《中华人民共和国道路运输条例》《危险化学品安全管理条例》《危险货物道路运输规则》《危险货物道路运输安全管理办法》《道路

危险货物运输管理规定》《道路运输车辆技术管理规定》,这里将其中的一些要点列出。

(一)道路车辆中可装载的固体散装货物类别

我国道路危险货物运输,是指使用载货汽车通过道路运输危险货物的作业全过程;道路危险货物运输车辆,是指满足特定技术条件和要求,从事道路危险货物运输的载货汽车。

道路车辆装载的危险货物,是指具有爆炸、易燃、毒害、感染、腐蚀等危险特性,在生产、经营、运输、储存、使用和处置中,容易造成人身伤亡、财产损毁或者环境污染而需要特别防护的物质和物品。危险货物以列入《危险货物道路运输规则》的为准,未列入《危险货物道路运输规则》的,以有关法律、行政法规的规定或者国务院有关部门公布的结果为准。危险货物的分类、分项、品名和品名编号应当按照《危险货物道路运输规则》执行。

我国规范中并没有把固体散装危险货物专门列出,就是说 IMSBC 规则中大部分货物并没有列入《危险化学品目录》和《危险货物道路运输规则》中。但是,按照我国危险品运输方面的规定,列入《危险化学品目录》和《危险货物道路运输规则》中货物可按这方面的规则进行道路运输,未列入这些规则中的货物,以有关法律、行政法规的规定或者国务院有关部门公布的结果为准。这表明 IMSBC 规则中的货物可以利用道路车辆在道路上进行运输。

从事道路危险货物运输应当保障安全,依法运输,诚实信用。国家鼓励技术力量雄厚、设备和运输条件好的大型专业危险化学品生产企业从事道路危险货物运输,鼓励道路危险货物运输企业实行集约化、专业化经营,鼓励使用厢式、罐式和集装箱等专用车辆运输危险货物。

县级以上地方人民政府交通运输主管部门(以下简称交通运输主管部门)负责本行政区域的道路危险货物运输管理工作。

(二)道路危险货物运输许可

申请从事道路危险货物运输经营,应当具备下列条件:

(1)有符合要求的专用车辆及设备。

(2)有符合要求的停车场地。

(3)有符合要求的从业人员和安全管理人员。

(4)有健全的安全生产管理制度。

符合一定条件的企事业单位,可以申请使用自备专用车辆从事为本单位服务的非经营性道路危险货物运输。

(三)专用车辆、设备管理

道路危险货物运输企业或者单位应当按照《道路运输车辆技术管理规定》中有关车辆管理的规定,维护、检测、使用和管理专用车辆,确保专用车辆技术状况良好。

设区的市级交通运输主管部门应当定期对专用车辆进行审验,每年审验一次。审验按照《道路运输车辆技术管理规定》进行,并增加审验专用车辆投保危险货物承运人责任险情况、必需的应急处理器材、安全防护设施设备和专用车辆标志的配备情况、具有行驶记录功能的卫星定位装置的配备情况等项目。

禁止使用报废的、擅自改装的、检测不合格的、车辆技术等级达不到一级的和其他不符合国家规定的车辆从事道路危险货物运输。

除铰接列车、具有特殊装置的大型物件运输专用车辆外，严禁使用货车列车从事危险货物运输；倾卸式车辆只能运输散装硫磺、萘饼、粗蒽、煤焦沥青等危险货物。

禁止使用移动罐体（罐式集装箱除外）从事危险货物运输。

罐式专用车辆的常压罐体应当符合国家标准《道路运输液体危险货物罐式车辆　第1部分：金属常压罐体技术要求》《道路运输液体危险货物罐式车辆　第2部分：非金属常压罐体技术要求》等有关技术要求。

道路危险货物运输企业或者单位应当到具有污染物处理能力的机构对常压罐体进行清洗（置换）作业，将废气、污水等污染物集中收集，消除污染，不得随意排放，污染环境。

（四）道路危险货物运输

道路危险货物运输企业或者单位应当严格按照交通运输主管部门决定的许可事项从事道路危险货物运输活动，不得转让、出租道路危险货物运输许可证件。严禁非经营性道路危险货物运输单位从事道路危险货物运输经营活动。

危险货物托运人应当委托具有道路危险货物运输资质的企业承运。危险货物托运人应当对托运的危险货物种类、数量和承运人等相关信息予以记录，记录的保存期限不得少于1年。

不得使用罐式专用车辆或者运输有毒、感染性、腐蚀性危险货物的专用车辆运输普通货物。其他专用车辆可以从事食品、生活用品、药品、医疗器具以外的普通货物运输，但应当由运输企业对专用车辆进行消除危害处理，确保不对普通货物造成污染、损害。不得将危险货物与普通货物混装运输。

专用车辆应当按照国家标准《道路运输危险货物车辆标志》（GB 13392）的要求悬挂标志。运输剧毒化学品、爆炸品的企业或者单位，应当配备专用停车区域，并设立明显的警示标牌。专用车辆应当配备符合有关国家标准以及与所载运的危险货物相适应的应急处理器材和安全防护设备。

道路危险货物运输企业或者单位不得运输法律、行政法规禁止运输的货物。法律、行政法规规定的限运、凭证运输货物，道路危险货物运输企业或者单位应当按照有关规定办理相关运输手续。法律、行政法规规定托运人必须办理有关手续后方可运输的危险货物，道路危险货物运输企业应当查验有关手续齐全有效后方可承运。

道路危险货物运输企业或者单位应当采取必要措施，防止危险货物脱落、扬散、丢失以及燃烧、爆炸、泄漏等。

在道路危险货物运输过程中，除驾驶人员外，还应当在专用车辆上配备押运人员，确保危险货物处于押运人员监管之下。

道路危险货物运输途中，驾驶人员不得随意停车。因住宿或者发生影响正常运输的情况需要较长时间停车的，驾驶人员、押运人员应当设置警戒带，并采取相应的安全防范措施。运输剧毒化学品或者易制爆危险化学品需要较长时间停车的，驾驶人员或者押运人员应当向当地公安机关报告。

危险货物的装卸作业应当遵守安全作业标准、规程和制度，并在装卸管理人员的现场指挥或者监控下进行。危险货物运输托运人和承运人应当按照合同约定指派装卸管理人员；若合同未予约定,则由负责装卸作业的一方指派装卸管理人员。

驾驶人员、装卸管理人员和押运人员上岗时应当随身携带从业资格证。

严禁专用车辆违反国家有关规定超载、超限运输。道路危险货物运输企业或者单位使用罐式专用车辆运输货物时,罐体载货后的总质量应当和专用车辆核定载质量相匹配;使用牵引车运输货物时,挂车载货后的总质量应当与牵引车的准牵引总质量相匹配。

道路危险货物运输企业或者单位应当要求驾驶人员和押运人员在运输危险货物时,严格遵守有关部门关于危险货物运输线路、时间、速度方面的有关规定,并遵守有关部门关于剧毒、爆炸危险品道路运输车辆在重大节假日通行高速公路的相关规定。

道路危险货物运输企业或者单位应当通过卫星定位监控平台或者监控终端及时纠正和处理超速行驶、疲劳驾驶、不按规定线路行驶等违法违规驾驶行为。

监控数据应当至少保存 6 个月,违法驾驶信息及处理情况应当至少保存 3 年。

道路危险货物运输从业人员必须熟悉有关安全生产的法规、技术标准和安全生产规章制度、安全操作规程,了解所装运危险货物的性质、危害特性、包装物或者容器的使用要求和发生意外事故时的处置措施,并严格执行《危险货物道路运输规则》(JT/T 617)等标准,不得违章作业。

道路危险货物运输企业或者单位应当通过岗前培训、例会、定期学习等方式,对从业人员进行经常性安全生产、职业道德、业务知识和操作规程的教育培训。

道路危险货物运输企业或者单位应当加强安全生产管理,制定突发事件应急预案,配备应急救援人员和必要的应急救援器材、设备,并定期组织应急救援演练,严格落实各项安全制度。

道路危险货物运输企业或者单位应当委托具备资质条件的机构,对本企业或单位的安全管理情况每 3 年至少进行一次安全评估,出具安全评估报告。

在危险货物运输过程中发生燃烧、爆炸、污染、中毒或者被盗、丢失、流散、泄漏等事故,驾驶人员、押运人员应当立即根据应急预案和《道路运输危险货物安全卡》的要求采取应急处置措施,并向事故发生地公安部门、交通运输主管部门和本运输企业或者单位报告。运输企业或者单位接到事故报告后,应当按照本单位危险货物应急预案组织救援,并向事故发生地应急管理部门和生态环境、卫生健康主管部门报告。

在危险货物装卸过程中,应当根据危险货物的性质,轻装轻卸,堆码整齐,防止混杂、洒漏、破损,不得与普通货物混合堆放。

道路危险货物运输企业或者单位应当为其承运的危险货物投保承运人责任险。道路危险货物运输企业异地经营(运输线路起讫点均不在企业注册地市域内)累计 3 个月以上的,应当向经营地设区的市级交通运输主管部门备案并接受其监管。

(五)监督检查

道路危险货物运输监督检查按照《道路货物运输及站场管理规定》执行。

交通运输主管部门工作人员应当定期或者不定期对道路危险货物运输企业或者单位进行现场检查。交通运输主管部门工作人员对在异地取得从业资格的人员监督检查时,可以向原发证机关申请提供相应的从业资格档案资料,原发证机关应当予以配合。交通运输主管部门在实施监督检查过程中,经本部门主要负责人批准,可以对没有随车携带《道路运输证》又无法当场提供其他有效证明文件的危险货物运输专用车辆予以扣押。任何单位和个人对违反本规定的行为,有权向交通运输主管部门举报。

三、危险货物道路运输规则及其他有关规则的规定

(一)通则

危险货物的装卸应在装卸管理人员的现场指挥下进行。在危险货物装卸作业区应设置警告标志。无关人员不得进入装卸作业区。

进入易燃、易爆危险货物装卸作业区应:

(1)禁止随身携带火种。

(2)关闭随身携带的手机等通信工具和电子设备。

(3)严禁吸烟。

(4)穿着不产生静电的工作服和不带铁钉的工作鞋。

雷雨天气装卸时,应确认避雷电、防湿潮措施有效。

运输危险货物的车辆在一般道路上最高车速为60km/h,在高速公路上最高车速为80km/h,并应确认有足够的安全车间距离。如遇雨天、雪天、雾天等恶劣天气,最高车速为20km/h,并打开示警灯,警示后车,防止追尾。

运输过程中,应每隔2h检查一次。若发现货损(如丢失、泄漏等),应及时联系当地有关部门予以处理。

驾驶人员一次连续驾驶4h应休息20min以上;24h内实际驾驶车辆时间累计不得超过8h。

运输危险货物的车辆发生故障需修理时,应选择在安全地点和具有相关资质的汽车修理企业进行。

禁止在装卸作业区内维修运输危险货物的车辆。

对装有易燃易爆的和有易燃易爆残留物的运输车辆,不得动火修理。确需修理的车辆,应向当地公安部门报告,根据所装载的危险货物特性,采取可靠的安全防护措施,并在消防员监督下作业。

(二)出车前的作业要求

运输危险货物车辆出车应实行如下检查:

(1)运输危险货物车辆的有关证书、标志应齐全有效,技术状况应为良好,并按照有关规定对车辆安全技术状况进行严格检查,发现故障应立即排除。

(2)运输危险货物车辆的车厢底板应平坦完好、栏板牢固,对于不同的危险货物,应采取相应的衬垫防护措施(如铺垫木板、胶合板、橡胶板等),车厢或罐体内不得有与所装危险货物性质相抵触的残留物。

(3)检查运输危险货物的车辆配备的消防器材,发现问题应立即更换或修理。

(4)驾驶人员、押运人员应检查随车携带的“道路运输危险货物安全卡”是否与所运危险货物一致。

（5）根据所运危险货物特性，应随车携带遮盖、捆扎、防潮、防火、防毒等工、属具和应急处理设备、劳动防护用品。

（6）装车完毕后，驾驶员应对货物的堆码、遮盖、捆扎等安全措施及对影响车辆起动的不安全因素进行检查，确认无不安全因素后方可起步。

（三）运输中作业要求

（1）驾驶人员应根据道路交通状况控制车速，禁止超速和强行超车、会车。

（2）运输途中应尽量避免紧急制动，转弯时车辆应减速。

（3）通过隧道、涵洞、立交桥时，要注意标高、限速。

（4）运输危险货物过程中，押运人员应密切注意车辆所装载的危险货物，根据危险货物性质定时停车检查，发现问题及时会同驾驶人员采取措施妥善处理。驾驶人员、押运人员不得擅自离岗、脱岗。

（5）运输过程中如发生事故时，驾驶员人和押运人员应立即向当地公安部门及安全生产管理部门、环境保护部门、质检部门报告，并应看护好车辆、货物，共同配合采取一切可能的警示、救援措施。

（6）运输过程中需要停车住宿或遇有无法正常运输的情况时，应向当地公安部门报告。

（7）运输过程中遇有天气、道路路面状况发生变化，应根据所载危险货物特性，及时采取安全防护措施。遇有雷雨时，不得在树下、电线杆、高压线、铁塔、高层建筑及容易遭到雷击和产生火花的地点停车。若要避雨时，应选择安全地点停放。遇有泥泞、冰冻、颠簸、狭窄及山崖等路段时，应低速缓慢行驶，防止车辆侧滑、打滑及危险货物剧烈震荡等，确保运输安全。

（8）工业企业厂内进行危险货物运输，应按有关规定（GB 4387）执行。

（四）装卸作业要求

（1）装卸作业现场要远离热源，通风良好；电器设备应符合国家有关规定要求，严禁使用明火灯具照明，照明灯应具有防爆性能；易燃易爆货物的装卸场所要有防静电和避雷装置。

（2）运输危险货物的车辆应按装卸作业的有关安全规定驶入装卸作业区，应停放在容易驶离作业现场的方位上，不准堵塞安全通道。停靠货垛时，应听从作业区业务管理人员的指挥，车辆与货垛之间要留有安全距离。待装卸的车辆与装卸中的车辆应保持足够的安全距离。

（3）装卸作业前，车辆发动机应熄火，并切断总电源（需从车辆上取得动力的除外）。在有坡度的场地装卸货物时，应采取防止车辆溜坡的有效措施。

（4）装卸作业前应对照运单，核对危险货物名称、规格、数量，并认真检查货物包装。货物的安全技术说明书、安全标志、标识、标志等与运单不符或包装破损、包装不符合有关规定的货物应拒绝装车。

（5）装卸作业时应根据危险货物包装的类型、体积、重量、件数等情况和包装储运图示标志的要求，采取相应的措施，轻装轻卸，谨慎操作。

（6）装车后，需用防散失的网罩覆盖并用绳索捆扎牢固或用毡布覆盖严密；需用多块毡布覆盖货物时，两块毡布中间接缝处须有大于 15cm 的重叠覆盖，且货厢前半部分毡布需压在后半部分的毡布上面。

(7)装卸过程中需要移动车辆时,应先关上车厢门或栏板。若车厢门或栏板在原地关不上时,应有人监护,在保证安全的前提下才能移动车辆。起步要慢,停车要稳。

(8)装卸危险货物的托盘、手推车应尽量专用。装卸前,要对装卸机具进行检查。装卸爆炸品、有机过氧化物、剧毒物质时,装卸机具的最大装载量应小于其额定负荷的75%。

(9)危险货物装卸完毕,作业现场应清扫干净。装运过剧毒物质和受到危险货物污染的车辆、工具应按规定方法洗刷和除污。危险货物的洒漏物和污染物应送到当地环保部门指定地点集中处理。

四、散装货物运输、装卸要求

固体散装货物应注意下述事项:

(1)运输固体散装车辆的车厢应采取衬垫措施,防止洒漏;应带好装卸工、属具和苫布。

(2)易洒漏、飞扬的散装粉状危险货物,装车后应用苫布遮盖严密,必要时应捆扎结实,防止飞扬,包装良好方可装运。

(3)行车中尽量防止货物窜动、甩出车厢。

(4)高温季节,散装煤焦沥青应在早晚时段进行装卸。

(5)装卸有毒物质时,环境温度不得超过40℃,否则应停止作业。装卸现场应保持足够的水源以降温和应急。

(6)装卸会散发有害气体、粉尘或致病微生物的固体散装,应注意人身保护并采取必要的预防措施。

第四节　铁路运输固体散装危险货物管理规定

一、装载固体散装货物的铁路车

(一)敞式货运车辆

敞式货运车辆(Gondolas)是无顶盖的箱式车辆,有的箱体侧部装有数个装卸门,适用的轨距也各不相同,主要技术参数如表3-8所示。这种车辆主要用于装载干杂货物,包括矿砂、煤炭、木材等不怕风雨侵袭的货物。

敞式货运车辆的主要技术参数　　表3-8

项目	参数
轨距(Track Gauge)	窄轨、标轨和宽轨
总重	70~125MT
皮重	20~25MT
载重	50~120MT
容积	50~70cu. m.

续上表

项目	参数
车辆箱体长度(Length over Headstock)	9.0~12.0m
总宽度(Overall Width)	3.16~3.84m
总高度(Overall Height from Rail Head)	3.1~3.8m
容积	80~90m^3
比容	1.09m^3/t
自重系数	0.2~0.3
每延米重	8~10t/m
最大速度	80~120km/hr
制动率	空车31.72%/重车15.93%
制动系统(Brake System)	空气与手动
制动距离(重车、紧急)	1400m
通过最小曲线半径	70~150m
车轮直径	0.84m

我国敞式车有数十个型号,而且数量还在增加,大部分代码以 C 开头,编码为 1。早年生产的敞式车有 C1、C1B、C5D、C16、C16A,……。这些代码的车辆基本上已被淘汰。

中国生产的 C70 型敞式车辆,可装载杂货和某些固体散装货物,这是我国比较通用的一种敞式车辆,载货量约 70 t。中国生产的 C80 型敞式铝合金运煤专用车辆,载货量约 80t。如图 3-69 所示。这种车辆适合编组 200 辆左右、总载重量可达 2 万吨的重载煤炭专用列车。该车适合不摘钩连续翻卸作业,适合环形装车、直进直出装车、解体装车作业及运行时机车动力集中牵引等要求。

图 3-69　中国生产的 C80 型敞式铝合金运煤车辆

该车主要由车体、转向架、制动装置、连缓装置等部分组成。车体为双浴盆式、铝合金铆接结构,主要由底架、浴盆、侧墙、端墙和撑杆等组成。其中底架(中梁、枕梁、端梁)为全钢焊接结构;浴盆、侧墙和端墙均采用铝合金板材与铝合金挤压型材的铆接结构;浴盆、侧墙、端墙与底架之间的连接采用铆接结构。该车采用空气制动装置。

（二）棚式货运车辆

棚式货运车辆（Boxcar）是封闭式厢式车辆，其中包括在箱体侧部装有数个装卸门的全封闭货车、侧部和顶部用油帆布封闭的车辆、将顶部用帆布封闭的敞式车辆。棚式车辆适用的轨距也各不相同。这种车辆适用于装载各种干杂货物，包括谷物、食品、水泥、化肥等需要防止受到风吹雨淋的货物。表 3-9 是棚式货运车辆的主要技术参数。

棚式货运车辆的主要技术参数 表 3-9

项目	参数	项目	参数
载重	50～70t	车辆长度	13.0～17.0m
自重	20～25t	车辆最大高度（空车）	4.0～4.8m
轴重	23t	车辆最大宽度	3.3m
容积	120～150m^3	车体内长	12.0～16.0m
比容	2.07m^3/t	车体内宽	2.8m
自重系数	0.35	车辆定距	12.1m
每延米重	5.5t/m	车钩中心线距轨面高空车	0.88m
商业运营速度	120km/h	地板面距轨面高空车	1.1～1.2m
通过最小曲线半径	145m	车门门孔尺寸高×宽	2.539×3.012m
空车重心高	1.29mm	固定轴距	1.83m
全车制动倍率	11.2	车轮直径	0.84m

棚车是一种具有端、侧墙和车顶、并在侧墙上根据需要设置车门和车窗的车辆，主要用于运输各种免受日照、雨雪侵袭的各种箱装、袋装货物及零散货物。加上一些必要的附属设备后，有的棚车还可运送人员和马匹等。

棚车按用途不同可分为三类：运输各种粮谷、日用工业品及贵重仪器设备等的通用棚车；装卸方式灵活或满足特定货物装载需要的专用棚车；运输有毒、易污染危险物品的毒品车。

我国棚式车也有数十个型号，而且数量还在增加，大部分代码以 P 开头，编码为 2。早年生产的棚式车已被淘汰很多。目前，我国通用棚车主要为轴重 21t、载重 60t 级的 P62 系列、P64 系列、P65 型棚车，轴重 23t、载重 70t 级的 P70 系列棚车和轴重 27t、载重最大可达到 80t 级的 P80 型棚车。

通用棚车主要由车体、转向架、制动装置和车钩缓冲装置等组成，车体为全钢焊接结构，主要由底架、侧墙、端墙、车顶、车门、车窗等组成。

图 3-70 是中国生产的棚式车辆。该车适用于在中国标准轨距铁路上运输免受日晒、雨雪侵袭的成件、包装、袋装货物及各种箱装、零担货物。除满足人工装卸外，还能适应叉车等机械化装卸作业。该车容积 145m^3，载重 70t。

中国还生产有快运活动侧墙棚车和活顶式棚车。

图 3-70　全封闭的封闭式车辆

(三)封闭式漏斗车与粮食车辆

粮食漏斗车是一种带有装货口盖和底门的车辆,主要用于运输玉米、小麦、大豆等散粒粮食货物。装卸方式为上装下卸,利用货物重力卸货。

目前,我国粮食漏斗车主要为载重 60t 的 L18 型粮食漏斗车,载重 70t 的 L70 型粮食漏斗车,这些粮食漏斗车的共同特点是车体侧墙采用圆弧薄板结构、装货口采用贯通式结构,底门采用抽拉式结构。

21t 轴重 L18 粮食漏斗车主要由车体、转向架、制动装置和车钩缓冲装置组成,如图 3-71 所示。其中车体主要由底架、侧墙、端墙、漏斗、底门装置、车顶、装货口盖等部件组成;装用转 K2 型转向架;采用 13A 型车钩及配套钩尾框、MT-3 型缓冲器;采用 120 型控制阀空气制动系统和 NSW 手制动机。

23t 轴重 L70 粮食漏斗车主要由车体、转向架、车钩缓冲装置及制动装置等组成,如图 3-72所示。其中,车体主要由底架、侧墙、端墙、漏斗、底门装置、车顶、装货口盖等部件组成;装用转 K6 型转向架;采用 17 型车钩及配套钩尾框、MT-2 型缓冲器;采用 120 型控制阀空气制动系统和 NSW 手制动机。

图 3-71　L18 型粮食专用车

图 3-72　L70 型粮食专用车

(四)开敞式漏斗车与矿石车辆

开敞式漏斗车(Hopper cars;Open hopper cars)主要用于装运石灰石、铁矿石等散装货物,当然也可用于其他货物运输。目前,我国矿物漏斗车主要有 K16、K16A、K13B、K13BK、K14T、K14K、K18BK 等型漏斗车。矿物漏斗车的共同特点是车体均为板柱式结构。

K13BK 型石灰石漏斗车主要由车体、底门开闭系统、制动装置、车钩缓冲装置和转向架等组成。车体采用 08CuPVXt 或 09CuPTiRE-A 耐大气腐蚀高强度低合金钢,为无中梁、全钢焊接结构。牵引梁由热轧 310 乙字形钢组焊而成;枕梁为变截面箱形结构;侧墙为板柱式结构,由上侧梁、侧板、等截面侧柱等组焊而成,在上侧梁上设有倒扣的角钢以防止货物残存;端墙由上端梁、端板、角(端)柱、腰带、斜撑等组焊而成,一位端墙上设有观察孔,可观察车内卸货情况;漏斗由中漏斗板、侧漏斗板、中隔板、端隔板、分砟梁、导流板等组焊而成;车体两侧各设有两个底门。

K13BK 型石灰石漏斗车底门开闭系统的原理、结构与 K13NK 型石砟漏斗车基本一致,取消了中部底门;装用转 K2 型转向架;采用 13A 型车钩及配套钩尾框、ST 型缓冲器;采用 120 型控制阀空气制动系统和 NSW 型手制动机。

K13BK 型石灰石漏斗车车辆外形如图 3-73 所示。

图 3-73　K13BK 型矿物漏斗车

(五)干散货车辆

主要指用以装运矿石、水泥、煤炭、化肥、谷物、酒糟(Dried Distiller's Grain, DDG)、盐、碱等散粒货物的车辆。这类车辆多为漏斗式货运车辆(Hopper wagon)。这种车辆是一种端墙向内侧倾斜或者端面呈大圆弧、车体下部装有漏斗的铁路货车。

应注意,用于装载液体货物、呈漏斗形式的车辆不在此列。

这种车辆,货物由上面装入,装货孔可为圆形、方形或长方形即装货槽,有的还具有通风功能。装货孔的数量与拟装货物有关,一般为 2 ~ 4 个装货孔,有的甚至高有多至 10 个装货孔。卸货一般用漏斗底门进行,这种底门可用人力或风力开启,货物靠自身重力自动卸出。漏斗底门一般为 2 ~ 6 个。

有些干散货车辆的漏斗式车厢内有横向隔离分隔,可用于装载不同种类货物,这种分隔可为二道或更多道横壁。

干散货车辆主要技术参数如表 3-10 所示。

干散货车辆的主要技术参数　　表 3-10

项目	参数	项目	参数
载重	50 ~ 120t	通过最小曲线半径	145m
自重	20 ~ 25t	制动率	重载约 17%,空载约 35%
容积	40 ~ 80m^3	制动距离(重车、紧急)	≤1400m
轴重	22 ~ 30t	空车重心高度	1.03m
车辆长度	12 ~ 20m	重车重心高度	2.24m
商业运营速度	80 ~ 120km/h		

图 3-74 是中国生产的石碴漏斗车。该种石碴漏斗车系供铁路新、旧线路铺设石碴之用,它具有风动、手动底开门装置,向轨道内侧和外侧均可卸碴。该车最大限度地采用新结构、新技术、新材料,提高了车辆的适用性和技术经济指标。

图 3-75 是中国生产的粮食漏斗车。车体为无中梁全钢焊接结构,主要梁件和板件基本上采用耐大气腐蚀的高强度低合金钢制成。全车由底架、侧墙、端墙、漏斗、雨檐、卸货系统、制动装置、钩缓装置及转向架等部分组成。

图 3-74　石碴漏斗车

图 3-75　粮食漏斗车

(六)毒品车辆

我国铁路车辆中的毒品车主要是 W5 和 W6、W5S 和 W6S 几个车型。

W5S 型毒品专用棚车是 W5 型毒品车的升级型,主要用于运输农药,也可以装运化肥,如图 3-76 所示。车体采用耐候钢材质防止腐蚀,车辆底架的结构和尺寸,都基本沿用了 P62 型棚车。侧墙结构形式与 P62 型棚车大致相同,不同之处就是将通风口改为车窗。由于车顶结构的改变,使该车侧墙高度较 P62 型棚车减少约 120mm。全车共有 16 个车窗,车窗的窗板和窗锁均采用货车通用件。

图 3-76　W5S 型毒品运输车辆

考虑到该车清洗时会使用大量的水,因此在地板四角处设置了孔径较大的排水口,以利车辆清洗时候的排水需要。

(七)水泥车辆

为适应散装水泥运输需要,我国研制开发了 U60 型水泥罐车,该车载重 58t,采用无中梁立罐全钢焊接结构，是我国第一代气卸式铁路散装水泥罐车。1986 年我国研制了 U60W 型水泥罐车，该车载重 59t，采用无中梁卧罐全钢焊接结构，罐体的结构型式较 U60 型罐车有较大变化，并在使用、检修、载重等方面的性能均有所提升。20 世纪 90 年代，我国完成了 GF18、U61W、U61WZ 型水泥罐车的研制，U61W 型水泥罐车采用无中梁卧罐全钢焊接结构，U61WZ 型水泥罐车采用有中梁卧罐全钢焊接结构，载重均达到 61t。

为适应我国铁路货车提速的发展要求，在既有车型基础上，根据换装不同的转向架，衍生出 U60WK、U61WK、U61WZK、U61WT、GF18K、GF18T 等车型。2010 年，针对 U60WK 型水泥罐车内漏导致空车状态下超自重问题进行了改造设计，改造后的车型确定为 U60WKB。

U61WK 型罐车车辆外形如图 3-77 所示。

图 3-77 U61WK 水泥罐式车辆

二、铁路危险货物运输安全监督管理规定

（一）铁路货物的交付运输

车站应根据批准的货物运输计划或运输合同受理货物运单。在受理零担、集装箱或按特定条件运输的货物时，还必须按照有关规定办理。车站办理货物运输票据的手续实行一次办理。除托运人在现场与货运员办理的货物交接手续外，其余各种手续均由货场人员办理。

车站受理货物运单时，应确认托运的货物是否符合运输条件，各栏填写是否齐全、正确、清楚，领货凭证与运单相关栏是否一致。对营业办理限制（包括临时停限装）、起重能力、专用线专用铁路办理范围、证明文件等有关内容进行审查。对到站、到局和到站所属省、区、市各栏内容应相互核对。对货物运单确认无误后，应指定进货日期或装车日期。

对搬入货场的货物，车站要检查货物品名与运单记载是否相符，运输包装和标志是否符合规定。按件数承运的货物，应对照运单点清件数。零担和集装箱货物要核对货签是否齐全、正确。零担货物还应核对货物外形尺寸和体积，对个人托运的行李、搬家货物，要按照物品清单进行核对，并抽查是否按规定在包装内放入标记（货签）。集装箱货物还要核对箱号、封号，检查施封是否正确、有效。需要使用装载加固装置和加固材料的货物，应按规定对装载加固装置和加固材料的数量、质量、规格进行检查。对超限、超长、集重货物，应按托运人提供的技术资料复测尺寸。

按规定由铁路确定重量的货物，要认真过秤。由托运人确定重量的货物，车站应组织抽查。抽查的间隔时间，每一托运人（大宗货物分品种）不超过一个月，零担和集装箱货物不超过一个月。

对按密度计算重量的货物，应以定期测定的密度作为计算重量的依据。货物应稳固、整齐地堆码在指定货位上。整车货物要定型堆码，保持一定高度。零担和集装箱货物，要按批堆码，货签向外，留有通道。需要隔离的，应按规定隔离。货物与线路或站台边缘的距离必须符合规定。

货物进齐验收后,车站应予签证,及时办理承运。承运的整车货物要登记“货物承运簿”(格式一),集装箱货物登记“集装箱到发登记簿”(格式见《铁路集装箱运输管理规则》),零担货物根据业务量大小,可以使用“货物承运簿”,也可以由车站自行建立登记制度,并将登记资料装订成册,妥善保管。

货物运单“承运人填写”部分和货票填制要符合《货物运单和货票填制办法》的规定,加盖的车站日期戳记要清晰、正确。

对领货凭证,必须正确填写货票号码及各栏内容,并在领货凭证及货物运单与领货凭证接缝处加盖车站承运日期戳。

在作业环节之间,对货物和运输票据要进行严格交接。

货物运单和货票,使用“货运票据封套”(格式二)的,应左右对齐折叠,不使用“货运票据封套”的,按上下对齐折叠。货运票据封套除加盖经办人章外,还应加盖监封人员章。货运票据封套封口前,经办人、监封人必须同时对票据封套记载的事项和实际运单、货票核对,保证运输票据齐全。

车站应建立货票自核、互核、总复核制度以及票据、现金管理制度,制票和收款不能由一人负责。发送存查及到达票据要装订整齐,妥善保管。计算机制票要使用规定的软件,货票各联必须一次复写打印,要建立计算机安全使用管理制度,保证货票原始信息的完整与安全。

承运易腐货物时,车站要按照《铁路鲜活货物运输规则》(以下简称《鲜规》)的有关规定办理。对《鲜规》未列品名而易于腐坏、变质的货物,车站应认真审定运输条件。

易腐货物装车时,要检查装载方法是否符合规定要求。以冷藏车装运的,应检查装车单位填写的冷藏车作业单是否齐全、正确。使用加冰冷藏车的,应检查托运人是否加足冰盐,并将作业单附在运输票据中随车递送。途中加冰时,加冰站应认真填写加冰作业记录。使用机械冷藏车的,应将该作业单交机械冷藏车乘务组递交到站。到站应负责检查冷藏车情况,在作业单上填记到站作业记录,并妥善保存。

承运危险货物时,车站要按照《铁路危险货物运输管理规则》(以下简称《危规》)的规定,对品名、编号、类项、包装、标志以及“托运人记载事项”栏的内容进行检查。对《铁路危险货物品名表》中未列载的危险货物或改变危险货物包装时,应按有关规定的运输条件办理。

办理危险货物的车站,应根据具体情况,制定承运、交付、包装检查、内部交接、装卸作业及存放保管等安全措施和管理制度。

(二)临时停限装

第十条　车站应按照《货物运价里程表》规定的营业范围办理货运业务。遇有特殊情况必须临时加以限制时,属铁路局管内的,由铁路局批准,跨局的须经铁道部批准。

由于设备大修、改建等原因限制整车货物到达时,应提前一个月办妥报批手续。

对临时停限装事项,车站应在营业场所对外通告。

凡要求停止零担货物到达的车站,应同时停止零担货物发送业务。

(三)取送车作业

车站应做好日班装车作业计划和卸车预确报工作,并根据装卸作业、待装货物和货位情况，确定取送车计划，及时取送。送车要对准货位。装卸作业始末时间和取送车始末时间，均应有汇报和登记制度。

（四）装车

装运货物要合理使用货车，车种要适合货种，除规定必须使用棚车装运的货物外，对怕湿或易于被盗、丢失的货物，也应使用棚车装运。发生车种代用时，应按《铁路货物运输规程》的要求报批，批准代用的命令号码要记载在货物运单和货票“记事”栏内；装车时，应采取保证货物安全的相应措施。毒品专用车不得用于装运普通货物。冷藏车严禁用于装运可能污染和损坏车辆的非易腐货物。

铁路组织装车时，车站应做到：

（1）装车前，认真检查货车的车体（包括透光检查）、车门、车窗、盖阀是否完整良好，有无扣修通知、色票、货车洗刷回送标签或通行限制，车内是否干净，是否被毒物污染。装载粮食、医药品、食盐、鲜活货物、饮食品、烟草制品以及有押运人押运的货物等时，还应检查车内有无恶臭异味。要认真核对待装货物品名、件数，检查标志、标签和货物状态。对集装箱还应检查箱内装载情况，检查箱体、箱号和封印。

（2）装车时，必须核对运单、货票、实际货物，保证运单、货票、货物“三统一”，要认真监装，做到不错装、不漏装，巧装满载，防止偏载、偏重、超载、集重、亏吨、倒塌、坠落和超限。对易磨损货件应采取防磨措施，怕湿和易燃货物应采取防湿或防火措施。装车过程中，要严格按照《铁路装卸作业安全技术管理规则》有关规定办理，对货物装载数量和质量要进行检查。

（3）对以敞、平车装载的需要加固的货物，有定型方案的，严格按方案装车；无定型方案的，车站应制定装载加固方案，并按审批权限报批，按批准方案装车。装载散堆装货物，顶面应予平整。对自轮运转的货物、无包装的机械货物，车站应要求托运人将货物的活动部位予以固定，以防止脱落或侵入限界。

（4）装车后，认真检查车门、车窗、盖、阀关闭及拧固和装载加固情况。需要填制货车装载清单（格式五）及标画示意图的，应按规定填制。需要施封的货车，按规定施封，并用直径3.2mm（10号）铁线将车门拧紧。需要插放货车表示牌（格式三）的货车，应按规定插放。对装载货物的敞车，要检查车门插销、底开门搭扣和篷布苫盖、捆绑情况。篷布不得遮盖车号和货车表示牌。篷布绳索捆绑，不得妨碍车辆手闸和提钩杆。两篷布间的搭头应不小于500mm。绳索、加固铁线的余尾长度应不超过300mm。装载超限、超长、集重货物，应按装载加固定型方案或批准的装载加固方案检查装载加固情况。对超限货物，还应对照铁路局的批示文电，核对装车后尺寸。

要严格执行装车质量签认制度，建立档案管理。

（五）卸车

铁路组织卸车时，车站应做到：

（1）卸车前，认真检查车辆、篷布苫盖、货物装载状态有无异状，施封是否完好。

（2）卸车时，必须核对运单、货票、实际货物，保证运单、货票、货物“三统一”。要认真监卸，根据货物运单清点件数，核对标记，检查货物状态。对集装箱货物应检查箱体，核对箱号和封印。严格按照《铁路装卸作业安全技术管理规则》及有关规定作业,合理使用货位,按规定堆码货物。发现货物有异状时,要及时按章处理。

(3)卸车后,应将车辆清扫干净,关好车门、车窗、阀、盖,检查卸后货物安全距离,清理线路,将篷布按规定折叠整齐,送到指定地点存放。对托运人自备的货车装备物品和加固材料应妥善保管。

(4)卸下的货物登记"卸货簿"(格式四)、"集装箱到发登记簿"或具有相同内容的卸货卡片、集装箱号卡片。在货票丁联左下角记明卸车日期。

(六)专用线的管理

车站应加强专用线(包括专用铁路,以下同)的管理,凡货主在运单上指明到达专用线的,不得强制在货场或其他专用线卸车。凡货主未指定专用线卸车的,不得强制送往专用线。专用线装卸车时,铁路要加强交接检查,确保装载质量。还要做好以下工作:

(1)定期与企业签订运输协议。

(2)掌握专用线内货源、货位、装卸劳力和设备情况,协助企业做好货车的取送、对货位、装卸车组织等工作。

(3)宣传铁路运输知识,协助企业改进货物包装,执行企业运输员业务培训合格持证上岗制度,办理零担货物的专用线,还应指导企业合理配装。

(4)掌握装卸车进度,按规定填写"货车调送单",车站凭"货车调送单"正确核收货车使用费,做好货物码放安全距离、货车清扫、洗刷除污、门窗关闭、篷布使用和保管等情况的检查。

(5)提高专用线装车质量,严格货物(车)的交接检查,防止超重、偏重、集重、超限和坠落及匿报品名。

(6)正确填报有关统计资料,对合理使用货车和货物装载进行技术指导。

(七)车厢的清洗

按规定卸后须洗刷除污的货车,应在卸车站洗刷除污。如卸车站洗刷除污有困难时,须凭铁路局调度命令向指定站回送。对回送洗刷除污的货车,卸车站应清扫干净,并在两侧车门外部及车内明显处所粘贴"货车洗刷回送标签"(见《危规》格式六)各一张,货物如有洒漏,应在标签上注明。洗刷除污站应按规定要求洗刷除污后将标签撤除,并在车内外两侧车门附近粘贴"洗刷工艺合格证"(见《危规》格式七)各一张。

沿途零担车或分卸货车按规定洗刷除污时,由列车货运员或分卸站在"货车装载清单"或整车分卸货票上注明原装货物品名及"需要洗刷除污"字样,由最终到站负责洗刷除污。未经洗刷除污的货车严禁排空或调配装车。

洗刷除污站对洗刷除污的货车应建立登记制度,其设置及分工由铁路局确定。

(八)装卸监督

铁路货场内装卸组织工作由货运部门统一指挥,装卸组织管理由铁路装卸管理部门负责,监装卸由货运部门负责。

运营部门与装卸部门的内部劳务清算(包括联运货物换装),根据实际作业情况,填制有关单据作为清算依据。单据的格式、填写方法、清算办法、清算项目和单价,除有统一规定者外,均按照铁路局规定进行。

下列工作属于装卸车附属作业,不另清算:

(1)铺垫或整理防湿垫枕,苫盖、撤除、折叠和取送篷布。

(2)清扫货车、货位,关闭拧固车门、车窗、盖、阀。

(3)整理装车后剩余货物,必要时用篷布苫盖或搬入库台。

(4)安装或撤除支柱、挡板、垫板、禽畜支架。

(5)装载货物的捆绑加固(需要铆接、焊接等特殊加固除外)。

(6)托盘、网络等铁路装卸工具的铺设、撤移、整理和堆码。

(九)货运票据管理

为便于交接和保持运输票据的完整,下列货物的运输票据应使用货运票据封套(以下简称封套),封固后随车递送。

(1)国际联运货物和以车辆寄送单回送的外国铁路货车。

(2)一辆货车内装有两批以上货物。

(3)整车分卸货物。

(4)以货运记录补送的货物。

(5)附有证明文件或代递单据较多的货物。

军运货物使用封套的范围及填记和封固方法,按军运有关规定办理。

封套封面上各栏应根据实际情况填记并加盖车站日期戳记和带站名的经办人名章。一车有两个以上到站的封套,“货物到站”栏应按到达顺序填写站名,并冠以(1)、(2)、(3)等顺序号码。途中各到站卸后抹去本站站名和与前方卸车站无关的事项,填写需要增加的内容,并在更改处加盖带有站名的经办人名章。整零车封套的“运单号码”栏只填记“内装票据××份”,“货物品名”栏填记“整零”字样并加盖经办人名章。

国际联运进口(或过境)货车的封套“发站”栏填记进口国境站名,出口(或过境)货车的封套“货物到站”栏填记出口国境站名,并均应在站名下标一“○联”字,经办人名章。

装运危险货物时,应在封套的“记事”栏内注明危险货物的类项和编组隔离标记。

装运鲜活货物时,应在封套的“记事”栏内注明“活动物”或“易腐货物”字样,易腐货物还应填记“△K”标记。

装运属于“△B”的保价货物时,应在“记事”栏内填记“△B”标记。有关货车编组、解体、挂运时应注意的其他事项(包括规定的标记、符号),也应在“记事”栏内注明。

封套内运输票据的正确完整由封固单位负责。除卸车站或出口国境站外,不得拆开封套。当运输途中发生特殊情况必须拆开封套时,由拆封套的单位编制普通记录证明(附入封套内),并再行封固,在封口处加盖带有单位名称的经办人名章。

整车国际联运出口货物和过境货物,发站(或进口国境站)应填制货车装载清单一份,随同货车递送到站(或出口国境站)。零担、集装箱货物按有关规定填制货车装载清单。

“特殊货车及运送用具回送清单”(格式六,简称“回送清单”),是铁路内部根据规定运送下列铁路所属的货车或用具(产权属铁道部)的运输及交接凭证:

(1)按规定免费挂运的非运用车。

(2)卸(送)空罐车(润滑油专用空罐车应凭收货人提出的货物运单填制货票免费回送)、散装粮食车(L17型)、散装水泥车(K15、U60型)、长大货物车(D型)、运梁专用车(N15型)、加冰冷藏车(B型)、毒品专用车(W型)、集装箱专用车(X型)。

(3)向指定站回送需要洗刷除污的货车。

(4)铁路空集装箱。

(5)运营用衡器。

(6)按规定以调度命令免费运送的装卸机械和工具。

(7)军用移动设备(军用备品)、军用移动站台和装卸备品、军用捆绑加固材料(装置)。

(8)货车篷布及根据调度命令调拨、送修及修好返回的防湿篷布。

(9)铁道部规定免费回送的其他物品。

回送清单由车站负责填发,各栏要填写清楚、正确,有更改时应加盖带有站名的经办人名章。回送清单应具备车站编制的顺序号码,加盖车站日期戳,并有经办人签名或盖章,方为有效。按调度命令回送的应将命令号码记入"回送命令号码"栏内。回送清单一式两份,一份留站存查,一份随同货车(或用具)递送到站。

按规定需要禁止溜放或限速连挂的货车,装车站应在货车两侧插挂"货车表示牌"(格式三),由到站卸后撤除。

货物承运簿、卸货簿(卡)、封套、货车装载清单和回送清单的保管期均为一年。到达的施封锁保管期为六个月。

(十)到达和交付

车站对到达的货物应及时发出催领通知,并在货票(丁联)内记明通知方法和时间。必要时应再次催领。收货人拒领或找不到收货人时,到站要按规定调查处理。发站接到到站函电后,应立即联系托运人,要求其在规定时间内提出处理意见,并将该处理意见答复到站。

到站在办理交付手续时,应在货物运单和货票(丁联)上加盖车站日期戳。货物在货场内点交给收货人后,还应在货物运单上加盖"货物交讫"戳记,凭此验放货物。车站也可根据需要,建立货物搬出证制度。

车站接到不能按约定时间到达的货物预报后,应立即通告,必要时应发出通知。

货物的运到期限期满后经过15天,或鲜活货物超过运到期限仍不能在到站交付的,到站除按规定编制货运记录外,还必须负责货物的查询工作,依次从发站顺序查询。被查询的车站,应自接到查询的次日起两日内将查询结果电告到站,并向下一作业站(编组、区段或保留站)继续查询。到站应将查询的最终结果及时通知收货人。

对到达的海关监管货物,车站应按照海关监管的有关规定办理。

(十一)货物交接和检查

为保证行车安全和货物安全,对运输中的货物(车)和运输票据,应进行交接检查,并按规定处理。

车站和列车(车务)段应根据货物、运输票据交接检查的要求,制定实施办法,明确责任。车站各工种之间也应建立相应的交接检查制度。

货运交接检查的内容包括:列车中货物装载、加固状态;车辆篷布苫盖状态;施封及门、窗、盖、阀关闭情况;货车票据完整情况。发现异状时,应及时处理。

罐车和集装箱的封印、苫盖货物的篷布顶部、集装箱顶部、敞车装载的不超出端侧板货物的装载状态,在途中不交接检查,如接方发现有异状,有运转车长的由交方编制记录后接收,无运转车长的要由发现站拍发电报。发现重罐车上盖开启,车站负责关好,并由交方编制普通记录证明。在发站和中途站发现空罐车、加冰冷藏车冰箱盖上盖张开,要及时关闭。

整车货物变更到站时,处理站应对该车的装载加固情况进行检查,对施封货车应检查施封是否完好,站名、号码是否与票据相符。

货物运单、封套上的到站、车号、封印号码各栏,不得任意涂改。在装车站(含分卸站)、换装站、变更处理站因作业需要或填写错误时,应按规定更改。

运输途中发生运输票据丢失时,丢失单位或处理站应编制普通记录继运到站,并及时拍发电报向有关站查询,全列车运输票据丢失时,还应于当日上报主管铁路局。被查询站接电后,均应于48小时内电复或继续查询。发站接到查询电报后,48小时内应按货票的内容拍发电报并将货票抄件寄送到站处理。

货物在运输途中,由于货物本身、车辆技术状态或自然灾害等原因,发生货车滞留,在站滞留时间达到48小时,应拍发电报,通知发到站;必要时,应抄送有关铁路局。

装车站按施封办理的货车,途中不得改按不施封办理。

我国发往或换装到朝鲜以及朝鲜进口或过境我国的棚车、冷藏车,应选用上下部门扣良好的车辆,在下部门扣处施封。列车编组站在列车编组顺序表上均应注明"○联"字样。朝鲜进口或过境我国的,上部门扣以8号铁线拧固,凭下部门扣原朝鲜封印(铅饼)交接,发现封印丢失、失效,由交方编制普通记录并补施施封锁。我国发往或换装到朝鲜的,上部门扣以10号铁线拧固,下部门扣施以施封锁(环状)。在发站、到站、局间分界站(或商定的交接站)以及补封站,均应检查封印的站名、号码。

其他国际联运货车的施封及交接方法,按本规则规定办理。

国境站对外交接时,仍按现行国际联运办法的规定办理。

(十二)运转车长值乘列车的交接、检查及处理

车站与运转车长或运转车长相互间使用列车编组顺序表和乘务员手册办理签证交接。交接的时间、地点由铁路局指定,涉及两个铁路局的由有关铁路局商定。接收方应在规定时间内将列车检查完毕并办理交接签证。

到达列车在规定时间内未经车站签证,车长不得退勤;超过规定时间,车站未同车长办理交接,车长要求车站值班负责人(无值班负责人时为车站值班员)签证后退勤。

站车交接中发现问题车长拒绝出具证明时,车站应于列车到达后120分钟内拍发电报,主送责任列车段抄知主管铁路局。

三、铁路危险货物运输安全监督管理规定

(一)总则

为了加强铁路危险货物运输安全管理,保障公众生命财产安全,保护环境,根据《中华人

民共和国安全生产法》《中华人民共和国铁路法》《中华人民共和国反恐怖主义法》《铁路安全管理条例》《危险化学品安全管理条例》《放射性物品运输安全管理条例》等法律、行政法规,制定本规定。

本规定所称危险货物,是指列入铁路危险货物品名表,具有爆炸、易燃、毒害、感染、腐蚀、放射性等危险特性,在铁路运输过程中,容易造成人身伤亡、财产损毁或者环境污染而需要特别防护的物质和物品。

未列入铁路危险货物品名表,依据有关法律、行政法规、规章或者《危险货物分类和品名编号》(GB 6944)等标准确定为危险货物的,按照本规定办理运输。

禁止运输下列物品:

(1)法律、行政法规禁止生产和运输的危险物品。

(2)危险性质不明、可能存在安全隐患的物品。

(3)未采取安全措施的过度敏感物品。

(4)未采取安全措施的能自发反应而产生危险的物品。

高速铁路、城际铁路等客运专线及旅客列车禁止运输危险货物,法律、行政法规等另有规定的除外。

铁路危险货物运输安全管理坚持安全第一、预防为主、综合治理的方针。铁路危险货物运输相关单位(以下统称运输单位)为运输安全责任主体,应当依据有关法律、行政法规和标准等规定,落实运输条件,加强运输管理,确保运输安全。

本规定所称运输单位,包括铁路运输企业、托运人,专用铁路、铁路专用线产权单位、管理单位和使用单位等。

国家铁路局负责全国铁路危险货物运输安全监督管理工作。地区铁路监督管理局负责辖区内的铁路危险货物运输安全监督管理工作。

国家铁路局和地区铁路监督管理局统称铁路监管部门。

鼓励采用有利于提高安全保障水平的先进技术和管理方法,鼓励规模化、集约化、专业化和发展专用车辆、专用集装箱运输危险货物。支持开展铁路危险货物运输安全技术以及对安全、环保有重大影响的项目研究。

(二)运输条件

运输危险货物应当在符合法律、行政法规和有关标准规定,具备相应品名办理条件的车站、专用铁路、铁路专用线间发到。

铁路运输企业应当将办理危险货物的车站名称、作业地点(包括货场、专用铁路、铁路专用线名称,下同)、办理品名及铁危编号、装运方式等信息及时向社会公布,并同时报送所在地的地区铁路监督管理局。前述信息发生变化的,应当重新公布并报送。

运输危险货物应当依照法律法规和国家其他有关规定使用专用的设施设备。

运输危险货物所使用的设施设备依法应当进行产品认证、检验检测的,经认证、检验检测合格方可使用。

危险货物装卸、储存场所和设施应当符合下列要求:

(1)装卸、储存专用场地和安全设施设备封闭管理并设立明显的安全警示标志。设施设备布局、作业区域划分、安全防护距离等符合有关技术要求。

(2)设置有与办理货物危险特性相适应,经相关部门验收合格的仓库、雨棚、场地等设施,配置相应的计量、检测、监控、通信、报警、通风、防火、灭火、防爆、防雷、防静电、防腐蚀、防泄漏、防中毒等安全设施设备,并进行经常性维护、保养和定期检测,保证设施设备的正常使用。维护、保养、检测应当作好记录,并由有关人员签字。

(3)装卸设备符合安全要求,易燃、易爆的危险货物装卸设备应当采取防爆措施,罐车装运危险货物应当使用栈桥、鹤管等专用装卸设施,危险货物集装箱装卸作业应当使用集装箱专用装卸机械。

(4)法律、行政法规、有关标准和安全技术规范规定的其他要求。

运输单位应当按照《中华人民共和国安全生产法》《危险化学品安全管理条例》等国家有关法律、行政法规的规定,对本单位危险货物装卸、储存作业场所和设施等安全生产条件进行安全评价。新建、改建危险货物装卸、储存作业场所和设施;在既有作业场所增加办理危险货物品类,以及危险货物新品名、新包装和首次使用铁路罐车、集装箱、专用车辆装载危险货物,改变作业场所和设施安全生产条件的,应当及时进行安全评价。

法律、行政法规规定需要委托相关机构进行安全评价的,运输单位应当委托符合国家规定的机构进行。

运输新品名、新包装或者改变包装、尚未明确安全运输条件的危险货物时,发送货物的铁路运输企业应当组织托运人、收货人和货物运输全程涉及的其他铁路运输企业共同商定安全运输条件,签订安全协议并组织试运,试运方案应当报所在地的地区铁路监督管理局。危险货物试运应当符合法律、行政法规、规章和有关标准的规定。

(三)运输安全管理

托运人应当按照铁路危险货物品名表确定危险货物的类别、项别、品名、铁危编号、包装等,遵守相关特殊规定要求。

需采取添加抑制剂或者稳定剂等特殊措施的危险货物,托运人应当采取相应措施,保证货物在运输过程中稳定,并将有关情况告知铁路运输企业。

托运人应当在铁路运输企业公布办理相应品名的危险货物办理站办理危险货物托运手续。托运时,应当向铁路运输企业如实说明所托运危险货物的品名、数量(重量)、危险特性以及发生危险情况时的应急处置措施等。对国家规定实行许可管理、需凭证运输或者采取特殊措施的危险货物,托运人应当向铁路运输企业如实提交相关证明。不得将危险货物匿报或者谎报品名进行托运;不得在托运的普通货物中夹带危险货物,或者在危险货物中夹带禁止配装的货物。

托运人托运危险化学品的,还应当提交与托运的危险化学品相符的安全技术说明书,并在货物运输包装上粘贴或者涂打安全标签。

托运人托运危险废物的,应当主动向铁路运输企业告知托运的货物属于危险废物。运输时,还应当提交生态环境主管部门发放的电子或者纸质形式的危险废物转移联单。

危险货物的运单应当载明危险货物的托运人、收货人,发送运输企业及发送站、装车场所,到达运输企业及到达站、卸车场所,货物名称、铁危编号、包装、装载数量(重量)、车种车号、箱型箱号,应急联系人及联系电话等信息。

运输单位应当妥善保存危险货物运单,保存期限不得少于 24 个月。

托运人应当在危险货物运输期间保持应急联系电话畅通。

铁路运输企业应当实行安全查验制度,对托运人身份进行查验,对承运的货物进行安全检查。不得在非危险货物办理站办理危险货物承运手续,不得承运未接受安全检查的货物,不得承运不符合安全规定、可能危害铁路运输安全的货物。

有下列情形之一的,铁路运输企业应当查验托运人提供的相关证明材料,并留存不少于 24 个月:

(1)国家对生产、经营、储存、使用等实行许可管理的危险货物。

(2)国家规定需要凭证运输的危险货物。

(3)需要添加抑制剂、稳定剂和采取其他特殊措施方可运输的危险货物。

(4)运输包装、容器列入国家生产许可证制度的工业产品目录的危险货物。

(5)法律、行政法规及国家规定的其他情形。

铁路运输企业应当告知托运人有关注意事项,并在网上受理页面、营业场所或者运输有关单据上明示违规托运的法律责任。

运输单位应当建立托运人身份和运输货物登记制度,如实记录托运经办人身份信息和运输的危险货物品名及铁危编号、装载数量(重量)、发到站、作业地点、装运方式、车(箱)号、托运人、收货人、押运人等信息,并采取必要的安全防范措施,防止危险货物丢失或者被盗;发现爆炸品、易制爆危险化学品、剧毒化学品丢失或者被盗、被抢的,应当立即采取相应的警示措施和安全措施,按照《民用爆炸物品安全管理条例》《危险化学品安全管理条例》等国家有关规定及时报告。

运输放射性物品时,托运人应当持有生产、销售、使用或者处置放射性物品的有效证明,配置必要的辐射监测设备、防护用品和防盗、防破坏设备。运输的放射性物品及其运输容器、运输车辆、辐射监测、安全保卫、应急响应、装卸作业、押运、职业卫生、人员培训、审查批准等应当符合《放射性物品运输安全管理条例》《放射性物品安全运输规程》等法律、行政法规和有关标准的要求。

托运时,托运人应当向铁路运输企业提交运输说明书、辐射监测报告、核与辐射事故应急响应指南、装卸作业方法、安全防护指南,铁路运输企业应当查验、收存。托运人提交文件不齐全的,铁路运输企业不得承运。托运人应当在运输中采取有效的辐射防护和安全保卫措施,对运输中的核与辐射安全负责。

铁路运输危险货物的储存方式、方法以及储存数量、隔离等应当符合规定。专用仓库、专用场地等应当由专人负责管理。运输单位应当按照《中华人民共和国安全生产法》《危险化学品安全管理条例》及国家其他有关规定建立重大危险源管理制度。剧毒化学品以及储存数量构成重大危险源的其他危险货物,应当单独存放,并实行双人收发、双人保管制度。

危险货物运输装载加固以及使用的铁路车辆、集装箱、其他容器、集装化用具、装载加固材料或者装置等应当符合有关标准和安全技术规范的要求。不得使用技术状态不良、未按规定检修(验)或者达到报废年限的设施设备,禁止超设计范围装运危险货物。

货物装车(箱)不得超载、偏载、偏重、集重。货物性质相抵触、消防方法不同、易造成污染的货物不得装载在同一铁路车辆、集装箱内。禁止将危险货物与普通货物在同一铁路车辆、集装箱内混装运输。

危险货物装卸作业应当遵守安全作业标准、规程和制度，并在装卸管理人员的现场指挥或者监控下进行。

运输危险货物时，托运人应当配备必要的押运人员和应急处理器材、设备和防护用品，并使危险货物始终处于押运人员监管之下。托运人应当负责对押运人员的培训教育。押运人员应当了解所押运货物的特性，熟悉应急处置措施，携带所需安全防护、消防、通信、检测、维护等工具。

铁路运输企业应当告知托运人有关铁路运输安全规定，检查押运人员、备品、设施及押运工作情况，并为押运人员提供必要的工作、生活条件。

押运人员应当遵守铁路运输安全规定，检查押运的货物及其装载加固状态，按操作规程使用押运备品和设施。在途中发现异常情况时，及时采取可靠的应急处置措施，并向铁路运输企业报告。

铁路运输企业应当与办理危险货物运输的专用铁路、铁路专用线产权单位、管理单位和使用单位共同签订危险货物运输安全协议，明确各方的安全生产管理职责、作业内容及其安全保证措施等。

运输单位间应当按照约定的交接地点、方式、内容、条件和安全责任等办理危险货物交接。

危险货物车辆编组、调车等技术作业应当执行有关标准和管理办法。

运输危险货物的车辆途中停留时，应当远离客运列车及停留期间有乘降作业的客运站台等人员密集场所和设施，并采取安全防范措施。装运剧毒化学品、爆炸品、放射性物品和气体等危险货物的车辆途中停留时，铁路运输企业应当派人看守，押运人员应当加强看守。

装运过危险货物的车辆、集装箱，卸后应当清扫洗刷干净，确保不会对其他货物和作业人员造成污染、损害。洗刷废水、废物处理应当符合环保要求。

铁路运输企业应当按照《中华人民共和国反恐怖主义法》等的规定，通过定位系统对运营中的危险货物运输工具实行监控，对危险货物运输全程跟踪和实时查询，按照铁路监管部门的规定预留安全监管数据接口，并按时向铁路监管部门报送。

运输单位应当按照《中华人民共和国安全生产法》《中华人民共和国职业病防治法》《放射性物品运输安全管理条例》等关于劳动安全、职业卫生的规定，为从业人员配备符合国家标准或者行业标准的劳动防护用品等设施设备，建立从业人员职业健康监护档案，预防人身伤害。

运输单位应当建立健全岗位安全责任、教育培训、安全检查、安全风险分级管控、隐患排查治理、安全投入保障、劳动保护、责任追究、应急管理等危险货物运输安全管理制度，完善危险货物包装、装卸、押运、运输等操作规程和标准化作业管理办法。

运输单位应当对本单位危险货物运输从业人员进行经常性安全、法治教育和岗位技术培训，经考核合格后方可上岗。开展危险货物运输岗位技术培训应当制定培训大纲，设置培训课程，明确培训具体内容、学时和考试要求并及时修订和更新。危险货物运输培训课程及教材、资料应当符合国家法律、行政法规、规章和有关标准的规定。

运输单位应当建立安全生产教育和培训档案，如实记录安全生产教育和培训的时间、内容、参加人员以及考核结果等情况，安全生产教育和培训记录应当保存 36 个月以上。

危险货物运输从业人员应当具备必要的安全知识,熟悉有关的安全规章制度和安全操作规程,掌握本岗位的安全操作技能,知悉自身在安全方面的权利和义务,掌握所运输危险货物的危险特性及其运输工具、包装物、容器的使用要求和出现危险情况时的应急处置方法。

运输单位应当经常性开展危险货物运输安全隐患排查治理,隐患排查治理情况应当如实记录,重大事故隐患排查治理情况要向所在地的地区铁路监督管理局报告。

运输单位在法定假日和传统节日等运输高峰期或者恶劣气象条件下,以及国家重大活动期间,应当采取安全应急管理措施,加强铁路危险货物运输安全检查,确保运输安全。

在特定区域、特定时间,国务院有关主管部门或者省级人民政府决定对危险化学品、民用爆炸物品等危险货物铁路运输实施管制的,铁路运输企业应当予以配合。

运输单位应当针对本单位危险货物运输可能发生的事故特点和危害,制定铁路危险货物运输事故应急预案,并与相应层级、相关部门预案衔接。应急预案应当按照国家有关规定进行评审或者论证、公布,并至少每半年组织 1 次应急演练。铁路危险货物运输事故应急预案及应急演练情况应当报送所在地的地区铁路监督管理局。

运输单位应当按照《中华人民共和国安全生产法》《生产安全事故应急条例》等规定建立应急救援队伍或者配备应急救援人员;配备必要的应急救援器材、设备和物资,并进行经常性维护、保养,保证正常运转;建立应急值班制度,配备应急值班人员。

危险货物运输过程中发生燃烧、爆炸、环境污染、中毒或者被盗、丢失、泄漏等情况,押运人员和现场有关人员应当按照国家有关规定及时报告,并按照应急预案开展先期处置。运输单位负责人接到报告后,应当迅速采取有效措施,组织抢救,防止事故扩大,减少人员伤亡和财产损失,并报告所在地的地区铁路监督管理局及其他有关部门,不得隐瞒不报、谎报或者迟报,不得故意破坏事故现场、毁灭有关证据。

铁路运输企业应当实时掌握本单位危险货物运输状况,并按要求向所在地的地区铁路监督管理局报告危险货物运量、办理站点、设施设备、安全等信息。

(四)监督检查

铁路监管部门依法对运输单位执行有关危险货物运输安全的法律、行政法规、规章和标准的情况进行监督检查,重点监督检查下列内容:

(1)危险货物运输安全责任制、规章制度和操作规程的建立、完善情况。

(2)危险货物运输从业人员教育、培训及考核情况。

(3)保证本单位危险货物运输安全生产投入情况。

(4)危险货物运输安全风险分级管控和安全隐患排查治理情况。

(5)危险货物运输设施设备配置、使用、管理及检测、检验和安全评价情况。

(6)危险货物办理站信息公布情况。

(7)承运危险货物安全检查情况。

(8)危险货物运输作业环节安全管理情况。

(9)重大危险源安全管理措施落实情况。

(10)危险货物运输事故应急预案制定、应急救援设备和器材配置、应急救援演练等情况。

(11)危险货物运输事故报告情况。

(12)依法应当监督检查的其他情况。

铁路监管部门进行监督检查时,可以依法采取下列措施:

(1)进入铁路危险货物运输作业场所检查,调阅有关资料,向有关单位和人员了解情况。

(2)纠正或者要求限期改正危险货物运输安全违法违规行为;对依法应当给予行政处罚的行为,依照法律、行政法规、规章的规定作出行政处罚决定。

(3)责令立即排除危险货物运输事故隐患;重大事故隐患排除前或者排除过程中无法保证安全的,应当责令撤出危险区域内的作业人员,责令暂时停运或者停止使用相关设施、设备。

(4)责令立即停止使用不符合规定的设施、设备、装置、器材、运输工具等。

(5)依法查封或者扣押有根据认为不符合有关标准的设施、设备、器材,并作出处理决定。

(6)法律、行政法规规定的其他措施。

铁路监管部门行政执法人员应当忠于职守、秉公执法,遵守执法规范;对监督检查过程中知悉的商业秘密负有保密义务。行政执法人员依法履行监督检查职责时,应当出示有效执法证件。

被监督检查单位和个人对铁路监管部门依法进行的监督检查应当予以配合,如实提供有关情况或者资料,不得拒绝、阻挠。

铁路监管部门应当建立健全危险货物运输安全监督检查制度,加强行政执法人员危险货物运输安全知识培训,配备必要的安全检查装备,应用信息化手段和先进技术,不断提高监管水平。

铁路监管部门监督检查时,可以聘请熟悉铁路危险货物运输、化学化工、安全技术管理、应急救援等的专家和专业人员提供技术支撑。

任何单位和个人均有权向铁路监管部门举报危险货物运输违法违规行为。

铁路监管部门接到举报,应当及时依法处理;对不属于本部门职责的,应当及时移送有关部门处理。

铁路监管部门应当建立危险货物运输违法行为信息库,如实记录运输单位的违法行为信息,并将行政处罚信息依法纳入全国信用信息共享平台、国家企业信用信息公示系统。对无正当理由拒绝接受监督检查、故意隐瞒事实或者提供虚假材料以及受到行政处罚等违法情节严重的单位及其有关从业人员依法予以公开。

第五节　化学品生产单位特殊作业安全规范

一、概述

(一)化学品生产单位特殊作业安全规范的适用范围

《化学品生产单位特殊作业安全规范》规定了化学品生产单位设备检修中动火、进入受限空间、盲板抽堵、高处作业、吊装的安全要求。该标准适用于化学品生产单位设备检修中涉及的动火作业、受限空间作业、盲板抽堵作业、高处作业、吊装作业。

(二)特殊作业

特殊作业(Special work)系指化学品生产单位设备检修过程中可能涉及的动火、进入受限空间、盲板抽堵、高处作业、吊装等,对操作者本人、他人及周围建(构)筑物、设备、设施的安全可能造成危害的作业。

(三)术语和定义

1. 动火作业

动火作业(Hot work)系指直接或间接产生明火的工艺设备以外的禁火区内可能产生火焰、火花或炽热表面的非常规作业,如使用电焊、气焊(割)、喷灯、电钻、砂轮等进行的作业。

2. 易燃易爆场所

易燃易爆场所(Inflammable and explosivearea)系指火灾危险性分类为甲、乙类区域的场所。

3. 受限空间

受限空间(Confined space)系指进出口受限,通风不良,可能存在易燃易爆、有毒有害物质或缺氧,对进入人员的身体健康和生命安全构成威胁的封闭、半封闭设施及场所,如反应器、塔、釜、槽、罐、炉膛、锅筒、管道以及地下室、窨井、坑(池)、下水道或其他封闭、半封闭场所。

4. 受限空间作业

受限空间作业(Operation at confined space)系指进入或探入受限空间进行的作业。

5. 盲板抽堵作业

盲板抽堵作业(Blinding-pipe line operation with stop plate)系指在设备、管道上安装和拆卸盲板的作业。

6. 高处作业

高处作业(Work at height)系指在距坠落基准面 2m 及 2m 以上有可能坠落的高处进行的作业。

7. 坠落基准面

坠落基准面(Falling datum plane)系指坠落处最低点的水平面。

8. 坠落高度

坠落高度(Falling height)和作业高度(Workheight)系指从作业位置到坠落基准面的垂直距离。

9. 异温高处作业

异温高处作业(High or low temperature work at height)系指在高温或低温情况下进行的高处作业。高温是指作业地点具有生产性热源,其环境温度高于本地区夏季室外通风设计计算温度2℃及以上。低温是指作业地点的气温低于5℃。

10. 带电高处作业

带电高处作业(Hot-linework at height)系指采取地(零)电位或等(同)电位方式接近或接触带电体,对带电设备和线路进行检修的高处作业。

11. 吊装作业

吊装作业(Lifting work)系指利用各种吊装机具将设备、工件、器具、材料等吊起,使其发生位置变化的作业过程。

二、基本要求

(一)作业前的准备

作业前,作业单位和生产单位应对作业现场和作业过程中可能存在的危险、有害因素进行辨识,制定相应的安全措施。应对参加作业的人员进行安全教育,主要内容如下:

(1)有关作业的安全规章制度。

(2)作业现场和作业过程中可能存在的危险、有害因素及应采取的具体安全措施。

(3)作业过程中所使用的个体防护器具的使用方法及使用注意事项。

(4)事故的预防、避险、逃生、自救、互救等知识。

(5)相关事故案例和经验、教训。

作业前,生产单位应进行如下工作:

(1)对设备、管线进行隔绝、清洗、置换,并确认满足动火、进入受限空间等作业安全要求。

(2)对放射源采取相应的安全处置措施。

(3)对作业现场的地下隐蔽工程进行交底。

(4)腐蚀性介质的作业场所配备人员应急用冲洗水源。

(5)夜间作业的场所设置满足要求的照明装置。

(6)会同作业单位组织作业人员到作业现场,了解和熟悉现场环境,进一步核实安全措施的可靠性,熟悉应急救援器材的位置及分布。

作业前,作业单位对作业现场及作业涉及的设备、设施、工器具等进行检查,并使之符合如下要求:

(1)作业现场消防通道、行车通道应保持畅通;影响作业安全的杂物应清理干净。

(2)作业现场的梯子、栏杆、平台、箅子板、盖板等设施应完整、牢固,采用的临时设施应确保安全。

(3)作业现场可能危及安全的坑、井、沟、孔洞等应采取有效防护措施,并设警示标志,夜间应设警示红灯;需要检修的设备上的电器电源应可靠断电,在电源开关处加锁并加挂安全警示牌。

(4)作业使用的个体防护器具、消防器材、通信设备、照明设备等应完好。

(5)作业使用的脚手架、起重机械、电气焊用具、手持电动工具等各种工器具应符合作业安全要求;超过安全电压的手持式、移动式电动工器具应逐个配置漏电保护器和电源开关。

进入作业现场的人员应正确佩戴符合要求的安全帽,作业时,作业人员应遵守本工种安全技术操作规程,并按规定着装及正确佩戴相应的个体防护用品,多工种、多层次交叉作业应统一协调。特种作业和特种设备作业人员应持证上岗。患有职业禁忌证者不应参与相应作业。作业监护人员应坚守岗位,如确需离开,应有专人替代监护。

作业前,作业单位应办理作业审批手续,并由相关责任人签名确认。同一作业涉及动火、进入受限空间、盲板抽堵、高处作业、吊装、临时用电、动土、断路中的两种或两种以上时,除应同时执行相应的作业要求外,还应同时办理相应的作业审批手续。作业时审批手续应齐全、安全措施应全部落实、作业环境应符合安全要求。

(二)作业过程中的监理

当生产装置出现异常,可能危及作业人员安全时,生产单位应立即通知作业人员停止作业,迅速撤离。当作业现场出现异常,可能危及作业人员安全时,作业人员应停止作业,迅速撤离,作业单位应立即通知生产单位。

(三)作业后的清理工作

作业完毕,应恢复作业时拆移的盖板、箅子板、扶手、栏杆、防护罩等安全设施的安全使用功能;将作业用的工器具、脚手架、临时电源、临时照明设备等及时撤离现场;将废料、杂物、垃圾、油污等清理干净。

三、动火作业

(一)作业分级

固定动火区外的动火作业一般分为二级动火、一级动火、特殊动火三个级别,遇节日、假日或其他特殊情况,动火作业应升级管理。企业应划定固定动火区及禁火区。

二级动火作业:除特殊动火作业和一级动火作业以外的动火作业。凡生产装置或系统全部停车,装置经清洗、置换、分析合格并采取安全隔离措施后,可根据其火灾、爆炸危险性大小,经所在单位安全管理部门批准,动火作业可按二级动火作业管理。

一级动火作业:在易燃易爆场所进行的除特殊动火作业以外的动火作业。厂区管廊上的动火作业按一级动火作业管理。

特殊动火作业:在生产运行状态下的易燃易爆生产装置、输送管道、储罐、容器等部位上及其他特殊危险场所进行的动火作业,带压不置换动火作业按特殊动火作业管理。

(二)动火作业基本要求

动火作业应有专人监火,作业前应清除动火现场及周围的易燃物品,或采取其他有效安全防火措施,并配备消防器材,满足作业现场应急需求。

动火点周围或其下方的地面如有可燃物、空洞、窨井、地沟、水封等,应检查分析并采取清理或封盖等措施;对于动火点周围有可能泄漏易燃、可燃物料的设备,应采取隔离措施。

凡在盛有或盛装过危险化学品的设备、管道等生产、储存设施及处于甲、乙类区域的生产设备上动火作业，应将其与生产系统彻底隔离，并进行清洗、置换，分析合格后方可作业；因条件限制无法进行清洗、置换而确需动火作业时按特殊动火规定执行。

拆除管线进行动火作业时，应先查明其内部介质及其走向，并根据所要拆除管线的情况制定安全防火措施。在有可燃物构件和使用可燃物做防腐内衬的设备内部进行动火作业时，应采取防火隔绝措施。

在生产、使用、储存氧气的设备上进行动火作业时，设备内氧含量不应超过23.5%。

动火期间距动火点30m内不应排放可燃气体；距动火点15m内不应排放可燃液体；在动火点10m范围内及动火点下方不应同时进行可燃溶剂清洗或喷漆等作业。

铁路沿线25m以内的动火作业，如遇装有危险化学品的火车通过或停留时，应立即停止。

使用气焊、气割动火作业时，乙炔瓶应直立放置，氧气瓶与之间距不应小于5m，二者与作业地点间距不应小于10m，并应设置防晒设施。

作业完毕应清理现场，确认无残留火种后方可离开。

五级风以上（含五级）天气，原则上禁止露天动火作业。因生产确需动火，动火作业应升级管理。

（三）特殊动火作业要求

特殊动火作业在符合上文规定的同时，还应符合以下规定：

（1）在生产不稳定的情况下不应进行带压不置换动火作业。

（2）应预先制定作业方案，落实安全防火措施，必要时可请专职消防队到现场监护。

（3）动火点所在的生产车间（分厂）应预先通知工厂生产调度部门及有关单位，使之在异常情况下能及时采取相应的应急措施。

（4）应在正压条件下进行作业。

（5）应保持作业现场通排风良好。

（四）动火分析及合格标准

作业前应进行动火分析，要求如下：

（1）动火分析的监测点要有代表性，在较大的设备内动火，应对上、中、下各部位进行监测分析；在较长的物料管线上动火，应在彻底隔绝区域内分段分析。

（2）在设备外部动火，应在不小于动火点10m范围内进行动火分析。

（3）动火分析与动火作业间隔一般不超过30min，如现场条件不允许，间隔时间可适当放宽，但不应超过60min。

（4）作业中断时间超过60min，应重新分析，每日动火前均应进行动火分析；特殊动火作业期间应随时进行监测。

（5）使用便携式可燃气体检测仪或其他类似手段进行分析时，检测设备应经标准气体样品标定合格。

动火分析合格标准为：

（1）当被测气体或蒸气的爆炸下限大于或等于4%时，其被测浓度应不大于0.5%（体积分数)。

(2)当被测气体或蒸气的爆炸下限小于4%时,其被测浓度应不大于0.2%(体积分数)。

四、受限空间作业

(一)作业前的准备

作业前,应对受限空间进行安全隔绝,要求如下:

(1)与受限空间连通的可能危及安全作业的管道应采用插入盲板或拆除一段管道进行隔绝。

(2)与受限空间连通的可能危及安全作业的孔、洞应进行严密的封堵。

(3)受限空间内的用电设备应停止运行并有效切断电源,在电源开关处上锁并加挂警示牌。

作业前,应根据受限空间盛装(过)的物料特性,对受限空间进行清洗或置换,并达到如下要求:

(1)氧含量为18% ~21%,在富氧环境下不应大于23.5%。

(2)有毒气体(物质)浓度应符合相关的规定。

(3)可燃气体浓度要求达到前文提及的动火分析合格标准的规定。

(二)监管措施

应保持受限空间空气流通良好,可采取如下措施:

(1)打开人孔、手孔、料孔、风门、烟门等与大气相通的设施进行自然通风。

(2)必要时,应采用风机强制通风或管道送风,管道送风前应对管道内介质和风源进行分析确认。

应对受限空间内的气体浓度进行严格监测,监测要求如下:

(1)作业前30min内,应对受限空间进行气体分析,分析合格后方可进入,如现场条件不允许,时间可适当放宽,但不应超过60min。

(2)监测点应有代表性,容积较大的受限空间,应对上、中、下各部位进行监测分析。

(3)分析仪器应在校验有效期内,使用前应保证其处于正常工作状态。

(4)监测人员深入或探入受限空间监测时应采取下文中规定的个体防护措施。

(5)作业中应定时监测,至少每2h监测一次,如监测分析结果有明显变化,应立即停止作业,撤离人员,对现场进行处理,分析合格后方可恢复作业。

(6)对可能释放有害物质的受限空间,应连续监测,情况异常时应立即停止作业,撤离人员,对现场进行处理,分析合格后方可恢复作业。

(7)涂刷具有挥发性溶剂的涂料时,应做连续分析,并采取强制通风措施。

(8)作业中断时间超过60min时,应重新进行分析。

(三)进入下列受限空间作业应采取如下防护措施

进入下列受限空间作业应采取如下防护措施:

(1)缺氧或有毒的受限空间经清洗或置换仍达不到要求的,应佩戴隔绝式呼吸器,必要时应拴戴救生绳。

(2)易燃易爆的受限空间经清洗或置换仍达不到要求的,应穿防静电工作服及防静电工作鞋,使用防爆型低压灯具及防爆工具。

(3)酸碱等腐蚀性介质的受限空间,应穿戴防酸碱防护服、防护鞋、防护手套等防腐蚀护具。

(4)有噪声产生的受限空间,应佩戴耳塞或耳罩等防噪声护具。

(5)有粉尘产生的受限空间,应佩戴防尘口罩、眼罩等防尘护具。

(6)高温的受限空间,进入时应穿戴高温防护用品,必要时采取通风、隔热、佩戴通信设备等防护措施。

(7)低温的受限空间,进入时应穿戴低温防护用品,必要时采取供暖、佩戴通信设备等措施。

照明及用电安全要求如下:

(1)受限空间照明电压应小于或等于36V,在潮湿容器、狭小容器内作业电压应小于或等于12V。

(2)在潮湿容器中,作业人员应站在绝缘板上,同时保证金属容器接地可靠。

(四)作业监护及其他防护措施

作业监护要求如下:

(1)在受限空间外应设有专人监护,作业期间监护人员不应离开。

(2)在风险较大的受限空间作业时,应增设监护人员,并随时与受限空间内作业人员保持联络。

应满足的其他要求如下:

(1)受限空间外应设置安全警示标识,备有空气呼吸器(氧气呼吸器)、消防器材和清水等相应的应急用品。

(2)受限空间出入口应保持畅通。

(3)作业前后应清点作业人员和作业工器具。

(4)作业人员不应携带与作业无关的物品进入受限空间;作业中不应抛掷材料、工器具等物品;在有毒、缺氧环境下不应摘下防护面具;不应向受限空间充氧气或富氧空气;离开受限空间时应将气割(焊)工器具带出。

(5)难度大、劳动强度大、时间长的受限空间作业应采取轮换作业方式。

(6)作业结束后,受限空间所在单位和作业单位共同检查受限空间内外,确认无问题后方可封闭受限空间。

(7)最长作业时限不应超过24h,特殊情况超过时限的应办理作业延期手续。

五、盲板抽堵作业

生产车间(分厂)应预先绘制盲板位置图,对盲板进行统一编号,并设专人统一指挥作业。应根据管道内介质的性质、温度、压力和管道法兰密封面的口径等选择相应材料、强度、口径和符合设计、制造要求的盲板及垫片。高压盲板使用前应经超声波探伤,并符合相关要求。

作业单位应按图进行盲板抽堵作业,并对每个盲板设标牌进行标识,标牌编号应与盲板位置图上的盲板编号一致。生产车间(分厂)应逐一确认并做好记录。作业时,作业点压力应降为常压,并设专人监护。

在有毒介质的管道、设备上进行盲板抽堵作业时,作业人员应按有关要求选用防护用具。在易燃易爆场所进行盲板抽堵作业时,作业人员应穿防静电工作服、工作鞋,并应使用防爆灯具和防爆工具;距盲板抽堵作业地点 30m 内不应有动火作业。

在强腐蚀性介质的管道、设备上进行盲板抽堵作业时,作业人员应采取防止酸碱灼伤的措施。介质温度较高、可能造成烫伤的情况下,作业人员应采取防烫措施。不应在同一管道上同时进行两处及两处以上的盲板抽堵作业。盲板抽堵作业结束,由作业单位和生产车间(分厂)专人共同确认。

六、高处作业

(一)作业分级

作业高度 h 分为四个区段:

(1)$2m \leq h \leq 5m$。

(2)$5m < h \leq 15m$。

(3)$15 < h \leq 30m$。

(4)$h > 30m$。

(二)引起坠落的客观危险因素

直接引起坠落的客观危险因素分为 11 种:

(1)阵风风力五级(风速 8.0m/s)以上。

(2)Ⅱ级(31℃ ~34℃)或Ⅱ级以上的高温作业。

(3)平均气温等于或低于 5℃的作业环境。

(4)接触冷水温度等于或低于 12℃的作业。

(5)作业场地有冰、雪、霜、水、油等易滑物。

(6)作业场所光线不足或能见度差。

(7)作业活动范围与危险电压带电体距离小于表 3-11 的规定。

作业活动范围与危险电压带电体的距离 表 3-11

危险电压带电体的电压等级(kV)	≤10	35	63 ~ 110	220	330	500
距离(m)	1.7	2.0	2.5	4.0	5.0	6.0

(8)摆动,立足处不是平面或只有很小的平面,即任一边小于 500mm 的矩形平面、直径小于 500mm 的圆形平面或具有类似尺寸的其他形状的平面,致使作业者无法维持正常姿势。

(9)Ⅲ级(8 小时工作日平均耗能值为 7310.2 千焦耳/人,劳动时间率为 73%,即净劳动时间为 350 分钟,相当于重强度劳动)或Ⅲ级以上的体力劳动强度。

(10)存在有毒气体或空气中含氧量低于19.5%的作业环境。

(11)可能会引起各种灾害事故的作业环境和抢救突然发生的各种灾害事故。

不存在前述列出的任一种客观危险因素的高处作业按表3-12规定的A类法分级，存在前述列出的一种或一种以上客观危险因素的高处作业按表3-12规定的B类法分级。

高处作业分级　　表3-12

分类法	高处作业高度(m)			
	$2m \le h \le 5m$	$5m < h \le 15m$	$15 < h \le 30m$	$h > 30m$
A	Ⅰ	Ⅱ	Ⅲ	Ⅳ
B	Ⅱ	Ⅲ	Ⅳ	Ⅳ

(三)作业要求

作业人员应正确佩戴符合要求的安全带。带电高处作业应使用绝缘工具或穿均压服。Ⅳ级高处作业(30m以上)宜配备通信工具。

高处作业应设专人监护，作业人员不应在作业处休息。应根据实际需要配备符合标准安全要求的吊笼、梯子、挡脚板、跳板等，脚手架的搭设应符合国家有关标准。

在彩钢板屋顶、石棉瓦、瓦棱板等轻型材料上作业，应铺设牢固的脚手板并加以固定，脚手板上要有防滑措施。

在临近排放有毒、有害气体、粉尘的放空管线或烟囱等场所进行作业时，应预先与作业所在地有关人员取得联系、确定联络方式，并为作业人员配备必要的且符合相关国家标准的防护器具(如空气呼吸器、过滤式防毒面具或口罩等)。

雨天和雪天作业时，应采取可靠的防滑、防寒措施；遇有五级以上强风、浓雾等恶劣气候，不应进行高处作业、露天攀登与悬空高处作业；暴风雪、台风、暴雨后，应对作业安全设施进行检查，发现问题立即处理。

作业使用的工具、材料、零件等应装入工具袋，上下时手中不应持物，不应投掷工具、材料及其他物品。易滑动、易滚动的工具、材料堆放在脚手架上时，应采取防坠落措施。与其他作业交叉进行时，应按指定的路线上下，不应上下垂直作业，如果确需垂直作业应采取可靠的隔离措施。

因作业必需，临时拆除或变动安全防护设施时，应经作业审批人员同意，并采取相应的防护措施，作业后应立即恢复。作业人员在作业中如果发现异常情况，应及时发出信号，并迅速撤离现场。拆除脚手架、防护棚时，应设警戒区并派专人监护，不应上部和下部同时施工。

第四章

应急与救助

第一节 灭火原理、方法及灭火剂、灭火器种类与选用

一、火灾的分类与基本概念

(一)分类

《火灾分类》(GB/T 4968—2008)按物质的燃烧特性将火灾分为6类:

A类火灾:指固体物质火灾,这种物质通常具有有机物质,一般在燃烧时能产生灼烧灰烬,如棉、毛、纸张、麻、木材火灾等。

B类火灾:指液体火灾和可熔化的固体物质火灾,如甲醇、乙醇、汽油、煤油、柴油、原油、石蜡、沥青火灾等。

C类火灾:指气体火灾,如甲烷、乙烷、丙烷、煤气、天然气、氢气火灾等。

D类火灾:指金属火灾,如钾、钠、镁,钛、锆、锂、铝镁合金火灾等。

E类火灾:指带电火灾,是物体带电燃烧的火灾,如电缆、发电机、家用电器等。

F类火灾:指烹饪器具内烹饪物火灾,如动植物油脂等。

(二)火灾概念

闪燃:可燃物表面或可燃液体上方在很短时间内重复出现火焰一闪即灭的现象。闪燃往往是持续燃烧的先兆。

阴燃:没有火焰和可见光的燃烧。

爆燃:伴随爆炸的燃烧波,以亚音速传播。

自燃:是指可燃物在空气中没有外来火源的作用下,靠自热或外热而发生燃烧的现象。根据热源的不同,物质自燃分为自热自燃和受热自燃两种。

闪点:在规定条件下,材料或制品加热到释放出的气体瞬间着火并出现火焰的最低温度。闪点是衡量物质火灾危险性的重要参数。一般情况下闪点越低,火灾危险性越大。

燃点:在规定的条件下,可燃物质产生自燃的最低温度。燃点对可燃固体和闪点较高的液体具有重要意义,在控制燃烧时需将可燃物的温度降至其燃点以下。一般情况下燃点越低,火灾危险性越大。

自燃点:在规定条件下,不用任何辅助引燃能源而达到引燃的最低温度。液体和固体可燃物受热分解并析出来的可燃气体挥发物越多,其自燃点越低。固体可燃物粉碎得越细,其自燃点越低。一般情况下,密度越大,闪点越高而自燃点越低。

引燃能(最小点火能):引燃能是指释放能够触发初始燃烧化学反应的能量,也叫最小点火能,影响其反应发生的因素包括温度、释放的能量、热量和加热时间。

(三)典型火灾的发展规律

一般来说,火灾发展经历初起期、发展期、最盛期、减弱期和熄灭期。初起期时火灾开始发

生，关键是可燃物质的受热分解，主要特征表现为冒烟与阴燃；发展期时火势逐渐增大，一般采用 T 平方特征火灾模型来简化描述该阶段非稳态火灾热释放速率随时间的变化，即假定火灾热释放速率与时间的平方成正比，轰燃就发生在这一阶段；最盛期的火灾燃烧方式是通风控制火灾，火势的大小由建筑物的通风情况决定；熄灭期是火灾由最盛期开始消减直至熄灭的阶段，熄灭的原因可以是燃料不足、灭火系统的作用等。根据不同的可燃物质、不同的通风条件，建筑火灾有可能达不到最盛期，只缓慢地发展后逐渐熄灭。典型的火灾发展过程如图 4-1 所示。

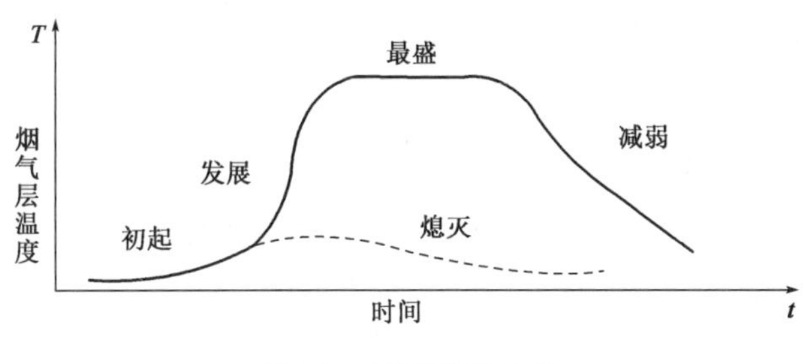

图 4-1　火灾的发展过程

二、爆炸

（一）定义与特征

广义地讲，爆炸是物质系统的一种极为迅速的物理的或化学的能量释放或转化过程，是一系统所蕴藏的或瞬间形成的大量能量在有限的体积和极短的时间内，骤然释放或转化的现象。在这种释放和转化的过程中，系统的能量将转化为机械功以及光和热的辐射等。

一般说来，爆炸现象具有一些特征，其中最主要的特征是爆炸点及其周围压力急剧升高。除此以外，爆炸还具有高速、温度升高、响声、周围介质震动或遭到破坏等特征。

（二）分类

发生爆炸时，如果周围存放可燃物，会引起火灾；高空作业人员受爆炸引起的冲击波震荡作用，会造成高处坠落；粉尘作业场所爆炸冲击波会使积存在地面上的粉尘扬起，造成更大范围的二次爆炸等。

引起爆炸的原因不尽相同，但爆炸必须具有一定的能量才能发生。按照能量的来源可将爆炸可分成三类：物理爆炸、化学爆炸和核爆炸。按照爆炸反应相的不同，爆炸可分气相爆炸、液相爆炸、固相爆炸。

1. 气相爆炸

气相爆炸主要包括混合气体爆炸、气体的分解爆炸、粉尘爆炸、喷雾爆炸等。气相爆炸的分类见表 4-1。

气相爆炸类别　　表 4-1

类别	爆炸机理	举例
混合气体爆炸	可燃性气体和助燃气体以适当的浓度混合，由于燃烧波或爆炸的传播而引起的爆炸	空气和氯气、丙烷、乙醚等混合气的爆炸

续上表

类别	爆炸机理	举例
气体的分解爆炸	单一气体由于分解反应产生大量的反应热引起的爆炸	乙炔、乙烯、氯乙烯等在分解时引起的爆炸
粉尘爆炸	空气中飞散的易燃性粉尘,由于剧烈燃烧引起的爆炸	空气中飞散的铝粉、镁粉、亚麻、玉米淀粉等引起的爆炸
喷雾爆炸	空气中易燃液体被喷成雾状物,在剧烈地燃烧时引起的爆炸	油压机喷出的油雾、喷雾作业引起的爆炸

2. 液相爆炸

包括聚合爆炸、蒸发爆炸以及由不同液体混合所引起的爆炸。例如硝酸和油脂,液氧和煤粉等混合时引起的爆炸;熔融的矿渣与水接触或钢水包与水接触时,由于过热发生快速蒸发引起的蒸气爆炸等。液相爆炸举例见表 4-2。

3. 固相爆炸

包括爆炸性化合物及其他爆炸性物质的爆炸(如乙炔铜的爆炸);导线因电流过载,由于过热,金属迅速气化而引起的爆炸等。固相爆炸举例见表 4-2。

液相、固相爆炸类别 表 4-2

类别	爆炸机理	举例
混合危险物质的爆炸	氧化性物质与还原性物质或其他物质混合引起爆炸	硝酸和油脂、液氧和煤粉、高锰酸钾和浓酸、无水顺丁烯二酸和烧碱等混合时引起的爆炸
易爆化合物的爆炸	有机过氧化物、硝基化合物、硝酸酯等燃烧引起爆炸和某些化合物的分解反应引起爆炸	丁酮过氧化物、三硝基甲苯、硝基甘油等的爆炸;偶氧化铅、乙炔铜的爆炸
导线爆炸	在有过载电流流动时,使导线过热,金属迅速气化而引起爆炸	导线因电流过载而引起的爆炸
蒸气爆炸	由于过热,发生快速蒸发而引起爆炸	熔融的矿渣与水接触,钢水与水混合产生蒸气爆炸
固相转化时造成的爆炸	固相相互转化时放出热量,造成空气急速膨胀而引起爆炸	无定形锑转化成结晶锑时,由于放热而造成爆炸

爆炸过程表现为两个阶段:在第一阶段中,物质的(或系统的)潜在能以一定的方式转化为强烈的压缩能;第二阶段,压缩物质急剧膨胀,对外做功,从而引起周围介质的变化和破坏。不管由何种能源引起的爆炸,它们都同时具备两个特征,即能源具有极大的密度和极大的能量释放速度。

(三)爆炸破坏作用

1. 冲击波

爆炸形成的高温、高压、高能量密度的气体产物,以极高的速度向周围膨胀,强烈压缩周围的静止空气,使其压力、密度和温度突跃升高,像活塞运动一样推向前进,产生波状气压向四周扩散冲击。这种冲击波能造成附近建筑物的破坏,其破坏程度与冲击波能量的大小有关,与建筑物的坚固程度及其与产生冲击波的中心距离有关。

2. 碎片冲击

爆炸的机械破坏效应会使设备、装置以及建筑材料等的碎片,在相当大的范围内飞散而造成伤害。碎片的四处飞散距离一般可达数十米到数百米。

3. 震荡作用

爆炸发生时,特别是较猛烈的爆炸往往会引起短暂的地震波。例如,某市的亚麻发生麻尘爆炸时,有连续三次爆炸,结果在该市地震局的地震检测仪上,记录了在7s之内的曲线上出现有三次高峰。在爆炸波及的范围内,这种地震波会造成建筑物的震荡、开裂、松散倒塌等危害。

4. 次生事故

发生爆炸时,如果车间、库房(如制氢车间、汽油库或其他建筑物)里存放可燃物,会造成火灾;高空作业人员受冲击波或震荡作用,会造成高处坠落事故;粉尘作业场所轻微的爆炸冲击波会使积存在地面上的粉尘扬起,造成更大范围的二次爆炸等。

(四)粉尘爆炸

1. 粉尘爆炸的机理和特点

当可燃性固体呈分体状态,粒度足够细,飞扬悬浮于空气中,并达到一定浓度,在相对密闭的空间内,遇到足够的点火能量,就能发生粉尘爆炸。具有粉尘爆炸危险性的物质较多,常见的有金属粉尘、煤粉、粮食粉尘等。

粉尘爆炸是一个瞬间的连锁反应,属于不稳定的气固二相流反应,其爆炸过程比较复杂,受诸多因素的制约。从粉尘爆炸过程可以看出,粉尘爆炸有如下特点:

(1)粉尘爆炸速度或爆炸压力上升速度比爆炸气体小,但燃烧时间长,产生的能量大,破坏程度大。

(2)爆炸感应期较长。粉尘的爆炸过程比气体的爆炸过程复杂,要经过尘粒的表面分解或蒸发阶段及由表面向中心延烧的过程,所以感应器较长。

(3)有产生二次爆炸的可能性。因为粉尘初次爆炸产生的冲击波会将堆积的粉尘扬起,悬浮在空气中,在新的空间形成达到爆炸极限浓度范围内的混合物,而飞散的火花和辐射热成为点火源,引起第二次爆炸。这种连续爆炸会造成严重的破坏。粉尘有不完全燃烧现象,在燃烧后的气体中含有大量的CO及粉尘自身分解的有毒气体,会伴随中毒死亡的事故。

2. 粉尘爆炸的条件及爆炸过程

(1)粉尘爆炸的条件

a. 粉尘本身具有可燃性。

b. 粉尘虚浮在空气中并达到一定浓度。

c. 有足以引起粉尘爆炸的起始能量。

(2)爆炸过程。与可燃气体(蒸气)与空气的混合物一样,可燃粉尘与空气混合物也遇点火源也可能发生爆炸;其也具有爆炸极限,包括上限、下限,但有实际应用意义的主要是下限。尘爆炸同样是一种链式连锁反应,当外界热量足够时,火焰传播速度将越来越快,最后引起爆炸;若热量不足,火焰则会熄灭。

3. 粉尘爆炸的特性及影响因素

评价粉尘爆炸危险性的主要特征参数是爆炸极限、最小点火能量、最低着火温度、粉尘爆炸压力及压力上升速率。

粉尘爆炸极限不是固定不变的,它的影响因素主要有粉尘粒度、分散度、湿度、点火源的性质、可燃气含量、氧含量、惰性粉尘和灰分温度等。一般来说粉尘粒度越细,分散度越高可燃气体和氧的含量越大,火源强度、初始温度越高,湿度越低,惰性粉尘及灰分越少,爆炸极限范围越大,粉尘爆炸危险性也就越大。

三、燃烧与爆炸的转化

爆炸的最主要特征是压力的急剧上升,并不一定着火(发光、放热);而燃烧一定有发光放热现象,但与压力无特别关系。化学爆炸,其中绝大多数是氧化反应引起的爆炸,与燃烧现象本质上都属氧化反应,也同样有温度与压力的升高现象。但两者反应速度、放热速率不同,火焰传播速度也不同,前者比后者快得多。

无论是固体或液体爆炸物,还是气体爆炸混合物,都可以在一定的条件下进行燃烧,但当条件变化时,它们又可转化为爆炸。这种转化,有时候人们要加以有益地利用,但有时候却应加以制止。

固体或液体炸药燃烧转化为爆炸的主要条件有三条:

①炸药处于密闭的状态下,燃烧产生的高温气体增大了压力,使燃烧转化为爆炸;②燃烧面积不断扩大,使燃速加快,形成冲击波,从而使燃烧转化为爆炸;③药量较大时,炸药燃烧形成的高温反应区将热量传给了尚未反应的炸药,使其余的炸药受热爆炸。

由以上的分析可知,燃烧与爆炸是爆炸物具有的紧密相关的两个特性。从安全技术角度来讲,防止爆炸物发生火灾与爆炸事故就成了紧密相关的问题。一般来说,火灾与爆炸两类事故往往连续发生。大的爆炸之后常伴随有巨大的火灾;在存在有爆炸物质和燃爆混合物的场所中,大的火灾往往创造了爆炸的条件。因此,了解燃烧与爆炸的关系,从技术上杜绝一切由燃烧转化为爆炸的可能性,则是防火防爆技术的一个重要方面。

四、灭火原理与方法

由燃烧所必须具备的几个基本条件可以得知,灭火就是破坏燃烧条件使燃烧反应终止的过程。其基本原理归纳为以下四个方面:冷却、窒息、隔离和化学抑制。

1. 冷却灭火

对一般可燃物来说,能够持续燃烧的条件之一就是它们在火焰或热的作用下达到了各自的着火温度。因此,对一般可燃物火灾,将可燃物冷却到其燃点或闪点以下,燃烧反应就会中止。水的灭火机理主要是冷却作用。

2. 窒息灭火

各种可燃物的燃烧都必须在其最低氧气浓度以上进行,否则燃烧不能持续进行。因此,通过降低燃烧物周围的氧气浓度可以起到灭火的作用。通常使用的二氧化碳、氮气、水蒸气等的灭火机理主要是窒息作用。

3. 隔离灭火

把可燃物与引火源或氧气隔离开来,燃烧反应就会自动中止。火灾中,关闭有关阀门,切断流向着火区的可燃气体和液体的通道;打开有关阀门,使已经发生燃烧的容器或受到火势威胁的容器中的液体可燃物通过管道导至安全区域,都是隔离灭火的措施。

4. 化学抑制灭火

就是使用灭火剂与链式反应的中间体自由基反应,从而使燃烧的链式反应中断使燃烧不能持续进行。常用的干粉灭火剂、卤代烷灭火剂的主要灭火机理就是化学抑制作用。

五、灭火剂、灭火器的种类与选用

(一)灭火剂的种类与选用

灭火剂是能够有效地破坏燃烧条件,中止燃烧的物质。一切灭火措施都是为了破坏已经产生的燃烧条件,并使燃烧的连锁反应中止。灭火剂被喷射到燃烧物和燃烧区域后,通过一系列的物理、化学作用,可使燃烧物冷却、燃烧物与氧气隔绝、燃烧区内氧的浓度降低、燃烧的连锁反应中断,最终导致维持燃烧的必要条件受到破坏,停止燃烧反应,从而起到灭火作用。

1. 水和水系灭火剂

水是最常用的灭火剂,它既可以单独用来灭火,也可以在其中添加化学物质配制成混合液使用,从而提高灭火效率,减少用水量。

这种在水中加入化学物质的灭火剂称为水系灭火剂。水能从燃烧物中吸收很多热量,使燃烧物的温度迅速下降,使燃烧中止。水在受热汽化时,体积增大 1700 多倍,当大量的水蒸气笼罩于燃烧物的周围时,可以阻止空气进入燃烧区,从而大大减少氧的含量,使燃烧因缺氧而窒息熄灭。在用水灭火时,加压水能喷射到较远的地方,具有较大的冲击作用,能冲过燃烧表面而进入内部,从而使未着火的部分与燃烧区隔离开来,防止燃烧物继续分解燃烧。同时水能稀释或冲淡某些液体或气体,降低燃烧强度;能浸湿未燃烧的物质,使之难以燃烧;还能吸收某些气体、蒸气和烟雾,有助于灭火。

不能用水扑灭的火灾主要包括:

(1)密度小于水和不溶于水的易燃液体的火灾,如汽油、煤油、柴油等。苯类、醇类、醚类、酮类、酯类及丙烯腈等大容量储罐,如用水扑救,则水会沉在液体下层,被加热后会引起爆沸,形成可燃液体的飞溅和溢流,使火势扩大。

(2)遇水产生燃烧物的火灾,如金属钾、钠、碳化钙等不能用水,而应用砂土灭火。

(3)硫酸、盐酸和硝酸引发的火灾,不能用水流冲击,因为强大的水流会使酸飞溅,流出后遇可燃物质有引起爆炸的危险。酸溅在人身上,能灼伤人。

(4)电气火灾未切断电源前不能用水扑救,因为水是良导体,容易造成触电。

(5)高温状态下化工设备的火灾不能用水扑救,以防高温设备遇冷水后骤冷,引起形变或爆裂。

2. 气体灭火剂

气体灭火剂的使用始于 19 世纪末期。由于气体灭火剂具有释放后对保护设备无污染、无损害等优点,其防护对象逐步向各个不同领域扩充。由于二氧化碳的来源较广,利用隔绝空气后的窒息作用可成功抑制火灾,因此早期的气体灭火剂主要采用二氧化碳。由于二氧化碳不含水、不导电、无腐蚀性,对绝大多数物质无破坏作用,所以可以用来扑灭精密仪器和一般电气火灾。它还适于扑救可燃液体和固体火灾,特别是那些不能用水灭火以及受到水、泡沫、干粉等灭火剂的黏污容易损坏的固体物质火灾。但是二氧化碳不宜用来扑灭金属钾、镁、钠、铝等及金属过氧化物(如过氧化钾、过氧化钠)、有机过氧化物、氯酸盐、硝酸盐、高锰酸盐、亚硝酸盐、重铬酸盐等氧化剂的火灾。因为二氧化碳从灭火器中喷射出时,温度降低,使环境空气中的水蒸气凝聚成小水滴,上述物质遇水即发生反应,释放大量的热量,同时释放出氧气,使二氧化碳的窒息作用受到影响。因此,上述物质用二氧化碳灭火效果不佳。

3. 泡沫灭火剂

泡沫灭火剂有两大类型,即化学泡沫灭火剂和空气泡沫灭火剂。化学泡沫是通过硫酸铝和碳酸氢钠的水溶液发生化学反应,产生二氧化碳,而形成泡沫。空气泡沫是由含有表面活性剂的水溶液在泡沫发生器中通过机械作用而产生的,泡沫中所含的气体为空气。空气泡沫也称为机械泡沫。

空气泡沫灭火剂种类繁多,根据发泡倍数的不同可分为低倍数泡沫、中倍数泡沫和高倍数泡沫灭火剂。高倍数泡沫灭火系统替代低倍数泡沫灭火系统是当今的发展趋势。高倍数泡沫的应用范围远比低倍数泡沫广泛得多。高倍数泡沫灭火剂的发泡倍数高(201 ~ 1000 倍),能在短时间内迅速充满着火空间,特别适用于大空间火灾,并具有灭火速度快的优点;而低倍数泡沫则与此不同,它主要靠泡沫覆盖着火对象表面,将空气隔绝而灭火,且伴有水渍损失,所以它对液化烃的流淌火灾和地下工程、船舶、贵重仪器设备及物品的灭火无能为力。

4. 干粉灭火剂

干粉灭火剂由一种或多种具有灭火能力的细微无机粉末组成,主要包括活性灭火组分、疏水成分、惰性填料,粉末的粒径大小及其分布对灭火效果有很大的影响。窒息、冷却、辐射及对有焰燃烧的化学抑制作用是干粉灭火效能的集中体现,其中化学抑制作用是灭火的基本原理,起主要灭火作用。干粉灭火剂中的灭火组分是燃烧反应的非活性物质,当进入燃烧区域火焰中时,捕捉并终止燃烧反应产生的自由基,降低了燃烧反应的速率,当火焰干粉浓度足够高,与火焰的接触面积足够大,自由基中止速率大于燃烧反应生产的速率,链式燃烧反应被终止,从而火焰熄灭。

干粉灭火剂与水、泡沫、二氧化碳等相比,在灭火速率、灭火面积、等效单位灭火成本效果三个方面有一定优越性,因其灭火速率快,制作工艺过程不复杂,使用温度范围宽广,对环境无特殊要求，以及使用方便，不需外界动力、水源，无毒、无污染、安全等特点，目前在手提式灭火器和固定式灭火系统上得到广泛的应用。

(二)灭火器的种类与选用

灭火器由筒体、器头、喷嘴等部件组成，借助驱动压力可将所充装的灭火剂喷出，达到灭火目的。灭火器由于结构简单，操作方便，轻便灵活，使用面广，是扑救初起火灾的重要消防器材。

灭火器的种类很多，按其移动方式分为手提式、推车式和悬挂式；按驱动灭火剂的动力来源可分为储气瓶式、储压式、化学反应式；按所充装的灭火剂则又可分为清水、泡沫、酸碱、二氧化碳、卤代烷、干粉、7150 等。

1. 清水灭火器

清水灭火器充装的是清洁的水，并加入适量的添加剂，采用储气瓶加压的方式，利用二氧化碳钢瓶中的气体作动力，将灭火剂喷射到着火物上，达到灭火的目的。其主要由筒体、筒盖、喷射系统及二氧化碳储气瓶等部件组成。清水灭火器适用于扑救可燃固体物质火灾，即 A 类火灾。

2. 泡沫灭火器

泡沫灭火器包括化学泡沫灭火器和空气泡沫灭火器两种，分别是通过筒内酸性溶液与碱性溶液混合后发生化学反应或借助气体压力，喷射出泡沫覆盖在燃烧物的表面上，隔绝空气起到窒息灭火的作用。泡沫灭火器适合扑救脂类、石油产品等 B 类火灾以及木材等 A 类物质的初起火灾，但不能扑救 B 类水溶性火灾，也不能扑救带电设备及 C 类和 D 类火灾。

3. 酸碱灭火器

酸碱灭火器是一种内部装有 65% 的工业硫酸和碳酸氢钠的水溶液作灭火剂的灭火器。使用时，两种药液混合发生化学反应，产生二氧化碳压力气体，灭火剂在二氧化碳气体压力下喷出进行灭火。该类灭火器适用于扑救 A 类物质的初起火灾，如木、竹、织物、纸张等燃烧的火灾。它不能用于扑救 B 类物质燃烧的火灾，也不能用于扑救 C 类可燃气体或 D 类轻金属火灾。同时也不能用于带电场合火灾的扑救。

4. 二氧化碳灭火器

二氧化碳灭火器是利用其内部充装的液态二氧化碳的蒸气压将二氧化碳喷出灭火的一种灭火器具，其利用降低氧气含量，造成燃烧区窒息而灭火。一般当氧气的含量低于 12% 或二氧化碳浓度达 30% ~35% 时，燃烧中止。1kg 的二氧化碳液体，在常温常压下能生成 500L 左右的气体，这些足以使 $1m^3$ 空间范围内的火焰熄灭。由于二氧化碳是一种无色的气体，灭火不留痕迹，并有一定的电绝缘性能等特点，因此，更适宜于扑救 600V 以下带电电器、贵重设备、图书档案、精密仪器仪表的初起火灾，以及一般可燃液体的火灾。

5. 卤代烷灭火器

凡内部充入卤代烷灭火剂的灭火器，统称为卤代烷灭火器。卤代烷灭火剂主要通过抑制燃烧的化学反应过程,使燃烧中断达到灭火目的。其作用是通过除去燃烧连锁反应中的活性基因来完成,这一过程称抑制灭火。卤代烷灭火剂的种类较多,因其种类不同,相应地可分为 1211 灭火器、1301 灭火器、2402 灭火器、1202 灭火器等等。由于 2402 灭火剂和 1202 灭火剂的毒性较大,对金属筒体的腐蚀性亦大,因此在我国不推广使用。我国只生产 1211 和 1301 灭火器。

1211 灭火器主要用于扑救易燃、可燃液体、气体及带电设备的初起火灾,也能对固体物质如竹、木、纸、织物等的表面火灾进行扑救。尤其适用于扑救精密仪器、计算机、珍贵文物及贵重物资仓库等处的初起火灾。也能用于扑救飞机、汽车、轮船、宾馆等场所的初起火灾。

6. 干粉灭火器

干粉灭火器以液态二氧化碳或氮气作动力,将灭火器内干粉灭火剂喷出进行灭火。该类灭火器主要通过抑制作用灭火,按使用范围可分为普通干粉和多用干粉两大类。普通干粉也称 BC 干粉,是指碳酸氢钠干粉、改性钠盐、氨基干粉等,主要用于扑灭可燃液体、可燃气体以及带电设备火灾;多用干粉也称 ABC 干粉,是指磷酸铵盐干粉聚磷酸铵干粉等,他不仅适用于扑救可燃液体、可燃气体和带电设备的火灾,还适用于扑救一般固体物质火灾,但都不能扑救轻金属火灾。

第二节 固体散装危险货物装卸安全事故应急处置

一、基本处置

危险货物装卸环节从业人员必须熟悉装卸安全技术操作规程和各项安全管理制度,并能够自觉贯彻执行;熟悉危险化学品发货和装卸过程中存在的危险有害因素,以及可能发生的泄漏、火灾、爆炸事故,熟练掌握预防和处置事故发生的措施和方法,确保事故发生时能够正确处置,降低事故的危害程度。在作业过程中,工作人员必须按有关规定正确佩戴和使用劳动防护用品,按操作规程正确操作,确保装卸现场安全。

危险货物装卸单位要针对装卸环节可能发生的泄漏、火灾、爆炸、人员中毒等事故,制定操作性强的事故应急救援预案,配备必要的应急救援器材,并将其纳入企业事故应急救援预案的一部分,定期组织职工进行演练,提高事故施救能力。

二、固体散装危险化学品港口作业

(一)装卸机械的配置和工艺布置

固体散装危险化学品的装船机械配置和工艺主要有如下特点:

(1)装船机械的配置应根据船型、运量、货种和码头布置等因素比较确定。

(2)专业化装船泊位宜采用少机、高效的工艺方案。

(3)装船系统设计,宜对装船机在换舱移机过程中引起的作业中断采取措施。

(4)装船机的主要参数应满足船舶装舱的要求。移动式装船机轨道长度应保证舷艉舱装货要求,并应考虑带式输送机长度、装船机检修位置等因素。码头上宜设检修及船舶供给用单车道。

(二)卸船机械的配置和工艺布置

固体散装危险化学品的卸船机械配置和工艺主要有如下特点:

(1)卸船机械的配置应根据船型、运量、货种、物料特性和水文条件等因素比较确定。

(2)卸船机的主要参数应根据设计船型、水位、效率等要求确定。移动式卸船机轨道长度应保证舷艉舱卸货要求,并应考虑带式输送机长度、卸船机检修位置等因素。码头上应有停放清舱机和抓斗的位置。

(3)专业化卸船泊位宜采用少机、高效的工艺方案。在特定条件下,可考虑采用自卸船工艺方案。

(三)堆场机械的配置和工艺布置

固体散装危险化学品的堆场机械配置和工艺主要有如下特点:

(1)堆场堆取料机械的配置应根据堆存量、堆场形式、物料特性、堆取料方式、机械性能和生产管理模式等因素比较确定。轨道式堆取料机的轨道宜高出地面。

(2)堆料能力应与卸船、卸车能力相匹配,取料能力应与装船、装车和配送能力相匹配。料堆应按不同品种分别堆存,料堆堆底间距应根据取料方式确定,在堆场四周应留有通道。

(四)装车设备的配置和工艺布置

固体散装危险化学品的装车机械配置和工艺主要有如下特点:

(1)装车设备的选用应根据装车量、物料特性和堆场工艺布置等因素比较确定。

(2)用单斗装载机装火车时,料堆宜顺铁路线布置,在料堆与铁路中心线之间应留有8～10m的通道和操作场地;采用抓斗起重机装火车时,料堆宽度通常在起重机工作幅度范围内,在料堆与铁路中心线之间应留有6～7m的通道和操作场地。

(3)采用单斗装载机、抓斗起重机、履带式斗轮取料机或其他连续性设备装汽车时,应设操作场地、停车场和道路。

(4)装车存仓采用高架式存仓装车时,存仓阀门出料漏斗口至轨面或地面的净空高度必须满足标准轨距铁路建筑限界、机车车辆建筑限界或汽车的建筑限界的要求。

(5)专业化煤炭、矿石码头装车宜选用装车楼或连续式装车机。

(6)采用装车楼装车时,应满足标准轨距铁路建筑限界或满足机车车辆建筑限界的要求。

(五)卸车机械配置和工艺布置

固体散装危险化学品的卸车机械配置和工艺主要有如下特点:

(1)卸车设备的配置应根据卸车量、车型、物料特性、工艺布置和自然条件等因素比较确定。

(2)采用翻车机卸车时,翻车机的配置应根据系统能力和车型确定。港口铁路应根据卸车工艺、车型及运行组织确定,并应配置空、重车线。翻车机下部存仓容量宜按两次翻车量考虑,存仓应设防堵装置。

(3)采用底开门卸车时,港口铁路应根据卸车工艺、车型及运行组织确定,并应相应配置空、重车线。下部存仓容量宜按两次卸车量考虑,存仓应设防堵装置。寒冷地区采用底开门卸车应充分论证,经论证可在存仓上部设置冻煤破碎装置。

(4)采用螺旋卸车机卸车时,应注意采用必要措施,满足环保和职业安全卫生的要求。卸车线长度、股道数应根据车辆运行组织、卸车能力和工艺布置确定。在一条卸车线上配置三台以上螺旋卸车机时,应考虑设备便于维修。螺旋卸车线的存仓容量,原则上一个车位长度 14m 不宜小于 60t,存仓应设防堵装置。设置漏斗时,应注意解决给料不均匀的问题。存仓或漏斗的一端或两端应留有检修场地,在轨道端部应设安全装置。

(六)其他

固体散装危险化学品在装卸过程中还应注意如下特点:

(1)带式输送机的设计应考虑输送量、物料特性、工作环境、卸料给料方式和工艺布置等因素。驱动电机和输送带的规格不宜过多。带式输送机的能力应与装卸工艺系统设备的最大能力相匹配。

(2)对露天堆放的堆场,应在堆场周边设置防尘措施;对受粉尘浓度影响可能引起爆炸的场所,应有报警装置和防爆措施;对自燃、易燃货物应限制堆存高度和堆放时间,并应采取必要措施。

(3)散货装卸船需平舱、清舱时,应具备相应的设备和起吊措施,能力和数量应满足作业需要。

(4)采用电子皮带秤计量时,应配备维修、检验和标定设施。

(5)专业化码头装卸工艺系统应考虑设置商检机械化取制样设施。

三、汽车运输、装卸要求

(一)基本要求

(1)危险货物的装卸应在装卸管理人员的现场指挥下进行。

(2)在危险货物装卸作业区应设置警告标志。无关人员不得进入装卸作业。

(3)进入易燃、易爆危险货物装卸作业区应:

①禁止随身携带火种。

②关闭随身携带的手机等通信工具和电子设备。

③严禁吸烟。

④穿着不产生静电的工作服和不带铁钉的工作鞋。

(4)运输危险货物的车辆在一般道路上最高车速为 60km/h,在高速公路上最高车速为 80km/h,并应确认有足够的安全车间距离。如遇雨天、雪天、雾天等恶劣天气,最高车速为 20km/h,并打开示警灯,警示后车,防止追尾。

(5)运输过程中,应每隔 2h 检查一次。若发现货损(如丢失、泄漏等),应及时联系当地有关部门予以处理。

(6)驾驶人员一次连续驾驶4h应休息20min以上;24h内实际驾驶车辆时间累计不得超过8h。

(7)运输危险货物的车辆发生故障需修理时,应选择在安全地点和具有相关资质的汽车修理企业进行。

(8)禁止在装卸作业区内维修运输危险货物的车辆。

(9)对装有易燃易爆的和有易燃易爆残留物的运输车辆,不得动火修理。确需修理的车辆,应向当地公安部门报告,根据所装载的危险货物特性,采取可靠的安全防护措施,并在消防员指导下作业。

(二)运输前要求

(1)运输危险货物车辆的有关标志应齐全有效,技术状况应为良好,并按照有关规定对车辆安全技术状况进行严格检查,发现故障应立即排除。

(2)运输危险货物车辆的车厢底板应平坦完好、栏板牢固,对于不同的危险货物,应采取相应的衬垫防护措施(如铺垫木板、胶合板、橡胶板等),车厢或罐体内不得有与所装危险货物性质相抵触的残留物。

(3)检查运输危险货物的车辆配备的消防器材,发现问题应立即更换或修理。

(4)驾驶人员、押运人员应检查随车携带的“道路运输危险货物安全卡”是否与所运危险货物一致。

(5)根据所运危险货物特性,应随车携带遮盖、捆扎、防潮、防火、防毒等工、属具和应急处理设备、劳动防护用品。

(6)装车完毕后,驾驶员应对货物的堆码、遮盖、捆扎等安全措施及对影响车辆起动的不安全因素进行检查,确认无不安全因素后方可起步。

(三)运输过程中要求

(1)驾驶人员应根据道路交通状况控制车速,禁止超速和强行超车、会车。

(2)运输途中应尽量避免紧急制动,转弯时车辆应减速。

(3)通过隧道、涵洞、立交桥时,要注意标高、限速。

(4)运输危险货物过程中,押运人员应密切注意车辆所装载的危险货物,根据危险货物性质定时停车检查,发现问题及时会同驾驶人员采取措施妥善处理。驾驶人员、押运人员不得擅自离岗、脱岗。

(5)运输过程中如发生事故时,驾驶员人和押运人员应立即向当地公安部门及安全生产管理部门、环境保护部门、质检部门报告,并应看护好车辆、货物,共同配合采取一切可能的警示、救援措施。

(6)运输过程中需要停车住宿或遇有无法正常运输的情况时,应向当地公安部门报告。

(7)运输过程中遇有天气、道路路面状况发生变化,应根据所载危险货物特性,及时采取安全防护措施。遇有雷雨时,不得在树下、电线杆、高压线、铁塔、高层建筑及容易遭到雷击和产生火花的地点停车。若要避雨时,应选择安全地点停放。遇有泥泞、冰冻、颠簸、狭窄及山崖等路段时,应低速缓慢行驶,防止车辆侧滑、打滑及危险货物剧烈震荡等,确保运输安全。

(四)装卸要求

(1)装卸作业现场要远离热源,通风良好;电器设备应符合国家有关规定要求,严禁使用明火灯具照明,照明灯应具有防爆性能;易燃易爆货物的装卸场所要有防静电和避雷装置。

(2)运输危险货物的车辆应按装卸作业的有关安全规定驶入装卸作业区,应停放在容易驶离作业现场的方位上,不准堵塞安全通道。停靠货垛时,应听从作业区业务管理人员的指挥,车辆与货垛之间要留有安全距离。待装卸的车辆与装卸中的车辆应保持足够的安全距离。

(3)装卸作业前,车辆发动机应熄火,并切断总电源(需从车辆上取得动力的除外)。在有坡度的场地装卸货物时,应采取防止车辆溜坡的有效措施。

(4)装卸作业前应对照运单,核对危险货物名称、规格、数量,并认真检查货物包装。货物的安全技术说明书、安全标志、标识、标志等与运单不符或包装破损、包装不符合有关规定的货物应拒绝装车。

(5)装卸作业时应根据危险货物包装的类型、体积、重量、件数等情况和包装储运图示标志的要求,采取相应的措施,轻装轻卸,谨慎操作。同时应做到:

①堆码整齐,紧凑牢靠,易于点数。

②装车堆码时,桶口、箱盖朝上,允许横倒的桶口及袋装货物的袋口应朝里;卸车堆码时,桶口、箱盖朝上,允许横倒的桶口及袋装货物的袋口应朝外。

③装卸平衡;堆码时应从车厢两侧向内错位骑缝堆码,高出栏板的最上一层包装件,堆码超出车厢前挡板的部分不得大于包装件本身高度的二分之一。

④装车后,货物应用绳索捆扎牢固;易滑动的包装件,需用防散失的网罩覆盖并用绳索捆扎牢固或用毡布覆盖严密;需用多块毡布覆盖货物时,两块毡布中间接缝处须有大于 15cm 的重叠覆盖,且货厢前半部分毡布需压在后半部分的毡布上面。

⑤包装件体积为 450L 以上的易滚动危险货物应紧固。

⑥带有通气孔的包装件不准倒置、侧置,防止所装货物泄漏或混入杂质造成危害。

(6)装卸过程中需要移动车辆时,应先关上车厢门或栏板。若车厢门或栏板在原地关不上时,应有人监护,在保证安全的前提下才能移动车辆。起步要慢,停车要稳。

(7)装卸危险货物的托盘、手推车应尽量专用。装卸前,要对装卸机具进行检查。装卸爆炸品、有机过氧化物、剧毒品时,装卸机具的最大装载量应小于其额定负荷的 75%。

(8)危险货物装卸完毕,作业现场应清扫干净。装运过剧毒以及受到危险货物污染的车辆、工具应按相关要求对车辆清洗消毒方法洗刷和除污。危险货物的洒漏物和污染物应送到当地环保部门指定地点集中处理。

(五)其他特殊要求

(1)运输固体散装车辆的车厢应采取衬垫措施,防止洒漏;应带好装卸工、属具和苫布。

(2)易洒漏、飞扬的散装粉状危险货物,装车后应用苫布遮盖严密,必要时应捆扎结实,防止飞扬,包装良好方可装运。

(3)行车中尽量防止货物窜动、甩出车厢。

(4)高温季节,散装煤焦沥青应在早晚时段进行装卸。

(5)装卸硝酸铵时,环境温度不得超过40℃,否则应停止作业。装卸现场应保持足够的水源以降温和应急。

(6)装卸会散发有害气体、粉尘或致病微生物的固体散装,应注意人身保护并采取必要的预防措施。

第三节 固体散装危险货物事故应急救援管理要求

一、事故应急管理体系

随着港口的不断发展,装卸吞吐量不断增大,一旦发生重大事故,很容易导致严重的生命、财产损失和环境破坏。由于各种原因,当事故的发生难以完全避免时,建立有效的事故应急管理体系,已成为抵御事故风险、降低危害后果的关键手段。

(一)事故应急救援的基本任务及特点

1. 事故应急救援的基本任务

事故应急救援的总目标是基于应急管理体系框架,通过组织有效的应急救援行动,尽可能地降低事故造成的后果。事故应急救援的基本任务包括下述几个方面:

(1)立即组织营救受害人员,组织撤离或者采取其他措施保护危害区域内的其他人员。抢救受害人员是应急救援的首要任务,在应急救援行动中,快速、有序、有效地实施现场急救与安全转送伤员,是降低伤亡率、减少事故损失的关键。由于重大事故发生突然、扩散迅速、涉及范围广、危害大,应及时指导和组织群众采取各种措施进行自身防护,必要时迅速撤离出危险区或可能受到危害的区域。在撤离过程中,应积极组织群众开展自救和互救工作。

(2)迅速控制事态,并对事故造成的危害进行检测、监测,测定事故的危害区域、危害性质及危害程度。及时控制住造成事故的危险源是应急救援工作的重要任务。只有及时地控制住危险源,防止事故的继续扩展,才能及时有效地进行救援。特别对发生在城市或人口稠密地区的化学事故,应尽快组织工程抢险队与事故单位技术人员一起及时控制事故继续扩展。

(3)消除危害后果,做好现场恢复。针对事故对人体、动植物、土壤、空气等造成的现实危害和可能的危害,迅速采取封闭、隔离、洗消、监测等措施,防止对人的继续危害和对环境的污染。及时清理废墟和恢复基本设施,将事故现场恢复至相对稳定的状态。

(4)查清事故原因,评估危害程度。事故发生后应及时调查事故的发生原因和事故性质,评估出事故的危害范围和危险程度,查明人员伤亡情况,做好事故原因调查,并总结救援工作中的经验和教训。

2. 事故应急救援的特点

事故应急救援具有不确定性、突发性、复杂性和后果、影响易猝变、激化、放大等特点。

(1)不确定性和突发性

不确定性和突发性是各类公共安全事故、灾害与事件的共同特征,大部分事故都是突然爆发,爆发前基本没有明显征兆,而且一旦发生,发展蔓延迅速,甚至失控。因此,要求应急行动必须在极短的时间内在事故的第一现场作出有效反应,在事故产生重大灾难后果之前采取各种有效的防护、救助、疏散和控制事态等措施。

(2)应急活动的复杂性

事故、灾害或事件影响因素与演变规律的不确定性和不可预见的多变性;众多来自不同部门参与应急救援活动的单位,在信息沟通、行动协调与指挥、授权与职责、通信等方面的有效组织和管理;应急响应过程中公众的反应和恐慌心理、公众过急等突发行为的复杂性等。这些复杂因素的影响,给现场应急救援工作带来了严峻的挑战,应对应急救援工作中各种复杂的情况作出足够的估计,制定随时应对各种复杂变化的相应方案。

应急活动的复杂性另一个重要特点是现场处置措施的复杂性。重大事故的处置措施往往涉及较强的专业技术支持,包括易燃、有毒危险物质、复杂危险工艺以及矿山井下事故处置等,对每一行动方案、监测以及应急人员防护等都需要在专业人员的支持下进行决策。因此,针对生产安全事故应急救援的专业化要求,必须高度重视建立和完善重大事故的专业应急救援力量、专业检测力量和专业应急技术与信息支持等的建设。

(3)后果、影响易猝变、激化和放大

公共安全事故、灾害与事件虽然是小概率事件,但后果一般比较严重,能造成广泛的公众影响,应急处理稍有不慎,就可能改变事故、灾害与事件的性质,使平稳、有序、和平状态向动态、混乱和冲突方面发展,引起事故、灾害与事件波及范围扩展,卷入人群数量增加和人员伤亡与财产损失后果加大,猝变、激化与放大造成的失控状态,不但迫使应急呼应升级,甚至可导致社会性危机出现,使公众立即陷入巨大的动荡与恐慌之中。因此,重大事故(件)的处置必须坚决果断,而且越早越好,防止事态扩大。

(二)事故应急管理理论框架

突发事件应急管理应强调全过程的管理。突发事件应急管理工作涵盖了突发事件发生前、中、后的各个阶段,包括为应对突发事件而采取的预先防范措施、事发时采取的应对行动、事发后采取的各种善后措施及减少损害的行为,包括预防、准备、响应和恢复等各个阶段,并充分体现“预防为主、常备不懈”的应急理念。

应急管理是一个动态的过程,包括预防、准备、响应和恢复 4 个阶段。尽管在实际情况中这些阶段往往是交叉的,但每一阶段都有其明确的目标,而且每一阶段又是构筑在前一阶段的基础之上,因而预防、准备、响应和恢复的相互关联,构成了重大事故应急管理的循环过程。

1. 预防

在应急管理中预防有两层含义,一是事故的预防工作,即通过安全管理和安全技术等手段,尽可能地防止事故的发生,实现本质安全;二是在假定事故必然发生的前提下,通过预先采取的预防措施,达到降低或减缓事故的影响或后果的严重程度,如加大建筑物的安全距离、工厂选址的安全规划、减少危险物品的存量、设置防护墙以及开展公众教育等。从长远看,低成本、高效率的预防措施是减少事故损失的关键。

2. 准备

应急准备是应急管理工作中的一个关键环节。应急准备是指为有效应对突发事件而事先采取的各种措施的总称,包括意识、组织、机制、预案、队伍、资源、培训演练等各种准备。《中华人民共和国突发事件应对法》(以下简称《突发事件应对法》)中专设了"预防与应急准备"一章,其中包含了应急预案体系、风险评估与防范、救援队伍、应急物资储备、应急通信保障、培训、演练、捐赠、保险、科技等内容。

应急准备工作涵盖了应急管理工作的全过程。应急准备并不仅仅针对应急响应,它为预防、监测预警、应急响应和恢复等各项应急管理工作提供支撑,贯穿应急管理工作的整个过程。从应急管理的阶段看,应急准备工作体现在预防工作所需的意识准备和组织准备,监测预警工作所需的物资准备,响应工作所需的人员准备,恢复工作中所需的资金准备等各阶段的准备工作;从应急准备的内容看,其组织、机制、资源等方面的准备贯穿整个应急管理过程。

3. 响应

应急响应是指在突发事件发生以后所进行的各种紧急处置和救援工作。及时响应是应急管理的又一项主要原则。

《突发事件应对法》中规定了突发事件发生以后的应急响应工作要求,第四十八条规定:"突发事件发生后,履行统一领导职责或者组织处置突发事件的人民政府应当针对其性质、特点和危害程度,立即组织有关部门,调动应急救援队伍和社会力量,依照本章的规定和有关法律、法规、规章的规定采取应急处置措施。"

应急响应是应对突发事件的关键阶段、实战阶段,考验着政府和企业的应急处置能力,尤其需要解决好以下几个问题:一是要提高快速反应能力。响应速度越快,意味着越能减少损失。由于突发事件发生突然、扩散迅速,只有及时响应,控制住危险状况,防止突发事件的继续扩展,才能有效地减轻造成的各种损失。经验表明,建立统一的指挥中心或系统将有助于提高快速反应能力。二是加强协调组织能力。应对突发事件,特别是重大、特别重大突发事件,需要具有较强的组织动员能力和协调能力,使各方面的力量都参与进来,相互协作,共同应对。三是要为一线应急救援人员配备必要的防护装备,以提高危险状态下的应急处置能力,并保护好一线应急救援人员。

4. 恢复

恢复是指突发事件的威胁和危害得到控制或者消除后所采取的处置工作。恢复工作包括短期恢复和长期恢复。

从时间上看,短期恢复并非在应急响应完全结束之后才开始,恢复可能是伴随着响应活动随即展开的。很多情况下,应急响应活动开始后,短期恢复活动就立即开始了,比如一项复杂的人员营救活动中,受困人员陆续获救,从第一个受困人员获救之时起,其饮食、住宿、医疗救助等基本安全和卫生需求应当立即予以恢复,此时短期恢复工作就已经开始了,而不是等到所有受困人员全部获救之后才开始恢复工作。从以上角度看,短期恢复也可以理解为应急响应行动的延伸。

短期恢复工作包括向受灾人员提供食品、避难所、安全保障和医疗卫生等基本服务。在短期恢复工作中,应注意避免出现新的突发事件。《突发事件应对法》第五十八条规定:“突发事件的威胁和危害得到控制或者消除后,履行统一领导职责或者组织处置突发事件的人民政府应当停止执行依照本法规定采取的应急处置措施,同时采取或者继续实施必要措施,防止发生自然灾害、事故灾难、公共卫生事件的次生、衍生事件或者重新引发社会安全事件。”

长期恢复的重点是经济、社会、环境和生活的恢复,包括重建被毁的设施和房屋,重新规划和建设受影响区域等。在长期恢复工作中,应汲取突发事件应急工作的经验教训,开展进一步的突发事件预防工作和减灾行动。

二、事故应急预案编制

(一)事故应急预案的作用

制定事故应急预案是贯彻落实“安全第一、预防为主、综合治理”方针,提高应对风险和防范事故的能力,保证职工安全健康和公众生命安全,最大限度地减少财产损失、环境损害和社会影响的重要措施。

事故应急预案在应急系统中起着关键作用,它明确了在突发事故发生之前、发生过程中以及刚刚结束之后,谁负责做什么、何时做,以及相应的策略和资源准备等。它是针对可能发生的重大事故及其影响和后果的严重程度,为应急准备和应急响应的各个方面所预先作出的详细安排,是开展及时、有序和有效事故应急救援工作的行动指南。

(二)事故应急预案体系

《生产经营单位安全生产事故应急预案编制导则》(GB/T 29639—2020)中第四条规定:“应急预案应形成体系,针对各级各类可能发生的事故和所有危险源制定专项应急预案和现场应急处置方案,并明确事前、事发、事中、事后的各个过程中相关部门和有关人员的职责。生产规模小、危险因素少的生产经营单位,综合应急预案和专项应急预案可以合并编写。”

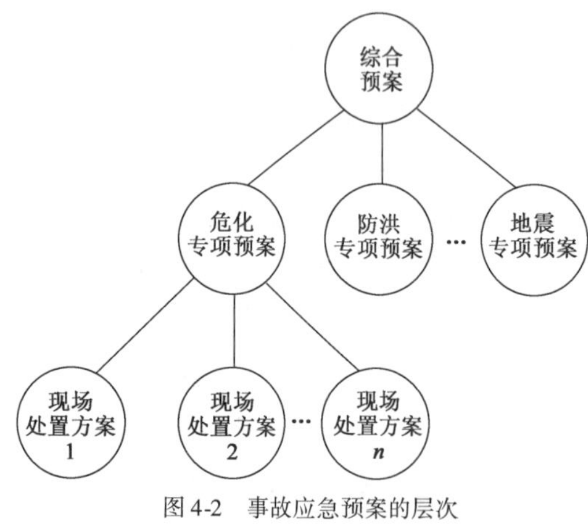

图4-2 事故应急预案的层次

基于可能面临的多种类型重大事故灾害,为保证各种类型预案之间的整体协调性和层次,并实现共性与个性、通用性与特殊性的结合,对应急预案合理地划分层次,是将各种类型应急预案有机组合在一起的有效方法。一般情况下,按照应急预案的功能和目标,应急预案可分为3个层次,如图4-2所示。

1. 综合预案

综合预案相当于总体预案,从总体上阐述预案的应急方针、政策,应急组织结构及相应的职责,应急行动的总体思路等。通过综合预案,可以很清晰地了解应急的组织体系、运行机制及预案的文件体系。更重要的是,综合预案可以作为应急救援工作的基础和“底线”,对那些没有预料的紧急情况也能起到一般的应急指导作用。

2. 专项预案

专项预案是针对某种具体的、特定类型的紧急情况,如煤矿瓦斯爆炸、危险物质泄漏、火灾、某一自然灾害、危险源和应急保障而制定的计划或方案,是综合应急预案的组成部分,应按照综合应急预案的程序和要求组织制定,并作为综合应急预案的附件。

专项预案是在综合预案的基础上,充分考虑了某种特定危险的特点,对应急的形势、组织机构、应急活动等进行更具体的阐述,具有较强的针对性。专项应急预案应制定明确的救援程序和具体的应急救援措施。

3. 现场处置方案

现场处置方案是在专项预案的基础上,根据具体情况而编制的。它是针对具体装置、场所、岗位所制定的应急处置措施。如危险化学品事故专项预案下编制的某重大危险源的应急预案等。现场处置方案的特点是针对某一具体场所的该类特殊危险及周边环境情况,在详细分析的基础上,对应急救援中的各个方面作出具体、周密而细致的安排,因而现场处置方案具有更强的针对性和对现场具体救援活动的指导性。

现场处置方案的另一特殊形式为单项预案。单项预案可以是针对大型公众聚集活动(如经济、文化、体育、民俗、娱乐、集会等活动)或高风险的建设施工或维修活动(如人口高密度区建筑物的定向爆破、生命线施工维护等活动)而制定的临时性应急行动方案。随着这些活动的结束,预案的有效性也随之终结。单项预案主要是针对活动中可能出现的紧急情况,预先对相关应急机构的职责、任务和预防性措施作出的安排。

(三)事故应急预案编制的基本要求

编制应急预案必须以客观的态度,在全面调查的基础上,以各相关方共同参与的方式,开展科学分析和论证,按照科学的编制程序,扎实开展应急预案编制工作,使应急预案中的内容符合客观情况,为应急预案的落实和有效应用奠定基础。

《生产经营单位安全生产事故应急预案编制导则》(GB/T 29639—2013)明确了应急预案应包含的内容和编制要求,为应急预案的规范化建设提供了依据。根据有关法规及该导则的要求,编制应急预案时应进行合理策划,做到重点突出,反映主要的重大事故风险,并避免预案相互孤立、交叉和矛盾。

《生产安全事故应急预案管理办法》第八条规定,应急预案的编制应当符合下列基本要求:

(1)符合有关法律、法规、规章和标准的规定。

(2)结合本地区、本部门、本单位的安全生产实际情况。

(3)结合本地区、本部门、本单位的危险性分析情况。

(4)应急组织和人员的职责分工明确,并有具体的落实措施。

(5)有明确、具体的事故预防措施和应急程序,并与其应急能力相适应。

(6)有明确的应急保障措施,并能满足本地区、本部门、本单位的应急工作要求。

(7)预案基本要素齐全、完整,预案附件提供的信息准确。

(8)预案内容与相关应急预案相互衔接。

(四)事故应急预案编制程序

《生产经营单位安全生产事故应急预案编制导则》中规定了生产经营单位编制安全生产事故应急预案的程序。下面以生产经营单位安全生产事故应急预案编制为例,阐述应急预案的编制。

应急预案的编制包括下面6个步骤:

(1)成立工作组。结合本单位部门职能分工,成立以单位主要负责人为领导的应急预案编制工作组,明确编制任务、职责分工、制订工作计划。

(2)资料收集。收集应急预案编制所需的各种资料(相关法律法规、应急预案、技术标准、国内外同行业事故案例分析、本单位技术资料等)。

(3)危险源与风险分析。在危险因素分析及事故隐患排查、治理的基础上,确定本单位的危险源、可能发生事故的类型和后果,进行事故风险分析并指出事故可能产生的次生衍生事故,形成分析报告,分析结果作为应急预案的编制依据。

(4)应急能力评估。对本单位应急装备、应急队伍等应急能力进行评估,并结合本单位实际,加强应急能力建设。

(5)应急预案编制。针对可能发生的事故,按照有关规定和要求编制应急预案。应急预案编制过程中,应注重全体人员的参与和培训,使所有与事故有关人员均掌握危险源的危险性、应急处置方案和技能。应急预案应充分利用社会应急资源,与地方政府预案、上级主管单位以及相关部门的预案相衔接。

(6)应急预案的评审与发布。评审由本单位主要负责人组织有关部门和人员进行。外部评审由上级主管部门或地方政府负责安全管理的部门组织审查。评审后,按规定报有关部门备案,并经生产经营单位主要负责人签署发布。

需要指出的是,应急预案的改进是预案管理工作的重要内容,与以上6项工作共同构成一个工作循环,通过这个循环可以持续改进预案的编制工作,完善预案体系。

(五)事故应急预案主要内容

应急预案是整个应急管理体系的反映,它不仅包括事故发生过程中的应急响应和救援措施,而且还应包括事故发生前的各种应急准备和事故发生后的短期恢复,以及预案的管理与更新等。《生产经营单位安全生产事故应急预案编制导则》详细规定了综合预案、专项预案和现场处置方案的主要内容。

通常,完整的应急预案主要包括以下六个方面的内容:

1. 应急预案概况

应急预案概况主要描述生产经营单位概况以及危险特性状况等,同时对紧急情况下应急事件、适用范围和方针原则等提供简述并作必要说明。应急救援体系首先应有一个明确的方针和原则来作为指导应急救援工作的纲领。方针与原则反映了应急救援工作的优先方向、政策、范围和总体目标,如保护人员安全优先,防止和控制事故蔓延优先,保护环境优先。此外,方针与原则还应体现事故损失控制、预防为主、统一指挥以及持续改进等思想。

2. 事故预防

预防程序是对潜在事故、可能的次生与衍生事故进行分析并说明所采取的预防和控制事故的措施。

应急预案是有针对性的，具有明确的对象，其对象可能是某一类或多类可能的重大事故类型。应急预案的制定必须基于对所针对的潜在事故类型有一个全面系统的认识和评价，识别出重要的潜在事故类型、性质、区域、分布及事故后果，同时，根据危险分析的结果，分析应急救援的应急力量和可用资源情况，并提出建设性意见。

1）危险分析

危险分析的最终目的是要明确应急的对象（可能存在的重大事故）、事故的性质及其影响范围、后果严重程度等，为应急准备、应急响应和减灾措施提供决策和指导依据。危险分析包括危险识别、脆弱性分析和风险分析。危险分析应依据国家和地方有关的法律法规要求，根据具体情况进行。

2）资源分析

针对危险分析所确定的主要危险，明确应急救援所需的资源，列出可用的应急力量和资源，包括：

（1）各类应急力量的组成及分布情况。

（2）各种重要应急设备、物资的准备情况。

（3）上级救援机构或周边可用的应急资源。

通过资源分析，可为应急资源的规划与配备、与相邻地区签订互助协议和预案编制提供指导。

3）法律法规要求

有关应急救援的法律法规是开展应急救援工作的重要前提保障。编制预案前，应调研国家和地方有关应急预案、事故预防、应急准备、应急响应和恢复相关的法律法规文件，以作为预案编制的依据和授权。

3. 准备程序

准备程序应说明应急行动前所需采取的准备工作，包括应急组织及其职责权限、应急队伍建设和人员培训、应急物资的准备、预案的演习、公众的应急知识培训、签订互助协议等。

应急预案能否在应急救援中成功地发挥作用，不仅仅取决于应急预案自身的完善程度，还依赖于应急准备的充分与否。应急准备主要包括各应急组织及其职责权限的明确、应急资源的准备、公众教育、应急人员培训、预案演练和互助协议的签署等。

（1）机构与职责。

为保证应急救援工作的反应迅速、协调有序，必须建立完善的应急机构组织体系，包括城市应急管理的领导机构、应急响应中心以及各有关机构部门等。对应急救援中承担任务的所有应急组织，应明确相应的职责、负责人、候补人及联络方式。

（2）应急资源。

应急资源的准备是应急救援工作的重要保障，应根据潜在事故的性质和危险分析，合理组建专业和社会救援力量，配备应急救援中所需的各种救援机械和装备、监测仪器、堵漏和清消材料、交通工具、个体防护装备、医疗器械和药品、生活保障物资等,并定期检查、维护与更新,保证始终处于完好状态。另外,对应急资源信息应实施有效的管理与更新。

(3)教育、培训与演习。

为全面提高应急能力,应急预案应对公众教育、应急训练和演习做出相应的规定,包括其内容、计划、组织与准备、效果评估等。

公众意识和自我保护能力是减少重大事故伤亡不可忽视的一个重要方面。作为应急准备的一项内容,应对公众的日常教育做出规定,尤其是位于重大危险源周边的人群,使他们了解潜在危险的性质和对健康的危害,掌握必要的自救知识,了解预先指定的主要及备用疏散路线和集合地点,了解各种警报的含义和应急救援工作的有关要求。

应急演习是对应急能力的综合检验。合理开展由应急各方参加的应急演习,有助于提高应急能力。同时,通过对演练的结果进行评估总结,有助于改进应急预案和应急管理工作中存在的不足,持续提高应急能力,完善应急管理工作。

(4)互助协议。

当有关的应急力量与资源相对薄弱时,应事先寻求与邻近区域签订正式的互助协议,并做好相应的安排,以便在应急救援中及时得到外部救援力量和资源的援助。此外,也应与社会专业技术服务机构、物资供应企业等签署相应的互助协议。

4. 应急程序

在应急救援过程中,存在一些必需的核心功能和任务,如接警与通知、指挥与控制、警报和紧急公告、通信、事态监测与评估、警戒与治安、人群疏散与安置、医疗与卫生、公共关系、应急人员安全、消防和抢险、泄漏物控制等,无论何种应急过程都必须围绕上述功能和任务开展。应急程序主要指实施上述核心功能和任务的程序和步骤。

(1)接警与通知。

准确了解事故的性质和规模等初始信息是决定启动应急救援的关键。接警作为应急响应的第一步,必须对接警要求作出明确规定,保证迅速、准确地向报警人员询问事故现场的重要信息。接警人员接到报警后,应按预先确定的通报程序,迅速向有关应急机构、政府及上级部门发出事故通知,以采取相应的行动。

(2)指挥与控制。

重大安全生产事故应急救援往往需要多个救援机构共同处置,因此,对应急行动的统一指挥和协调是有效开展应急救援的关键。建立统一的应急指挥、协调和决策程序,便于对事故进行初始评估,确认紧急状态,从而迅速有效地进行应急响应决策,建立现场工作区域,确定重点保护区域和应急行动的优先原则,指挥和协调现场各救援队伍开展救援行动,合理高效地调配和使用应急资源等。

(3)警报和紧急公告。

当事故可能影响到周边地区,对周边地区的公众可能造成威胁时,应及时启动警报系统,向公众发出警报,同时通过各种途径向公众发出紧急公告,告知事故性质,对健康的影响、自我保护措施、注意事项等,以保证公众能够及时做出自我保护响应。决定实施疏散时,应通过紧急公告确保公众了解疏散的有关信息,如疏散时间、路线、随身携带物、交通工具及目的地等。

(4)通信。

通信是应急指挥、协调和与外界联系的重要保障,在现场指挥部、应急中心、各应急救援组织、新闻媒体、医院、上级政府和外部救援机构之间,必须建立完善的应急通信网络,在应急救援过程中应始终保持通信网络畅通,并设立备用通信系统。

(5)事态监测与评估。

在应急救援过程中必须对事故的发展势态及影响及时进行动态的监测,建立对事故现场及场外的监测和评估程序。事态监测与评估在应急救援中起着非常重要的决策支持作用,其结果不仅是控制事故现场,制定消防、抢险措施的重要决策依据,也是划分现场工作区域、保障现场应急人员安全、实施公众保护措施的重要依据。即使在现场恢复阶段,也应当对现场和环境进行监测。

(6)警戒与治安。

为保障现场应急救援工作的顺利开展,在事故现场周围建立警戒区域,实施交通管制,维护现场治安秩序是十分必要的,其目的是要防止与救援无关人员进入事故现场,保障救援队伍、物资运输和人群疏散等的交通畅通,并避免发生不必要的伤亡。

(7)人群疏散与安置。

人群疏散是减少人员伤亡扩大的关键,也是最彻底的应急响应。应当对疏散的紧急情况和决策、预防性疏散准备、疏散区域、疏散距离、疏散路线、疏散运输工具、避难场所以及回迁等作出细致的规定和准备,应考虑疏散人群的数量、所需要的时间、风向等环境变化以及老弱病残等特殊人群的疏散等问题。对已实施临时疏散的人群,要做好临时生活安置,保障必要的水、电、卫生等基本条件。

(8)医疗与卫生。

对受伤人员采取及时、有效的现场急救,合理转送医院进行治疗,是减少事故现场人员伤亡的关键。医疗人员必须了解城市主要的危险,并经过培训,掌握对受伤人员进行正确消毒和治疗方法。

(9)公共关系。

重大事故发生后,不可避免地会引起新闻媒体和公众的关注。应将有关事故的信息、影响、救援工作的进展等情况及时向媒体和公众公布,以消除公众的恐慌心理,避免公众的猜疑和不满。应保证事故和救援信息的统一发布,明确事故应急救援过程中对媒体和公众的发言人和信息批准、发布的程序,避免信息的不一致性。同时,还应处理好公众的有关咨询,接待和安抚受害者家属。

(10)应急人员安全。

重大事故尤其是涉及危险物质的重大事故的应急救援工作危险性极大,必须对应急人员自身的安全问题进行周密的考虑,包括安全预防措施、个体防护设备、现场安全监测等,明确紧急撤离应急人员的条件和程序,保证应急人员免受事故的伤害。

(11)抢险与救援。

抢险与救援是应急救援工作的核心内容之一,其目的是尽快地控制事故的发展,防止事故的蔓延和进一步扩大,从而最终控制住事故,并积极营救事故现场的受害人员。尤其是涉及危险物质的泄漏、火灾事故,其消防和抢险工作的难度和危险都十分巨大,应对消防和抢险的器材和物资、人员的培训、方法和策略以及现场指挥等做好周密的安排和准备。

(12)危险物质控制。

危险物质的泄漏或失控,将可能引发火灾、爆炸或中毒事故,对工人和设备等造成严重危险。而且,泄漏的危险物质以及夹带了有毒物质的灭火用水,都可能对环境造成重大影响,同时也会给现场救援工作带来更大的危险。因此,必须对危险物质进行及时有效的控制,如对泄漏物的围堵、收容和洗消,并进行妥善处置。

5.现场恢复

现场恢复也可称为紧急恢复,是指事故被控制住后所进行的短期恢复,从应急过程来说意味着应急救援工作的结束,进入到另一个工作阶段,即将现场恢复到一个基本稳定的状态。大量的经验教训表明,在现场恢复的过程中仍存在潜在的危险,如余烬复燃、受损建筑倒塌等,所以应充分考虑现场恢复过程中可能的危险。该部分主要内容应包括:宣布应急结束的程序;撤离和交接程序;恢复正常状态的程序;现场清理和受影响区域的连续检测;事故调查与后果评价等。

6.预案管理与评审改进

应急预案是应急救援工作的指导文件。应当对预案的制定、修改、更新、批准和发布做出明确的管理规定,保证定期或在应急演习、应急救援后对应急预案进行评审和改进,针对各种实际情况的变化以及预案应用中所暴露出的缺陷,持续地改进,以不断地完善应急预案体系。

以上这六个方面的内容相互之间既相对独立,又紧密联系,从应急的方针、策划、准备、响应、恢复到预案的管理与评审改进,形成了一个有机联系并持续改进的体系结构。这些要素是重大事故应急预案编制所应当涉及的基本方面,在编制时,可根据职能部门的设置和职责分配等具体情况,将要素进行合并或增加,以更符合实际。

三、应急预案的演练

应急演练是应急管理的重要环节,在应急管理工作中有着十分重要的作用。通过开展应急演练,可以实现评估应急准备状态,发现并及时修改应急预案、执行程序等相关工作的缺陷和不足;评估突发公共事件应急能力,识别资源需求,澄清相关机构、组织和人员的职责,改善不同机构、组织和人员之间的协调问题;检验应急响应人员对应急预案、执行程序的了解程度和实际操作技能,评估应急培训效果,分析培训需求。同时,作为一种培训手段,通过调整演练难度,可以进一步提高应急响应人员的业务素质和能力;促进公众、媒体对应急预案的理解,争取他们对应急工作的支持。

(一)应急演练的类型

根据应急演练的组织方式、演练内容和演练目的、作用等,可以对应急演练进行分类,目的是便于演练的组织管理和经验交流。

1.按组织方式分类

应急演练按照组织方式及目标重点的不同,可以分为桌面演练和实战等。

(1)桌面演练。桌面演练是一种圆桌讨论或演习活动;其目的是使各级应急部门、组织和个人在较轻松的环境下,明确和熟悉应急预案中所规定的职责和程序,提高协调配合及解决问题的能力。桌面演练的情景和问题通常以口头或书面叙述的方式呈现,也可以使用地图、沙盘、计算机模拟、视频会议等辅助手段,有时被分别称为图上演练、沙盘演练、计算机模拟演练、视频会议演练等。

(2)实战演练是以现场实战操作的形式开展的演练活动。参演人员在贴近实际状况和高度紧张的环境下,根据演练情景的要求,通过实际操作完成应急响应任务,以检验和提高相关应急人员的组织指挥、应急处置以及后勤保障等综合应急能力。

2. 按演练内容分类

应急演练按其内容,可以分为单项演练和综合演练两类:

(1)单项演练。单项演练是指只涉及应急预案中特定应急响应功能或现场处置方案中一系列应急响应功能的演练活动。注重针对一个或少数几个参与单位(岗位)的特定环节和功能进行检验。

(2)综合演练。综合演练是指涉及应急预案中多项或全部应急响应功能的演练活动。注重对多个环节和功能进行检验,特别是对不同单位之间应急机制和联合应对能力的检验。

3. 按演练目的和作用分类

应急演练按其目的与作用,可以分为检验性演练、示范性演练和研究性演练。

(1)检验性演练。主要是指为了检验应急预案的可行性及应急准备的充分性而组织的演练。

(2)示范性演练。主要是指为了向参观、学习人员提供示范,为普及宣传应急知识而组织的观摩性演练。

(3)研究型演练。主要是为了研究突发事件应急处置的有效方法,试验应急技术、设施和设备,探索存在问题的解决方案等而组织的演练。

不同演练组织形式、内容及目的的交叉组合,可以形成多种多样的演练方式,如:单项桌面演练、综合桌面演练、单项实战演练、综合实战演练、单项示范演练、综合示范演练等。

(二)应急演练的组织与实施

一次完整的应急演练活动要包括计划、准备、实施、评估总结和改进等五个阶段。

计划阶段的主要任务:明确演练需求,提出演练的基本构想和初步安排。

准备阶段的主要任务:完成演练策划,编制演练总体方案及其附件,进行必要的培训和预演,做好各项保障工作安排。

实施阶段的主要任务:按照演练总体方案完成各项演练活动,为演练评估总结收集信息。

评估总结阶段的主要任务:评估总结演练参与单位在应急准备方面的问题和不足,明确改进的重点,提出改进计划。

改进阶段的主要任务:按照改进计划,由相关单位实施落实,并对改进效果进行监督检查。

1. 计划

演练组织单位在开展演练准备工作前应先制定演练计划。演练计划是有关演练的基本构想和对演练准备活动的初步安排,一般包括演练的目的、方式、时间、地点、日程安排、演练策划领导小组和工作小组构成、经费预算和保障措施等。

在制订演练计划过程中需要确定演练目的、分析演练需求、确定演练内容和范围、安排演练准备日程、编制演练经费预算等。

2. 准备

演练准备阶段的主要任务是根据演练计划成立演练组织机构,设计演练总体方案,并根据需要针对演练方案进行培训和预演,为演练实施奠定基础。

演练准备的核心工作是设计演练总体方案。演练总体方案是对演练活动的详细安排。

演练总体方案的设计一般包括确定演练目标、设计演练情景与演练流程、设计技术保障方案、设计评估标准与方法、编写演练方案文件等内容。

3. 实施

演练实施是对演练方案辅助行动的过程,是整个演练程序中核心环节。主要包括演练前检查、演练前情况说明和动员、演练启动、演练执行演练结束这几个核心步骤。

4. 评估总结

(1)评估。演练评估是指观察和记录演练活动、比较演练人员表现与演练目标要求并提出演练发现问题的过程。演练评估目的是确定演练是否已经达到演练目标的要求,检验各应急组织指挥人员及应急响应人员完成任务的能力。要全面、正确地评估演练效果,必须在演练地域的关键地点和各参演应急组织的关键岗位上,派驻公正的评估人员。评估人员的作用主要是观察演练的进程,记录演练人员采取的每一项关键行动及其实施时间,访谈演练人员,要求参演应急组织提供文字材料,评估参演应急组织和演练人员表现并反馈演练发现。

(2)总结报告。在演练结束后由演练组织单位召集评估组和所有演练参与单位,讨论本次演练的评估报告,并从各自的角度总结本次演练的经验教训,讨论确认评估报告内容,并讨论提出总结报告内容,拟定改进计划,落实改进责任和时限。

在演练评估总结会议结束后,由文案组根据演练记录、演练评估报告、应急预案、现场总结等材料,对演练进行系统和全面的总结,并形成演练总结报告。演练参与单位也可对本单位的演练情况进行总结。

5. 改进

(1)改进行动。对演练中暴露出来的问题,演练组织单位和参与单位应按照改进计划中规定的责任和时限要求,及时采取措施予以改进,包括修改完善应急预案、有针对性地加强应急人员的教育和培训、对应急物资装备有计划地更新等。

(2)跟踪检查与反馈。演练总结与讲评过程结束之后,演练组织单位和参与单位应指派专人,按规定时间对改进情况进行监督检查,确保本单位对自身暴露出的问题做出改进。

第四节 固体散装危险货物安全管理应急预案、措施与医疗急救

一、固体散装物质应急措施表(EMS)

(一)引言

当具有化学性质的固体散货失火时,即使受过消防技术训练的船长和驾驶员也常常不能确定采取什么行动最为有效。为此,特设置本规则附录B所列物质即散装运输时具有化学危险物质的应急措施表。每一条目是关于该物质事故应急行动的应急表。

海上的情况与陆地截然不同,船长受到船上特殊应急设备的限制,不能像在陆地上那样请求专家帮助。因此,这里提出了简单准确并且最大限度地保证船员安全的应急措施。但是,允许船长根据自己的判断来理解提出的建议。

(二)注释与说明

1. 第一部分——应急编号及其应用

每一应急表所列物质是目前列入本规则附录B中的物质,但此表并非详尽无遗。

2. 第二部分——应配备的特殊应急设备

装载散装运输时具有化学危险物质的所有船舶均应配备数量足够的全套防护服、自给式呼吸器和紧急时使用的喷雾水枪。这些设备可能超过法定要求。

防护服抗化学反应各不相同,所配备的防护服应适于所载货物。应遵循生产厂家关防护服对不同物质适应性的建议。其他相当厚度的服装本身可能受到腐蚀,但也有一定的防护作用。所有受到污染的服装应进行清洗或作安全处理。

3. 第三部分——应急准备

该部分说明处理事故之前应急队伍的装备工作。

所给出的建议均假定事故中不产生大量烟雾;如需要关舱时,假定所采取的行动在露天甲板上进行。如果卷入火中的物质会产生毒性、刺激性或腐蚀性气体,则建议佩戴呼吸器。

若进入封闭空间,则一定要佩戴呼吸器。

4. 第四部分——应急行动

该应急措施表主要为是为海上航行船舶而编制的,旨在提出散装货物着火或直接卷入火中时的应急行动。

一般散装货物直接卷入火中时最有效应急行动是关闭货舱以隔绝空气,但对具有化学危险的货物来说则有些例外,如硝酸铵化肥。

许多装运散货的船舶没有在舱内设置固定的消防设施,在应急表中已考虑了这一点。仅对隔绝空气和使用固定消防设施均无效的货物才建议用水。

5. 第五部分——医疗急救

关于医疗急救措施,应急表中指示参见 IMO《危险货物事故医疗急救指南》(MFAG)。一旦危险物质接触了皮肤,特别是眼睛,应立即用大量清水冲洗伤部 10 ~ 15min。

(三)应急表(表 4-3 ~ 表 4-17)

应急表 B1 表 4-3

铝渣 ALUMINIUM PROCESSING BY-PRODUCTS(UN No. 3170)

须配备的应急设备 无
应急程序 无 火灾应急行动 关闭货舱而且若可能则还应用 CO_2。不得用水。 若此无效,则应设法制止火势蔓延,驶往最近港口。 医疗急救 MFAG No. 725,并参见 MFAG 手册 6.1.1 款(窒息)。

注:火灾不易发生,但发生后可引起可燃气体爆炸,并且灭火困难。在港内,可考虑使用大量水,但必须注意船舶的稳性。

应急表 B2 表 4-4

硅铁铝粉末 ALUMINIUM FRRROSILICON POWDER(UNNo. 1395)

硅铝粉末,无涂层的 ALUMINIUM SILICON POWDER,UNCOATED(UNNo. 1389)

磷铁合金 FERROPHOSPHORUS(IMSBCNo. 020)

硅铁 FERROSILICON(UNNo. 1408)(IMSBCNo. 022)

硅锰 SILICOMANGANESE(IMSBCNo. 060)

须配备的应急设备 自给式呼吸器		
应急程序 佩戴自给式呼吸器 火灾应急行动 关闭货舱而且若可能则还应用 CO_2。不得用水。 医疗急救		
UN/BC No.	物质	MFAG No.
1395	硅铁铝粉末 ALUMINIUM FRRROSILICON POWDER	601,605
1398	硅铝粉末,无涂层的 ALUMINIUM SILICON POWDER,UNCOATED	无
BC020	磷铁合金 FERROPHOSPHORUS	601,605
1408,BC022	硅铁 FERROSILICON	601,605
BC 060	硅锰 SILICOMANGANESE	无

注:这类特技干燥时完全不可燃。

应急表 B3 表 4-5

焙烧黄铁矿 CALCINED PYRITES(IMSBCNo. 003)

氟石 FLUORSPAR(IMSBCNo. 025)

生石灰 LIME UNSLAKED(No. 030)

氧化镁(未熟化的)MANESIA UNSLAKED(IMSBCNo. 032)

须配备的应急设备

无

应急程序

无

火灾应急行动

无(不可燃)

医疗急救

UN/BC No.	物质	MFAG No.
BC003	焙烧黄铁矿 CALCINED PYRITES	700
BC025	氟石 FLUORSPAR	705,750
BC030	生石灰 LIME UNSLAKED	705
BC032	氧化镁(未熟化的)MANESIA UNSLAKED	705

注:若生石灰或未熟化的氧化镁卷入火中,不得用水。

应急表 B4 表 4-6

硝酸铵 AMMONIUM NITRATE(UNNo. 1942)

A 型和 B 型硝酸铵化肥 AMMONIUM NITRATE FERTILIZER,TYPES A AND B(UNNos. 2067,2068,2069,2070,2071)

须配备的应急设备

防护服(靴子、手套、套服、帽子)

自给式呼吸器

应急程序

穿用防护服和佩戴自给式呼吸器。

火灾应急行动

装有该种货物舱内的火灾:打开舱盖,进行最大量通风。船舶固定消防设施将不够用。用大量的水,可以考虑将货舱灌满水,但必须注意到船舶的稳性。

毗邻货舱中的火灾:打开舱盖,进行最大量通风。毗邻货舱火灾所传导的热量能引起该种货物分解并产生毒气。对分隔舱壁进行冷却。

医疗急救

MFAG 表 610

应急表 B5

表 4-7

硝酸铝 ALUMINIUM NITRATE(UNNo. 1438)
硝酸钡 BARIUM NITRATE(UNNo. 1446)
硝酸钙 CALCIUM NITRATE(UNNo. 1454)
硝酸铅 LEAD NITRATE(UNNo. 1469)
硝酸镁 MAGNESIUM NITRATE(UNNo. 1474)
硝酸钾 POTASSIUM NITRATE(UNNo. 1486)
硝酸钠 SODIUM NITRATE(UNNo. 1498)
硝酸钠和硝酸钾混合物 SODIUM NITRATE AND POTASSIUM NITRATE, MIXTURE(NNo. 1499)

须配备的应急设备

防护服(靴子、手套、套服、帽子)

自给式呼吸器

水雾喷嘴

应急程序

穿用防护服和配戴自给式呼吸器。

火灾应急行动

用大量的水,最好使水呈雾状以免扰动货物表面。货物可能呈流态或发生分解,这种情况下用水可能导致溶解货物的流淌。隔绝空气或使用 CO_2 均不能控制火势。应考虑积水对船舶稳性的影响。

医疗急救

UN/BC No.	物质	MFAG No.
1438	硝酸铝 ALUMINIUM NITRATE	235
1446	硝酸钡 BARIUM NITRATE	120
1454	硝酸钙 CALCIUM NITRATE	235
1469	硝酸铅 LEAD NITRATE	110
1474	硝酸镁 MAGNESIUM NITRATE	235
1486	硝酸钾 POTASSIUM NITRATE	235
1498	硝酸钠 SODIUM NITRATE	235
1499	硝酸钠和硝酸钾混合物 SODIUM NITRATE AND POTASSIUM NITRATE, MIXTURE	235

注:除非受到污染,否则这些物质不可燃。

应急表 B6

表 4-8

木炭 CHARCOAL(IMSBCNo. 005)
椰子仁干 COPRA(UNNo. 1363)
木屑 SAWDUST(IMSBCNo. 055)
木片 WOODSHIPS(IMSBCNo. 075)
木浆球团 WOOD PULP PELLETS(IMSBCNo. 080)

须配备的应急设备

无

应急程序

无

火灾应急行动

关闭货舱,使用船舶固定消防设施。断绝空气可控制火势。

医疗急救

UN/BC No.	物质	MFAG No.
BC 005	木炭 CHARCOAL	无
1363	椰子仁干 COPRA	无
BC 055	木屑 SAWDUST	参见 MFAG 手册 6.1.1 款(窒息)
BC 075	木片 WOODSHIPS(IMSBCNo. 075)	参见 MFAG 手册 6.1.1 款(窒息)
BC 080	木浆球团 WOOD PULP PELLETS	参见 MFAG 手册 6.1.1 款(窒息)

应急表 B7

表 4-9

蓖麻子 CASTOR BEANS(UNNo.2969)

废氧化铁 IRON OXIDE,SPENT(UNNos.1376)

石油焦碳 PETROLEUM COKE(BC No.040)

沥青球团 PITCH PRILL(BC No.050)

须配备的应急设备

防护服(靴子、手套、套服、帽子)

自给式呼吸器

喷嘴

应急程序

穿用防护服和佩戴自给式呼吸器。

火灾应急行动

封舱;若有可能使用船舶固定消防设施。断绝空气即有可能控制火势。

医疗急救

UN/BC No.	物质	MFAG No.
2969	蓖麻子 CASTOR BEANS	851
1376	废氧化铁 IRON OXIDE	635,640 及 645
BC 040	石油焦碳 PETROLEUM COKE	311
BC 050(UNNo.2969)	沥青球团 PITCH PRILL	无

应急表 B8

表 4-10

鱼粉,经抗氧处理 FISHMEAL,STABILIZED;FISHSCRAP,STABILIZED(UNNo.2216)

种子饼 SEED CAKE(UNNos.1386,2217)

动物肥 TANKAGE(IMSBCNo.065)

须配备的应急设备

自给式呼吸器

应急程序

佩戴自给式呼吸器。

火灾应急行动

封舱;使用船舶固定消防设施。

医疗急救

UN/BC No.	物质	MFAG No.
2216	鱼粉,经抗氧处理 FISHMEAL,STABILIZED;FISHSCRAP,STABILIZED(UNNo.2216)	无
1386,2217	种子饼 SEED CAKE	参见 MFAG 手册 6.1.1 款(窒息)
BC 065	动物肥	应由托运人说明

注:1. 对于利用溶剂萃取法制得的子饼,应在见火后再 CO_2。

2. 在动物肥火场,应着全身防护服。

应急表 B9 表 4-11

硫化金属精矿 METAL SULPHIDE CONCENTRATES(IMSBCNo. 035)

硫磺 SULPHUR(UNNo. 1350)

须配备的应急设备 自给式呼吸器		
应急程序 佩戴自给式呼吸器。 火灾应急行动 封舱;使用船舶固定消防设施。断绝空气足以控制火势 。不得用水。 医疗急救		
UN/BC No.	物质	MFAG No.
BC035	硫化金属精矿 METAL SULPHIDE CONCENTRATES	225,635 及 640,并参见 MFAG 手册 6.1.1 款(窒息)
1350	硫磺 SULPHUR	635(仅当发生火灾时)

注:大多数情况下,闻到窒息性的二氧化硫气味即可知发生火灾。

应急表 B10 表 4-12

矾矿 VANADIUM ORE(IMSBCNo. 070)

须配备的应急设备 自给式呼吸器
应急程序 佩戴自给式呼吸器。 火灾应急行动 封舱;使用船舶固定消防设备;断绝空气足以控制火势。 医疗急救 MFAG 表 135

应急表 B11 表 4-13

锌灰 ZINC ASHES(UNNo. 1435)

须配备的应急设备 防护服(靴子、手套、套服、帽子) 自给式呼吸器
应急程序 穿用防护服并配戴自给式呼吸器。 火灾应急行动 封舱;使用船舶固定消防设备;不得用水。 医疗急救 MFAG 表:无

注:若无法扑灭锌灰火,则应设法限制火势蔓延,并驶往最近港口。

应急表 B12

表 4-14

放射性特技 RADIOACTIVE MATERIAL,LOW SPECIFIC ACTITY MATERIAL(LSA-I)(UNNo.2912)

放射性特技 RADIOACTIVE MATERIAL,SUUFACE CONTAMINATED OBJECT(S)(SCO-I)(UNNo.2913)

须配备的应急设备 防护服(靴子、手套、套服、帽子) 自给式呼吸器
应急程序 穿用防护服并配戴自给式呼吸器。 火灾应急行动 封舱;使用船舶固定消防设备;若有必要,可用喷水控制粉尘扩散。 医疗急救 见 MFAG 表 7.4 款 用无线电请求医疗咨询。

注:大多数物质不可燃。将可能受到污染的设备和遮盖物集中起来并加以隔离。请求专家指导。

应急表 B13

表 4-15

黑色金属钻屑、削屑、镟屑或切屑 FERRO METAL BORINGS,SHAVINGS,TURNINGS OR CUTTINGS(UNNo.2793)

须配备的应急设备 无
应急程序 无 火灾应急行动 在海上,货物表面温度升高即表明舱内存在自热;若温度升至 80℃则表明火灾正在酿成,船舶应驶往最近港口。封舱,但在海上不得用水。闷烧时及早使用惰性气体会有效果。 医疗急救 参见 MFAG 手册 6.1.1 款(窒息)。

注:在港内可大量用水,但应注意船舶的稳性。

应急表 B14

表 4-16

煤 COAL(IMSBCNo.010)

须配备的应急设备 无
应急程序 无 火灾应急行动 封舱,断绝空气可足以控制火势。不得用水。请求专家指导,并考虑驶往最近港口。 医疗急救 MFAG 表 311,316 并参见 MFAG 手册 6.1.1 款(窒息)。

注:在未见火前,不应使用 CO_2 或惰性气体。

应急表 B15 表 4-17

直接还原铁 DIRECT REDUECD IRON(IMSBCNos. 015,016)

须配备的应急设备 无
应急程序 无 火灾应急行动 保持货舱封闭。不得用水。请求专家指导。闷烧时及早使用惰性气体会有效果。 医疗急救 MFAG 表 311,316 并参见 MFAG 手册 6.1.1 款(窒息)。

二、进入封闭处所的作业制度

经 IMO 修订的《进入船上封闭处所的建议》(以下简称本建议)。

本建议旨在鼓励实施安全程序,以防止船上人员因进入缺氧、富氧、含有易燃和/或有毒气体的封闭处所而发生伤亡。对以往伤亡事故的调查表明,大多数情况下,船上发生意外事故不是因为缺乏应有的指南,而是因为忽略或忽视了采取预防措施的必要性。下述实用性建议适用于所有类型船舶,可作为船舶经营人和海员防止伤亡事故的指导。应注意,在船上进入封闭处所的机会也许很少,特别是在某些小型船上危险并不那么明显,因而特别提高警惕。本建议是对国家法律或法规、特定贸易、船舶或船舶经营方式所用标准或特定程序的补充。在特定情况下,某些建议可能不适用,这时应深入研究这些建议的含义,并注意可能产生的风险。

1. 引言

任何封闭处所都可能是缺氧、富氧、和/或含有易燃和/或有毒气体或蒸气。这种不安全空间先前可能是安全的,而且存有危险气体空间的相邻处所也可能是不安全的。

2. 定义

(1)封闭处所是指有下列特点之一的处所:仅设有进出的开口,通风不足,或非供人员连续工作的处所。封闭处所包括但不限于:货舱、双层底、燃油舱、压载舱、货泵室、货物压缩机室、隔离空舱、锚链舱、空舱、箱形龙骨、保护层间处所、锅炉、发动机曲拐箱、发动机扫气箱、污水柜及与这些处所的相邻处所。本列表并不详尽,应根据每艘船舶的自身情况列封闭处所。

(2)相邻处所是指通常情况下不用于放置货物的未通风舱室,但可能和封闭处所有相同的空气环境特征,例如但不限于货舱通道。

(3)适任人是指具备足够理论知识和实践经验、能够对处所内当前或随后出现危险空气的可能性做出合理评估的人员。

(4)责任人是指被授权允许进入封闭处所并对船上制订和需要遵守的、以确保可以安全进入封闭处所的程序有充分了解的人员。

(5)值守人是指按安全管理系统受到适当培训、在进入封闭处所时进行守护、同进入封闭处所之人保持联系并在发生事故时启动紧急程序之人。

3. 进入封闭处所的安全管理

(1)公司应全面实施安全策略以防止在进入封闭处所时发生意外。

(2)根据国际安全管理(ISM)规则第7款的要求,公司应将进入封闭处所的程序列入确保人员和船舶安全的关键操作中。

(3)公司应建立程序性实施计划,对船员提供在封闭处所内使用空气检测仪器的培训,并在船上对船员进行定期演习。

①适任人和责任人应按照主管当局认可的标准,受到在封闭处所内识别危险、评估评估、测量危险、控制危险的消除危险的培训。

②根据实际情况,船员应受到有关封闭处所的安全培训,熟悉进入封闭处所的程序,包括危险识别、危险评估和危险控制等内容。

(4)按安全管理体系,公司进行的内部审核和由主管当局进行的外部审核中,应核查船上是否实际上遵守已制订的程序,并且这些程序是否符合3.1款中的安全策略。

4. 风险评估

(1)公司应确保进行风险评估以确认船上所有的封闭处所。风险评估应定期进行,以确保评估的持续有效性。

(2)为确保安全,适任人应对拟进入空间中的潜在危险做出初步评估,其中应考虑到之前运载的货物、处所的通风、处所的涂层和其他相关的因素。适任人的初步评估中需判定拟进入空间出现缺氧、富氧、存在易燃或有毒气体的可能性。适任人需注意,相邻处所的通风措施可能不同于拟进入封闭处所的通风措施。

(3)封闭空间的检测和进入程序应在初步评估的基础上确定,这取决于初步评估是否表明:对进入封闭处所人员的健康和生命有微小危险;没有立即、直接的健康和生命危险,但在处所内工作期间可能会产生风险;或已确认对健康或生命构成危险。

(4)当初步评估表明会对健康或生命构成微小的危险或在处所工作过程中可能会产生危险时,应采取第5、6、7和8款所规定的防范措施。

(5)若初步评估认为拟进入处所会对生命或健康构成危险,则需遵守第9款所列的附加防范措施。

(6)在评估过程中,除非能够确实证明是可以安全进入,否则应假定拟进入处所存在危险。

5. 进入许可

(1)除非经船长或指定责任人许可并且按船舶规定采取了安全措施,否则任何人不得打开或进入封闭处所。

(2)建议进入封闭处所前应作计划,并采取进入许可制度,其中可包括使用检查表。进入封闭处所的许可证应由船长或指定责任人员签发,并由拟进入封闭处所之人在进入前填写妥当。附件中提供了一份进入封闭处所许可证的样本。

6. 一般预防措施

(1)无须进入时,通向封闭处所的道门和舱口应始终锁闭,以防人员进入。

(2)当打开封闭处所的道门或舱盖进行自然通风时,可能会使人错误地以为里面的空气环境是安全的,因此应在入口处安排协调人值守或者使用绳索或铁链等机械障碍物拦在入口处并悬挂警告标识,以防人员意外进入。

(3)船长或者责任人员在确定可安全进入封闭处所时,应确保:

①通过评估确定了潜在的危险,并尽可能进行了隔离或消除;

②该处所已通过自然方式或机械方式进行了彻底通风,排出了所有有毒或易燃气体,并确保在整个处所内氧气含量充足;

③使用经过正确校准的仪器进行检测后,处所内的氧气含量合适,有毒气体含量在可接受程度;

④处所道门已打开,可以进入,并有良好的照明;

⑤进入封闭处所期间各方所使用的通信系统,已进行了商定和测试;

⑥在有人员进入封闭处所时,已在入口处安排一名协调人进行值守;

⑦封闭处所入口处的救援和应急设备已安排到位,救援措施已安排妥当;

⑧进入人已正确着装并装备妥当,以进入并在其完成相关任务;

⑨取得经签发的进入许可证。

第 6 和 7 款中的防范措施可能不适用于本节所描述的所有情况。进入封闭处所的授权人应确认是否需要在处所的入口处安排协调人及配备救援设备。

(4)只有受过培训的人员才可被指派进入封闭处所,或指定为协调人或救援小组成员。担任救援和急救职责的船员应受到救援和急救程序方面的定期训练。训练至少应包括:

①识别进入封闭处所期间可能会面临的危险;

②辨别因暴露在危险状态中而对健康造成不利影响的迹象;

③了解进入封闭处所人员所需防护装备。

(5)进入封闭处所相关设备应处于良好工况,用前应进行检查。

7. 封闭空间的检测

(1)对封闭处所内空气的检测需使用经准确校准的设备,并由经过培训的人员进行操作。应严格遵守生产厂家的使用说明。检测应在人员进入封闭处所前进行,并在其后定时检测,直至所有工作完成。如合适,应在处所内尽可能多的层面进行采样,以便得到处所内有代表性的气体样本。在某些情况下,不进入处所内部会很难对整个处所的空气进行全面检测(如梯道的底部)。因此,在评估人员进入封闭处所的风险时,要将此类情况考虑在内。可以考虑在封闭处所内使用可以达到远端的软管或固定的取样线,这些工具可以实现在不进入封闭处所的情况下,进行安全的检测。

(2)为了能够安全进入,应获得以下所需数据的稳定读数:

①使用氧气测量仪测量氧气体积百分比达到 21%。注意,可按国家规定确定安全读数范围。

②如果初步评估确定处所内可能存在可燃气体或蒸气,经适当精度的可燃气体测试仪测量,不超过可燃下限(LFL)的 1%。

③暴露在有毒蒸气或有毒气体中,读数不超过职业暴露极限(OEL)的 50%。这里,职业

暴露极限(Occupational Exposure Limit;OEL)包括许可暴露极限(Permissible Exposure Limit;PEL)、最大许可浓度(Maximum Admissible Concentration;MAC)和阈限值(Threshold Limit Value;TLV)等国际认可参数。

如果不能达到上述条件,应继续对封闭处所进行通风,并且在适当间隔后对处所再次进行检测。

(3)在进行气体检测时,应停止对封闭处所进行通风,并在其环境状态稳定后进行,以便于获得准确的读数。

(4)如果初步评估认定封闭处所内可能存在有毒气体和蒸气,则需使用固定式或便携式的气体或蒸气测试设备进行检测。根据第7.2段的要求,通过设备得到的读数,应低于公认的国家或国际标准中给出的有毒蒸气或气体的职业暴露极限。应当注意,对易燃性或氧含量的检测,不能作为毒性测量方法,反之亦然。

(5)需要强调的是,即使是经过检测可以进入的封闭处所,其内的结构、货物、货物残余和内壁涂料也可能导致封闭处所缺氧,对此应始终保持警惕。这种情况尤其可能发生在通风进出口被结构件或货物堵塞的处所内。

8. 进入封闭处所期间的防范措施

(1)处所内有人员进入时,应经常对空气进行检测,并在状况发生恶化时提示处所内的人员及时离开。

(2)应当为进入封闭处所的人员提供经校准的、试验合格的多种气体测试仪,用以在需要的情况下检测氧气、一氧化碳和其他气体的含量。

(3)在人员进入处所后以及在人员临时休息期间,应持续对处所进行通风。休息过后再次进入时,应再次对空气进行检测。如果通风系统发生故障,处所内的所有人员必须立即离开。

(4)在处所内进行管道和阀门作业时,要倍加小心。如果工作条件发生变化,则应增加空气检测频率。工作条件的变化包括气温升高、使用氧燃料火炬、使用移动式设施、在封闭处所内从事可能会产生蒸气的工作、工作间歇,或者在工作进行期间船舶进行了压载或对纵倾进行了调整等。

(5)一旦出现紧急情况,在救援力量到达并对现场情况进行评估、确保可以安全进入处所以实施救援之前,任何在场船员不得进入此处所。只有训练有素和装备完备的人员可以在封闭处所内从事救援工作。

9. 进入已知或怀疑空气不安全处所的附加注意事项

(1)未经检测的封闭处所,对拟进入人员来说均应被视为不安全场所。对于怀疑或已确认不安全封闭处所,仅在没有可替代方案的情况下才应安排人员进入。进入这种处所的目的只限于进一步检测、进行必要的操作、保证人员或船舶安全。进入这种处所的人员数量应为执行相应工作所需的最低数量。

(2)只有接受过设备使用培训的人员并且配备了空气管线式或自给式呼吸器等设备的情况下,才可允许进入封闭处所。不应使用空气净化呼吸机,因为这种设备需要利用处所内部的空气,不能提供独立的清洁空气。

(3)应当为进入封闭处所的人员提供经校准的、试验合格的多种气体测试仪,用以在需要的情况下检测氧气、一氧化碳和其他气体的含量。

(4)应穿戴救助护具,在可行的情况下还应使用救生绳。这些救助护具和救生绳用以在危险情况下将进入封闭处所人员救助出来,而不用于对其内人员进行救助。

(5)应穿戴适宜的防护服,特别是当进入处所人员的皮肤或眼睛存在接触有毒物质或化学品的风险时。

(6)第 8.5 款给出的有关紧急情况下的救援操作建议和本节紧密相关。

10. 与特定类型船舶或货物有关的危险

1)包装形式的危险货物

(1)载有危险货物处所内部的空气有可能对进入人员的健康和生命造成危害。这种危害来自于取代氧气而存在的易燃、有毒或者腐蚀气体或者蒸气、包装上的残留物和泄漏物质。同样的危险也可能存在于和载有危险货物货舱相连接的区域。有关某具体物质危险性的资料,可查《国际海运危险货物规则》(IMDG 规则),《船舶载运危险货物应急程序》(EMS 程序)和《材料安全数据单》(MSDS 数据单)。若有确证或怀疑发生了危险物质泄漏,则应遵循第 9 款所列的防范措施。

(2)处理泄漏物质或搬运残损包件的人员,必须受到适当培训并且穿戴防护服和呼吸器。

2)液体散装货物

油轮业已以专门的国际安全指南的形式,为从事散装石油、化学品和液化气运输的经营人和船员提供了广泛的建议。指南中详述了对进入封闭处所的建议,应作为制订进入计划的依据。

3)固体散装货物

在运输固体散装货物的船舶上,货舱和与其相邻的区域都有可能产生危险空气。承运人声明的危险可包括易燃性、有毒性、耗氧导致氧气衰竭或者自热。如需要进一步信息,可以参阅《国际海运固体散装货物规则》(IMSBC 规则)。

4)使用氮气作为惰性气体

氮气是一种无色无味的气体,当作为惰性气体用于清洁水罐、空隙或在货舱使用时,会在封闭处所和甲板排气口造成缺氧状态。需注意,深吸入浓度为 100% 的氮气是可以致命的。

5)耗氧货物和材料

此类货物的一个突出危险就是其耗氧特性导致缺氧,如自热、金属和矿石的氧化,或者植物油、鱼油、动物脂肪、谷物和其他有机物质的变质,或其残留物的腐烂。以下列出的是已知可以造成缺氧的物质,当然这里所列并非全部。其他源于蔬菜或动物的物质、易燃或自燃性物质以及高金属成分物质也可能造成缺氧,这些物质包括但不局限于:

(1)谷物,谷物制品以及谷物加工过程中产生的残留物(例如糠、粉碎的谷粉,碎麦芽或者粗粉)、啤酒花、麦芽壳和废麦芽。

(2)油籽及其产品和油籽的残留物(例如榨籽残渣、种子饼、油渣饼和粗粉)。

(3)干椰子肉。

(4)木材,包括包装形式的木材、圆木、原木、纸浆、撑材(坑木和其他撑材)、木屑、刨片、木芯和锯屑。

(5)黄麻、大麻、亚麻、剑麻、木棉、棉花和其他植物纤维(如茅草/西班牙草、干草、稻草、毕莎草)、空袋子、废棉、动物纤维、动植物纤维、羊毛废料和旧布片。

(6)鱼、鱼粉和鱼渣。

(7)鱼肥料。

(8)硫矿和精矿。

(9)木炭、煤炭、褐煤和煤制品。

(10)直接还原铁。

(11)干冰。

(12)金属废料和碎片、铁屑、钢屑和其他车、钻、刨、锉和切产生的碎屑。

(13)废金属。

6)熏蒸

当船舶进行熏蒸消毒时,应遵循《关于船上安全使用杀虫剂的建议案(MSC. 1/Circ. 1358)》中规定的细则和规范。与熏蒸处所相连接的舱室也应作为熏蒸消毒处所对待。

11. 结论

不遵守简单的程序可能会导致人员在进入封闭处所时发生意外。遵守上述原则和程序是评估在此类处所风险和采取必要的防范措施的可靠基础。

三、进入封闭处所的许可

进入封闭空间的许可

该进入封闭处所许可应由船长或责任人及进入该处所的适任人和值守人填写。

总则

位置/封闭处所的名称

进入封闭处所的原因____________________

该许可的有效时间自________时/日至________时/日

第1部分 进入封闭处所前的准备工作(应由船长或责任人完成的安全检查项目)

(1)是否利用机械方法对封闭处所进行了彻底通风? □

(2)处所是否已被隔离,将所有相关的管路或阀和电源或电力设备切断或关闭? □

(3)处所是否进行了必要的清理? □

(4)处所是否进行了检测并确认可以安全进入? (见注2)

(5)进入前空气检测的读数:

①氧气________% 容积(21%,此值可能与国家规定有关)检测人:

②碳氢化合物________% LFL(小于1%)

③有毒气体________ ppm(小于特定气体50% OEL)(见注3)检测时间:

(6)当处所内有人时以及工间休息后,是否已经安排连续的空气检测? □

(7)在处所内有人以及工作间歇时,是否对处所进行了持续风? □

(8)通道和照明是否足够?□

(9)处所入口处是否安排了即时可用的救援和急救设备?□

(10)是否已经将进入计划通知值班船员(驾驶室、机舱、货控室)?□

(11)各方之间的通讯系统是否已经检测并统一了应急信号?□

(12)是否制订了应急程序和撤离程序,并使所有涉及到进入处所的人员了解该程序?□

(13)是否所有的设备都处于良好工作状态并在进入前进行了检测?□

(14)人员是否正确穿着防护服和携带安全装备?□

第 2 部分　应由每一位拟进入封闭空间人员完成的安全检查项目

(1)我已从船长或指定的责任人员处获得进入封闭处所的指令或许可证□

(2)此许可证的第 1 部分已经由船长或指定责任人员填写完成□

(3)我已同意和明白通信程序□

(4)我已同意每隔________分钟报告一次□

(5)我已同意和明白应急程序和撤离程序□

(6)我明白一旦处所内的通风系统发生故障或空气检测显示与安全标准有差异时,必须马上撤离□

第 3 部分　呼吸器和其他设备(由船长或指定责任人员以及拟进入封闭处所的人员共同检查)

(1)拟进入封闭处所的人员熟悉呼吸器的使用□

(2)呼吸器已经进行如下检测:

①压力表和容量□

②低压声音报警□

③面罩,处正压状态且无泄漏□

(3)已经检测了通信方式和统一了应急信号□

(4)为所有拟进入封闭处所的人员提供了救助用具和在可行的情况下还提供了救生绳□

完成第 1、2 和 3 部分后的签字

船长或指定责任人员________日期________时间________

协调员________日期________时间________

拟进入封闭处所的人员________日期________时间________

第 4 部分　进入人员(由负责监督进入的人员完成)

姓名________

进入时间________. 出来时间________

第 5 部分　工作完成(由负责监督进入的人员完成)

(1)工作完成日期________时间________

(2)锁闭封闭处所日期________时间________

(3)已经正式通知值班的高级船员日期________时间________

当完成第 4 节和第 5 节后签字

负责监督进入的人员日期________时间________

如果处所中的通风停止或检查表中注明的任何条件发生变化,则该许可证无效。

注：

1. 许可证中应写明最长有效期。

2. 为了获得处所内有代表性的空气样本，应尽可能在处所的不同层面通过尽可能多的开口抽取样本。进行空气检测前十分钟应停止通风。

3. 根据以前处所内物质的性质来检测特定有害气体，例如苯和硫化氢。

第五节 操作固体散装危险货物过程中的防护措施及安全处理程序

一、一般注意事项

（一）总则

固体散装货物的装货前、装货过程中、航行中和卸货过程中，均应遵行必要的安全措施。

对于船内装设有自卸系统的散货船，船员应对日常防火安全进行评估。应对各种操作情况和各种货物的防火（Fire prevention）、探火（Fire detection）、控火（Fire containment）和阻火（Fire suppression）措施作出充分准备。火灾风险评估应在SMS文件中作出明确规定，其中包括完成评估的时间表。

船上应备有应对固体散装货物事故的操作程序。

（二）中毒、腐蚀和窒息危险

有些固体散装货物具有氧化性，从而会导致缺氧、产生有毒气体及发生自热。也有些固体散装货物不具有氧化性，但能产生有毒气体，特别是在潮湿状态下更易产生毒气。还有些固体散装货物在受潮时对皮肤、眼睛和黏膜、对船体结构具有腐蚀性。承运这类货物时，应充分注意人员安全防护，应特别注意装货前和卸货后需要采取的特别措施。

应特别注意，装载这类货物的货舱及相邻处所可能缺氧、可能存有毒气或窒息性气体，封闭一段时间的空载货舱所含氧气可能不足以支持生命。

很多固体散装货物会造成货舱缺氧，其中包括不但限于果蔬类货物、木材类货物、黑色金属、硫化金属精矿粉及煤等。

进入封闭处所，必须遵行国际海事组织规定的安全程序。应注意，即使经测试证明货舱处于安全状态，仍可能有一些小区域，其内氧气不足或含有毒气。

装载易产生有毒气体、可燃气体或可能造成货舱缺氧的货物时，船舶应配备可燃气体和氧气浓度测量仪。

需要紧急进入封闭处所时，只能由受过训练的船员进行，并必须佩戴自给式呼吸器和穿戴防护服，而且必须在责任驾驶员监督下进行。

(三)因粉尘引起的健康危险

为了减小因暴露在某些货物粉尘中而产生的急性和慢性危险,必须充分提高个人的卫生标准。必要时,一定要使用呼吸器、穿戴防护服、涂抹护肤膏、充分清洗外衣。

(四)粉尘爆炸危险和可燃气体危险

某些固体散装货物的粉尘在装货、卸货和清舱过程中具有爆炸危险,对存有这种粉尘的舱室进行通风和用水冲洗对减小爆炸危险远比清扫有效。

有些固体散装货物会产生足以引起燃烧和爆炸危险的可燃气体。若 IMSBC 规则或托运人提供的信息表明所装载货物具有这种危险,则对货舱应进行充分有效的通风。对货舱的空间应利用相应仪器进行测量,对这种货物货舱的相邻处所也应进行测量和通风。

(五)通风

除非另有规定,否则,装载可产生有毒气体货物的货舱应配备机械通风装置或自然通风装置;装载可产生有可燃气体货物的货舱应配备机械通风装置。

若通风对船舶或货物有危险,则可中断通风;但是若中断通风会产生爆炸危险,则通风不可中断。

若 IMSBC 规则或托运人提供的信息要求对货物进行连续通风,则应如此操作,但若通风对船舶有危险,则不应进行通风。

装有需要连续通风货物的货舱应配备通风孔,此种通风孔应符合载重线公约对无封闭措施通风孔的要求。

通风的进行,应确保排除的危险气体或粉尘不能进入居住处所或船内空间而产生危险浓度。应采取措施防止危险气体或粉尘进入封闭工作区。对于在这种区域中工作的人员,应给予充分防护。

若货物具有自热危险,则只能进行表面通风,而不能进行深度通风。任何情况下,不得将气流直吹入货堆内部。

(六)货物在运输中的熏蒸

货物在运输中的熏蒸,应按 IMO 的规定程序进行。

若在运输中使用熏蒸剂,如用磷化氢气体,则应充分考虑到这种气体的剧毒性,应充分考虑到即使采取了相应措施,也可能有毒气进入工作处所。特别是在熏蒸过程中有熏蒸剂泄漏的情况下,这种熏蒸剂可能经导管、孔道、甲板上下的导线孔进入其他舱室或机舱。应充分注意到污水井、货物管线和阀门等部位存在的危险性。任何情况下,对航行中的通风程序都应进行仔细检查,防止通过不当通风、通风开关的不当操作、通风中产生的真空、空调回路等将熏蒸气体吸入居住处所。进行熏蒸前,应确认通风系统的开关设置得当,舱壁上的门、人孔等开口封闭充分、从机舱引出的导管、孔道等处所封闭得当,而且张贴有可能存在熏蒸气体泄漏的警示牌。

航行中,应对有毒气体浓度进行连续检测,至少每 8 小时进行一次,若主管熏蒸作业人员有要求,检查频数应更高。检测处所包括居住处所、机舱、航行值班处所、经常有人员工作的区域、经常有人员进出的物料间(如船首特料间)、与熏蒸舱相邻的舱室等。污水井和货物管线及阀门应特别注意检查。检查结果应记录到航海日志中。

二、固体散装危险操作中的防护设备

(一)防护服

固体散装危险货物操作中的防护服包括:手套、靴鞋、连裤服和头盔,如图4-3～图4-6所示。

图4-3　手套

图4-4　靴鞋

图4-5　连裤服

图4-6　头盔

(二)自给式呼吸器

固体散装危险货物操作中应配备自给式呼吸器,如图4-7所示。

自给式空气呼吸器使用方法佩戴使用:

(1)佩戴时,先将快速接头断开(以防在佩戴时损坏全面罩),然后将背托在人体背部(空

图4-7 自给式呼吸器

气瓶开关在下方),根据身材调节好肩带、腰带并系紧,以合身、牢靠、舒适为宜。

(2)把全面罩上的长系带套在脖子上,使用前全面罩置于胸前,以便随吮佩戴,然后将快速接头接好。

(3)将供给阀的转换开关置于关闭位置,打开空气瓶开关。

(4)戴好全面罩(可不用系带)进行2~3次深呼吸,应感觉舒畅。屏气或呼气时,供给阀应停止供气,无"咝咝"的响声。用手按压供给阀的杠杆,检查其开启或关闭是否灵活。一切正常时,将全面罩系带收紧,收紧程度以既要保证气密又感觉舒适、无明显的压痛为宜。

(5)撤离现场到达安全处所后,将全面罩系带卡子松开,摘下全面罩。

(6)关闭气瓶开关,打开供给阀,拔开快速接头,从身上卸下呼吸器。

(三)自给式呼吸器

固体散装危险货物操作中应配备消防喷嘴,如图4-8所示。

图4-8 消防喷嘴

三、主要安全处理程序

(一)封舱

封舱是将货舱的所有开口、通气孔、通风孔完全封闭的操作。

对于活动舱口盖的固定的要求为:"在'位置1'和'位置2'的所有舱口,应备有钢质压条或其他相当的装置,以便在舱盖布封舱以后能有效独立地固定在舱口盖的各段。舱口盖的长度超过1.5m时,应至少用这样的2套紧固装置来固定

对于3000总吨及以上的干散货船,应用机械动力起合装置的风雨密钢质舱口盖封闭货舱;对于500总吨及以上但小于3000总吨的干散货船,若未能配备带机械动力起合装置的风

雨密钢质舱口盖，可带机械动力起合装置的钢质舱口盖，并加舱口盖布及封舱压条，保证货舱口风雨密；对于小于500总吨的干散货船，可用钢质或木质舱盖板及活动梁，并加舱口盖布及封舱压条，保证货舱口风雨密。

（二）喷水灭火

1. 大量喷水

这是指从任何角度以最大量向舱内货物的着火表面进行喷水的操作行为。

2. 小量喷水

这主要指喷嘴调小进行的喷水操作，其中向舱壁喷水再反射到货面的操作方法。

3. 雾状喷水

这是指将喷嘴调成雾化功能进行的喷水操作。

4. 冷却喷水

这主要指向着火货舱的舱壁外表面进行的喷水、向着火化舱甲板或舱盖板上进行的喷水。

（三）用干粉灭火

使用干粉灭火器时，应遵循以下步骤以确保安全有效地扑灭火灾：

1. 选择合适的灭火器

确保选择的干粉灭火器适合需要扑灭的火灾类型。干粉灭火器通常适用于固体火灾（A类）、液体火灾（B类）和气体火灾（E类）。

2. 熟悉灭火器的组成部分

了解灭火器的各个部分，如压力罐、喷嘴、手柄和挂钩的位置和功能。在使用灭火器前，确保自己处于安全位置，并确保有足够的逃生通道。如果火势较大或无法控制，应立即撤离并呼叫专业救援。

3. 正确的使用步骤

（1）拔掉安全销，这通常位于手柄上或压力罐的顶部。

（2）持稳灭火器，将灭火器垂直地持稳，不要倾斜或横摆。

（3）定位喷嘴，将喷嘴对准火焰源，但保持与火焰之间的安全距离（通常为1～3m）。

（4）按压手柄，坚定地按下手柄，释放干粉到火焰上。

（5）扑灭火焰，从火焰的最底部开始，左右扫动干粉，确保覆盖整个火焰区域，直到火焰被扑灭。

4. 监控火势

即使火焰已被扑灭，也要确保监控火势，以防火势再次燃起。如果火势没有得到控制或短时间内再次燃起，应立即撤离并呼叫专业救援。

5. 定期检查和维护

定期检查干粉灭火器的压力、喷嘴和外观,确保其处于良好的工作状态。如有损坏或过期,应及时更换或进行维护。

正确使用干粉灭火器能够有效地扑灭火灾,但前提是您要熟悉其使用方法并选择合适的灭火器。

(四)用泡沫灭火

泡沫灭火器是一种常用的灭火设备,其工作原理是通过喷射出大量二氧化碳及泡沫,这些泡沫能够黏附在可燃物上,隔绝可燃物与空气的接触,从而达到灭火的目的。泡沫灭火器有多种类型,包括手提式、推车式和空气式,适用于扑灭 A 类(固体物质)和 B 类(液体物质)火灾。使用泡沫灭火器时,应注意其存放环境应选择干燥、阴凉、通风且取用方便的地方,避免靠近高温或可能受到暴晒的地方,以防碳酸分解失效。冬季还需采取防冻措施,防止冻结,并应经常擦除灰尘、疏通喷嘴,保持通畅。

泡沫灭火剂按其发泡方法分为化学泡沫灭火剂和空气机械泡沫灭火剂,按发泡倍数分为低倍数、中倍数和高倍数泡沫灭火剂。泡沫灭火剂一般由发泡剂、泡沫稳定剂、耐液性添加剂等多种成分组成,适用于扑救油类可燃液体、可燃固体物质火灾。然而,泡沫灭火剂不能用于扑救轻金属火灾、遇水燃烧或爆炸物质的火灾以及带电设备的火灾。

氟蛋白泡沫灭火剂是在蛋白泡沫灭火剂的基础上加入适当的氟碳表面活性剂配制而成,具有更好的灭火性能。它可以采用“液下喷射”的方法扑救大型油类产品贮罐的火灾,也可以与干粉灭火剂联用灭火,其灭火速度比蛋白泡沫灭火剂快三分之一。

综上所述,泡沫灭火器和泡沫灭火剂在灭火过程中通过形成泡沫层覆盖在燃烧物表面,隔绝空气和降低温度来实现灭火。使用时需注意其适用范围和限制条件,以确保安全有效地扑灭火灾。

(五)用二氧化碳灭火

船上二氧化碳自动灭火系统属于全淹没灭火系统方式。全淹没灭火系统方式指在一定的时间内,向防护区内喷射一定浓度的灭火剂,并使其均匀地充满整个防护区的灭火方式。对事先无法预计火灾产生部位的封闭防护区应采用全淹没灭火系统方式进行火灾防护。

在固体散装货物船上,若利用固定式二氧化碳灭火系统进行灭火,需要严格按船上操作程序进行,包括对人员的撤离、人数的清点等应严格执行操作规程。而且,灭火后,还应对着火货舱进行严格检查,以防复燃。

第五章

安全管理相关政策法规(电子书)

一、《中华人民共和国安全生产法》(摘要)

二、《危险化学品安全管理条例》(摘要)

三、《港口危险货物安全管理规定》(摘要)

四、《中华人民共和国消防法》(摘要)

五、《港口危险货物重大危险源监督管理办法》(摘要)

六、《中华人民共和国固体废物污染环境防治法》(摘要)

七、《生产安全事故报告和调查处理条例》(摘要)

八、《交通强国建设纲要》

附录

附录一　港口固体散装危险化学品港口经营人的装卸管理人员从业资格考核内容及分值分配

考核项目	考核内容		分值分配(分)	
			判断题	选择题
港口固体散装危险化学品安全管理技术	1	掌握火灾、燃烧、爆炸的定义、分类及特性	2	2
	2	掌握灭火的原理、方法及灭火剂、灭火器种类与选用	2	2
	3	掌握操作固体散装危险货物过程中的防护措施及安全处理程序	2	2
	4	掌握固体散装危险货物定义和危险特性	2	2
	5	掌握固体散装危险货物安全装卸工作要求	2	2
	6	掌握固体散装危险货物事故应急救援管理要求	2	1
	7	熟悉水路运输易流态化固体散装货物安全管理规定	2	2
	8	熟悉国际海运固体散装货物规则有关积载、隔离、装卸和应急的规定	2	2
	9	熟悉危险化学品重大危险源辨识	2	2
	10	熟悉固体散装危险货物码头设备设施与工艺流程	2	2
	11	了解海运和内河船舶载运危险货物安全管理基础知识	1	2
	12	了解集装箱运输固体散装货物的管理规定	2	1
	13	了解道路运输固体散装危险货物管理规定	1	2
	14	了解铁路运输固体散装危险货物管理规定	1	1
	小计		50	
港口固体散装危险化学品安全管理知识	1	掌握危险货物分类、特性及危险预防措施	4	4
	2	掌握固体散装危险货物装卸安全事故的应急处置方法	3	2
	3	熟悉重大危险源的管理与监控方法	2	2
	4	熟悉固体散装危险货物积载、隔离与装卸作业的管理要求	2	2
	5	熟悉固体散装危险货物库场管理要求	2	2
	6	熟悉固体散装危险货物安全管理应急预案、措施与医疗急救	1	2
	7	熟悉化学品生产单位特殊作业安全规范(GB 30871—2022)	1	2
	8	了解化学品安全技术说明书基本内容	1	1
	9	了解危险化学品名录中固体散装危险化学品的性质	1	1
	小计		35	

续上表

考核项目	考核内容		分值分配(分)	
			判断题	选择题
港口固体散装危险化学品安全管理相关政策法规知识	1	掌握《中华人民共和国安全生产法》	2	1
	2	掌握《危险化学品安全管理条例》	1	1
	3	掌握《港口危险货物安全管理规定》	1	2
	4	熟悉《中华人民共和国消防法》	1	1
	5	熟悉《港口危险货物重大危险源监督管理办法(试行)》	1	1
	6	了解《中华人民共和国固体废物污染环境防治法》	1	0
	7	了解《生产安全事故报告和调查处理条例》	1	0
	8	了解《交通强国建设纲要》	0	1
	小计		15	
合计			100	

附录二 危险货物水路运输从业人员考核和从业资格管理规定

《危险货物水路运输从业人员考核和从业资格管理规定》是为规范危险货物水路运输从业人员的从业资格,提高从业人员的安全、法制、业务素质,防止和减少生产安全事故,依据《中华人民共和国安全生产法》《危险化学品安全管理条例》等有关法律、行政法规制定的规定。经2016年6月14日经第12次部务会议通过,由交通运输部于2016年6月28日发布,自2016年10月1日起施行。2021年9月3日,经中华人民共和国交通运输部令2021年第29号修订。

第一章 总 则

第一条 为规范危险货物水路运输从业人员的从业资格,提高从业人员的安全、法制、业务素质,防止和减少生产安全事故,依据《中华人民共和国安全生产法》《危险化学品安全管理条例》等有关法律、行政法规,制定本规定。

第二条 危险货物水路运输从业人员的考核和从业资格管理适用本规定。

前款所称危险货物水路运输从业人员包括:

(一)从事港口危险货物储存作业的港口经营人的主要负责人和安全生产管理人员(以下简称港口危货储存单位主要安全管理人员);

(二)危险化学品港口经营人的装卸管理人员(以下简称装卸管理人员);

(三)水路运输企业从事船舶载运危险化学品进出港口申报的人员(以下简称申报员);

(四)水路运输企业从事船舶载运危险化学品集装箱装箱现场检查的人员(以下简称检查员)。

本规定所称水路运输企业包括港口经营人、水路运输经营者、无船承运业务经营者、船舶代理业务经营者和水路货物运输代理经营者等。

本条第一款所称从业人员的考核和从业资格管理,包括港口危货储存单位主要安全管理人员的考核管理和装卸管理人员、申报员、检查员的从业资格管理。

本条第二款所称船舶载运危险化学品集装箱装箱现场检查,是指托运人委托检查员对其托运的危险化学品的装箱过程、标牌标志、积载隔离等是否符合国际公约、规则和国内技术标准要求进行的现场检查。

第三条 交通运输部指导全国危险货物水路运输从业人员的考核和从业资格管理。

县级以上地方人民政府交通运输主管部门(含港口行政管理部门)负责本行政区域内港口危货储存单位主要安全管理人员考核和装卸管理人员的从业资格管理。

各级海事管理机构依据职责负责申报员、检查员的从业资格管理。

第四条 危险货物水路运输企业应当对危险货物水路运输从业人员进行安全教育、法制教育和岗位技术培训,制定培训计划,安排安全生产培训经费,建立培训管理档案。

危险货物水路运输从业人员应当接受教育和培训,未经安全生产教育和培训合格的,不得上岗作业。

第五条 港口行政管理部门及各级海事管理机构应当依据职责对辖区内装卸管理人员和申报员、检查员的从业资格进行监督检查。

监督检查中可以行使以下职权:

(一)查阅相应岗位人员的劳动合同、培训档案、年度考核材料等有关资料,向有关人员了解情况;

(二)检查核对相应岗位人员从业资格证书。

第二章 港口危货储存单位主要安全管理人员考核管理

第六条 港口危货储存单位主要安全管理人员应当按照《中华人民共和国安全生产法》的规定,经安全生产知识和管理能力考核合格。

第七条 交通运输部负责组织制定港口危货储存单位主要安全管理人员安全生产知识和管理能力考核大纲。

省级交通运输主管部门应当根据考核大纲编制考核题库,制定考核程序。

第八条 设区的市级港口行政管理部门应当按照省级交通运输主管部门编制的考核题库和制定的考核程序,组织港口危货储存单位主要安全管理人员安全生产知识和管理能力考核。考核不得收费。

组织考核的港口行政管理部门应当在考核结束后20个工作日内公布考核合格人员名单。参加考核人员可以向组织考核部门查询考核成绩。

第九条 从事港口危险货物储存作业的港口经营人应当及时组织本单位的主要安全管理人员报名参加考核,并向组织考核的港口行政管理部门提交报名申请及以下报名材料:

(一)申请考核人有效身份证件的复印件;

(二)能够证明其为主要安全管理人员的有效文件。

第十条 经考核合格的港口危货储存单位主要安全管理人员变动工作单位,担任其他港口危货储存单位主要安全管理人员的,可不再参加考核。

第十一条 从事港口危险货物储存作业的港口经营人应当加强经考核合格的主要安全管理人员的继续教育,及时更新法制、安全、业务方面的知识与技能。

第三章 装卸管理人员、申报员、检查员从业资格管理

第十二条 装卸管理人员、申报员、检查员应当按照本规定经考核合格,具备相应从业条件,取得相应种类的《危险化学品水路运输从业资格证书》(以下简称《资格证书》,见附件),方可从事相应的作业。

《资格证书》按照危险化学品国际水路运输和国内水路运输类型,细分为包装、固体散装、液体散装等种类,并在证书备注栏中予以注明。

《资格证书》由交通运输部统一式样及编号,在全国范围内有效。

第十三条 交通运输部负责制定装卸管理人员、申报员、检查员从业资格考核大纲。

省级交通运输主管部门应当按照交通运输部制定的考核大纲,编制装卸管理人员考核题库,并制定本行政区域内装卸管理人员的考核程序。

交通运输部海事局应当按照交通运输部制定的考核大纲,编制申报员和检查员的考核题库,制定考核程序。

第十四条 省级交通运输主管部门按照考核程序和考核题库,组织装卸管理人员的从业资格考核工作。

交通运输部直属海事管理机构应当按照交通运输部海事局制定的考核程序和编制的考核题库,组织开展辖区内申报员和检查员的从业资格考核工作。

省级地方海事管理机构应当按照交通运输部海事局制定的考核程序和编制的考核题库,组织开展辖区内仅从事危险化学品国内水路运输的申报员和检查员的从业资格考核工作。

交通运输部直属海事管理机构、省级地方海事管理机构可以决定由下一级海事管理机构具体实施申报员、检查员的从业资格考核。实施机构的名录应当向社会公告。

第十五条 报名参加考核的人员应当向组织考核的机关提交报名申请和有效身份证件的复印件。

第十六条 组织从业资格考核的部门,应当在考核结束后 20 个工作日内公布考核合格人员名单。参加考核人员可以向组织考核部门查询考核成绩。

第十七条 组织装卸管理人员从业资格考核的部门,应当在公布考核合格人员名单后 10 个工作日内,向考核合格人员颁发《资格证书》。

第十八条 装卸管理人员的《资格证书》有效期为 5 年。

装卸管理人员的《资格证书》到期需要换发的,应当在《资格证书》有效期届满前 30 日至 90 日,由申请人向原发证机关或其从业单位所在地发证机关提出申请,并提交申请人在证书有效期内的培训经历。

装卸管理人员《资格证书》的发证机关应当在《资格证书》有效期届满前完成审核工作。审核合格的,由发证机关重新颁发《资格证书》;不合格的,不予换证并说明理由。

第十九条 申请换发装卸管理人员《资格证书》的人员有下列情形之一的,应当按照本规定重新参加考核合格后取得《资格证书》:

(一)按照《中华人民共和国安全生产法》规定接受安全生产教育和培训的时间未达到 16 个小时且培训不合格的;

(二)未履行安全生产管理职责,导致发生生产安全事故,受到行政处罚的。

第二十条 经考核合格拟从业申报员和检查员的,应当向组织考核的海事管理机构申请从业资格证书。

第二十一条 申请申报员、检查员从业资格的,应当符合以下条件并提供相应的证明材料:

(一)近 2 年内的考核合格证明;

(二)首次申请的,应当具有在同 1 个从业单位连续 3 个月的相应业务实习经历,提交从业单位的实习证明;

(三)检查员具有正常辨色力,提交医疗机构出具的体检证明;

(四)无因谎报、瞒报危险化学品违规行为曾被吊销从业资格的情形。

第二十二条 符合第二十一条规定的,海事管理机构应当在 10 个工作日内,做出是否给予从业资格的决定。同意的,应当签发《资格证书》;不同意的,应当向申请人说明原因。

第二十三条 2 年内未从事船舶运输危险化学品申报或者危险化学品集装箱装箱现场检查的,应当重新申请考核和从业资格。

第二十四条 需要聘用装卸管理人员、申报员、检查员的水路运输企业,应当聘用依照本规定取得相应从业资格的装卸管理人员、申报员、检查员。

装卸管理人员、申报员、检查员应当按照所取得的《资格证书》注明的类型和种类范围从事相关作业活动。

第二十五条 水路运输企业应当将本单位的装卸管理人员、申报员、检查员的以下信息及时报送具有相应职责的管理部门,装卸管理人员信息报送港口所在地港口行政管理部门,申报员、检查员信息报送所在地海事管理机构:

(一)被聘用从业人员的有效身份证明复印件;

(二)被聘用从业人员的《资格证书》编号;

(三)被聘用从业人员的从业区域;

(四)解聘从业人员的姓名、有效身份证明证号和《资格证书》编号。

第四章 法律责任

第二十六条 港口危货储存单位主要安全管理人员未按照本规定经考核合格的,由所在地设区的市级港口行政管理部门按照《中华人民共和国安全生产法》第九十七条的规定进行处罚。

第二十七条 水路运输企业的装卸管理人员、申报员、检查员未取得从业资格上岗作业的,由所在地港口行政管理部门或者海事管理机构责令改正,处 5 万元以上 10 万元以下的罚款;拒不改正的,责令停产停业整顿。

第二十八条 未按本规定第二十五条报送信息的,分别由所在地港口行政管理部门或者海事管理机构按照职责分工责令限期改正,可处以 1000 元以下罚款;提供虚假信息或者 1 年之内多次未报信息的,处以 3000 元以上 1 万元以下罚款。

第二十九条 装卸管理人员、申报员和检查员有下列行为之一的,分别由所在地港口行政管理部门或者海事管理机构按照职责分工责令改正,并处以 5000 元的罚款:

(一)将《资格证书》转借他人使用的;

(二)涂改《资格证书》的。

第三十条 各级交通运输主管部门、港口行政管理部门和海事管理机构的工作人员在从业人员的安全生产培训、考核、从业资格管理等工作中滥用职权、玩忽职守、徇私舞弊的,依照有关规定给予处分;构成犯罪的,依法追究刑事责任。

第五章 附 则

第三十一条 本规定自 2016 年 10 月 1 日起施行。

附录三 证书示例

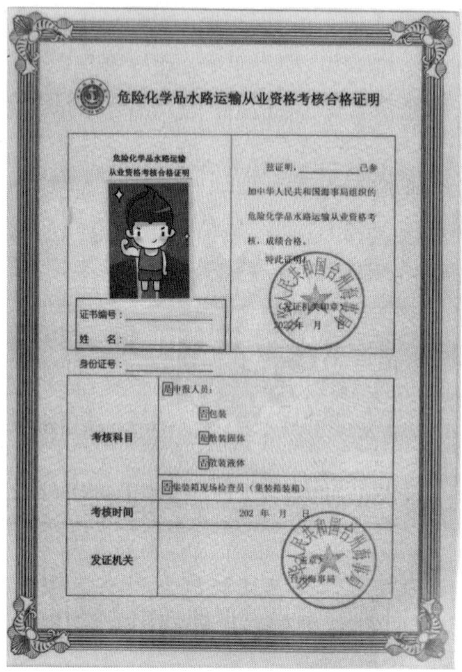

危险化学品水路运输从业资格考核合格证明

危险化学品水路运输
从业资格考核合格证明

证书编号：＿＿＿＿＿＿

姓　　名：＿＿＿＿＿＿

兹证明，＿＿＿＿＿＿已参加中华人民共和国海事局组织的危险化学品水路运输从业资格考核，成绩合格。

特此证明。

（发证机关印章）

202 年　月　日

身份证号：＿＿＿＿＿＿

考核科目	是申报人员： 否包装 是散装固体 否散装液体
	否集装箱现场检查员（集装箱装箱）
考核时间	202 年　月　日
发证机关	

危险化学品水路运输从业资格证书

危险化学品水路运输
从业资格证书

证书编号：＿＿＿＿＿＿

姓名		性别	
身份证号码			
出生日期	20　年　月　日		
资格类型	申报人员		
发证机关	（盖章） 202 年　月　日		

准予从事的作业类型

包装	散装固体	散装液体	装箱检查员
否	是	否	否